工商管理经典译丛

"十一五"国家重点图书出版规划项目

运营与供应管理

基础教程

Operations and Supply Management

(The Core)

F. Robert Jacobs
Richard B. Chase

（美） F.罗伯特·雅各布斯
　　　 理查德·B. 蔡斯　　　著

官振中　官德华　译
官振中　审校

东北财经大学出版社
Dongbei University of Finance & Economics Press

大连

ⓒ 东北财经大学出版社 2010

图书在版编目（CIP）数据

运营与供应管理：基础教程／（美）雅各布斯（Jacobs，F. R.），蔡斯（Chase，R. B.）
著；官振中，官德华译. —大连：东北财经大学出版社，2010.6
（工商管理经典译丛）
书名原文：Operations and Supply Management：The Core
ISBN 978 - 7 - 5654 - 0010 - 0

Ⅰ. 运… Ⅱ.①雅… ②蔡… ③官… ④官… Ⅲ.①企业管理：生产管理 - 教材 ②企业
管理：供销管理 - 教材 Ⅳ. F27

中国版本图书馆 CIP 数据核字（2010）第 098706 号

F. Robert Jacobs，Richard B. Chase：Operations and Supply Management：The Core
Original ISBN：0 - 07 - 329473 - X
Copyright ⓒ 2008 by The McGraw-Hill Companies，Inc.

东北财经大学出版社出版
（大连市黑石礁尖山街217号 邮政编码 116025）
教学支持：(0411) 84710309
营 销 部：(0411) 84710711
总 编 室：(0411) 84710523
网   址：http：//www.dufep.cn
读者信箱：dufep@dufe.edu.cn
大连图腾彩色印刷有限公司印刷   东北财经大学出版社发行

幅面尺寸：185mm×260mm   字数：622千字   印张：28 1/2   插页：1
2010年6月第1版   2010年6月第1次印刷

责任编辑：李 季 刘贤恩 孙 平 王 龙   责任校对：王 娟
封面设计：冀贵收   版式设计：钟福建

ISBN 978 - 7 - 5654 - 0010 - 0
定价：62.00元

前　言

　　本书的目的是提供一个信息：每个经理人需要知道公司中的运营和相关供应活动。在过去几年中社会发生了巨大的变化。组织结构变得越来越庞大，公司通常根据顾客和生产小组来组织，而不是根据职能来组织。现在的经理人不能忽略怎样做好公司的实际工作。本书就是关于怎样有效地做这些工作。无论你是在财务部、市场部、审计部还是运营部，都没有区别。价值增值工作、流程的建立和产品的发货都需要优质、高效地完成。很多你在做的和你将要做的都是重复性的工作，甚至包括一些最具创造性和高收益的活动。你需要将这些工作看成是为你最有效地工作做准备和帮助你提高组织的生产效率。

　　我们可以从不同层面考虑书中资料的重要性，但是，让我们集中在三个方面。首先，将你的身份看成是在你监督下工作的商业联盟经理人。其次，在长期情况下，你要有成为为各类公司或产品负责的高层管理者的志向。这一观念将会对你在那种角色下的成功非常重要。最后，在长期工作中，你可能决定从事运营与供应管理工作。

　　作为一个监督别人工作的经理人，你的一项主要工作将是确立组织做工作的方法。工作过程需要一些固定模式。其中包括怎样获得和分析信息，也包括怎样做出决策、适应变化和改进。没有逻辑或方法框架，即使一个小公司也可能遇到错误、无效甚至混乱的局面。

　　设计有效的工作流程是使团队一起工作的重要元素。如果你的团队在涉足创造性活动，例如设计汽车、建筑物或是大型文件，仍然需要构建工作结构，谁负责什么，怎样报告工作过程。在本书中，项目管理、制造和服务过程设计、能力分析和质量的概念都直接关系到你将用于组织管理工作的知识，并且，使你的团队更有效率地工作将会使你成功并承担更多的责任。

　　另外，假设你是一个高级管理人员。进行收购、计划合并、购买并卖出决策将使你的名字和照片登上商业杂志。对董事会、股东、媒体解释交易是很容易的事情。它们是有新闻价值的，并提供及时满足的愿景，作为一个生意人符合现代决策者的形象，成为一个聚焦于重大战略和其他详细运营情况的人。不幸的是，大多数的交易是不成功的。成功的关键因素，即使是最重要的交易，在运营细节中仍然能被经常发现。

　　当业务流程得到提高的时候就会真正地成功。生产率的提高来自于诸如共享客户服务流程、采购系统、分销和制造系统，以及其他能导致巨大协同效应和成功的流程。运营费用占了直接费用的 60%～80%，这限制了大多数公司的利润。没有这些运营协同效应，拥有深厚书本知识的管理人员设计和实施时，公司往往会拥有高昂的债务、客户和股东的失望，以及对收入底线的压力。

最后，你可能对运营管理工作感兴趣。那么，你并不会感到孤单。专业组织，例如运营管理协会、供应管理协会，以及供应链管理专业协会有超过 20 万人定期参加月度会议、年度会议和认证计划。入门级的职业可能是一个做预测的战略家、项目经理、库存控制经理、生产主管、采购经理、物流经理或仓库专家。此外，最优秀的运营学生可能在咨询公司获得第一份工作，做业务流程分析和系统设计专家的工作。

一个由俄亥俄州立大学所做的关于物流职业生涯模式的近期研究发现，40% 在运营和供应链管理职位的经理已经主修商业课程。中层经理的工资是 97 000 美元；主管，141 000 美元；副总裁，231 000 美元。我们的经验是运营主管最初工作的最高回报，超过那些在会计、金融和市场部的人。在这一领域的学生有大量的机会。

我们鼓励你跟导师谈论在课程以外你想要的东西。什么是你的职业理想？它们怎样与课程的材料相联系？给你的导师写一个简短的电邮，描述你将来想做什么——这对于你需要的课程材料是很宝贵的资料。当你按照教程和配套 DVD 工作时，与你的同学分享你的经验和观点。作为一个活跃的学生能够让你的经验更宝贵和有趣。

致谢

特别感谢印第安那大学的 Rex Cutshall 教授，感谢他对本教材的编写所做的贡献，以及为创作 PowerPoint 演讲幻灯片和 ScreenCam 教程所做的贡献；感谢道尔顿州立大学的 Marilyn Helms 教授，因为他对学习指导的准备工作；感谢皇后大学的 William Berry 教授，因为她为试题库所做的准备；感谢康涅狄格大学的 Jeffrey Rummel 教授，因为他检查网络的准确性和为解决方案手册所做的准备。

我们同时感谢以下的审稿人、焦点小组，以及为本教材提供了很多建设性意见的调查员。

审稿人

Stephan Vachon, *Clarkson University*

Seong Jong Joo, *Central Washington University*

Ednilson Bernardes, *Georgia Southern University*

Terry Harrison, *Penn State University*

Alan Cannon, *University of Texas at Arlington*

Anita Lee - Post, *University of Kentucky*

Eric Svaan, *University of Michigan, Ann Arbor*

Jayanta Bandyopadhyay, *Central Michigan University*

Ajay Das, *Baruch College*

Uttarayan Bagchi, *University of Texas, Austin*

Eng Gee, *Ngee Am Poly—Singapore*

焦点小组

Alan Cannon, *University of Texas—Arlington*

Renato De Matta, *University of Iowa—Iowa City*

Barbara Downey, *University of Missouri*

Karen Eboch, *Bowling Green State University*

Rick Franza, *Kennesaw State University*

Marijane Hancock, *University of Nebraska*

Lori Koste, *Grand Valley State University*

Tomislav Mandakovic, *Florida International University—Miami*

Ann Marucheck, *University of North Carolina—Chapel Hill*

Timothy McClurg, *University of Wisconsin*

Cesar Rego, *University of Mississippi*

Kimberlee Snyder, *Winona State University*

Fathi Sokkar, *Eastern Michigan University*

Robert Szymanski, *University of Central Florida*

Kevin Watson, *University of New Orleans*

Theresa Wells, *University of Wisconsin—Eau Claire*

Mustafa Yilmaz, *Northeastern University*

Rhonda Lummus, *Iowa State University*

调查员

Terry Harrison, *Penn State University*

Ajay Das, *Baruch College*

Jonatan Jelen, *Baruch College*

Mark Barrat, *Arizona State University—Tempe*

Johnny Rungtusanatham, *University of Minnesota*

William Verdini, *Arizona State University—Tempe*

Antonio Arrela – Risa, *Texas A&M University*

Matt Keblis, *Texas A&M University*

Drew Stapleton, *University of Wisconsin—Lacrosse*

David Lewis, *Brigham Young University*

Kathy Dhanda, *DePaul University*

Daniel R. Heiser, *DePaul University*

Ann Marucheck, *University of North Carolina—Chapel Hill*

Eric Svaan, *University of Michigan—Ann Arbor*

Amer Qureshi, *Columbus State University*

Mark Ippolito, *Indiana University, Purdue University—Indianapolis*

Jayanta Bandyopadhyay, *Central Michigan University*

Rohit Verma, *Cornell University*

感谢使这些变成可能的 McGraw – Hill/Irwin 的市场和生产小组成员——Sankha Basu，市场部经理；Stewart Mattson，编辑部主任；James Labeots，项目经理；Gina Hangos，生产总监；Artemio Ortiz，设计师；Lori Kramer，图像研究协调员；Cathy Tepper，媒体项目经理；Victor Chiu，媒体制作人；Ira Roberts，辅助材料生产商。

特别感谢我们杰出的编辑小组。Christina Sanders，有着惊人能力的编辑，在编辑这本书的过程中，已经成为我们非常好的朋友。感谢你的激情、组织技能和耐心。我们喜欢与你一起工作。

感谢我们的执行编辑，Dick Hercher。他的杰出的指导和与我们工作时的坚定不移的献身精神是对我们不断的激励。他的领导才能已经为创作这本书的整个团队打下了坚实的基础。很荣幸能与 Dick Hercher 合作出版另外一本书。

最后，但并不是最后一个，我要感谢我的家庭。我们已经牺牲了大量与他们相聚的时间。我们真诚地感谢你们的支持。

F. Robert Jacobs
Richard B. Chase

目　录

第 1 部分　战略

第2部分 工艺

第1部分 战略

21世纪运营与供应管理

管理一个现代供应链涉及制造、采购和分销的专家。然而，今天它也是首席财务官、首席信息官、业务和客户服务经理以及行政经理的重要工作。运营管理已经进行变革，而且进展速度没有迹象显示放缓。在我们这个日益相互关联和相互依存的全球经济中，从一个地方到另一个地方配送供应品和制成品是通过运用许多难以置信的技术创新来完成的，譬如运用神奇的数学、功能强大的软件以及传统的水泥、钢材和劳动力。

在运营与供应管理的第1部分，核心内容将是奠定我们了解运营与供应管理的基础。这本书是关于设计和运营流程的，使一个公司以符合顾客的期望的方式提供货物和服务。

真正成功的公司对他们打算如何赚钱有着明确的和毫不含糊的想法。无论是客户定制高端的产品或服务或以基础成本购买廉价商品，有竞争力地生产和销售这些产品是一个巨大的挑战。在第1章中，"运营和供应战略"，我们找出提供货物和服务与顾客的期望过程中的关键环节。顾客在不同的供应商之间做出选择的基础是产品或服务的关键属性。调整提供产品或服务的过程是对成功非常重要。举例来说，如果成本是赢得客户订单的关键属性，该公司必须尽一切努力使流程得以有效率地进行。以成本为基础的竞争是冷酷的做生意方式，因此许多公司今日进入其他细分市场，依靠提供创新的服务和有特色功能的产品来吸引忠实顾客。

例如，美国摩托车制造商哈雷戴维森（Harley－Davidson）。客户愿意为一辆独特的和经典的摩托车支付高额价格，每一个客户通过选择让经销商装配个性化的摩托。此外，该公司已经开发出高利润的服装、纪念品，以及其他配件，以实现哈雷戴维森的理念。流程需要高效率，但更重要的是现成的选项和附件，这些往往使顾客冲动购买和作为礼物而购买。

今天的企业是不断变化的。例如哈雷戴维森，因每年都持续改善其摩托车和提供创新的新配件而成功。在第2章"项目管理"中，讨论了管理长期项目的技巧。该专题是很恰当的，因为：（1）很可能有许多的学生将参加正在进行的项目作为他们工作的一部分；（2）项目管理中涉及的概念可以直接转移到重复过程的设计中，这个主题包括在本书的第二部分。成功地协调行动，如推出新产品、建设新的工厂和仓库，并建立新的零售网站对一个公司的发展是很重要的，特别是在今天的动态商业环境中。

1

运营与供应战略

宜家怎样设计其价格

竞争战略是不同的。这意味着为提供一种独特的价值而选择一系列不同的活动。宜家，瑞典的家用产品零售商，在 43 个国家拥有市场，并准备征服北美。

使宜家取得成功的最重要的一个因素是：优质低价。宜家销售的家庭用品的价格便宜但不价廉质劣，通常比竞争对手的价格低 30% ~ 50%。虽然其他公司的产品价格往往随着时间的推移而上升，但宜家表示在过去的 4 年里，已经总共降低了零售价格的约 20%。在宜家降低成本的过程中，开始了一个新的项目设想，并继续不遗余力地在整个生产中运行。

考虑宜家的"Bang"牌马克杯，迄今为止已经重新设计过 3 次，仅仅是为了在一个托盘上摆放尽可能多的杯子。原来只能摆放 864 个杯子。重新设计后添加了一个类似花盆上的边，使每个托盘可摆放 1 280 个杯子。去年，设计师把杯子变矮并添加了一个全新的把手，这样就可以摆放下 2 024 个杯子了。虽然马克杯的销售价格一直保持在 50 美分，但运输成本已减少了 60%，这是一个非常显著的节约，因为宜家每年大约销售 2 500 万个杯子。

1.1 运营管理：每名管理者的重大职责

如果您有兴趣成为一个伟大的管理者，这本书的各个专题对你实现这一目标是非常重要的。无论经济是繁荣还是衰退，以最有效的方式提供产品和服务都是企业生存的命脉。如果你认为这本书只和制造业或者在工厂工作的人员有关，那么面对书中奇妙的世界你肯定会有一些惊喜。

从最基础的层面来讲，运营与供应管理（OSM）是达到快速、有效、没有错误，并以较低的成本工作的目标。在这本书中，"运营"和"供应"有特殊的含义。"运营"指的是过程，是把公司的资源转化成客户期望的产品和服务。"供应"指的是怎样把材料和服务移入公司流程。拿高尔夫球制造工厂来说。工厂需要橡胶、软木和其他材料的供应商，并通过一系列的转化过程制成高尔夫球。这些高尔夫球通过配送系统出售给顾客。因此，当我们使用"运营与供应管理"时，我们指的是在一端从供应商处购买材料、在另一端为零售商供应高尔夫球便于顾客购买这一综合系统。

这本书的各个专题包括所有管理人员都应该明白的要素。我们认为本书的这些专题是基础的或核心的内容。许多其他专题也可列入，但这些专题是最重要的。所有管理人员都应该了解指导设计转化流程的基本原则。这包括了解不同类型的流程是怎样组织的，如何判断一个流程的生产能力，一个流程制造单位产品需要花费多长时间，以及流程的质量如何进行监测。炼油厂、汽车制造商、计算机制造商和食品生产商都使用不同类型的制造工艺。同样，服务业，如保险公司、快餐店，以及呼叫中心以独特的方式进行组织。除了了解这些业务流程是如何组织的，另一个重要专题涉及业务是如何提供的。零件和其他原材料必须移入和移出这些业务。在输入端的供应商需要协调，以便其提供适当数量的材料和其他物品。此外，在输出或客户方面，成品往往是通过复杂的网络进行配送的。供应的专题包括：选址，材料和服务的战略采购和外包，以及管理供应清单。

今天，许多公司已发现运营与供应管理对其取得成功多么重要。如何生产或分销产品，使得节约的每一分钱都转化为利润？还有哪些领域可以利用呢？如果每个产品多销售 1 美元或 1 欧元，利润往往只增加百分之几。即使财务找到一种投资方式来获得额外的 0.5%，由当时额外的采购成本所致，管理和会计上的投资对增加利润几乎是没有回报的因素。运营与供应管理的重点是在低成本和满足客户期望的服务水平上提供服务和产品，这是商业成功的关键所在。

在这一章中，我们研究由于有效实施运营与供应管理而取得巨大成功的公司。在开篇案例和下文中述及的宜家——瑞典家用产品零售商，是有效运营与供应的典范。他们对产品进行设计，以便它们能够被生产出来，然后通过超市销售到零售市场，并且经由客户，以极低的成本快速地交付。下面一节中描述的是美国前进保险公司，它是提供服务的公司。他们创造性地使用互联网和移动索赔代理人使公司通过创新的运营与供应管理获得重要的竞争优势。

前进保险公司，是一家总部设在俄亥俄州 Mayfield 镇的汽车保险公司。1991 年公司的销售额达到 13 亿美元。到 2006 年，这一数字已增长到 145 亿美元。那么在这 10 多年中公司采取了什么样的战略实现了近 11 倍的增长？是因为它处于一个迅速增长的产业中吗？是因为它开发了新的保险产品吗？是因为它通过多元化扩展到其他产业中去了吗？是因为它采取了国际化吗？是因为它雇用了一个积极进取的新销售团队吗？是因为它采取了收购或者完美的营销方案吗？它没有做以上的任何一件事。几年来前进保险公司几乎没有做广告，它推出的一些活动也没有取得很显著的成功。它既没有发布很多新产品，也没有因为产品的利润而获得增长，即使是在产品定价较低的时候也没有。

揭示前进保险公司秘密的一个关键指标是它的综合比率（费用加赔款额，除以保险金），该指标是保险业的一个财务绩效指标。大多数汽车保险的综合比率都在 102% 左右波动，这就意味着它们在保险业务中损失 2%，然后通过投资弥补这个损失。与它们不同，前进保险公司的综合比率在 96% 左右波动。该公司不仅发展迅速——如今它已经成为汽车保险行业中的老三，而且它的盈利能力也很强。

前进保险公司成功的原因非常简单：它的运营优于其竞争者。它提供的产品价格低、服务好，这样它很容易就把顾客从竞争对手那里吸引过来。正是由于运营创新，前进保险公司才能实现价格的降低、服务水平的提高，这也就是汽车保险业中有效处理日常工作的新方式。

前进保险公司认识到它们和大型公司竞争的唯一方式就是改变保险公司运营的规则。公司引入了称为"立即响应"的理赔系统：索赔人 24 小时都可以通过电话找到前进保险公司的销售代表，销售代表将安排理算员对汽车进行检测的时间。理算员不再需要从 9 点到 5 点都在外面工作，他们在移动办公车上工作。前进保险公司的目标是理算员要在 9 个小时内检查好汽车的状况，而不是 7～10 天。他们不仅检查汽车，还需要现场估计出损失，有可能的话还需要在当场就开支票给索赔人。

这种做法有许多好处。索赔人不用多费口舌就能得到快速的服务，这就意味着他们不太会因为不满意而解除前进保险公司的服务。服务周期的缩短大大降低了前进保险公司的成本。存放一辆损坏车辆或者租用一辆替代汽车一天的成本在 28 美元左右，这几乎等于 6 月期的保险利润。计算这一措施给一家每天处理上万起索赔的公司所带来的收益并不困难。其他的好处还有前进保险公司加强了检测欺诈的能力（因为在第一现场刹车痕迹还没有被擦掉或者目击者还没有离开之前实施交通事故调查会比较容易）、降低了运营成本（因为参与处理索赔的人员减少了）、减少了索赔金额（因为如果索赔人不费口舌便能迅速拿到赔款，那么他们就会接受较少的赔偿金）。

但是世界上没有一劳永逸的创新，除了"立即响应"外，前进保险公司还引入了一个新系统，在该系统下，顾客可以拨打 800 电话或者直接访问他们的网站，只需提供了很少的数据，顾客很快即可以将前进保险公司的处理速度和该行业中其他三个竞争者进行比较。由于保险是一个受管制的行业，处理速度的情况往往在州保险委员会备案。公司还引入了一个新方法，对申请者风险档案进行更有效的评估，这样它们就可以计算出顾客赔偿率。当前进保险公司认识到顾客信用评级是对顾客负责的驾驶行为的评估的一个很好的参量时，它很快改变了申请程序。现在该公司的计算机系统可以自动联系信用机构，而申请者的信用评分是确定该顾客保险赔率的一个重要因素。精确的定价令保险业务利润增加。所有的这些改进都促进了公司的全面发展。

1.1.2 效率、效益和价值

和管理者在促进公司成长方面采取的其他措施（例如技术投资、收购、大型广告）相比，运营方面的创新相对来讲更可靠，成本也更低。作为一名商学院的学生，你就应该了解有关运营方面的创新理念。你要了解所有产生成本和创造支持企业长期生存所必需的现金流的各个过程。

通过阅读本书，你将了解当前全球企业进行有效率并且有效果运营的过程中所应用的一些概念及工具。效率是指在可能的范围内以最低的成本完成某项工作。在本书后面，我们将有更完整的定义。但总地来说，一个有效的流程目标是使用最少的资源投入来生产或提供最好的产品或服务。效果是指做正确的事，为企业创造尽可能多的价值。但是要同时达到效率和效果最大化往往会产生矛盾。我们在日常生活中，总是看到两者之间的权衡。在当地商店或者银行的顾客服务台上，有效率意味着尽可能减少柜台员工，有效果就意味着尽可能缩短顾客排队等候的时间。与效率和效果相关的一个概念就是企业的价值，我们可以将价值形象地理解为质量除以价格。如果你能在价格不变的条件下向顾客提供更好的汽车，那么汽车价值就提高了。如果你以更低的价格向顾客提供更好的汽车，那么价值就大大提升了。本书的一个主要目标就是想要告诉你们：精明的管理是如何达到高水平的价值的。

除了对企业竞争力的重要性之外，我们学习运营与供应管理还有以下原因：

（1）不了解现代运营管理方法的商业教学是不完整的。每个组织都在生产一些产品或者提供一些服务，所以学生必须了解如何才能有效地完成这些工作。除此之外，现在的用人单位也希望从商学院毕业的学生能够从该领域中的很多问题侃侃而谈。无论是在私营企业还是在上市公司，这一点在制造业已经成为不争的事实，服务业中也越来越显示其重要性。比如"重塑政府"运动从供应链管理、全面质量管理、企业流程再造以及适时制中借鉴了很多东西，而这些概念都是运营管理体系中的一部分。

（2）运营管理为组织运作过程提供了一种系统化的思考方法。运营管理采用分析思维方式处理现实生活中的问题。它深化了我们对周围世界的理解，比如如何扩大企业国际化的程度和银行出纳柜台需要多少服务热线。

（3）运营管理提供了不少有意义的就业机会。这些职业包括生产运营主管或者专业运营人才，例如供应链管理、采购、质量保证等。此外，咨询公司也在定期招募具有较强生产运营管理能力的人才从事企业流程再造以及企业资源计划系统的工作。

（4）运营管理中的概念和工具在企业的其他职能管理中也得到了广泛的应用。所有管理者都需要制订工作计划、监督控制产品质量、保证他们管理的员工的生产率。其他的员工也必须了解运营如何使工作高效进行。

突　破　　　　　　　效率：这是细节

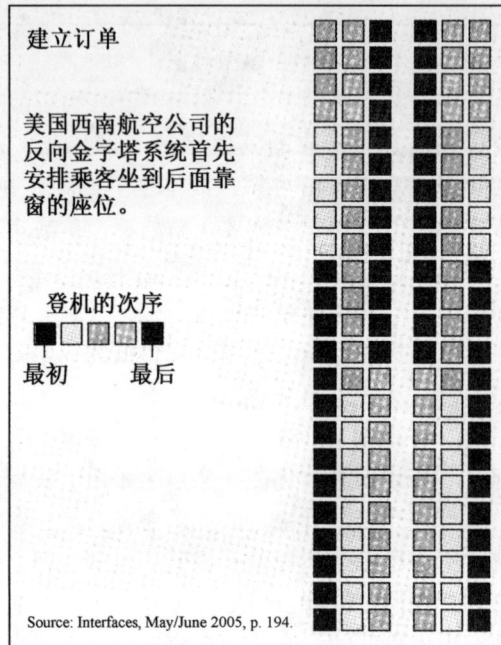

Source: Interfaces, May/June 2005, p. 194.

加快乘客登机可以大大缩减航空公司的成本。西南航空公司发现，如果登机时间增加10分钟，就需多增加40余架飞机并花费4 000万美元来运行它目前同样数量的航班。

航空业所有的创新不是都来自西南航空公司。美国西部亚利桑那州立大学的研究人员开发了一个新型的登机系统，称为"反向金字塔"。经济舱的首批乘客获得中间靠窗口的座位和靠后的座位。然后西部航空公司逐步安排其他的位子，并优先考虑那些靠近窗口或后排座位，直到他们最后坐在沿过道的前排。这与许多航空公司所采用的从飞机后排起安排座位有所不同。

根据波音公司的一项研究报告，乘客登机所花费的时间自1970年以来增加了一倍以上。20世纪60年代中期的一项研究表明，每分钟有20位乘客登机。现在这个数字下降到9位，因为乘客携带着手提行李。波音和空中客车，这两个顶级商用飞机制造商，正在努力改善登机时间作为卖点推销给航空公司。

1.2 什么是运营与供应管理？

运营与供应管理（OSM）就是对企业生产、交付产品或者服务的系统进行的设计、运作以及改进。同营销和财务一样，运营与供应管理也是企业的职能，有其明晰的管理任务。这一点非常重要，因为人们往往把运营研究和管理科学（OR/MS），以及工业工程（IE）混淆在一起。运营与供应管理与它们的本质区别是：运营与供应管理属于管理领域，而运营研究和管理科学在所有领域决策中运用的是量化方法，而工业工程是一门工程学科。因此，即使运营管理者使用 OR/MS 工具（例如关键路径计划）进行决策或者关注的某些问题和 IE 相同（比如工厂自动化），运营与供应管理独特的管理角色也令它区别于其他学科。

如图表 1—1 所示，运营与供应管理主要是有关整个产品生产和交付系统的管理。生产一件产品（例如移动电话），或者提供一项服务（诸如移动电话账户服务），都包括了一系列复杂的转化过程。图表 1—1 描述的就是一个贴牌生产商（OEM），如芬兰移动电话生产商诺基亚的供应网络。移动电话从生产到最终到达消费者经过了很多转化过程。例如，供应商采购原材料、生产电话部件，诺基亚的制造工厂接收这些部件并装配成不同型号的移动电话，世界各地的分销商、经销商和仓库通过网络向它下订单，当地零售商与顾客接触建立并管理移动电话账户。运营与供应管理就是对这些独立的活动进行最有效的管理。

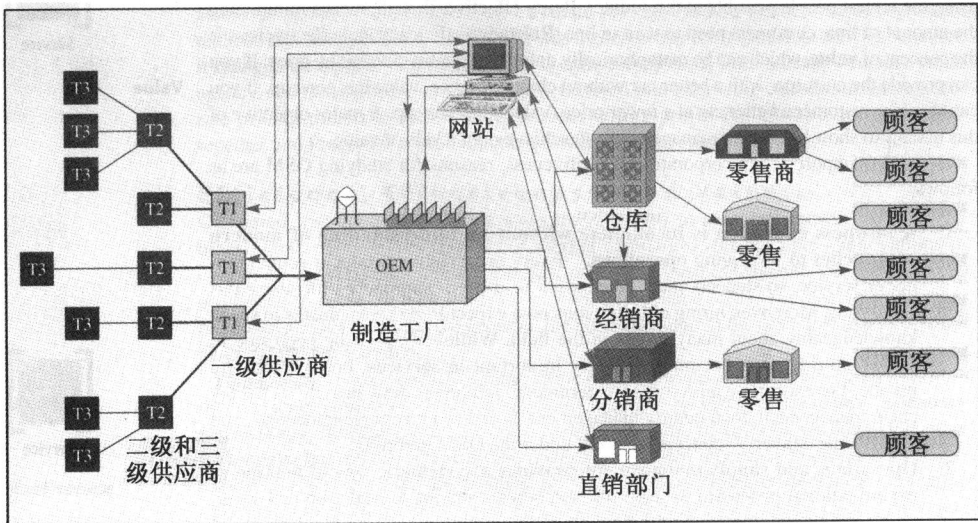

图表 1—1　一个典型贴牌生产商的供应链

1.3 什么是运营与供应战略？

运营与供应战略是围绕如何利用企业资源支持企业长期竞争战略而制定的有关政策和计划。企业的运营与供应战略同公司战略相辅相成，内容广泛。该战略涉及一个长期的过程，期间必然又会有很多变化。运营与供应的战略决策涉及流程的设计及支持该流程的企业基础设施的设计。流程设计包括选择适当的技术、估计流程持续时间、确定流程中库存的作用以及确定流程的位置。基础设施设计决策要考虑计划和控制系统的逻辑联系、质量保证和控制方法、工资结构以及运营职能机构。

运营与供应战略可以被视为协调运营目标和更大组织目标的计划过程的一部分。既然大的组织目标随时间而变化，设计运营战略时也必须预料到未来的需要。运营能力可以被看做最适于企业适应顾客不断变化的产品或服务需求的能力。

1.3.1 竞争维度

假设如今的消费者面临选择，他们会选择什么产品和服务呢？不同顾客会被不同产品或服务的特点所吸引。一些顾客注重的是产品和服务的价格，因此一些公司定位于提供低价。能形成企业竞争地位的竞争维度如下：

1. 成本或价格："使产品或服务价格便宜"

在各个行业中，通常有细分市场只购买低价的产品。为了在这个细分市场上获得竞争优势，企业必须以低成本进行生产，但即使这样做也不能总是保证产品能获得利润，并取得成功。通常严格遵循低成本原则生产的产品和服务就好像日用品一样，也就是说，顾客不能区分不同公司的产品或服务。这个细分市场往往非常巨大。许多企业被潜在的巨额利润所吸引，因而生产大量产品。结果，这个市场竞争非常激烈，因此经营失败的企业也十分多。毕竟，只能有一个企业能够以最低成本生产产品，而且通常是由它来决定市场中该产品的销售价格。

然而价格，不是公司可以竞争的唯一基础（尽管许多经济学家似乎认定这是）。其他公司，如宝马，争取吸引那些要求比现有同类产品或服务的质量更高（在性能、外观或功能上）的客户，即使需要他们付出更高的价格。

2. 质量："生产优质的产品或提供优质的服务"

可以从两个方面来定义产品或服务的质量：设计质量和工艺质量。设计质量是产品或服务中包含的一套特征。它与产品或服务的设计直接相关。产品设计中，产品的质量水平将根据它针对的细分目标市场的不同而不同。显然，小孩子第一辆两轮自行车的质量要求就与世界级自行车运动员自行车的质量要求有显著的差异。使用特殊铝合金材料、重量特轻的齿轮和链条，这一点对于优秀运动员的发挥相当重要。这两种自行车针对不同市场的顾客需要而设计。高质量的自行车由于其特殊性能在市场上会以高价出售。确立适当的设计质量水平的目标在于关注顾客需求。附带过多的或不适当特征的设计超过要求的产品会因为价格昂贵而无人问津。相反，质量设计达不到要求的产品又将顾客推向了价格略高但是性能更好、更具有价值的其他产品，因而丧失顾客。

质量的另一特性——工艺质量也是至关重要的。因为它直接关系到产品或服务的可靠性。不论是小孩的第一辆自行车还是世界级自行车运动员的自行车，顾客都想要没有缺陷的产品。因而，工艺质量的目标是生产无缺陷的产品和服务。产品和服务规格规定了维度的容许限度和/或服务的出错率，说明应如何生产产品和服务。符合这些规定对于确保产品或服务实现设计的预期效用的可靠性十分关键。

3. 交付速度："快速生产产品或者提供服务"

在某些市场上，企业交货速度超过其他竞争对手是十分关键的。可以在 1～2 个小时内提供现场维修服务的企业显然要比保证 24 小时内提供维修服务的企业具有竞争优势。前面讨论过的前进保险公司就是提高交付速度的例子。

4. 交付可靠性："在承诺的时间送达交付"

这一维度是指企业在承诺交货期当日或之前提供产品和服务的能力。对一个汽车制造商而言，其轮胎供应商能否提供每天生产汽车所需数量和种类的轮胎是十分关键的。假设当某种型号的汽车送至装配线上安装轮胎的地方，需要的特定轮胎却还没有送达，整个生产线就会因此停下来，直到轮胎送达才能继续生产。对于联邦快递这样的服务型公司，交付可靠性是其战略的基石。

5. 应对需求变化的能力："改变批量"

在许多市场上，企业对需求增减变化的反应能力是重要的竞争能力。显然，需求增长的时候，企业很少会出现问题。当需求旺盛并呈上升趋势时，由于规模经济，成本递减，这时在新技术上的投资可以很快得到回报。但当需求下降，规模缩小时，则需做出减员或减少资产等艰难抉择。能长期高效地响应市场动态需求的能力，是运营战略的基本要求。

6. 柔性和新产品开发速度："改变产品"

从战略角度看，柔性指的是企业为顾客提供多种类型产品的能力。这种能力的一个重要因素是：企业研制新产品和转变工艺生产新产品所需的时间。

7. 特定产品的其他标准："支持产品"

以上所描述的各项维度是最普遍的。其他维度与特定的产品和情况有关。注意下面各项维度本质上主要都是服务性的。通常，提供特定服务的目的就是要增加产品的销量。

（1）技术联系和支持。人们往往希望供应商为产品研发提供技术支持，特别是在设计和制造的前期。

（2）迎接项目的启动期。进行一个复杂项目往往要一个企业和其他企业一起合作。这种情况下研发工作尚未最终完成，而制造工作却可能已经开始了。不同企业在同一项目上的合作和同步工作将会缩短完成该项目的总时间。

（3）供应商的售后服务。企业的售后服务能力也是一个重要的方面。它包括替换零件的可获取性、旧设备可改进性以及现有产品的新性能扩展性。企业对这些售后服务需求的响应速度也同样重要。

（4）其他维度。通常包括可供选择的颜色、重量、尺寸、装配线布局、产品定制化以及产品组合方案。

1.3.2　权衡的观念

运营与供应战略观念的核心是运营重点和对其的权衡。这其中的原因在于一个运营策略不可能在所有的维度上都做到最好。所以管理者就必须确定哪些是企业成功的关键参数，然后集中企业资源去实现这些特定的特点。

例如，如果一个企业关注交货速度，那么就不太可能提供很多品种的产品。同样，低成本策略可能无法兼顾交货速度或灵活性。高质量也是低成本策略的一个权衡因素。

战略定位并不是可持续的，除非它与其他定位相融合。当企业的活动之间发生矛盾时就需要权衡，偏重于一方面必然会削弱另一方面。航空公司可以选择提供餐食（增加成本以及机场周转时间），也可以选择不提供，但是它不可能两全其美。

当企业既想吸取一个成功模式的优点又希望保持现有定位，就会出现骑墙行为。它在现有的业务中增加新的特点、服务和技术。一个很好的例子是大陆航空公司开始采用西南航空公司的策略开设了一些直航航班。它开设了一项新的服务：大陆轻便。它取消了餐饮和头等舱服务，增加了班次频率，降低了票价以及缩短在机场的周转时间。因为大陆航空公司仍然在其他航线上保留了全面服务的航班，所以它仍然通过旅行社售票，拥有多种型号的飞机以及提供行李检查和座位预定。

骑墙策略最终导致了大陆轻便的失败。航空公司遭受了巨大的损失，首席执行官丢掉了工作。它的飞机在繁忙的空港城市发生延误或者因为机场转运行李而令周转时间延长。每天航班误点和航班取消激起了成千上万的投诉。实行大陆轻便无法提供竞争性价格，并且仍要向旅行社支付标准的佣金，但是如果没有旅行社的全面服务，航班的业务又无法开展。公司最后不得不降低所有大陆航班的佣金进行妥协。同时，公司也不能承受对乘坐廉价的大陆轻便航班的常客所打的折扣。公司不得不再次妥协，降低对大陆航班常客的回馈。结果这些行为激怒了旅行社和乘坐全面服务航班的顾客。大陆航空公司试图在两个市场同时竞争，结果付出了昂贵的代价。

1.3.3　订单赢得要素和订单资格要素：营销和运营的联系

营销和运营两部门的交互是很有必要的，它们将从两个不同的角度为企业提供对市场的了解。为描述营销导向对于竞争的重要意义，牛津大学的 Terry Hill 教授，首创了订单赢得要素和订单资格要素这两个术语来描述对于竞争十分关键的市场取向维度。订单赢得要素是指企业的产品或服务区别于其他企业的产品或服务的评价标准。视情况而定，订单赢得要素评价标准可能是成本（价格）、产品质量和可靠性或其他在早期形成的特点。订单资格要素是指允许一家企业的产品参与竞争的资格筛选标准。Hill 教授认为企业在经营过程中要不断对拥有订单资格的企业进行重新评估。

切记订单赢得要素和订单资格要素会随时间而发生改变。例如，20 世纪 70 年代日本企业进入世界汽车市场时改变了汽车产品赢得订单的方式，市场从以价格为主导因素变成以质量和可靠性为主导因素。美国汽车制造商在产品质量上不敌日本制造商而丧失了很多订单。到了 80 年代后期，福特、通用和克莱斯勒提高了产品质量，从而重新进入市场。顾客时刻监督着质量和可靠性，因而不断重新评估顶级企业在市场中的资格。现在，汽车的订单赢得要素由于车型不同而差异较大。顾客知道他们需要什么样的产品特征（如可靠性、设计特征和耗油量）并且他们期望买到最优性价比的产品。

1.4 战略配合：运营活动配合战略

企业运营的各种业务都是相互关联的。为了使这些活动富有成效，公司必须在不损害客户需求的前提下尽量降低总成本。宜家针对的是年轻的家具买家，他们想要的家具费用低且具风格。宜家选择不同于其竞争对手的活动。

考虑典型的展示商品样品的家具店。一个地方可能有许多沙发，另一个地方展示餐桌，还有许多其他地方展示特定类型的家具。几十本展示面料样本或木材样品或其他可供选择的风格的宣传册，供客户在数千个品种的产品中进行选择。销售人员陪同客户浏览商店，解答问题，并为他们在众多的选择中做引导。一旦客户决定了他想要的，订单就转发给第三方制造商。幸运的话，家具将在 6~8 周后送到顾客的家中。这是一个定制化和服务最大化的供应链，但是成本很高。

相比之下，宜家服务于那些乐意为服务花费成本的客户。宜家采用类似于家居摆设的自助式服务模式，而不是使用销售人员。宜家设计自己的低成本、模块化、随时组装的家具，而不是依赖于第三方制造商。在商店里有一个仓库，放有包装好的产品以供运送。其中的许多低成本运作来自于客户自助服务，但是宜家提供额外服务，如在店内照顾儿童和延长时间。这些服务与客户需求是统一的，他们年轻，不富有，且可能有孩子，并且需要在店内逛数小时。

图表 1—2 显示了宜家的战略是如何通过一系列活动来完成的。活动系统图（如宜家公司）表明公司战略是通过一系列有针对性的活动来体现的。在有明确战略的公司中，一些高层次的战略主题（暗色）可通过集群式的、紧密相连的活动来确定和实施。这类系统图有助于理解系统活动和公司战略的适应性。竞争优势来自于公司活动之间的配合和相互促进。

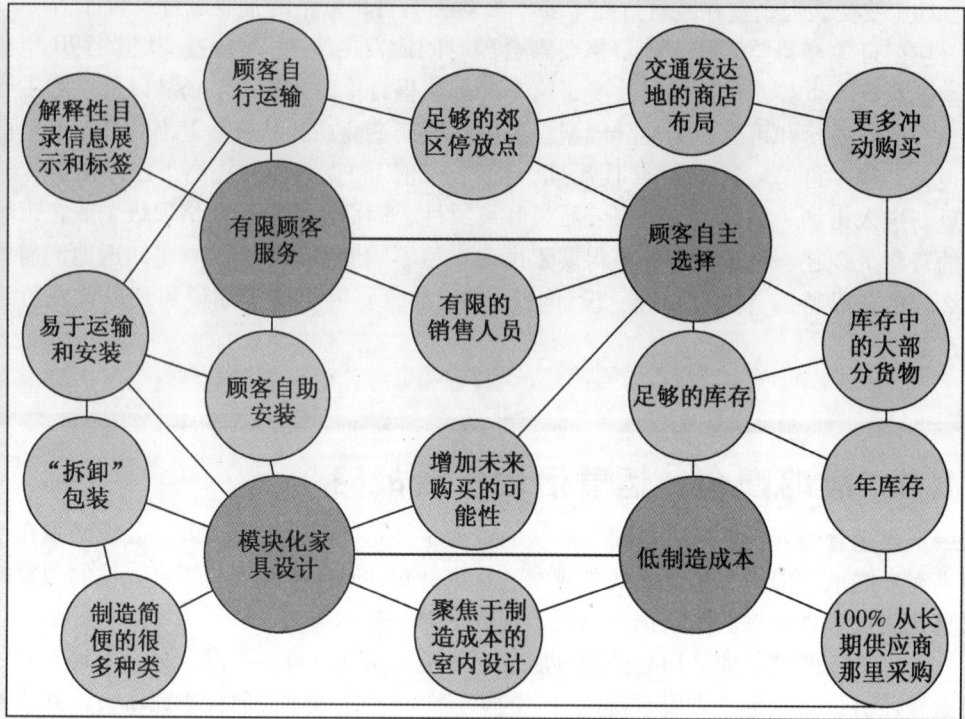

图表1—2 活动系统图

活动系统图（例如宜家公司），显示该公司的战略定位包含一套与之配合的活动来实施。公司有明确的战略定位，一些高层次的战略主题可通过一系列紧密相连的活动来确定和实施。

资料来源：M. E. Porter, *On Competition*, Boston：HBS, 1998, p. 50.

1.5 运营与供应战略框架

运营战略不能凭空想象，必须在纵向上与顾客相联结，横向上与企业其他部门相关联。图表1—3显示了顾客的需求、产品的性能重点、制造运作要求，以及运营和满足要求的企业资源能力之间的联系。高级管理人员的战略眼光决定着战略框架的结构。这种战略眼光确定了目标市场、公司的产品线以及核心的企业和运营能力。

虽然选择目标市场可能会很困难，但必须进行这项工作。事实上，选择目标市场可能会要求企业摒弃那些不能给企业带来利润的细分顾客或企业因自身能力无法满足的顾客。例如，服装制造商从不生产半码服装。核心能力（或竞争力）就是制造企业或者服务企业实现与对手间差异的能力。

可能对于一个企业来说最为困难的事情是告别传统。高层管理者往往在15～20年前的创新的基础上成名，这些管理人员仅仅满足于对现有系统的小修小补。所有新技术都以可快速配置的形式出现，人们很容易把这些技术像补丁一样补充到现有系统中，因而人们热衷于这样的小修小补。尽管做这些工作令管理者和工程师们感到十分振奋，但它们毕竟不可能创造出独树一帜的核心能力——可以赢得未来顾客的能力。在激烈的全球竞争中，企业所需的不是更多的技术，而是构造一整套新产品的实现系统，不仅区别于竞争对手，并且比他们的系统更优。

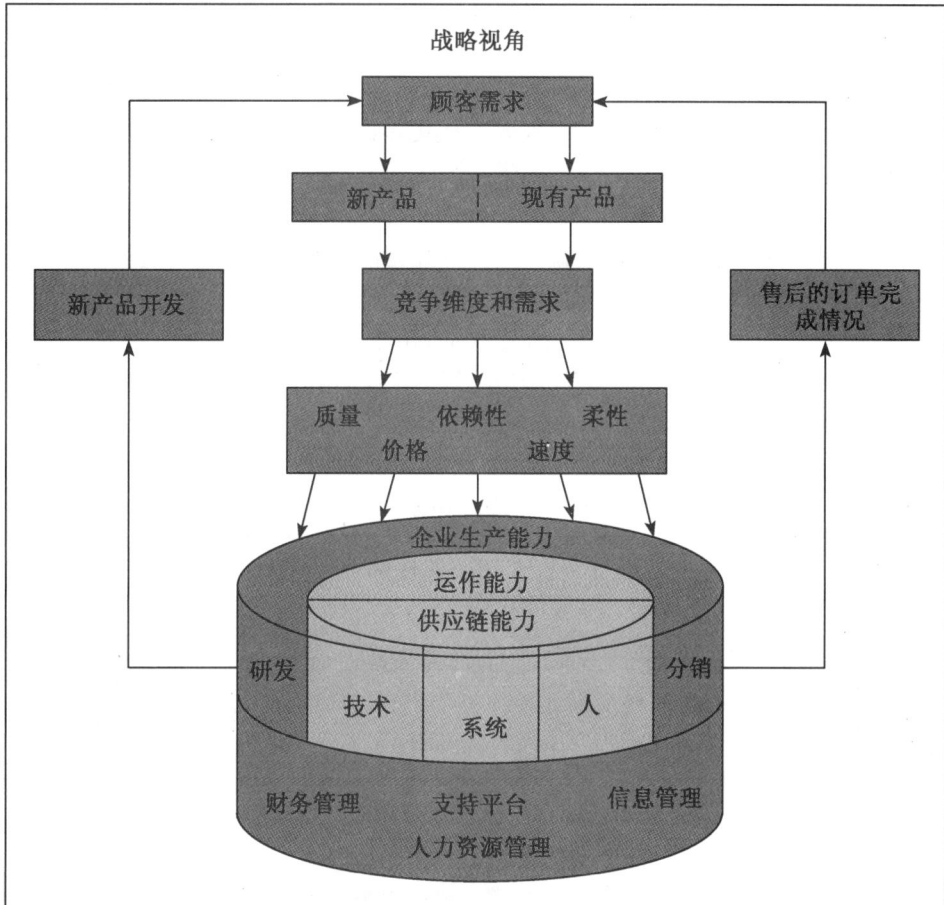

图表1—3　运营与供应战略框架：从顾客需要到订单满足

1.6　华尔街如何对运营绩效进行评价？

因为产品或服务的相对成本对于高盈利成长十分重要，因而投资者通常很重视从运营角度比较企业的绩效，收入增长通常取决于企业的盈利能力，销售额的增长和/或成本的降低都能令利润增加。高效率的企业通常在需求回落的经济萧条时期还能脱颖而出，由于其低成本结构，它们通常能持续盈利。精通运营的企业有时甚至把经济萧条期看成是获得市场份额的机会，因为效率低的对手们可能正在为保持业绩而拼命挣扎。

看看效率被视为重要因素的汽车行业。图表1—4显示了一些主要公司的比较。你可以看到，丰田占据着霸主地位。丰田公司员工的人均纯收入是福特和戴姆勒·克莱斯勒员工的5倍，真是惊人的成就。丰田在应收款周转率、存货周转率和资产周转率方面也领先。福特和通用汽车一直努力完善由日本丰田提出的库存管理理念。真正的效率超越了库存管理，要求集成产品的开发、销售、制造和供应系统。丰田对这些活动有非常成熟的方法，这从它的基本数据中能清楚看出来。

每年夏天，《今日美国》会发表美国大型企业生产率收益的年度报告。过去几年来生产率一直在上升，这对经济很有利。在经济萧条时期，生产率通常会上升，因为在此时期很多工人被解雇，留下的工人要完成更多的工作。部分上升来自技术进步。我们可以想象一下拖拉机对农业生产产生多大的影响。

在评估生产率最高的赢家和输家时，我们要注意寻找其中不寻常的原因。例如，能源公司通常都有巨额的生产率收益，因为升高的油价令企业不需雇用额外的员工就能使收益抬升。Merck 和 Pfizer 这类制药公司近来业绩不佳。它们的生产指标陡降主要源于一次性事件。Merck 新开了一家公司而 Pfizer 新买了一家公司。这种一次性事件给那些想要了解企业运作情况的人制造了很多干扰。在这种情形下，最好考察一下生产率的多年情况。

图表1—4　　　　　　　　　　　华尔街运用的效率评价

汽车公司比较				
经营管理效率的评价	丰田	福特	通用	戴姆勒·克莱斯勒	产业
雇员人均收入（美元）	40 000	8 000	10 000	8 000	15 000
雇员人均创利（美元）	663 000	535 000	597 000	510 000	568 000
应收账款周转率	4.0	1.5	1.0	2.2	2.1
存货周转率	12.0	11.5	11.7	5.9	11.0
资产周转率	0.8	0.6	0.4	0.8	0.8

1.7　小结

在本章中，我们强调了运营与供应管理和企业取得竞争成功之间的联系。这本书的各个专题是所有管理人员都应熟悉的内容。企业的经营与供应活动必须在战略上支持企业的竞争力。我们列举的三个大公司的例子都具备很好的运作战略融合。

宜家的整个集成过程，包括产品设计、包装设计、制造、分销和零售渠道都为以最低的成本生产具有创新功能的产品提供可能。前进保险公司利用互联网和移动的创新网络来大幅降低客户的提交成本，而实际上以服务竞争取胜。最后，哈雷戴维森通过提供多种选择满足客户拥有一辆独特的摩托车的需求。它们能够在其经销商的服务中心选择安装，而不是背负着高库存，从而使客户能够获得他们想要的，同时，提高他们交易的价值和利益。

在这一章中，我们表明了公司总体战略怎样才能同运营与供应战略相联结。运营竞争维度、订单赢得要素、订单资格要素和战略配合都是很重要的概念。这些概念适合于任何公司，对维持公司的竞争优势是很重要的。对于一个要保持竞争力的企业，所有的运营活动必须支持公司的战略。华尔街分析师不断观察如何从运营角度使公司业务富有效率。如果公司具有强有力的运营能力，就能够创造更多的利润，从而吸引投资。

关键术语

效率（efficiency）：以尽可能低的费用做某事。

效果（effectiveness）：用恰当的行为为公司创造最大的价值。

价值（value）：质量和价格的比例。有竞争性的"顾客愉快"是指能够在提高质量、降低价格的同时维持或增加利润（这是通过运营直接提高顾客重复购买率而获得市场份额的一种方法）。

运营与供应管理（operations and supply management，OSM）：对生产、交付公司产品和服务的系统进行的设计、运作和改进。

运营与供应战略（operations and supply strategy）：为公司资源利用制订战略性的计划，来支持公司的长期竞争战略。

骑墙（straddling）：企业与竞争者进行竞争，在现有的业务中增加新的特点、服务和技术。如果企业必须在某些方面进行权衡的话，通常会导致问题的产生。

订单赢得要素（order winner）：令企业的产品和服务区别于其他企业的某个维度。

订单资格要素（order qualifier）：对产品或服务参与竞争的资格进行筛选时所用的标准。

活动系统图（activity – system map）：展示企业战略通过一系列支持活动实施的图表。

核心能力（core capabilities）：区别于竞争对手的生产或服务的技能。

复习与讨论题

1. 看过《华尔街日报》的招聘广告后，评估一下一个有几年经验的运营管理专业人员的发展机会。

2. 有哪些因素使当今人们对运营管理的兴趣得到复苏？

3. 是否会有一家企业的产品生产速度快、性能可靠、柔性好、产品质量好，但从顾客的角度来看它的服务很低劣？

4. 运营与供应战略的重点是什么？你如何看待它们与过去几年的重点的关系？对于特定的行业，最后考虑下这个关系。个人电脑很适合考虑这个。

5. 为什么对于那些作为世界级竞争对手的企业来说，"适当"的运营战略要不断改变？

6. 订单赢得要素和订单资格要素是什么意思？你最近一次采购的产品或服务的订单赢得要素是什么？

网上练习：哈雷戴维森摩托车

哈雷戴维森（Harley – Davidson，HD）开发了一个网站，让潜在客户来定制自己的新摩托车。作为一种"基本"模式，客户可以选择各种各样的样式，包括铬、配色方案、废气、徒步控制、镜子和其他配件。通过网络申请，客户不仅可以从附件单中选择，而且可以看到摩托车的外观。这些独特的设计可以打印成图片或通过电子邮件与朋友、家人分享。这是多么美妙的卖摩托车的方式啊！

登录哈雷戴维森（HD）的网站（ www. Harley – Davidson. com ）。从这里选择"自定义您的哈雷"。然后选择"定制"，就可以进入申请。

1. 您认为有多少种不同的摩托车的配置？每一个客户可以有一辆不同的摩托车吗？为了使这个简单化，如果 HD 只有两种类型、三种把手、四个包、两个排气管可供选择，会怎么样呢？在这种情况下可能有多少个组合？

2. 为了让事情简单，HD 让经销商安装所有这些配置。如果 HD 在工厂安装这些配置而不是让经销商安装，那将会涉及什么权衡？

3. 定制对 HD 的营销战略有多重要？HD 的订单赢得要素和订单资格要素是什么？简要说明 HD 运营与供应战略。

参考文献

Hayes, Robert；Gary Pisano；David Upton；and Steven Wheelwright. *Operations*, *Strategy*, *and Technology*：*Pursuing the Competitive Edge.* New York：John Wiley & Sons, 2004.

Hill, T. J. *Manufacturing Strategy—Text and Cases.* Burr Ridge；IL：Irwin/McGraw – Hill, 2000.

Slack, N., and M. Lewis. *Operations Strategy.* Harlow, England, and New York：Prentice Hall, 2002.

Sower, Victor E., Jaideep Motwani, and Michael J. Savoie. "Classics in production and operations management," *International Journal of Operations & Production Management*, Vol. 17, No. 1（1997）, pp. 15 – 28.

2

项目管理

阅读了本章后，你将：

1. 知道什么是项目管理以及它为什么很重要。
2. 知道用不同方式构建项目。
3. 知道如何在主项目中构建子项目。
4. 知道什么是项目里程碑。
5. 知道如何确定一个项目的"关键路径"。
6. 知道怎样完成和缩短项目时间。

本章概要

苹果的 iPod 已经拥有自己的产品开发团队

什么是项目管理

                      项目的定义

                      项目管理的定义

项目组织结构

   纯项目   纯项目的定义

   职能项目   职能项目的定义

   矩阵制项目   矩阵制项目的定义

工作分解结构

                      项目里程碑的定义

                      工作分解结构的定义

                      活动的定义

项目控制图

                      甘特图的定义

网络计划模型

   关键路径法（CPM）   关键路径的定义

   时间费用模型   紧前活动的定义

                      松弛时间的定义

                      最早开始时间的定义

                      最迟开始时间的定义

                      时间费用模型的定义

资源管理

   追踪过程

小结

案例：手机设计项目

苹果的 iPod 拥有自己的产品开发团队

    苹果公司如何开发其销售的创新性产品？苹果有两个独立的产品开发团队，一个围绕其苹果计算机，而另一个将重点放在 iPod 音乐播放器上。通过这种方法苹果可以在其成功的产品上集中资源。iPod 重振了苹果公司，使苹果公司在过去两年里持续盈利。

iPod 许多基础设计是由外包公司来完成的。电子消费市场是一个快速变化的、把专家联系在一起的设计链，苹果能够迅速把 iPod 推向市场。苹果开发了一种依靠第三方平台分层的项目，这个第三方是位于加利福尼亚州圣克拉拉市的 PortalPlayer 公司。PortalPlayer 公司开发了一个音响系统的基础平台，包括便携式数字音乐播放器、普通的音响系统，以及流式音频接收器。

苹果开始的设想是播放器应该是什么和它看起来应该像什么。随后的设计参数受制于其外观和形状因素。外界的观点帮助确定许多部件，包括索尼公司的平板锂电池和 1.8 英寸的东芝硬盘。电池、硬盘、电路板三个基本单元是有层次的，前一个位于后一个的上面。其余的设备使用了一个专门的 MP3 解码器和控制器芯片、Wolfson 的立体声数字模拟转换器、夏普公司的闪存芯片、德州仪器的 1394 火线接口控制器，以及 Linear 公司的电源管理和电池充电集成电路。

与这些合作伙伴合作，iPod 设计项目在几个月的周期内就可以完成。多个合作伙伴之间的管理活动的推进是极其困难的，因为苹果必须确保其产品的开发时间与产品的推出时间表相匹配。毫无疑问，iPod 以后的系列产品将取决于这个充满活力的设计链。苹果公司的 iPod 产品大获成功主要是因为成功的项目管理。这也就是本章的主题。

虽然本章的大部分内容都着眼于项目管理的技术层面（如构建项目网络和计算关键路径），正如我们开篇所看到的，管理也同样重要。项目管理的成功在很大程度上依赖于对关键资源的精心控制。尽管在本书中我们花了很多时间来强调非人力资源（如机器和材料）的管理，但对一个项目来说，最主要的资源往往是劳动者的时间。人力资源往往是最昂贵的，对项目的成功起关键作用的通常是那些经理、咨询师和工程师。

组织的最高管理者就是对项目的开发发号施令的人。项目分为很多种，涵盖了新产品的开发、产品的修复、新的市场计划以及一系列旨在满足顾客要求和减少成本的项目。

大部分公司都独立承担自己的项目开发，以尽可能快、尽可能少的成本将项目推上轨道。这些公司都善于应用本章所讨论的技术来执行大多数任务，但是这些项目没有出现预期的结果。更糟糕的是，许多项目耗费了大量的资源，却与公司的战略目标几乎没有关系，这类情况比比皆是。

对组织来说，一个十分重要的决策就是怎样组合项目才能产生最好的效果。Wheelwright 和 Clark 指出，一个公司应该拥有能够支持公司战略的项目组合。项目应该从以下几方面来选择：衍生物（不断创新，比如新产品的包装和不采用装饰的版本）、突破（开创新的市场的变革）、重要（对现有产品基本改进）和伙伴联盟（见图表 2—1）。

在本章中，我们只是简单地介绍了项目管理。作为职业项目经理，不仅要精通计算技术（如最早开始时间、最迟完工时间），而且还要对项目有推动作用，这是相当重要的。此外，他还必须能解决项目中发生的冲突。毋庸置疑，面对能够决定你升迁与否的上司，成功地领导一个项目就是证明自己能力的最佳方式。实际上，所有的项目都是团队工作，领导一个项目就是领导一个团队。若你领导某个项目取得了成功，通过团队里的成员，这会在更大范围内被人知晓。随着组织的扁平化（通过重组、精简和外包），原先在部门内部处理的工作更多地依赖于项目和项目经理来完成。

2.1 什么是项目管理

项目是指在规定时间内必须完成，有明确目标的一系列相关工作。项目管理是指在技术、费用、时间等的约束下，对资源（人员、机器和原材料）进行计划、协调和控制。

虽然项目通常被认为是一次性事件，但是事实上很多项目都是可重复的，或者其经验可以给类似背景的其他项目或产品生产过程提供借鉴。某个项目的结果可能与另外一个项目的结果是相同的。对于房屋建筑商或进行小批量生产（如生产大型计算机、火车机车或线性加速器）的企业来说，其生产行为都可看成为一个项目。

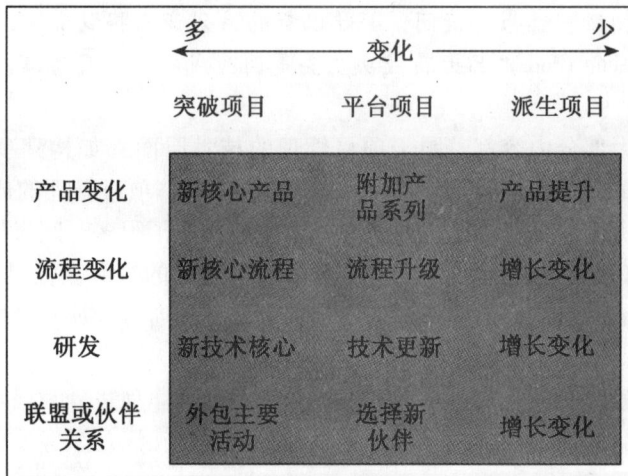

图表 2—1　研发项目

2.2 项目组织结构

在项目开始前，高层管理者必须先确定采用哪种项目组织结构：纯项目、职能项目，还是矩阵制项目。接下来，我们将讨论这三种主要形式的优点和缺点。

2.2.1 纯项目

汤姆·彼得斯（Tom Peters）曾预测："世界上的绝大多数工作将成为'脑力劳动'，在这些暂时建立的工作网络中，这些工作由一些负责完成项目的团队承担，每个团队都是相对独立的工作机构；这些工作团队尤其需要速度和灵活度。"因此，在这三个基本的项目组织结构中，彼得斯倾向于纯项目这种结构形式。

1. 优点

- 项目经理全权负责该项目。
- 团队成员只向一个上级汇报，他们不必担心还需要对职能方面的管理者负责。
- 沟通线路缩短，便于迅速做出决策。
- 具有很高的团队成员自豪感、士气和投入程度。

2. 缺点

- 资源重复配置，设备和成员不能跨项目共享。
- 忽略了组织的目标和企业政策，团队成员无论在心理上还是在实质上都与组织发生了偏离。
- 由于削弱了职能部门的权力，组织在更新技术知识方面很落后。
- 由于团队成员没有职能上的总部，因此他们缺乏安全感，他们会为项目结束后的生计而担忧，并且由此导致项目结束时间的延迟。

摩托罗拉 RAZR 手机的开发利用纯项目小组（见"突破"专栏）。

突　破　　　　　摩托罗拉的 RAZR 手机

在独特的设计过程中，摩托罗拉的研究小组使用新的主打产品。

新的摩托罗拉 RAZR 孕育和"孵化"在芝加哥北部郊区 Libertyville 的一个小房间里。这是一个科研项目，负责该项目的紧密团结的团队一再挑战摩托罗拉公司开发新产品的规则。他们把该项目视为最高机密，甚至对他们的同事也一样。他们使用摩托罗拉从来没有尝试过的材料和技术。在不断的内部讨论后，他们抛弃移动电话传统上所接受的外观和感觉。总之，团队创造性地打破了手机的固有模式，并在这一过程中使公司重新焕发活力。

为设计外观和风格与内置电话同样好的手机需配备一个专家小组，RAZR 手机小组大约有 20 人。这些才华横溢的人每天下午 4 点在 Libertyville 的一个会议室详细讨论他们前一天工作的进展，同时清单上的配件也在逐渐减少：天线，扬声器，键盘，摄像头，显示器，光源，电池，充电器等。会议本来安排开 1 小时，但经常开到 7 点以后。"轻蛤蜊"项目成为最难攻克的堡垒。钱不是制约因素，但保密性和速度是。该小组禁止关于项目的数码照片，杜绝可能无意中传播的电子邮件，只有随身携带或有团队成员陪同时手机模型才能离开工作室。

有两个关键的创新，允许团队使手机变薄，这是设计的关键点。首先是把天线放在话筒处，而不是在手机的顶端。虽然之前这还没有完成，但也是一个技术难题。第二个想法是重新安排手机的内部，主要是把电池安放在电路板或内部的计算机旁边，而不是它下面。这个问题解决了，但是又出现了一个新的问题：宽度。摩托罗拉的"人因工程"专家得出的结论是，一个电话宽度超过 49 毫米不适合手拿。并排的设计使电话宽 53 毫米。但是，手机团队不接受公司的研究结论。该小组做出了自己的模型来看看53毫米的手机到底怎样，最后，团队成员们以自己的发现证明公司是错误的，这额外4毫米是可以接受的。

截至2006年6月，该公司出售了5 000万部手机！摩托罗拉将出售更多的RAZR，并将超过苹果的iPod。手机开发团队的几个关键成员被要求出席总部的高层管理人员会议。没有告诉他们原因。当小组成员进入会场时，公司上下全场起立鼓掌。小组成员被告知，他们将得到有显著红利的股票期权作为奖励。

2.2.2 　职能项目

职能项目是项目组织结构的另一方面，指在职能区域里为项目提供管理职能。

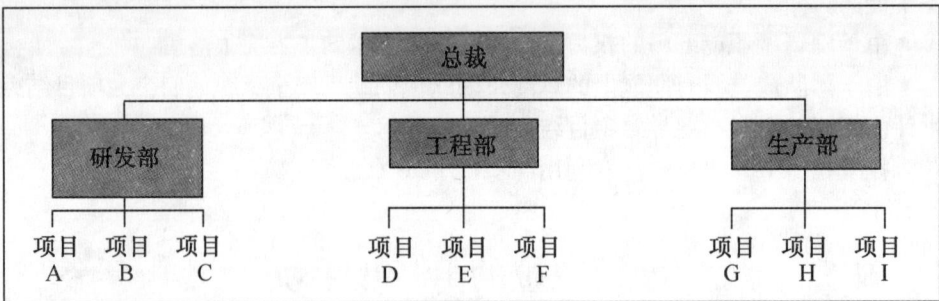

1. 优点
- 每个团队成员都可以同时参加几个项目。
- 即使某些人离开了项目或组织，技术专家也能继续留在职能区域里。
- 职能区域是团队成员在项目结束后的"本部"，职能专家可以垂直发展。
- 专业领域的职能专家能集中在一起，共同解决项目存在的技术问题。
2. 缺点
- 项目的各方面与职能区域不直接相关，缺乏必要的信息。
- 团队成员的士气经常变得很低落。
- 客户的需求被放在第二位，对客户需求的反应速度慢。

2.2.3 　矩阵制项目

作为一种经典的专业化组织形式，"矩阵制项目"最大限度地发挥了职能项目结构和纯项目结构的优点。每个项目都能充分利用各个职能区域的人员。项目经理（PM）决定执行什么任务以及何时执行，而职能部门经理则控制使用哪些技术和人员。假设采用矩阵制项目形式，不同的项目（矩阵的水平线）可以从不同的职能区域（垂直线）抽调资源。高层管理者要决定采用弱矩阵形式、平衡矩阵形式还是强矩阵形式，并协调项目经理与职能经理之间的权力分配。

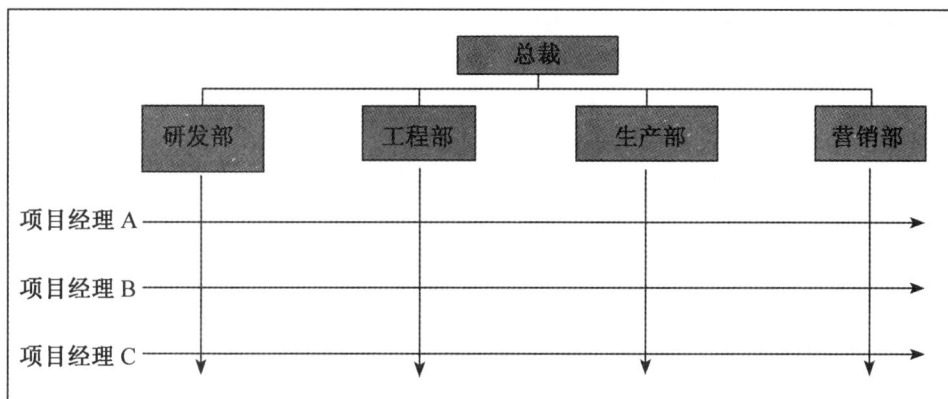

1. 优点

● 加强了不同职能部门之间的交流。

● 项目经理对整个项目负责。

● 资源的重复配置实现最小化。

● 项目完成后团队成员还有一个职能部门的"总部"。因此与纯项目形式相比，团队成员减少了项目完成后"无家可归"的后顾之忧。

● 遵循了上级组织的政策，加大了对项目的支持。

2. 缺点

● 存在双重领导。经常出现职能经理的命令先于项目经理发出的情况。那么到底谁是真正的上司呢？

● 除非项目经理具有很强的谈判能力，否则项目注定要失败。

● 本位主义乘虚而入。经常出现项目经理为自己的项目存储资源的现象，由此损害了其他项目的利益。

请注意，无论采用哪一种组织形式（结构），项目经理都是与顾客接触的最主要人员。由于项目经理必须负责项目的成功完成，因此很大程度上加强了项目中的沟通和执行过程的灵活性。

2.3 工作分解结构

项目以工作描述（SOW）作为开始。工作描述是对工作任务的书面描述，包括对工作的简短描述以及开始和完成时间的日程安排。它也可以包含预算期限和完工步骤的绩效评价指标以及需要提交的书面报告。

任务是项目的进一步细分，一般时间跨度不超过几个月，并且通常由一个团队来完成。如果需要的话，可以对任务进一步细分，即分成更具有实际意义的子任务。

工作包是合并在一起分配给某一组织单元完成的一组活动。它仍然符合所有项目管理遵循的共同模式。工作包提供了应该做什么、何时开始、何时结束、工作预算、工作评价指标以及某一特定时间所要达到的特定目标，这些特定目标就称之为项目里程碑。典型的项目里程碑可能是设计工作的完成、样机的制成、样机检验的完成以及控制路线的确定等。

工作分解结构（WBS）定义了项目任务的层次结构，从上到下依次分为项目任务、子任务和工作包。一个或多个工作包的完成标志着子任务的完成；一个或多个子任务的完成标志着任务的完成；最后所有任务的完成就表示整个任务的完成。该结构可用图表2—2表示。

图表2—2表示了大型光学扫描仪的工作分解结构。工作分解结构在组织项目的时候是非常重要的，因为它把项目分解成了若干个可管理的模块。根据项目的不同，图中的层数也会不同。分解成几个层次参照以下的规则：

- 在实现工作包目标的过程中，个人或组织承担的职责和义务的标准。
- 在项目过程中所需要的预算和成本的标准。

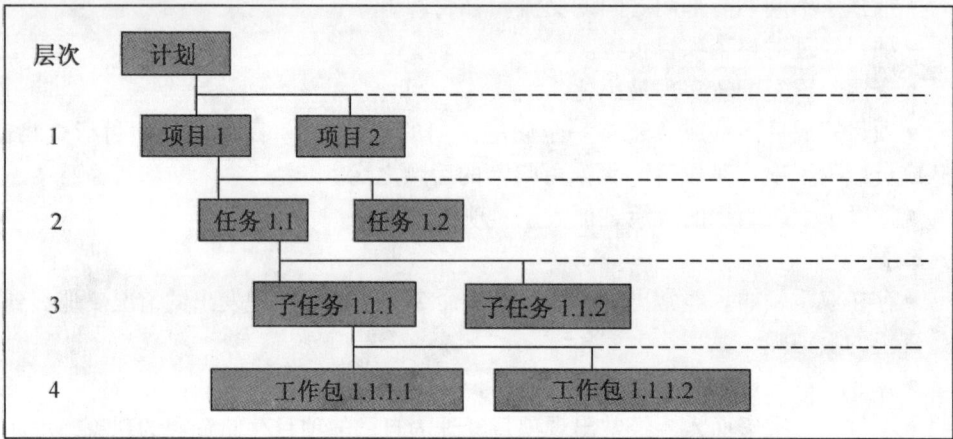

图表2—2　工作分解结构举例

任何一个项目都不会只有唯一正确的工作分解结构。对于同一个项目，两个不同的项目小组可能会设计出不同的工作分解结构。一些专家认为，与其说项目管理是一门科学，倒不如说它是一门艺术。因为同一个项目可以用很多不同的方法来完成。寻找一个正确的途径来完成项目依赖于完成每个特定任务累积起来的经验。

活动是在工作分解结构中定义的，必须消耗时间来完成工作。尽管活动通常需要人员的参与，但不是必需的。例如，等待油漆风干在项目中就是一个活动。活动可以认为是工作分解结构的一部分。在图2—3中，活动就包括望远镜的设计和制造（1.1.1）、望远镜/模拟器的光学界面（1.1.2）以及数据记录（1.2.4）。活动可以从这样一个角度定义：当所有的活动完成的时候，整个项目就完成了。

層次

1	2	3	4	编号	名称
x				1	光学模拟仪设计
	x			1.1	光学设计
		x		1.1.1	望远镜设计
		x		1.1.2	望远镜／模拟仪间的光学界面
		x		1.1.3	模拟仪变焦系统的设计
		x		1.1.4	辅助模拟仪光学部件规格设计
	x			1.2	系统运行分析
		x		1.2.1	整个系统的软硬件控制
			x	1.2.1.1	逻辑流程图的生成及分析
			x	1.2.1.2	基本控制算法设计
		x		1.2.2	远程射线分析仪
		x		1.2.3	系统间及系统内部指派方法设计
		x		1.2.4	数据记录及处理要求
	x			1.3	系统集成
	x			1.4	成本分析
		x		1.4.1	成本／系统计划分析
		x		1.4.2	成本／系统运行分析
	x			1.5	管理
		x		1.5.1	系统设计／工程管理
		x		1.5.2	计划管理
	x			1.6	长期生产规程
		x		1.6.1	大型光仪
		x		1.6.2	目标零部件
		x		1.6.3	探测仪

图表 2—3 设计大型光学扫描仪的工作分解结构

2.4 项目控制图

美国国防部（项目管理最早的应用者之一）已经公布了一系列有效的标准形式，其中很多可以被采用项目管理的企业直接应用或经过修改后使用。我们可以用计算机编写的图形化程序迅速生成本章中所描述的图。这些图是非常有用的，因为它们直观明了。图表 2—4 显示了可以绘制出的图形的一个例子。

图表 2—4A 是关于甘特图（有时被称为条形图）的例子。该图显示了所需的时间，也显示了活动执行的顺序。这个图是以亨利·L. 甘特的名字命名。甘特在第一次世界大战期间把这种图运用到建模上，由此获得了总统嘉奖。如在图表 2—4A 中，"提前采购"和"生产计划"是两个相互独立的活动，可同时进行，而其他所有的活动必须从上到下依次进行。图表 2—4B 描述了工人费用、物料费用和管理费用的数量，其价值在于可以清楚地表示资源和成本的数量。

图表 2—4C 显示了该项目中各部门（如制造、财务等部门）中人工工时的百分比。这些工时与项目总的人工成本密切相关。例如，制造部门的人工工时占总工时的50%，而对应的人工成本占总人工成本的40%。

图表 2—4D 上半部分显示了这些项目的完成情况。垂直的虚线表示当前的进度。由图上可以看出，项目 1 已经出现了延误，因为尚有工作没有完成；项目 2 暂时停工，因为在计划的工作线上有一段空白；项目 3 则是不间断的工作。图表 2—4D 下半部分是实际总成本和计划总成本的比较。正如我们所看到的那样，出现了两块成本超支区域。不过，追踪日的实际累积成本低于计划累积成本。

图表 2—4E 是里程碑的图。这 3 个里程碑标注着项目中需要检查的特定点，检查

的目的是确定项目是否按进度进行以及项目应该完成的进度。设置里程碑的最佳位置是在一项关键活动完成之后。本图中，这些关键活动是"下达订单"、"收到发票"以及"收到物料"。

其他标准形式的报告也可采用，如检查成本和进度的报告（如成本计划数据报告（CSSR））或可作为制定支付决策依据的有关报告（如利润报告）。

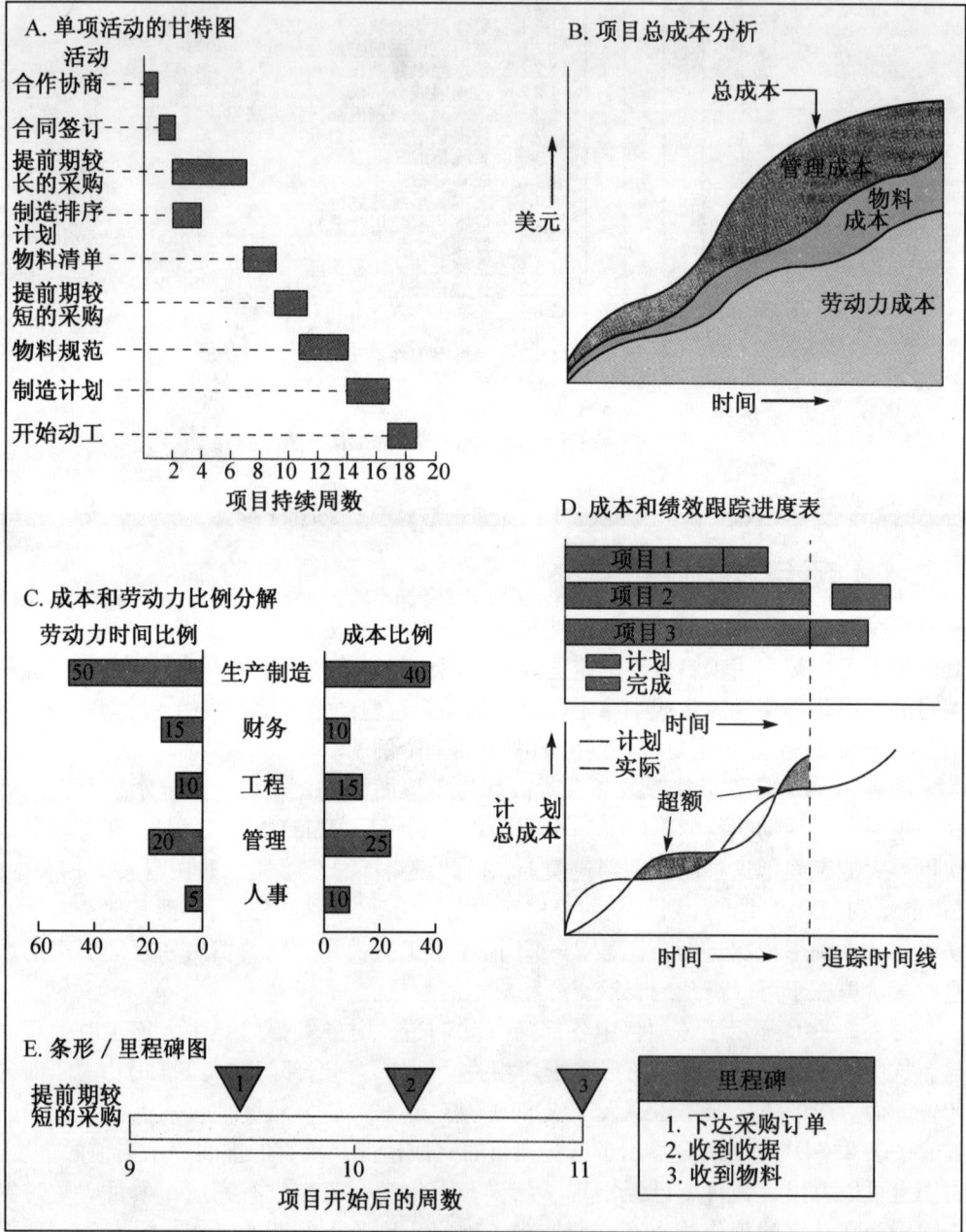

图表 2—4　项目报告图解

2.5　网络计划模型

最著名的两种网络计划模型都产生于 20 世纪 50 年代。关键路径法（CPM）是杜邦公司旗下的化工厂在制订停机期间的维护计划时发明的。由于这个行业经常要实施维护项目，所以应该事先获得这些维护活动较为准确的时间预计。关键路径法的假设前提是项目中各项活动的所需时间都能准确预计，并且这些时间都不发生变化。关键路径法建立在项目活动时间可准确估计并且保持不变的假设的基础上。进度估算技术（PERT）是在美国海军特别计划委员会定制北极星导弹研制计划时发展起来的。这是一个涉及 3 000 多个承包商的特大型项目，由于其中大部分的工作以前都没有做过，进度估算技术就是用来解决不确定时间的估计问题。随着时间的推移，由于关键路径法和进度估算技术间的差异逐渐消失，在这里我们把它们都称为关键路径法。

从某种意义上说，这两种技术的发展都应归功于它们的先驱——甘特图的广泛应用。对小项目用甘特图可以直观地将各种活动和时间联系起来，但对于超过 25 个活动组成的项目，其可视性就变得极差，而且操作起来很困难。另外，甘特图也不能提供确定关键路径的直接方法，而关键路径有着很大的实际价值。

在一个项目中，关键路径是一连串的活动，表示出在项目完成过程中花费时间最长的一条线。如果关键路径上的某一项活动延期，那么整个项目就将延期。确定项目中每个活动的时间是该技术的主要目标。这个技术计算出每个活动的开始和结束时间，以及该活动是否为关键路径的一部分。

2.5.1　关键路径法

下面是一个项目的安排程序，在这个案例中，我们假设时间都是已知的，所以给出了活动时间的唯一估计值，但是在后面我们将在活动的时间上引入不确定性。我们通过为一个非常简单的项目安排时间来说明这个基本的方法。

假设有一个团队需要你做出决定——是否应该投资于某家公司。投资顾问建议你通过下面的四步来进行分析：

A. 选择一家公司。

B. 获得该公司的年报并做出比率分析。

C. 收集技术上的股票价格数据并建立表格。

D. 独立审查这些数据并决定是否应该买入这些股票。

你们小组的 4 个成员决定按照顾问的建议将这个项目分成四个活动。你决定让所有的成员都参与选择公司，并且这项任务要在一个星期之内完成。你们将在周末碰头，决定你们小组想投资的公司。在这次会议上，你们将进行分组：两人负责年报和比率分析，其他两人负责技术数据和建立表格。你的小组希望花费两周时间取得年报并做出比率分析，花费一周时间来收集技术数据并做出表格。你同意让这两个小组独立开展工作。最后你们将一起决定是否购买该公司的股票，但在此之前，每个小组成员都要花费一周的时间对所有的数据进行审核。

这是一个简单的项目，但它却能够详细说明这种方法。下面就是相应的步骤：

1. 确定项目中每一个需要完成的活动，并估计出完成每一个活动需要的时间。这一点很简单，你可以从投资顾问那里得到信息。我们可以按照下面的形式确定出每个活动：A（1），B（2），C（1），D（1）。括号中的数字是活动所需要的时间。

2．确定活动的先后次序，建立起能够反映活动次序的网络。首先确定每个活动的紧前活动，紧前活动指的是在进行这个活动之前必须要完成的活动，在进行活动 B 和 C 之前要完成活动 A。在进行活动 D 之前还要完成活动 B 和 C。这些关系如下表所示：

活　　动	表示符号	紧前任务	时间（周）
选择公司	A	无	1
得到年报并做出比率分析	B	A	2
收集股票价格数据并做出表格	C	A	1
审核数据并做出决定	D	B 和 C	1

下图是一个描述前后次序关系的网络图。

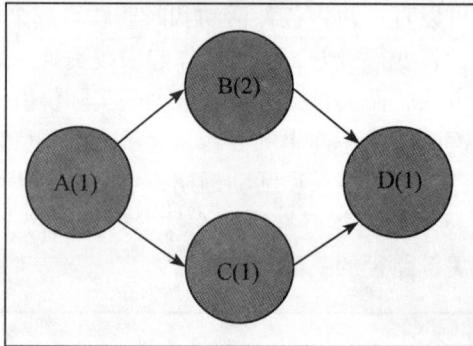

3．确定关键路径。认真分析项目中每一个开始到结束的活动序列。对于这个简单的项目来说，有两条线路：A—B—D 和 A—C—D 。关键路径是活动时间总和最长的路径。A—B—D 线路的时间为 4 周，A—C—D 线路的时间为 3 周。因此关键路径是线路 A—B—D，如果在这条关键路径上的任何活动延期，整个项目都将延期。

4. 确定最早开始/结束时间和最迟开始/结束时间。为了安排整个项目，就要找出每个活动的开始时间和结束时间。但是对于大多数活动来说，在活动开始和结束的时候会存在一个时间上的延迟，这个延迟就叫做松弛时间。对项目中的每一项活动我们要确定出四个时间：最早开始时间、最迟开始时间、最早结束时间、最迟结束时间。最早开始和结束时间就是这个活动最早能够开始和结束的时间。同样，最迟开始和结束时间就是这个活动最迟开始和结束的时间。最早开始时间和最迟开始时间之差就是松弛时间。为了能够直观地表示出来，我们在表示活动的符号旁边分别添加了事件数据，如下图所示。

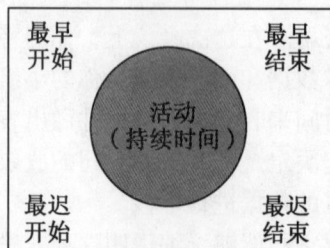

为了进行计算，我们根据网络图的开始活动到结束活动，计算出每个活动的最早开始和最早结束时间。我们设定我们现在的时间为0。活动A最早开始时间为0，最早结束时间为1。活动B最早开始时间是活动A的最早结束时间，也就是1。同样，C的最早开始时间为1。B的最早结束时间为3，C的最早结束时间为2。由于只有B完成才能进行活动D，所以D的最早开始时间为3，最早结束时间为4（见下图）。

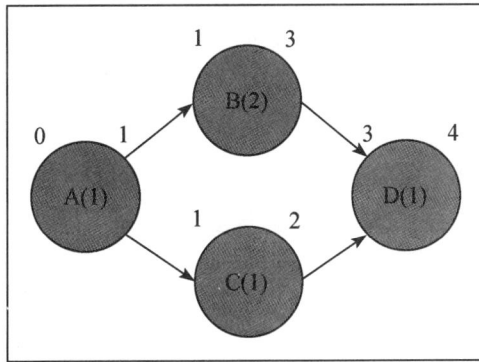

计算最迟结束和开始时间，必须从网络图的终点开始，到网络图的起点为止。考虑活动D，它的最早完工时间是4，如果我们不想推迟项目的完成时间，最迟结束时间应为4，由于有1个时间单位的工期，活动D的最迟开始时间就是3。现在来看活动C，活动C应该在活动D开始的时刻3完成，所以活动C的最迟结束时间为3，而最迟开始时间就是2。注意活动C的最早时间和最迟时间的区别，我们就会发现这里有1周的松弛时间。活动B应该在时刻3完成，因此活动B的最迟结束时间为3，而最迟开始时间为1。在活动B上并没有松弛时间。最后，活动A必须在活动B和C之前完成，所以，活动A的最迟结束时间为1，最迟开始时间为0。我们注意到活动A、B、D并没有松弛时间。最终的网络图就是下图这样（希望你的小组在选择投资某个公司的股票时能够成功）。

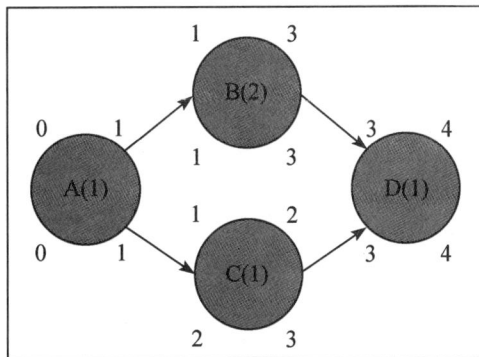

例2.1　关键路径法

许多试图进入笔记本电脑市场的公司最后都失败了。现假设你的公司仍相信该市场有很大的需求，因为现有产品的设计不符合用户的要求：它们或者太重，或者太大，或者太小，以致不能安装标准尺寸键盘。你设想中的计算机将是：如果需要的话，电脑可以小到能放在衣服的口袋里。其理想的尺寸是不大于 5 英寸 ×9.5 英寸 ×1 英寸，并且配有一个折叠键盘。这种计算机的重量不能超过 15 盎司，并配有一个液晶显示屏、一个微型软驱以及一个以太网卡的插槽。它主要是为经常出差的业务人员设计的，但它拥有包括学生在内的更广阔的市场。它的价格定位在 175～200 美元之间。

该项目是设计、开发和制造微型电脑的样机。对于瞬息万变的电脑市场，关键是要在不到一年的时间内将新产品投放市场。因此，该项目团队必须在大约 8 个月（35 周）的时间里生产出样机。

解：

项目小组的第一个任务是绘制项目网络图，然后估计在 35 周内完成计算机样机的可能性，现在我们依照编制网络图的步骤来做。

1．确定活动。项目小组确定下列活动是该项目的主要活动：设计样机，试制样机，样机检测，编写试制报告（在报告中对样机试制方法进行总结），对自动生产线设备的调查与评估，完成生产线设备的调查报告，完成总结报告（包括设计、设备和方法等所有方面）。

2．活动顺序和网络建设。在与项目小组成员讨论的基础上，项目经理建立了活动的优先顺序表以及相应的网络图，如图表 2—5 所示。建设网络图的时候，要注意确保活动顺序的正确性和活动之间的逻辑关系，例如，如果设定活动 A 后面是活动 B，活动 B 后面是活动 C，活动 C 后面是活动 A，显然是违反逻辑的。

活动	关键路径法活动代号和时间估计		
	代号	紧前工序	时间（周）
设计	A	—	21
制造样机	B	A	5
评价设备	C	A	7
样机测试	D	B	2
写设备报告	E	C，D	5
写方法报告	F	C，D	8
写总结报告	G	E，F	2

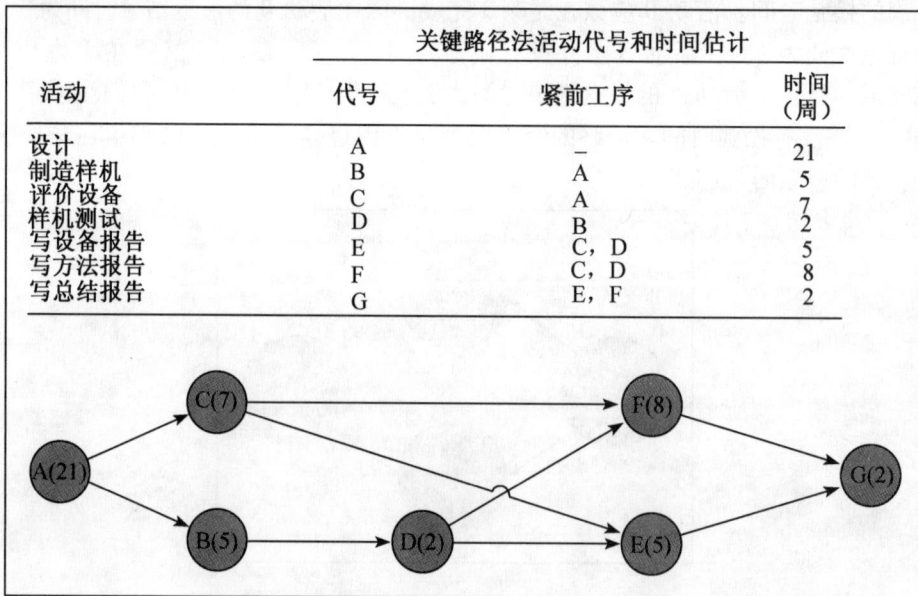

图表 2—5　计算机设计项目的关键路径网

3．确定关键路径。关键路径是网络中完工时间最长的一条活动序列，这个序列中不含有松弛时间。这个网络有四条不同的路线，分别是：A—C—F—G，A—C—E—G，A—B—D—F—G，A—B—D—E—G。这些线路的长度分别为 38 周，35 周，

38 周和 35 周。由此我们注意到该项目有两条关键路径,表明这个项目较难管理。而计算最早开始和最迟开始计划表后,我们又进一步发现这个项目确实很难按时完成。

最早开始和最迟开始时间表。最早开始时间表是所有活动的最早开始时间的列表。如果活动不在关键路径上,则本活动的结束和下一个活动的开始时间就产生了松弛时间。制定最早开始计划表是为了在所有活动都尽可能早开始的前提下完成项目。

最迟开始时间表是在不影响项目工期的情况下,每个活动最迟开始的时间列表。使用最迟开始时间表的目的是通过推迟购买原材料、使用人工及其他成本,直到必需时才购买的方式来实现节约。这些计算如图表 2—6 所示。从图中我们可以看到,唯一有松弛时间的活动是活动 E。因此这肯定是一个很难按时完成的项目。

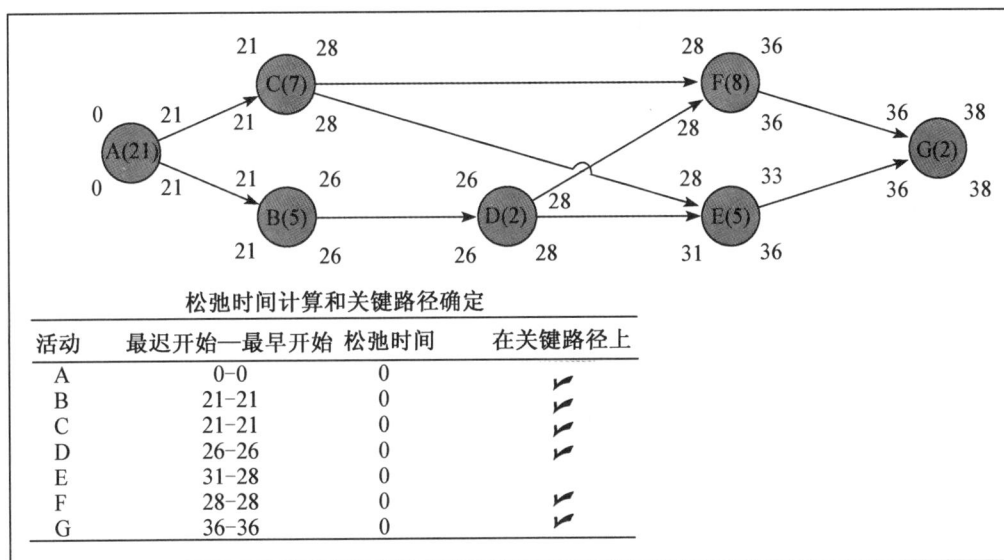

松弛时间计算和关键路径确定

活动	最迟开始—最早开始	松弛时间	在关键路径上
A	0–0	0	✔
B	21–21	0	✔
C	21–21	0	✔
D	26–26	0	✔
E	31–28	0	
F	28–28	0	✔
G	36–36	0	✔

图表 2—6　计算机设计项目的关键路径法

2.5.2　时间—费用模型

事实上,项目经理对完成项目的成本的关心程度绝不亚于对工期的关心。因此,时间—费用模型就应运而生了。这些模型——最基本的关键路径法的扩展——试图为整个项目建立最小成本计划,以控制项目执行期间的费用。

最小费用计划(时间—费用均衡)。最小费用计划的基本假设是活动的完成时间与完成项目的费用之间存在一定的关系。一方面,要有资金来保证各项活动的进行;另一方面,需要资金来维持整个项目的运行。与促进活动有关的成本称为活动的直接费用,计入项目的总直接费用。这些费用可能是与工人有关的费用,如加班费、雇用更多工人的支出,以及从其他岗位调用工人的费用;而另外一些可能与资源消耗有关,例如购买或租赁附加设备、高效率设备,以及借用辅助设施的支出。

与维持该项目正常进行有关的费用称为项目的间接费用,包括日常管理费用、设施维护费用、资源的机会成本,以及在有合同约束条件下的罚款和奖金支出。因为活动的直接费用和项目的间接费用随时间的变化而变化，所以制订计划的关键问题之一就是寻找具有最小总费用的项目工期，换句话说，就是找到时间—费用均衡的最优点。

找到该最优点的过程可分为 5 个步骤，下面我们根据图表 2—7 来说明简化后的 4 项活动的步骤。假设间接费用在项目的前 8 天保持不变，以后按每天 5 美元的速度增加。

1. 绘制一张关键路径网络图。在这个图中要列出每一项活动。

a. 正常成本（NC）：活动的最低期望成本（在图表 2—7 中每个节点下面列出的费用中较小者）。

b. 正常时间（NT）：与正常费用相对应的时间。

c. 赶工时间（CT）：活动最短可能时间。

d. 赶工成本（CC）：与赶工时间相对应的成本。

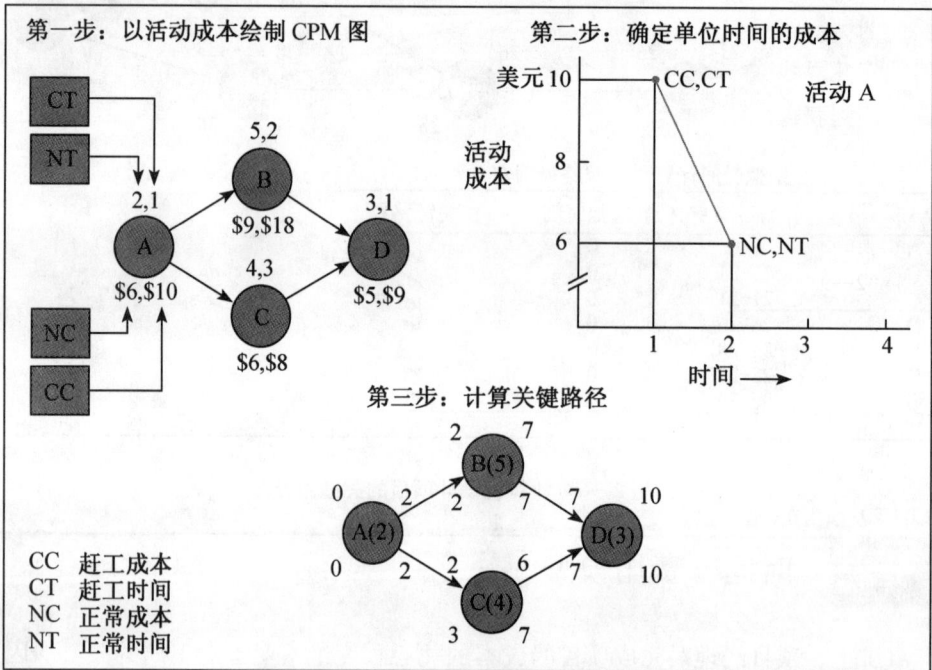

图表 2—7　时间—费用均衡模型的例子

2. 确定每项活动的赶工费用率（单位为天）。活动时间和费用之间的关系可以用图表示：标出点（CC，CT）的坐标，将该点与坐标点（NC，NT）连接起来，连接曲线可为凹曲线、凸曲线、直线或其他形式的曲线。图形的形式主要取决于活动的实际费用结构，如图表 2—7 所示。对活动 A，我们假定时间和成本呈线性关系。这种假设在实际工作中经常使用，它有助于计算赶工费用率，因为赶工费用率的值就等于该直线的斜率，可用公式：斜率 =（CC − NC）/（NT − CT）直接计算出来（当不能使用线性的假定时，赶工成本必须用图形确定，因为活动工期每一天都可能在缩短）。

活动的赶工费用率的计算过程见图表 2—8。

图表2—8　　　　　　对每一活动进行赶工所需的费用计算（天）

活动	CC − NC	NT − CT	$\dfrac{CC − NC}{NT − CT}$	赶工每天的费用	可能缩短的活动天数
A	10 − 6	2 − 1	$\dfrac{10 − 6}{2 − 1}$	S4	1
B	18 − 9	5 − 2	$\dfrac{18 − 9}{5 − 2}$	S3	3
C	8 − 6	4 − 3	$\dfrac{8 − 6}{4 − 3}$	S2	1
D	9 − 5	3 − 1	$\dfrac{9 − 5}{3 − 1}$	S2	2

3．计算关键路径。对于我们使用的简单网络，这个计划将花费 10 天时间。其关键路径是 A—B—D 。

4．花费最小的费用缩短关键路径的完工时间。最简单的办法是从初始计划入手，找到关键路径，将关键路径上赶工费用率最低的活动的完工时间减少一天，然后重新计算并寻找新的关键路径，在新的关键路径上同样逐日减少完工时间。重复这一步骤，直到获得满意的完工时间或完工时间不能进一步缩短。图表 2—9 显示了逐日减少完工时间的过程。

图表 2—9 乍看起来似乎很困难。第一条线中，所有活动都是正常时间和正常成本。关键路径是 A—B—D，完成项目的成本是 26 美元，项目完工时间是 10 天。

图表2—9　　　　　　在规定的工作时间内缩短项目的完工时间

当前关键路径	可能缩短的活动天数	赶工一个活动每天的费用	赶工费用最少的活动	在网络图中所有活动的总费用	项目完工时间
ABD	所有活动的正常时间和费用			26	10
ABD	A − 1，B − 3，D − 2	A − 4，B − 3，D − 2	D	28	9
ABD	A − 1，B − 3，B − 1	A − 4，B − 3，D − 2	D	30	8
ABD	A − 1，B − 3	A − 4，B − 3	B	33	7
ABCD	A − 1，B − 2，C − 1	A − 4，B − 3，C − 2	A *	37	6
ABCD	B − 2，C − 1	B − 3，C − 2，	B&C[+]	42	5
ABCD	B − 1	B − 3	B[+]	45	5

注：*为了在关键路径上缩短一天，或者单独缩短 A 或者同时缩短 B 和 C（仅仅修改关键路径上的 B 和 C 不能缩短时间）。

+为了缩短一天的时间，B 和 C 必须同时赶工。

+赶工活动 B 不能缩短项目的时间长度，所以这个额外的费用不会发生。

第二条线的目的是把项目的完工时间减少一天。我们知道必须在关键路径上减少一项或更多项的活动。在第二栏中，我们注意到活动 A 可以减少一天（从两天变为一天），活动 B 可以减少三天（从五天变为两天），活动 D 可以减少两天（从三天变为一天）。接下来一栏显示了每项活动时间减少一天。例如，对活动 A，它的正常成本是 6 美元，在两天内完成。它可以在一天内完成，成本是 10 美元，增加了 4 美元。因此，我们认为加快活动 A 一天的成本是 4 美元。对活动 B，它的正常成本是 9 美元，在五天内完成。它可以在两天内完成，成本是 18 美元。这样，我们缩短了三天，成本减少 9 美元，或是每天 3 美元。对于 C，它的正常成本是 5 美元，在三天内完成。它可以在一天内完成，其成本是 9 美元。减少两天的成本是 4 美元（每天 2 美元）。在时间上减少一天成本最低的是活动 D，其成本是 2 美元。整个网络的成本上升到 28 美元，而项目的完成时间减少到九天。

我们下一步的迭代开始于第三条线，目标是把项目的完工时间减少到 8 天。九天的关键路径是 A—B—D。我们可以缩短活动 A 一天，B 三天，D 一天（注：D 已经从三天减少到两天了）。把每个活动减少一天的成本计算与第二条线相同。接着，活动时间减少的成本最小的是 D。活动 D 的时间从两天减少到一天使得在网络中所有活动总成本上升到 30 美元，而项目的完成时间下降到八天。

第四条线与第三条线相同，只是现在只有活动 A 和 B 在关键路径中，其活动时间可以减少。活动 B 的时间减少，使得总成本上升到 33 美元，增加了 3 美元，而项目的活动时间缩短为七天。

在第五条线（实际上是我们解决问题的第五次迭代），活动 A、B、C 和 D 都在关键路径中，D 不能再减少，因此，我们的唯一选择是活动 A、B 和 C。注意，B 和 C 是平行的，因此，减少 B 而不减少 C 是没有作用的，我们的选择是单独减少活动 A 的成本是 4 美元，同时减少活动 B 和 C 的成本是 5 美元（B 是 3 美元，C 是 2 美元），因此，在这次迭代中我们减少 A。

在第六条线，我们考虑在第五条线时所考虑到的活动 B 和 C。最后，在第七条线，我们唯一的选择是减少活动 B 的天数。由于 B 和 C 是平行的，并且我们不能减少 C，因此，单独减少 B 也就没有实际价值。我们不能再进一步减少项目的完工时间。

5. 绘制项目直接费用、间接费用及总费用曲线，并制订最小费用计划。图表 2—10 显示的是前八天每天是一个固定成本 10 美元，以后每天增加 5 美元情况下的间接费用曲线。直接费用表示在图表 2—9 中，两个费用之和是项目的总费用。

对每一天的直接费用与间接费用求和就得到总费用曲线。可以看出，该曲线的最小值是工期为八天的计划，其值为 40 美元（30 美元直接费用 + 10 美元间接费用）。

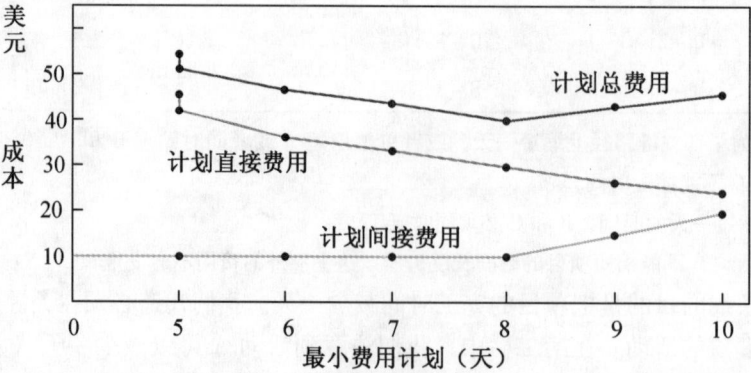

图表 2—10　最小费用计划与费用图例

2.6 资源管理

除了要为每项任务制订计划外还需要分配资源。现代化的软件可以迅速地对资源的过量分配（即分配数量超过资源数量的情况）做出反应。

人工解决过量分配的问题，可以通过增加资源或重新修订计划来实现。在任务松弛时间内安排该项任务，可以更好地利用资源。

突　破　　　　　项目管理信息系统

过去十年，项目管理领域掀起了一股项目管理技术和理念的热潮，并促进项目管理软件供应的同步增长。现在已经有100多家公司提供项目管理软件。要想查看项目管理软件的最新信息，请查看项目管理学会网站（www.pmi.org）。两个领头企业是开发 Microsoft Project 的微软公司和开发 Primavera Project Planner 的普瑞玛公司，以下是对这两个软件的简单介绍：

Microsoft Project 软件有很出色的在线指导功能，这就是该软件在负责中等规模的项目管理者当中受欢迎的原因之一。这个软件与 Microsoft Office Suite 有很好的兼容性，它拥有微软的通信技术和互联网整合的能力。这个程序的功能有显示进度情况、配置和平衡资源，以及控制成本和生成质量图像及报告。

最后，管理非常大的项目或拥有很多子项目的项目时，往往选择 Primavera Project Planner 软件。普瑞玛公司是最早提供这类软件的供应商而且可能具有最先进的功能。

中高层项目管理信息系统（PMIS）的 leveling 功能可以帮助解决过量分配问题。它使用拇指规则，规定低优先权的任务必须等到高优先权的任务完成之后才可以开始，或者规定项目只能在预定时间之前或之后完成。

过程跟踪

项目步入正轨后过程追踪才能开始。项目的实际进展可能与初期计划的进展不同。软件可容纳几份不同的基本计划，这样你可以同时比较几个月的情况。

跟踪甘特图将实际计划与基准计划并排绘于图上，这样可以很容易地注意到两者的偏差，也可以用图表的形式显示同样的信息。如果出现了计划的开始与结束时间和新安排的开始与结束时间之间的偏差，则可以用一个"滑动过滤器"来显示那些新安排的活动时间晚于计划基准时间的任务。

此外，可以用例外管理的原则发现预算成本和实际成本间的差异（见"突破"专栏中的"项目管理信息系统"）。

2.7 小结

本章描述了项目管理的基础知识。首先，从管理的角度介绍了人怎样参与项目组织。项目的范围可以帮助定义组织。该组织使用基于矩阵结构的一个专门的团队。其次，本章介绍了怎样利用工作分解结构将项目分解为子项目。然后，详细介绍了计算完成项目所需最短时间的方法。最后，阐述了怎样利用"赶工"的概念来缩短项目时间。

关键术语

项目（project）：在规定时间内完成的有既定目标的一系列相关活动。

项目管理（project management）：在项目的技术、成本和时间限制条件下，对资源（人员、设备、原材料）进行计划、协调和控制。

纯项目（pure project）：有独立的团队为项目全职工作，这样的项目称为纯项目。

职能项目（functional project）：从组织的职能单元来组织成员，团队成员仍然属于职能单元的一部分，而不专属于项目。

矩阵项目（matrix project）：是职能项目和纯项目结构的混合。每个项目都使用来自不同职能领域的人，指定的项目经理决定需要完成哪些任务和什么时候完成，但职能经理控制使用哪些人。

项目里程碑（project milestone）：项目中的特殊事件。

工作分解结构（work breakdown structure）：项目任务、子任务和工作包的层次结构。

活动（activties）：项目中需要花费时间完成的所有工作。完成项目中所有的活动意味着项目的完成。

甘特图（Gantt chart）：显示项目中所有活动所需的时间以及活动之间次序的图表。通常称为条形图。

关键路径（critical path）：是一连串的活动，表示出在项目完成过程中花费时间最长的一条路径。这条路径中不包含松弛时间。寻找关键路径使用的方法称为关键路径法。

紧前活动（immediate predecessor）：在另一个活动开始进行之前必须要完成的活动。

松弛时间（slack time）：一个活动可以被推迟的时间，即一个活动最早开始时间和最迟开始时间之间的差值。

最早开始时间表（early start schedule）：按照每一个活动的最早开始时间进行的项目安排。

最迟开始时间表（late start schedule）：按照每一个活动的最迟开始时间进行的项目安排。这种安排能够从资源的延期购买中节省成本，也能节省其他与项目有关的成本。

时间—费用模型（time - cost models）：关键路径模型的拓展模型，考虑了完成一个项目所需要的时间和费用之间的关系。

例1

定义某个项目包含以下内容的活动，完成它们所需的时间如下表：

活动	所需时间（天）	紧前工序
A	1	—
B	4	A
C	3	A
D	7	A
E	6	B
F	2	C，D
G	7	E，F
H	9	D
I	4	G，H

a. 绘制关键路径图。

b. 标出最早开始时间、最早结束时间、最迟开始时间和最迟结束时间。

c. 标出关键路径。

d. 如果把活动 F 的时间从 2 改为 4，将会发生什么情况？

解：

a. b 和 c 的答案显示在下图中。

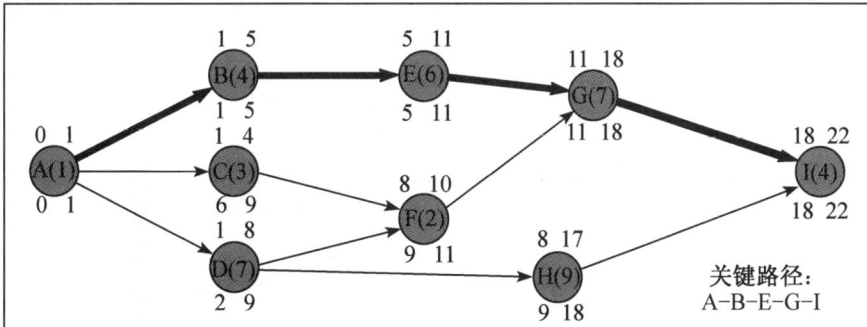

d. 新的关键路径：A—D—F—G—I。总完成时间为 23 天。

例2

下面是一个紧急项目，完成该项目各活动的正常时间和赶工时间以及正常费用和赶工费用见下表：

活动	紧前活动	需要的时间		费用	
		正常时间	赶工时间	正常费用（美元）	赶工费用（美元）
A	—	4	2	10 000	11 000
B	A	3	2	6 000	9 000
C	A	2	1	4 000	6 000
D	B	5	3	14 000	18 000
E	B, C	1	1	9 000	9 000
F	C	3	2	7 000	8 000
G	E, F	4	2	13 000	25 000
H	D, E	4	1	11 000	18 000
I	H, G	6	5	20 000	29 000

a. 关键路径是哪条？预计完工时间是多少？

b. 为了将项目缩短三个星期，哪些任务可以缩短，项目总费用是多少？

解：

构造的网络图如下图所示：

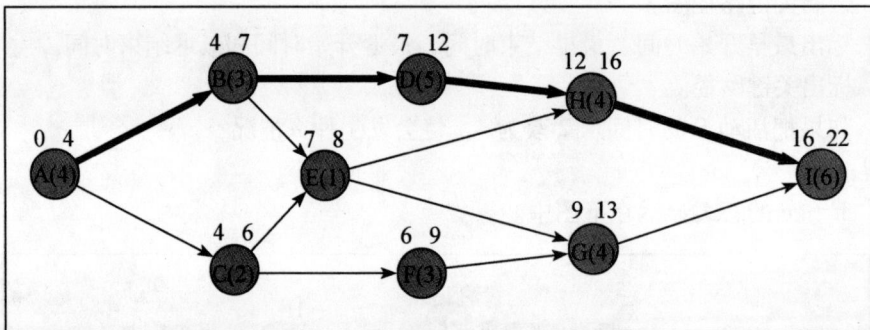

a. 关键路径 A—B—D—H—I。正常完工时间为 22 周。

b.

活动	赶工费用（美元）	正常费用（美元）	正常时间	赶工时间	每周费用（美元）	周数
A	11 000	10 000	4	2	500	2
B	9 000	6 000	3	2	3 000	1
C	6 000	4 000	2	1	2 000	1
D	18 000	14 000	5	3	2 000	2
E	9 000	9 000	1	1		0
F	8 000	7 000	3	2	1 000	1
G	25 000	13 000	4	2	6 000	2
H	18 000	11 000	4	2	2 333	3
I	29 000	20 000	6	5	9 000	1

（1）第一周：关键路径是 A—B—D—H—I，最便宜的是 A，为 500 美元。关键

路径保持不变。

（2）第二周：最便宜的仍然是 A，为 500 美元。关键路径保持不变。

（3）第三周：因为 A 已经完成，接下来可以选择 B（3 000 美元），D（2 000 美元），H（2 333 美元），或者 I（9 000 美元）。因此选择 D，为 2 000 美元。

缩短三周总的项目成本为（单位：美元）：

A	11 000
B	6 000
C	4 000
D	16 000
E	9 000
F	7 000
G	13 000
H	11 000
I	20 000
总计	97 000

复习与讨论题

1. 你参与过的最复杂的项目是什么？如果它们包含以下的项目要素，举例说明这些定义：工作分解结构，任务，子任务，工作包。你参加了关键路径上的活动了吗？你们有一个好的项目经理吗？

2. 有哪些原因导致项目安排不完善？

3. 讨论图表 2—4，假如你是项目经理，你还想看见其他的图表内容吗？

4. 一个项目要具备什么特点才能使用关键路径法？哪些类型的项目适合用关键路径分析？

5. 最小成本计划的基本假定是什么？它们是否同实际相符？

6. 评论"项目控制应始终着眼于关键路径"。

7. 为什么政府项目的分包商希望他们的活动处于关键路径上？在什么条件下，他们会尽量避免在关键路径上？

习题

1. 下面的活动是使用关键路径法的项目的一部分：

活动	紧前工序	时间（周）
A	—	6
B	A	3
C	A	7

活动	紧前工序	时间（周）
D	C	2
E	B, D	4
F	D	3
G	E, F	7

a. 画出网络图。

b. 关键路径是哪条？

c. 完成该项目需要多少周？

d. 活动 B 有多少松弛时间？

2. 使用关键路径法安排以下活动：

活动	紧前工序	时间（周）
A	—	1
B	A	4
C	A	3
D	B	2
E	C, D	5
F	D	2
G	F	2
H	E, G	3

a. 绘制网络图。

b. 关键路径是哪条？

c. 完成该项目需要多少周？

d. 哪一个活动有松弛时间？松弛时间是多少？

3. 研发部门计划向某一大项目投标，该项目是开发商用飞机的新型联络系统。下表给出了活动、时间及序列：

活动	紧前工序	时间（周）
A	—	3
B	A	2
C	A	4
D	A	4
E	B	6
F	C, D	6
G	D, F	2
H	D	3
I	E, G, H	3

a. 绘制网络图。

b. 关键路径是哪一条?

c. 假设你要尽可能缩短完工时间,你可以选择 A、B、C、D 中的一个或者全部缩短一周,您将选择缩短哪个?

d. 新的关键路径是哪一条? 最早完工时间是多少?

4. 某建筑工程被分解成如下的 10 个活动:

活动	紧前工序	时间（周）
1	—	4
2	1	2
3	1	4
4	1	3
5	2，3	5
6	3	6
7	4	2
8	5	3
9	6，7	5
10	8，9	7

a. 绘制网络图。

b. 找出关键路径。

c. 如果活动 1 和 10 所需时间不能缩短,但活动 2 到活动 9 可缩短到一周,但每周的费用为 10 000 美元。你将缩短哪些项目活动使项目总时间缩短至 4 周?

5. 下表所示是标有时间的关键路径网络图,时间以周为单位:

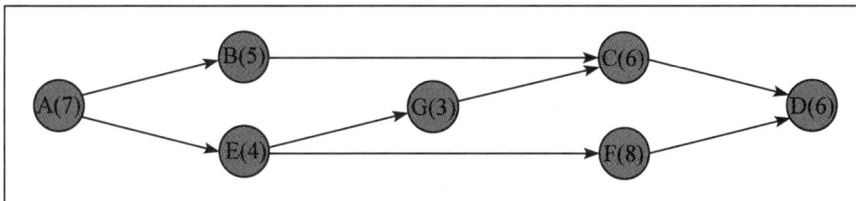

a. 确定关键路径。

b. 完成项目所需的时间是多少周?

c. 假设 F 可以缩短两周,B 可以缩短一周,这对项目完工期有什么影响?

6. 下表所示是标有时间的关键路径网络图,时间以天为单位:

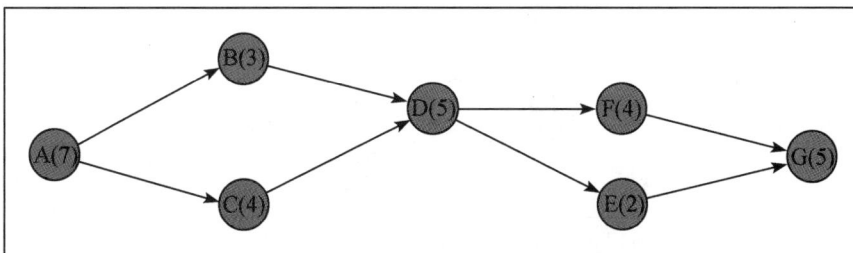

a. 找出关键路径。

b. 下表显示了每个活动的正常时间、赶工时间及赶工费用。

活动	正常时间	赶工时间	正常费用（美元）	赶工费用（美元）
A	7	6	7 000	8 000
B	3	2	5 000	7 000
C	4	3	9 000	10 200
D	5	4	3 000	4 500
E	2	1	2 000	3 000
F	4	2	4 000	7 000
G	5	4	5 000	8 000

假如打算将项目缩短4天，找出要缩短时间的活动，按缩短的时间数排序，并计算出费用。

7. 某连锁百货公司的会计部门每月要向商场的采购代理商提供库存报告。有关资料如下，请用关键路径法确定：

a. 整个过程将花费多长时间？

b. 在不影响后续工序最早开始时间的前提下，哪些工作可以延迟？

	工作及其描述	紧前工序	时间（小时）
a	开始	—	0
b	获取顾客订单	a	10
c	获取月库存记录	a	20
d	平衡订单和库存记录	b, c	30
e	部门总库存记录	b, c	20
f	确定下期订货数量	e	40
g	为采购部门准备库存报告	d, f	20
h	结束	g	0

8. 网络图如下所示：

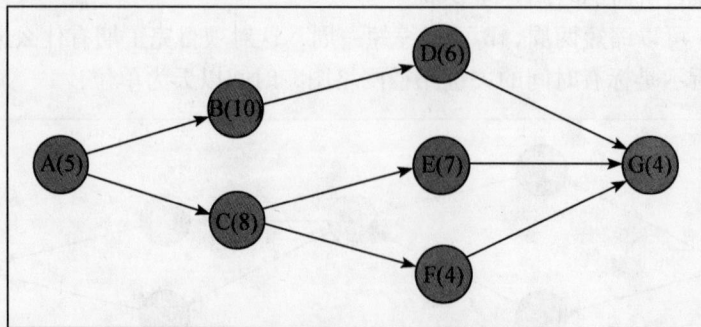

a. 确定关键路径和项目最早完工时间（以周为单位）。

b. 数据如下表所示，项目完工时间缩短 3 周。假设费用增加与时间缩短之间呈线性关系，请逐步说明如何才能实现计划。

活动	正常时间	正常费用（美元）	赶工时间	赶工费用（美元）
A	5	7 000	3	13 000
B	10	12 000	7	18 000
C	8	5 000	7	7 000
D	6	4 000	5	5 000
E	7	3 000	6	6 000
F	4	6 000	3	7 000
G	4	7 000	3	9 000

9. 关键路径网络图已经估计出了每个活动所需的时间，以周为单位，如下图所示：

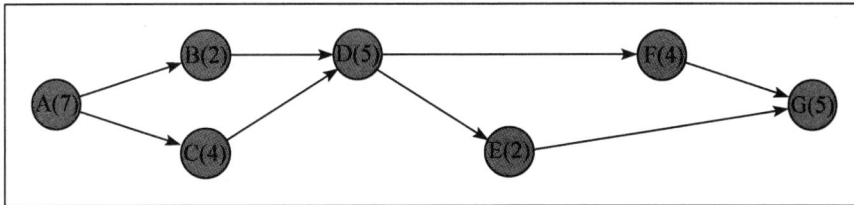

a. 确定关键路径。

b. 完成项目所需时间是多少？

c. 哪个活动有松弛时间，松弛时间是多少？

d. 下表是正常和赶工情况下的时间和费用。为使原计划时间减少 2 周，应该缩短哪些活动的时间？增加的费用是多少？关键路径改变了吗？

活动	正常时间	赶工时间	正常费用（美元）	赶工费用（美元）
A	7	6	7 000	8 000
B	2	1	5 000	7 000
C	4	3	9 000	10 200
D	5	4	3 000	4 500
E	2	1	2 000	3 000
F	4	2	4 000	7 000
G	5	4	5 000	8 000

10. Bragg's Bakery 正准备在桑达斯基市中心开设一个新的自动化面包店。以下是完成新的面包店建设和设备安装所必需的活动。

活动	紧前工序	正常时间（周）	赶工时间（周）	每周赶工费用（美元）
A	–	9	6	3 000
B	A	8	5	3 500
C	A	15	10	4 000
D	B, C	5	3	2 000
E	C	10	6	2 500
F	D, E	2	1	5 000

a. 绘制项目示意图。

b. 项目所需的正常时间是多少？

c. 如果所有活动的时间都缩至最短，该项目总共需要多长时间？

d. 如果面包店没有建成，Bragg's Bakery 每周将损失 3 500 美元的利润。只要低于 3 500 美元，我们就愿意支付赶工费用，那么项目将花费多长时间？

附加题

11. 假设网络图和数据如下所示：

活动	正常时间（周）	正常费用（美元）	赶工时间（周）	赶工费用（美元）	紧前工序
A	2	50	1	70	–
B	4	80	2	160	A
C	8	70	4	110	A
D	6	60	5	80	A
E	7	100	6	130	B
F	4	40	3	100	D
G	5	100	4	150	E, F

a. 构建网络图。

b. 若使用正常活动时间，标出关键路径。

c. 根据每一个活动的成本计算出在某项目周期内完成项目的最小总成本，考虑项目周期为 13、14、15、16、17 和 18 个周的情况。

d. 如果在每一个项目周期中间接成本分别为 400 美元（18 周），350 美元（17 周），300 美元（16 周），250 美元（15 周），200 美元（14 周），以及 150 美元（13 周），计算出在每一种情况下的项目成本，并指出成本最少的项目周期。

案例：手机设计项目

你为摩托罗拉的全球手机小组工作。你被任命为一个新的手机模型设计项目的项目经理。你的上司已经划定项目范围，所以你有一个列表显示工作分解结构，其中包括主要项目活动。你必须计划项目进度表，计算项目周期和项目成本。你的老板要求明天早上交这个时间表和费用表!

你获得的信息如图表 2—11 所示,它包括所有的项目活动和每项活动所需的时间。此外,活动之间的依赖关系也已确定。请记住,前面的活动必须完成,后面的活动才可以开始。

图表 2—11　　　　　　　手机设计项目的工作分解结构和活动

主要项目任务/活动	活动代号	紧前工序	所需时间（周）
产品规格（P）			
总体产品规格	P1	—	4
硬件规格	P2	P1	5
软件规格	P3	P1	5
市场调查	P4	P2，P3	2
供应商状况（S）			
硬件	S1	P2	5
软件	S3	P3	6
市场调查	S2	P4	1
产品设计（D）			
电路	D1	S1，D7	3
电池	D2	S1	1
显示器	D3	S1	2
外壳	D4	S3	4
用户界面	D5	S2	4
照相机	D6	S1，S2，S3	1
功能	D7	D5，D6	4
产品整合（I）			
硬件	I1	D1，D2，D3，D4，D6	3
软件	I2	D7	5
模型测试	I3	I1，I2	5
分包（V）			
供应商的选择	V1	D7	10
合同谈判	V2	I3，V1	2

你的项目分为五个主要任务。任务"P"是为新手机制定规格。这些规格包括:电池寿命,手机大小和手机功能。这些规格建立在客户如何使用手机的基础上。这些用户规格重新界定条件对分包商具有意义,实际上以任务"S"的供应商的状况制造新手机,其中包括产品功能的设计明细。任务"D"主要是产品的个性化制造。任务"I"是将所有组成部分组装,形成原型并进行测试。最后,任务"V"进行供应商选

择和合同谈判。

1. 绘出包括所有项目活动的网络图。

2. 计算每一项活动的开始和结束时间，确定完成该项目共需要多少周。找出项目的一系列关键活动。

3. 确定不在项目关键路径上的松弛活动。

4. 你的老板希望你提出修改建议，来大大缩短项目时间。你的意见是什么？

参考文献

Gray, C. *Agile Project Management*: *How to Succeed in the Face of Changing Project Requirements*. New York: American Management Association, 2004.

Gray, C. F., and E. W. Larson. *Project Management*: *The Managerial Process*. New York: Irwin/McGraw-Hill, 2002.

Kerzner, H. *Project Management*: *A Systems Approach to Planning, Scheduling, and Controlling*. 8th ed. New York: Wiley, 2002.

Lewis, James P. *The Project Manager's Desk Reference*. New York: McGraw-Hill Professional Publishing, 1999.

第 2 部分　工　艺

流　程

本书第 2 部分的核心内容是业务流程的设计和分析。也许你并没有梦想过成为一个高效的专家，但对基础知识的学习还是十分重要的。你是否曾经思考过为什么你总是不得不在商店排队等候，而总有某一个人站在队伍的最前面？问题的关键在于，为顾客提供好的服务（无论是产品上的还是服务上的）都需要有一个合理高效的流程。

我们所做的大多数事情都是按照流程进行的。你早晨起床后可能有一个习惯性的流程。这一流程由哪些构成呢？是不是刷牙，洗澡，穿衣服，煮咖啡，看报？你有没有想过这些事情的先后顺序是如何安排的？做这些事情的最佳方法又是什么？在做出这些安排的时候，正是你个人能力得到运用的时候。[①]

本节主要讨论如何设计高效流程以及产能分配的方法，适用于各类企业。此外，企业还必须制定自己的质量理念并把这一理念贯穿到运营流程中。实际上，质量和流程效率是密切相关的。你是否有过这样的经历：做某件事情的时候，因为头一次没有做好而不得不再做第二次？本节将从制造业和服务业方面对这类问题进行讨论。

---

① 20 世纪 50 年代的原版电影《儿女一箩筐》是以弗兰克·吉尔布雷斯的生活为题材而拍摄的。一直致力于提高效率的弗兰克·吉尔布雷斯首创了"动作研究"。他通过实验来测试扣上一件有七个纽扣的背心时，是从下往上还是从上往下更快更准。（答案是从下往上）

3

战略能力管理

阅读了本章后，你将：

1. 给产能这一概念下定义，了解产能管理的重要性。
2. 讨论规模经济给企业运营能力所带来的影响。
3. 了解什么是学习曲线，并懂得如何对其进行分析。
4. 尝试用决策树对提高产能的各项影响因素进行分析。
5. 了解制造业企业和服务业企业产能规划的区别。

本章概要

Shouldice 医院：疝气手术创新

运营中的产能管理

Shouldice 医院：疝气手术创新

第二次世界大战期间，军队上校 Edward Earle Shouldice 医生发现这样一个现象：很多愿意为国效命的年轻人都被军队拒之门外，其原因是他们需要进行疝气手术治疗，否则其身体将不适合军队训练。在 1940 年，医院空间不足，医生数量少，尤其对这种非急诊且需要 3 周住院治疗的外科手术，情况更是严峻。于是，Shouldice 医生决定做点事情来缓解这一问题。他免费为 70 位患者进行了一项新的疝气手术，使他们提早加入了军队。

不久，这些患者成功入伍的消息传播开来，200 多人在二战结束后与 Shouldice 医生联系希望接受治疗。这样一来，病床短缺成了最主要的问题。Shouldice 医生后来想出了一个办法：自己开设一家医院。

1945 年 7 月，Shouldice 医院对等候的患者敞开了大门，当时医院里仅有一名护士、一位秘书和一名厨师。在仅有的一间手术室里，Shouldice 医生每天为两位患者进行手术。在患者的要求下，每日的手术量逐渐增加，Shouldice 医生最终不得不购买位于多伦多教堂街的三个毗邻建筑，用来增添设施。1953 年，他又购买了霍西尔（Thornhill）的一处乡村地产，成立了第二家医院。

今天，所有手术都在位于霍西尔的医院进行。Shouldice 医院采用"Shouldice 技术"进行疝气治疗已有超过 55 年的历史。虽然这一技术已经不是什么秘密了，但是它已经超越了技术本身，更加注重建立 Shouldice 标准的能力培养。Shouldice 医院以其医疗环境举世闻名。本章结尾将对此医院的案例进行分析，让读者进一步学习运营能力的相关问题。

资料来源：www. shouldice. com.

对制造业和服务业的能力进行投资决策是一件非常复杂的事情，这需要考虑到以下这些需要解决的难题：

• 在流水线中引入新的能力需要多长时间？在开发新产品的过程中，这种新能力如何与开发新产品的时间相匹配？

• 如果产品销量很好，产能不足会给供应链带来什么影响？

• 企业需要第三方合同制造商吗？合同制造商在产品制造量方面为企业提供柔性支持时，应收取多少费用？

在本章中，我们将对战略能力决策进行讨论。我们首先从运营角度的观点对产能的本质进行讨论。

3.1 运营中的产能管理

产能在字典中给出的定义是"保持、接收、储存或供给的能力"。从一般的商业意义上来讲，产能通常是指一个系统在特定时期内产出的上限。在服务行业，产能可能是从 12：00—13：00 这一时间段招待的客人数量。在制造行业，产能则可能是工人轮班一次所制造汽车的数量。

着眼于生产能力时，运营管理者需要同时考虑资源投入和产品产出两项因素。这是因为对规划的目的而言，实际（或有效）产能取决于所生产的产品类型。例如，一家公司如果生产多种产品，那么在给定的资源投入水平下，其生产一种产品时的产出必定比生产其他产品时的产出多。因此，当汽车制造厂的管理者声称他们的生产设施每年的工作时长可达到 6 000 小时，他们会思考这些工作时长是用来制造 150 000 辆双门车还是 120 000 辆四门车（或者两种车型都制造）。这一点表明他们对现有技术和劳动力投入的产出量以及对同类生产资料需求的产品组合非常了解。

从运营管理的观点来看，产能的时间维也是值得注意的。也就是说，产能规划与某个时间段有关。这一点在长期、中期、短期产能规划的区分上表现得十分明显。

一般来讲，产能规划分为三个时间段：

长期产能规划——通常大于一年。生产资料（如建筑物、设备或设施）需要很长时间才能取得或处理，长期产能规划要求高层管理者的参与和审批。

中期产能规划——指接下来的 6 至 18 个月的月产能规划或季产能规划。在此规划中，产能可能会因为雇用、解雇、新工具的使用、少数设备购买和外包等方面产生变化。

短期产能规划——少于一个月。短期产能规划与公司每日或每周的进程密切相关，它涉及如何做出调整以消除计划与实际产出之间的差距。管理者通常会采取下列方案来解决此问题，如加班、劳动力转移或选择其他的生产路线。

虽然企业中没有"产能主管"这一职位，但现实中有一些管理类职位，其职责就是负责提高产能的有效利用。产能是一个相对术语，在运营管理方面，它可以被定义为：在某一特定时期产出需求与可输入资源数量的比值。必须注意的是，此定义没有对高效产能利用与低效产能利用进行区分。在这方面，它与联邦经济分析局在其调查中对"实际产能上限"所给出的定义相符合："在正常的轮班运作下（每天或每星期几天）的产出量，也包括成本高、效率低的设施的产出量。"

战略能力规划的目标是提供一种方法来确定资本密集型资源（即设施、设备和劳动力）的整体生产能力水平，从而为实现企业的长期竞争战略提供强有力的支持。所选择的生产能力对企业的响应速度、成本结构、库存策略、管理人员和工作人员的支持需求都有着极大影响。产能不足会导致企业服务效率低下，竞争者乘机进入市场，造成顾客流失。产能过剩则会导致企业降低价格刺激需求，削减劳动力，库存过剩，或开发其他利润相对较低的产品来维持其运作。

吉利贝利糖果公司，总部位于加利福尼亚州的费尔菲尔德，每秒产量 347 颗，日产量 10 万磅。固化用于生产吉利贝利糖豆的外壳需要 7~21 天。

3.2　产能规划的含义

产能指企业所能达到的产出上限（如一天生产 480 辆汽车），但没有指出产能的持续时间。因此，我们并不知道这里所说的一天生产 480 辆车是指日最高产量还是半年的日平均产量。为了避免这一问题，我们采用最优运营水平这一术语加以区分。最优运营水平指计划的生产能力水平，在这个理想水平上，每单位产出成本得到了最小化。确定最低产出成本是十分复杂的，涉及固定制造费用分摊与加班费用、设备磨损费用、废品费用和其他费用之间的权衡分配。

计算产能利用率是一个非常有效的办法，它体现了公司运作如何与最优运营水平密切相连。

$$产能利用率 = 有效产能/最优运营水平$$

比如，一个车间的最优运营水平为每天生产 500 辆车，而该车间实际的产量为每天 480 辆，那么该车间的生产能力利用率为 96%。

$$产能利用率 = 480/500 = 0.96（96\%）$$

产能利用率用百分比表示，分母和分子的取值必须来自同一生产单元并处于一时间段（比如机器工作时/天、石油桶数/天、产出金额/天）。

3.2.1　规模经济和规模不经济

规模经济的基本概念是，随着企业规模的扩大，产量增加，单位产品的平均成本下降。主要是由于设备的生产能力比原来提高了 1 倍，而其购买和操作成本并没有相应地增加 1 倍，从而导致运营成本和资金投入降低。当生产单元规模足够大时，它就能充分利用现有资源（如人员和设备）进行信息技术获取、材料处理和行政管理，从而提高效率。

在某一临界点上，企业规模过大，则会出现规模不经济的问题。规模不经济会以多种不同的方式出现。例如，若要维持市场需求，保持大型设备高速运转，就必须对产品进行折扣处理。美国汽车制造商一直被这个问题所困扰。另外一个典型的例子是使用一些高产能设备，在这个方案中，减少设备故障时间格外重要。玛氏（M&M Mars）采用高度自动化、高产量的设备进行生产，单是一个包装线每小时就能对 260 万个产品进行加工。对设备进行直接操作的劳动力成本很低，但是对设备进行维护的劳动力成本却是相当高的。

在许多情况下，企业规模除了受内部设备、劳动力和其他资金费用的影响外，可能还会受到一些其他因素的影响。原料和成品的运输成本就是一个重要因素。例如，水泥厂的厂址离市场有几个小时的路程，但其带来的困难远远不能与无法向顾客提供服务相比。类似地，汽车公司如福特、本田、尼桑、丰田已经发现了在特定的国际市场范围内选址的好处。这些待选市场的预计规模将在很大程度上决定工厂的规模和产能。

豪华汽车生产商捷豹最近发现他们的厂址过多。捷豹的三处工厂一共雇用了8 560 名员工，汽车产量为 126 122 辆，平均下来，每名员工约生产 14 辆汽车。相比之下，位于瑞典特斯兰的沃尔沃工厂的产量是它的两倍多。沃尔沃雇用了 5 472 名员工，产量为 158 466 辆，每名员工的平均产量为 29 辆。与此相反，宝马汽车公司只在英国设立了一个厂址，雇用了 4 500 名员工，但这个小型生产工厂的汽车产量却达到了 174 000 辆，每名员工的平均产量为 39 辆。

3.2.2 产能重心

根据重心工厂的定义，当企业集中生产一种或同一系列的产品时，生产设施的能力可以发挥到最大。这意味着，一个企业不应期望在每一个方面都有突出的业绩，比如成本、质量、交货速度和可靠性、适应新产品的柔性，而应选择生产对实现企业目标最有利的一系列特定的产品。然而，由于制造技术上的突破，企业力图在各方面做到最好的目标也有了新的变化。我们如何处理这类明显的冲突？一种方法是，如果该公司没有足够的技术生产多种产品，最合理的选择就是确定一个集中的产出重点。另一种方法则是认清现实，即并非所有同行企业都要求自己尽全力来进行全方位的竞争。

产能重心的观点也适用于厂中厂（PWP）的企业结构。一个重心工厂可能有若干厂中厂，每个厂中厂针对不同产品（即使这些产品都是产自同一工厂）会有各种独立的次组织结构、设备和工艺流程、劳动力管理策略、产品控制方法等。实际上，这有助于管理者明确各部门的最优运营水平，从而将重心概念贯彻到运营水平上。

3.2.3 产能柔性

产能柔性是指迅速增加或减少生产水平的能力，或是将生产能力迅速从一种产品或服务转移到另一种产品或服务的能力。这种柔性通过使用其他组织能力而获得的工厂柔性、制作流程柔性、员工柔性以及战略柔性来实现。越来越多的企业在设计供应链时会考虑到柔性问题。与供应商进行合作时，他们可以将供应商的能力纳入他们的整个系统。

1. 柔性工厂

工厂柔性最理想的状态是实现零转换时间的运作。可移动设备、易拆卸墙壁、易获取且易重新安装的设备都能帮助工厂实现产能的快速转换。服务行业中人们熟知的一个例子——带着帐篷四处演出的瑞格林兄弟—巴纳姆及贝利马戏团在这点上就做得很好：它使用的设备都易于安装、拆卸和移动。

2. 柔性流程

柔性流程是通过两方面来实现的：一方面是柔性制造系统；另一方面是简单易拆装的机器设备。这两项技术方法都可以让企业进行快速、低成本的产品转换，使规模经济成为可能（当不同产品混合生产比分开单独生产的成本更低时，我们就称之为规模经济）。

3. 柔性工人

柔性工人应掌握多种技能，具有能够轻易地从一个工种转入到另一个工种的能力。与专业工作者相比，他们需要接受更广泛的培训，此外还需要得到管理人员和工作人员的配合与支持，便于他们在工作任务中进行快速转换。

施乐重心工厂

施乐重心工厂创造了一个灵活和高效率的工作环境，特定产品的终端制造由员工小组负责。协助工程师工作的产业工作人员成本和管理成本都包括在工厂设计的投入内。

3.3 学习曲线

学习曲线是一个众所周知的概念。在学习曲线图中，单位产品和累计生产量之间的关系用曲线表示。随着产出量增加，工厂获得了较佳的生产方式和经验，从而用可预见的方式降低生产成本。每当工厂的累计产量增加一倍，其生产成本根据行业的种类下降一个百分比。图表3—1是关于汉堡生产成本的学习曲线效果图。

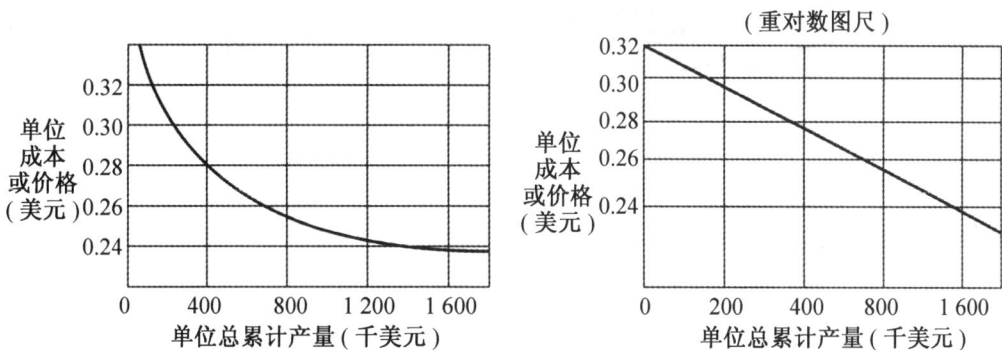

a. 累计产量增加一倍时，单位产品成本下降一定百分比。这种关系可通过曲线图表示，如学习速率为90%的学习曲线所示。

b. 这一关系也可以通过对数曲线表示。

图表 3—1 学习曲线

学习曲线的百分比因行业而异。套用这个概念，以餐饮业为对象，假设一个快餐连锁店已生产了500万个汉堡。假定目前单个汉堡的可变成本为0.55美元，那么当累计产量达到1 000万个汉堡时，单个汉堡的成本是多少？如果该学习曲线的学习速率为90%，当累计产量达1 000万个汉堡时，单个汉堡的成本将下降到0.55美元的90%，即0.495美元。当累计产量达10亿个汉堡时，可变成本就会小于0.25美元了。

应注意的是，在节约成本的过程中，销量成为一个重要问题。如果 A 公司每天提供比 B 公司多两倍的汉堡，它积累"经验"的速度也是 B 公司的两倍。

学习曲线理论基于以下三个假设：

1. 完成特定任务或单位产品所需的时间将逐次减少。

2. 单位产品生产工时将逐渐下降。

3. 单位产品生产工时的减少将遵循可预测的模式。

这三个假设在飞机制造业中得到了证实。学习曲线首次被应用于飞机制造业中，在此应用中，有人认为，当产出量增加一倍，单位产品的平均直接工时减少 20%。因此，如果生产飞机 1 需要花费 10 万工时，生产飞机 2 时则减少到 8 万工时，生产飞机 4 需要的工时则减少到 64 000，依此类推。由于工时减少 20% 意味着制造飞机 4 所需的平均直接工时是飞机 2 的 80%，因此表示单位产品和单位产品平均直接工时的曲线被称为"学习速率为 80% 的学习曲线"（按照惯例，学习速率用于确定某一给定指数的学习曲线）。

学习曲线是根据现有数据的数量和形式，通过算术制表、对数分析法或其他某种曲线拟合的方法得出的。

我们可以通过使用两种不同的学习曲线来显示效率的提高，即单位产品生产工时学习曲线（如图表 3—2A 所示）和单位时间生产量学习曲线（如图表 3—2B 所示）。单位产品生产工时曲线显示连续生产的单位产品工时逐个减少，累计平均工时曲线显示随累计产出量增加，平均操作工时也随之减少。单位产品生产工时曲线和累计平均工时曲线被称为"进度曲线"或"产品学习曲线"，它们适用于较复杂或生产周期较长的产品。单位时间生产量曲线也称为"工业学习曲线"，通常用于大规模生产中（周期较短）。注意：在图表 3—2A 中，由于单位产品工时是平均的，累计平均曲线比单位产品工时的下降速度缓慢。例如，如果单位产品 1、2、3、4 的工时分别为 100、80、70、64，在单位产品工时曲线中则以这些数据表示，但是在累计平均工时曲线图中则表示为 100、90、83.3 和 78.5。

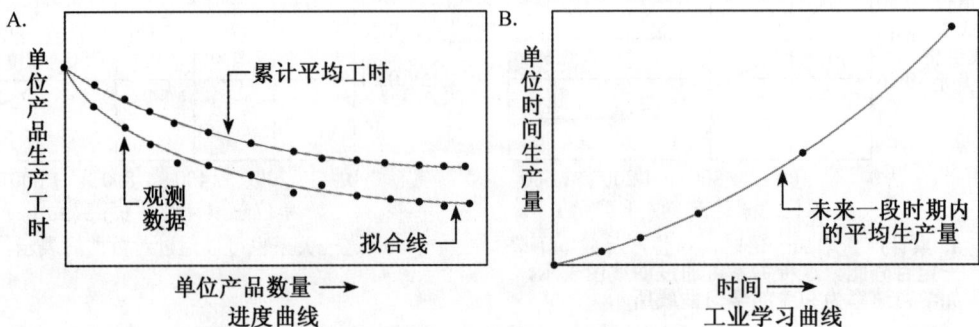

图表 3—2　按单位产品生产工时和数量绘制的学习曲线

3.3.1　学习曲线绘制

为了绘制一条有用的学习曲线，我们可以使用多种方法对历史数据进行分析。首先我们将按数学程序采用简单的指数曲线，接着将进行对数分析。在数学制表方法中，产品单位数量通过依次倍乘的方式得出，如：1、2、4、8、16……生产第 1 个单位产品的时间乘以学习率得出生产第 2 个单位产品的时间；生产第 2 个单位产品的时间再乘以学习率得出生产第 4 个单位产品的时间，依此类推。因此，假设我们将绘制一条速率为 80% 的学习曲线，将得到图表 3—3（80% 的学习曲线所需的单位、累计、累计平均值劳动时间）中第 2 列的数字。为便于计划，我们通常要知道累计直接劳动时间，图表 3—3（80% 的学习曲线所需的单位、累计、累计平均值劳动时间）的第 4 列也提供了这方面的信息。这些数字的计算比较简单。例如，对于第 4 个单位产品，累计平均直接劳动时间是通过用前 4 个单位产品的累计时间除以 4 而得出，其结果如第 4 列所示。

图表 3—3　　　　80% 的学习曲线所需的单位、累计、累计平均值劳动时间

产品（1）	（2）	（3）	（4）
单位数量	单位产品直接劳动时间	累计直接劳动时间	累计平均直接劳动时间
1	100 000	100 000	100 000
2	80 000	180 000	90 000
4	64 000	314 210	78 553
8	51 200	534 591	66 824
16	40 960	892 014	55 751
32	32 768	1 467 862	45 871
64	26 314	2 392 453	37 382
128	20 972	3 874 395	30 269
256	16 777	6 247 318	24 404

图表 3—4A 中给出了三条不同的学习曲线，它们的学习速率分别为 90%、80% 和 70%。如果第一个单位产品的成本是 100 美元，第 30 个单位产品在 90% 的学习速率下成本为 59.63 美元，在 70% 的学习速率下成本为 17.37 美元。学习率不同将使结果产生很大的差别。

在实际工作中，学习曲线是在对数坐标纸上绘制的（现在可以利用计算机软件进行绘制），其结果是单位产品生产时间学习曲线在整个范围内都变成了直线，而累计学习曲线在开始的几个单位之后也变成了直线。直线性是人们所要求得到的，因为它将有助于预测并为累计学习曲线提供更精确的读数。Microsoft Excel 中往往使用这类坐标。在电子表格中生成定期散点，然后选择合适的坐标轴并根据对数制定坐标值。图表 3—4B 给出了一条在对数坐标上绘制的 80% 单位产品成本曲线。如图所示，累计平均成本曲线在第 8 个单位产品后变成了直线。

虽然数学列表方法很有效，但对学习曲线问题的直接对数分析不需要对连续的一系列时间、产量数据进行一一列举，因而通常比数学列表方法更有用。而且，在有些数据难以获得的情况下，对数分析模型可能是进行产品估计的最佳方法。

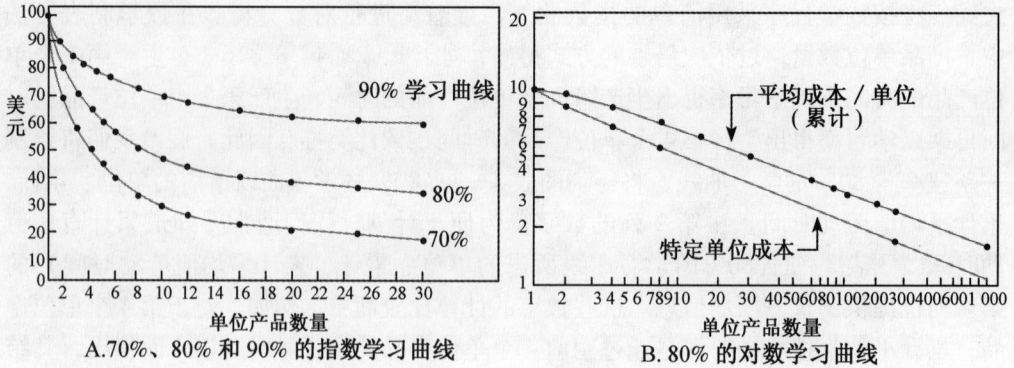

图表 3—4 学习曲线

3.3.2 对数分析

学习曲线方程的标准形式是：

$$Y_x = Kx^n$$

式中：x——单位数量；

Y_x——生产第 X 个产品所需要的直接劳动小时数；

K——生产第一个产品所需要的直接劳动小时数；

n——logb/log2，其中 b 为学习率。

上述问题我们可经由数学方法解决，如使用学习曲线表（见下节）。利用数学方法我们计算图表 3—3 中第 8 个单位产品所需要的劳动时间：

$$Y_8 = 100\ 000 \times 8^n$$

利用对数计算：

$$Y_8 = 100\ 000 \times 8^{\log 0.8/\log 2}$$

$$= 100\ 000 \times 8^{-0.322} = \frac{100\ 000}{8^{0.322}}$$

$$= \frac{10\ 000}{1.9535} = 51\ 192$$

因此生产第 8 个产品将需要 52 192 小时（见"学习曲线"表）。

3.3.3 学习曲线表

我们知道学习率后，就可以利用附录 B 中的表格非常方便地估计出某一特定产品或某一组产品的劳动时间。我们只需要把最初的劳动小时数乘以表中给出的相应值。

详解如下：

假设我们想核对图表 3—3 中第 16 个单位产品的单位劳动小时数和累计劳动小时数。我们从附录表 B.1 中可以查知，第 16 个单位产品在 80% 的学习率下提高系数为 0.4096，该数乘以生产第 1 个单位产品的小时数 100 000 得出 40 960，这一数值同图

表 3—3 中给出的完全一样。从附录表 B.2 可以查知，前 16 个单位产品的累计提高系数为 8.920，同样，我们使用这一系数乘以生产第 1 个单位产品的小时数 100 000 后得到 892 000，同图表 3—3 中得出的值 892 014 非常接近。

下面还有一个应用学习曲线解决生产问题的例子。

例 3.1　学习曲线问题案例

Captain Nemo 是 Suboptimum 潜水艇公司（简称 SUB）的经理，最近他一直在思考一个问题。他签订了 11 艘潜水艇的建造合同，其中 4 艘由他全权负责。他观察到年轻的生产部经理 Overick 调动了越来越多的员工，对建成后的头 4 艘潜水艇进行鱼雷总装。第 1 艘需要 225 个工人，每个人每周的工作时间是 40 小时；第 2 艘需要的工人比第一艘少 45 个。Overick 告诉他们，"这仅仅是个开始"，他还说，他将只用 100 个工人完成合同中最后一艘潜水艇。Overick 是以学习曲线为理论依据的，但是他所说的到底是不是对的呢？

详解如下：

由于第 2 艘需要 180 个工人，通过一个简单的指数曲线我们得知，该学习曲线的学习率是 80%（180 ÷225）。要知道生产第 11 艘潜水艇需要多少员工，我们可以在附录表 B.1 里查找第 11 个单位产品在 80% 的学习率下的提高值，再用该数乘以生产第 1 艘潜水艇所需要的员工数量。取第 10 个单位产品和第 12 个单位产品的中间值，我们得出提高系数为 0.4629。我们可以得出建造第 11 艘潜水艇需要 104.15 个工人（0.4269（从表中得出）×225）。很显然，Overick 预计的员工人数比上面得出的结果少了 4 个。

例 3.2　使用学习曲线估算成本

SUB 生产了一种新型潜水艇，第 1 艘潜水艇的成本为 500 000 美元——原料 200 000 美元，劳动力成本 300 000 美元。这艘潜水艇的预期利润为总成本的 10%，合同中的学习曲线为 70%。那么这艘潜水艇合同价格为多少？

详解如下（单位：美元）：

第 1 艘潜水艇成本：　　　　　　　500 000

第 2 艘潜水艇成本：

原料成本：　　　　　200 000

劳动力成本：　　　　300 000 × 0.70 ＝210 000　　　　得出成本为 410 000

第 3 艘潜水艇成本：

原料成本：　　　　　200 000

劳动力成本：　　　　300 000 × 0.5682 ＝170 460　　　得出成本为 370 460

累计总成本：　　　　1 280 460

利润：　　　　　　　　　1 280 460 × 0.10 = 128 046

售价：　　　　　　　　　1 408 506

如果操作被中断，重复学习就会发生。在有些情况下，学习曲线的倒退距离是可以估算的。

3.4　产能规划

3.4.1　增加产能需要考虑的因素

增加产能时必须考虑许多因素，其中有三个因素是十分重要的，即保持生产系统平衡、产能增加的频率以及外部产能的利用。

1. 保持生产系统平衡

在一个生产系统完全平衡的工厂，产出过程的第一阶段的输出为第二阶段提供了准确的输入需求，第二个阶段的输出则为第三阶段提供了准确的输入需求，依此类推。然而，在实际操作中，要达到这样完美的平衡通常是不可能也是不需要的。原因之一是每个阶段的最优运营水平并不是完全一样的。比如说，部门 1 在最佳的营运状态下月产量为 90 至 110；部门 2，也就是制作过程中的第二阶段，最佳月产量为 75 至 85；部门 3 最佳月产量则为 150 至 200。另一个原因则是产品需求和生产流程自身的变化通常会导致系统不平衡（自动生产线除外，因为其从本质上来讲整个就是一个巨大的机器）。

解决生产系统不平衡的问题有多种方法。第一种方法是增加瓶颈阶段的能力，可以通过采取临时措施实现，如安排加班、租赁设备或通过分包获得额外产能。第二种方法是使用缓冲库存，以确保系统不被闲置。第三种方法是重复利用同一设备生产不同产品。越来越多的企业将这些方法应用到供应链的设计中。此外，这种供应规划有助于减少供应伙伴和客户的不平衡。

2. 产能扩张频率

提高产能时应考虑以下两种成本：产能扩充频繁的成本和产能扩充不频繁的成本。频繁扩充产能所需要的成本往往很高，其带来的直接费用包括移除及更换旧设备的费用和培训员工使用新设备的费用。此外，购买新设备的费用通常大大超过了销售旧设备的收入。再者，在转换期间工厂或服务系统的闲置也可能会产生费用。

反过来，产能扩充不频繁也会导致高昂的费用。产能扩充不频繁意味着每次增加产能时都要投入大笔资金购买设备。一旦购买后生产能力过剩，多余产能在被利用之前都将被闲置起来（详见图表 3—5）。

3. 外部运营和供应能力

在某些情况下，不提高企业自身能力，而借用现有的外部产能资源可能是一种更经济的方法。企业经常使用的两种方法就是外包和产能共享。

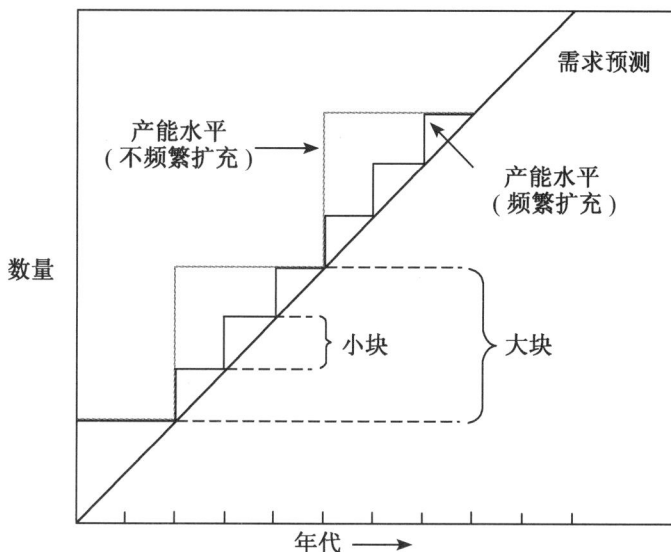

图表 3—5　频繁与不频繁的能产扩充

日本银行在加利福尼亚进行支票结算业务分包就是一个很好的外包例子。产能共享的例子则是两个航线不同的国内航空公司根据不同的季节需求，即一个公司的航线频繁使用而另外一个的航线相对空闲时，交换使用飞机（可以将飞机重新上漆以代表不同的航空公司）。还有一种方法，即航空公司航线共享——在某次飞行转机时，航空公司可能变了，但是航班号不变。在第 7 章中我们将对外包进行更深入的探讨。

3.4.2　确定产能需求

在确定产能需求时，我们必须处理单个生产线、单个工厂的产能需求以及整个生产系统中的生产任务分配状况，通常情况下我们会遵循以下步骤进行：

1. 使用预测技术（见第 10 章）预测每个产品线内各个产品的销售量。
2. 估算符合产品预测的设备和劳动力需求。
3. 预估规划期间可获得的劳动力和设备。

通常企业下一步会在预期需求与实际产能之间预留一定的产能缓冲。产能缓冲指超出预期需求的富余生产能力。例如，一个工厂的预期年需求量是 1 000 万美元，设计的产能是 1 200 万美元，那么这个工厂具有 20% 的产能缓冲。20% 的产能缓冲意味着 83% 的产能利用率（100% 比 120%）。

当一个企业的设计产能小于满足产品需求所要求的能力时，我们就说这个公司具有负产能缓冲。举例来说，如果一个企业的年产品需求量为 1 200 万美元，但其产能仅为每年 1 000 万美元，那么它的负产能缓冲为 16.7%。

接下来，我们利用这三个步骤分析一个案例。

例3.3 确定产能需求

Stewart 公司生产两种口味的沙拉酱：Paul 口味和 Newman 口味。每种口味的产品都有两种包装方式：瓶装和一次性塑料袋装。管理者需要确定未来5年的设备和劳动力需求量。

详解如下：

第一步，使用预测技术预测每条产品线内单个产品的销售量。

市场营销部现在正在为 Newman 沙拉酱进行促销活动，他们提供了未来5年的预测需求值（单位：千），如下图。这一促销活动将持续2年时间。

	年				
	1	2	3	4	5
Paul					
瓶装	60	100	150	200	250
塑料袋装	100	200	300	400	500
Newman					
瓶装	75	85	95	97	98
塑料袋装	200	400	600	650	680

第二步，估算符合产品预测的设备和劳动力需求。

按目前的生产水平，三台可用机器每年的加工数量总共为15万瓶。每台机器需要两名操作人员，能对 Newman 和 Paul 两种口味的产品进行瓶装加工。现有的瓶装机器操作人员为6名。此外，5部年加工量达25万袋装机器可供使用。每台机器需要3名操作人员，可以对 Newman 和 Paul 两种产品进行袋装加工。现有的袋装机器操作人员为20名。

把上述表格中两种口味的沙拉配料每年所需的瓶装和袋装数量分别相加，就可以得到生产线的预计总需求：

	年				
	1	2	3	4	5
瓶装	135	185	245	297	348
塑料袋装	300	600	900	1 050	1 180

现在，我们可以计算出本年度（第一年）的设备和劳动力需求。总的瓶装机器产能是45万瓶/年（3台×150 000瓶），我们用135/450 = 0.3，得出第一年需要的产能为总产能的30%，或者说只是需要使用0.3×3 = 0.9部瓶装机器。同样，我们通过300/1 250 = 0.24得出需要的产能为24%，或者说只需要使用0.24×5 = 1.2部袋装机器。第一年的劳动力需求由瓶装加工机器和袋装加工机器分别需要的操作人员

相加得出。

第一年瓶装加工的劳动力需求如下：

$$0.9 \text{ 部瓶机} \times 2 \text{ 个操作员} = 1.8 \text{ 个操作员}$$

$$1.2 \text{ 部袋机} \times 3 \text{ 个操作员} = 3.6 \text{ 个操作员}$$

第三步，预估规划期间可获得的劳动力和设备。我们对接下来的 4 年进行了相同的计算：

	年				
	1	2	3	4	5
塑料袋作业					
产能利用率	24	48	72	84	94
机器需求量	1.2	2.4	3.6	4.2	4.7
劳动力需求量	3.6	7.2	10.8	12.6	14.1
瓶装作业					
产能利用率	30	41	54	66	77
机器需求量	0.9	1.23	1.62	1.98	2.31
劳动力需求量	1.8	2.46	3.24	3.96	4.62

由于这两项加工中的可用产能总是高于预计需求，所以在这 5 年中该企业的产能缓冲都为正值。Stewart 公司现在可以着手进行这两种产品的中期生产规划或销售和运营规划了（见第 11 章关于销售和运营规划的内容）。

3.4.3 使用决策树进行产能评估

我们可以通过一种十分便捷的方法来列出解决产能问题的各个步骤，那就是决策树。树状图形不仅有助于我们更好地理解问题，也有助于我们寻找解决方法。决策树是一个投像模型，用于显示解决问题的一系列步骤和每个步骤的情况和结果。近年来，一些用于帮助人们对决策树进行构建和分析的商务软件已经得到开发，并取得了快速的进步。

决策树由决策节点和连接节点的分枝线组合而成。方格代表决策点，圆圈代表机会事件。从决策点引出的分枝线表示决策者可做出的选择，而机会事件引出的分枝线则代表事件发生的概率。

在解决决策树问题时，我们从决策树的底部开始递推至决策树的顶端。按照这样的顺序，我们将每一个步骤的期望值计算出来。如果是进行长期规划，在计算期望值时我们应考虑资金的时间价值。

得出结果后，我们需要修剪决策树，将决策点上其余的分枝线删除，留下收益最大的分枝线。这一过程一直重复进行至第一个决策点，这样问题就得到了解决。

下面我们给出一个利用决策树对 Hackers 电脑公司进行产能规划的案例。

例3.4　决策树

Hackers电脑公司的老板正在考虑公司五年内应该如何经营。过去两年销售额成长还算良好。但是，如果在他提议的地区设立一个大型电子公司，销售额将会大幅度地增长。Hackers电脑公司的老板有三个可能的选择：第一，扩大目前店面的规模；第二，将公司搬到一个新地方；第三，什么都不做，等待商机。扩大规模与搬迁花费时间不多，因此不会有收入损失。如果第一年什么都不做，而市场高度成长，那么就需要考虑扩大规模。等待时间若超过一年，就会有竞争者进入，扩大规模则不可行。

下面是一些假设条件：

1. 由于电子公司设立，使得爱用电脑的人增加，强成长的概率为55%。

2. 若移到新址且强成长，每年销售收入为195 000美元；迁移新址但弱成长，则为115 000美元。

3. 扩张且强成长，每年销售收入为190 000美元；扩张但弱成长，则为100 000美元。

4. 继续留在现址且强成长，每年销售收入为170 000美元，弱成长则为105 000美元。

5. 扩张现有规模的成本为87 000美元。

6. 选新址开新店的成本为210 000美元。

7. 如果市场强成长且现有规模于第二年扩张，成本为87 000美元。

8. 经营成本都相同。

解：

我们构建一个决策树，帮助Hackers电脑公司的老板找出最佳方案。图表3—6就是关于这个问题的决策树。决策树中有两个决策点（由方块节点表示）和3个概率事件（由圆形节点表示）。

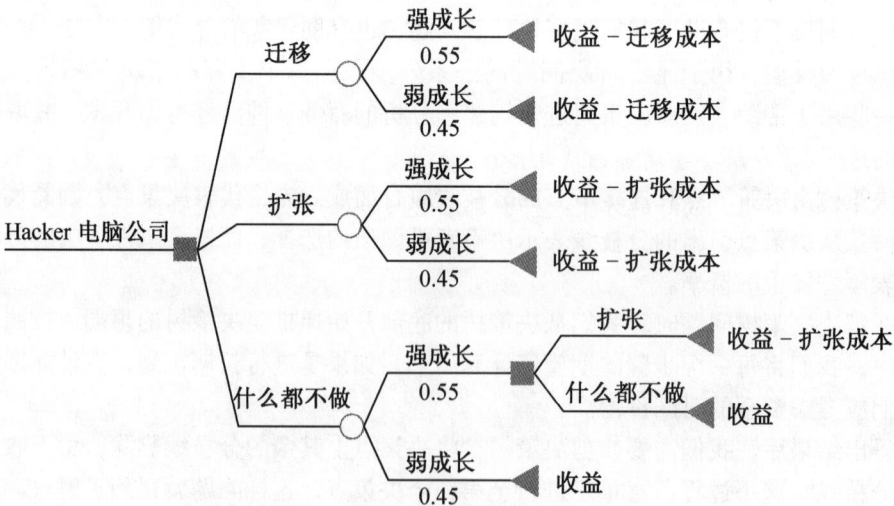

图表3—6　Hackers电脑公司问题决策树

各方案计算出的价值见图表3—7右侧：

方案	收益（美元）	成本（美元）	价值（美元）
迁移，强成长	195 000 × 5	210 000	765 000
迁移，弱成长	115 000 × 5	210 000	365 000
扩张，强成长	190 000 × 5	87 000	863 000
扩张，弱成长	100 000 × 5	87 000	413 000
什么都不做，强成长，下一年扩张	170 000 × 1 + 190 000 × 4	87 000	843 000
什么都不做，强成长，下一年不扩张	170 000 × 5	0	850 000
什么都不做，弱成长	105 000 × 5	0	525 000

根据最右边各方案的价值，我们看到什么都不做这个方案与扩张方案相比具有较高的价值。因此，如果第一年我们什么都不做，市场高度增长，在第二年的扩大规模就没有任何意义了。

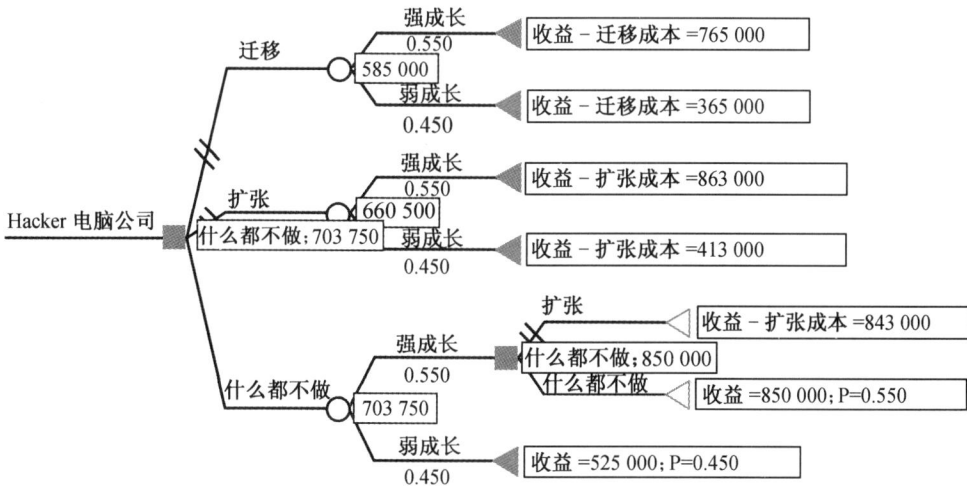

图表3—7 决策树分析

现在，我们可以计算出我们目前的各种决策方案的期望值。我们将各方案中强成长和弱成长的价值分别乘以概率，然后再将得出的两个值相加。迁移方案的期望值为585 000美元；扩张方案的期望值为660 500美元；什么都不做的期望值为703 750美元。上述分析表明，最好的方案是什么都不做（今年和明年都应如此）。

由于我们决策的时间范围是5年，在解决这一问题时考虑收入和成本流的时间价值也是必需的。我们假设利率为16%，第一个决策方案（迁移，强成长）的贴现收益为428 487美元（195 000×3.274293654 − 210 000（迁移成本））。图表3—8给出了贴现后的具体分析。具体计算细节如下所示。附录C的现值表可以用来查找贴现系数。为了使我们的计算与Excel中的计算一致，我们采用精确到10位数的贴现率。只有在计算什么都不做，下一年扩张这一方案的收益时候，情况稍微有点复杂。在这种情况下，第一年的收益为170 000美元，其余四年均为190 000美元。首先将第一年收益折算为现值（170 000 ×0.862068966），然后计算接下来四年的收益贴现（190 000×2.798180638）。

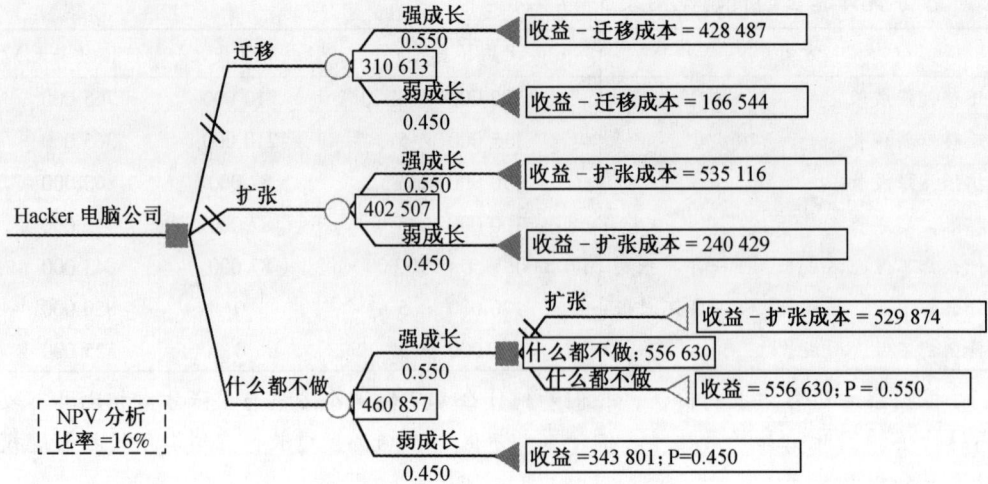

图表3—8　决策树分析净现值

方案	收益（美元）	成本（美元）	价值（美元）
迁移，强成长	195 000 × 3.274293654	210 000	428 487
迁移，弱成长	115 000 × 3.274293654	210 000	166 544
扩张，强成长	190 000 × 3.274293654	87 000	535 116
扩张，弱成长	100 000 × 3.274293654	87 000	240 429
什么都不做，强成长，下一年扩张	170 000 × 0.862068966 + 190 000 × 2.798180638 × 0.862068966	87 000 × 0.862068966	529 874
什么都不做，强成长，下一年不扩张	170 000 × 3.274293654	0	556 630
什么都不做，弱成长	105 000 × 3.274293654	0	343 801

3.5　服务能力规划

3.5.1　服务业与制造业能力规划

　　虽然服务业的能力规划会与制造业能力规划面对着许多相同的问题，并且它们确定设施规模的方法也大致相同，但是两者还是存在一些重要的区别。服务业能力规划更多地依赖于时间和选址，受需求波动影响较大，产能利用会直接影响到服务质量。

　　1. 时间。不像产品，服务不能"生产"出来储存。因此，服务业的管理者必须将时间作为供应中的要素进行考虑。服务能力必须在需要时能够提供服务。例如，目前航班客满，顾客便无法得到已起飞班机的空位。顾客也不可以购买其指定的某一天的航班座位，带回家日后使用。

2. 选址。企业提供服务时是与顾客面对面的，所以服务能力必须接近消费者。在制造业中，企业可以在一个地方将产品生产出来后通过分销商送到客户手中。然而，服务业中的情况正好相反，服务产能必须第一时间将服务提供给顾客（不管是面对面的接触还是通过某种通信媒介，如电话），这样的服务才算是有效的。一个城市里空出的一间酒店房间或一辆出租车，对其他城市的客户是没有多大用处的。服务能力必须靠近客户，在客户需要时随时可用。

3. 需求的不稳定性。服务系统的需求易变性远远高于制造业生产系统，这主要由三个原因造成。首先，正如刚才提到的，服务不能储存。这意味着服务系统不能像制造系统那样用库存来平滑需求变化。其次是服务系统必须直接与顾客进行交易，而这些客户的需求往往不尽相同，并且在处理过程中会产生不同水平的服务，交易的数量也会变化。这导致处理每个顾客的需求的时间易变性更大，从而导致最低产能需求的可变性增大。最后是服务需求变化受顾客行为的影响。春假期间校园周边的餐馆可能空无一人。银行的"得来速"窗口在午餐时间可能十分拥挤，这个时间段虽短，但却是消费者行为对服务需求变化影响的又一力证。由于这种波动性，服务能力规划通常是以 10 至 30 分钟为单位进行，而不是以制造业较常见一周为单位进行。

3.5.2　服务能力利用率和服务质量

对服务能力水平进行规划必须考虑到服务利用率和服务质量之间的密切关系。图表3—9采用排队等候术语（如到达率和服务率）给出了一幅服务场景图。70% 左右的最大能力是最优运营点。这个水平使服务人员处于忙碌状态并有足够的时间为每位顾客提供服务，并且使企业能够保持足够的能力缓冲，以免造成令人头疼的管理问题。若服务能力低于这一水平，系统同样能为每个顾客提供服务，但是服务质量会有所下降；若超出这一范围，顾客等候数量增加，从而会导致许多顾客不能享受到服务。

最佳能力利用率有一个非常具体的范围。在不确定性和风险较高的情况下保持低利用率是比较恰当的选择。例如，医院的急诊部门和消防部门应该保持低利用率，因为事件发生概率的不确定性较高，此外，这类事件通常都是性命攸关的，风险较高。比较有预见性的服务，如通勤列车服务或无需与顾客进行直接接触的服务，如邮局信件服务，可以达到接近 100% 的利用率。有趣的是，还有一种服务是需要较高的利用率的。所有的运动比赛举办方都期待爆满的场景，不仅仅为 100% 边际利润率，还因为人员爆满会产生更热烈的气氛，让观众兴致高涨，更能激发主场队伍的斗志，从而间接刺激了未来的门票销售。舞台演出和酒吧也同样如此。与此相反的是，许多航班乘客会有这样的感觉，当旁边的座位都坐满时，他们会觉得飞机很拥挤。航空公司正是利用这一心理来提高商务舱的销售额。

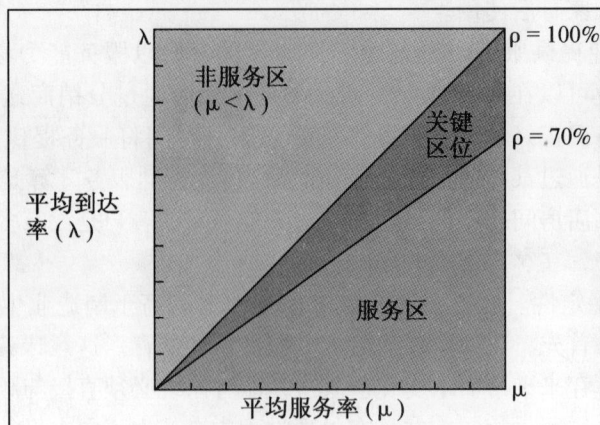

图表3—9　服务利用率与服务质量的关系图

资料来源：J. Haywood-Farmer and J. Nollet, *Services Plus*: *Effective Service Management* (Boucherville, Quebec, Canada: G. Morin Publisher Ltd., 1991), p. 59.

3.6　小结

战略能力规划涉及投资决策，而投资决策必须与基于长期需求预测的资源能力相符。正如本章所述，扩大制造能力与服务能力必须考虑如下几个因素：

- 规模经济可能带来的影响。
- 学习曲线的作用，以及如何对其进行分析。
- 在各生产阶段改变设备的生产重心与保持系统平衡所带来的影响。
- 设施柔性、运营所需的劳动力以及供应系统。

在服务行业，规划者还需要特别考虑服务能力的变化对质量的影响。

关键术语

产能（capacity）：一个系统在特定时间段内的产出量。

战略能力规划（strategic capacity planning）：确定资本密集型的资源的总体能力水平，用于支持企业竞争力的长期战略规划。

最优运营水平（best operating level）：为制造流程设计的能力水平，或单位产品平均成本最小化时的产出量。

产能利用率（capacity utilization rate）：衡量企业现有运营水平接近最优运营水平的程度。

产能重心（capacity focus）：可以通过厂中厂的概念来理解。一个工厂有几个分支部门，专门生产不同的产品——尽管它们都属于同一工厂。产能重心能帮助企业的各分支部门达到最优运营水平。

规模经济（economies of scope）：不同类型的产品在组合生产时比分开生产时成

本低，就产生了规模经济。

学习曲线（learning curve）：用于表示单位产品生产时间与累计产出量之间关系的一条曲线。

产能缓冲（capacity cushion）：超过预期的需求的那一部分产能。

公式复习

对数曲线：

$$Y_x = Kx^n \qquad\qquad [3.1]$$

应用举例

例1

一名求职者正在接受生产线岗位的测试。管理人员认为大约经过 1 000 次练习后，单位产品工时会进入稳定状态。装配线工人普遍在 4 分钟内能够完成此操作。

1. 如果求职者第一次操作时间为 10 分钟，第二次为 9 分钟，他是否应被聘用？
2. 这位求职者在完成第 10 个单位产品时预计需要多长时间？
3. 这一分析是否有明显局限性？

解：

1. 　　　　　　　　　　学习率 = 9 ÷ 10 = 90%

从附录表 B.1 中，我们得知，生产第 1 000 个单位产品所需的时间为：

　　　　　　　　　0.3499 × 10 = 3.499（分钟）

答案是应聘用此求职者。

2. 从附录表 B.1 中，我们得知学习率为 90% 时，第 10 个单位产品的提高系数为 0.7047，则：

　　　　生产第 10 个单位产品所需时间 = 0.7047 × 10 = 7.047（分钟）

3. 仅仅在头两个产品的基础上进行预测不太可靠，对这名求职者的表现进行评估需要收集更多的资料。

例2

下面是 Boeing Aircraft 公司新型商务喷气式飞机前 8 个单位产品的成本数据。

产品号	成本（百万美元）	产品号	成本（百万美元）
1	100	5	60
2	83	6	57
3	73	7	53
4	62	8	51

1. 估计新型商务喷气式飞机的学习曲线。
2. 估算前 1 000 架喷气式飞机的平均成本。
3. 估算第 1 000 架喷气式飞机的生产成本。

解：

1. 首先，以成倍数的两个单位产品为一组，计算学习曲线的平均学习率。

$$单位产品 1 比单位产品 2 = 83/100 = 83\%$$
$$单位产品 2 比单位产品 4 = 62/83 = 74.7\%$$
$$单位产品 4 比单位产品 8 = 51/62 = 82.26\%$$
$$平均学习率 = （83 + 74.4 + 82.6）\div 3 = 80\%$$

2. 通过附录表 B.2 估算前 1 000 架喷气式飞机的平均成本。学习率为 80% 时，第 1 000 架喷气式飞机的累计提高系数为 158.7。生产前 1 000 架喷气式飞机的成本为：

$$1 \times 158.7 = 158.7 （亿美元）$$

前 1 000 架喷气机的单位平均成本为：

$$158.7 \div 1\ 000 = 1\ 590 （万美元）$$

3. 通过附录表 B.1 估算第 1 000 架喷气式飞机的生产成本。学习率为 80% 时，第 1 000 架喷气式飞机的单位提高系数为 0.1082。第 1 000 架喷气机的生产成本为：

$$1 \times 0.1082 = 1\ 082 （万美元）$$

例 3

E-Education 公司是一家新创立不久的公司，致力于 MBA 课程网络授课的研发和销售。该公司位于芝加哥，聘用员工 150 人。由于市场的强成长，公司需要更多的办公空间。该公司可以在其现有的办公楼附近租赁所需空间，但是两年之后公司必须迁移到一个新的地方。另一种选择是立即把整个公司搬至位于中西部的一个小城镇。第三种选择是该公司现在芝加哥租用一个办公楼。如果该公司选择第一种方案，即在其现有的厂址附近租赁所需空间，在两年后，公司还可以选择另两种方案，即在芝加哥租赁新的办公楼或迁移到中西部小城镇。

以下是关于上述方案和目前形势的一些信息：

1. 公司在今后两年生存下来的几率为 75%。

2. 在芝加哥目前的厂址附近租用所需空间，每年将耗资 75 万美元。

3. 将整个公司迁移至中西部城镇将耗资 100 万美元，但是在当地租赁办公楼的年费用仅为 50 万美元。

4. 迁至芝加哥新址的费用约为 20 万美元，此外租赁新大楼的费用为每年 65 万美元。

5. 该公司可以随时终止租赁。

6. 该公司如果能在今后 5 年存活下来，会建造自己的办公楼。

7. 假设不管公司设立在何处，其他的费用和收入都相同。

E-Education 应该怎么做？

解：

第 1 步：构建决策树对 E-Education 的所有方案进行分析。下面的决策树以方形节点表示决策点，圆形节点表示概率事件。在案例的第一个决策点上，如果公司存活下来，还应该考虑其后的另外两个决策点。

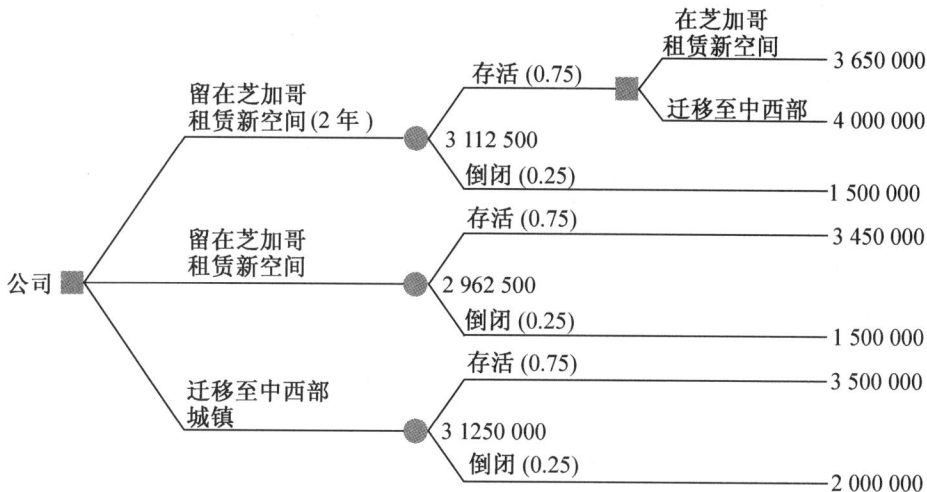

第2步：计算每个方案的期望值，具体过程如下：

方案	计算过程	价值（美元）
留在芝加哥，租赁所需空间（2 年），存活下来后，在芝加哥租赁新大楼	（750 000）×2＋200 000＋650 000）×3	3 650 000
留在芝加哥，租赁所需空间（2 年），存活下来后，迁移到中西部	（750 000）×2＋1 000 000＋（500 000）×3	4 000 000
留在芝加哥，租赁所需空间（2 年），倒闭	（750 000）×2	1 500 000
留在芝加哥，租赁新的大楼，存活	200 000＋（650 000）×5	3 450 000
留在芝加哥，租赁新的大楼，倒闭	200 000＋（650 000）×2	1 500 000
迁移到中西部，存活	1 000 000＋（500 000）×5	3 500 000
迁移到中西部，倒闭	1 000 000＋（500 000）×2	2 000 000

从最右边的方案开始计算，首先看看第一个决策点后两个方案的结果。因为第一个方案，即留在芝加哥，租赁所需空间（2 年）所需成本更低，因此，如果此公司决定在未来 2 年继续留在芝加哥，这是最好的选择。

如果正如第三个方案所示，公司 2 年后倒闭，成本仅为 1 500 000 美元。

第一个方案，即留在芝加哥，租赁所需空间（2 年）的预期成本为：

$$0.75 \times 3\ 650\ 000 + 0.25 \times 1\ 500\ 000 = 3\ 112\ 500（美元）$$

第二个方案，即留在芝加哥，租赁新大楼的预期成本为：

$$0.75 \times 3\ 450\ 000 + 0.25 \times 1\ 500\ 000 = 2\ 962\ 500（美元）$$

第三个方案，即迁移到中西部的预期成本为：

$$0.75 \times 3\ 500\ 000 + 0.25 \times 2\ 000\ 000 = 3\ 125\ 000（美元）$$

从上述计算中我们得出，最优方案是留在芝加哥并立即租赁新大楼。

复习与讨论题

1. 当一种新药品进入市场时会遇到哪些产能问题？

2. 列举规模经济的一些实际限制因素，即企业应在什么时候停止扩大规模？

3. 下列组织或机构分别面临着哪些产能平衡方面的问题？

a. 机场；

b. 大学计算机实验室；

c. 服装制造商。

4. 医院应该考虑哪些主要的产能问题？这类考虑因素与工厂的考虑因素有何区别？

5. 在增加企业的产能时，管理者应以哪种需求为依据，对未来增长的需求还是正在变化的需求？请列举出各自的优劣。

6. 什么是产能平衡？为什么企业很难达到产能平衡？哪些措施可以缓解产能不平衡？

7. 为什么企业应保持一定的产能缓冲？负产能缓冲会产生什么影响？

8. 重心工厂的概念与能力柔性似乎相互矛盾，真的吗？

习题

1. 根据第 50 个产品的生产时间，可以得出单位产品生产时间为 0.20 小时。如果此工作的学习曲线为 90%，生产第 100、200、400 个产品的预期时间分别是多少？

2. 假设某人刚刚收到电子产品制造公司生产的 10 个特殊组件，单位产品价格为 250 美元。他所在的公司新引进的一种生产工序恰好需要此种组件，他希望再购买 40 个此类产品，按 10 个为一批船运（该组件十分笨重，运送较费时间，但完成此生产只需要 10 个月）。

a. 假设上一年供应商提供的同类产品的学习曲线为 70%，每一批组件的费用应为多少？

b. 假如你是供应商，目前可以一次生产 20 个此类组件，但是在未来 2 个月不能启动下一次生产，你将以什么价格对上一批的 20 个组件进行协商？

3. Johnson 公司签订了一份合同，负责研发和生产移动电话的高强度长途接收发送器，数量为 4 个。第一个产品使用了 2 000 个工时，购买和制造部件的成本为 39 000 美元；第二个产品使用了 1 500 个工时，购买和制造部件的成本为 37 050 美元；第三个产品使用了 1 450 个工时，购买和制造部件的成本为 31 000 美元；第四个产品使用了 1 275 个工时，购买和制造部件的成本为 31 492 美元。

购买方要求与 Johnson 公司续签合同，让其负责另一个接收/发射器的研发和制造。如果将其他方面的影响因素忽略不计，Johnson 公司应该如何估算单位产品的工时与部件成本？（提示：两条学习曲线：工时与部件成本）

4. 电脑公司通过竞争赢得了一份合同，负责生产以激光光学而不是以二进制位为计算依据的一种新型计算机模型。生产第一个单位产品花费了 5 000 小时，材料、设备和供应成本共计为 250 000 美元。生产第二个单位产品花费了 3 500 小时，材料、设备和供应成本共计为 200 000 美元。工人工资为每小时 30 美元。

a. Lambda 需要在第二个单位产品完成时向合同方提交一份另外 10 个单位产品的价格表。生产即将启动。产品价格应该为多少？

b. 假设两份合同期间出现明显延期。在此期间，人员和设备被调去执行其他项目。这对单位产品随后的标价有何影响？请解释。

5. 假设你刚刚完成了 10 个单位产品的试加工，单位产品加工时间如下：

单位产品数量	时间（小时）
1	970
2	640
3	420
4	380
5	320
6	250
7	220
8	207
9	190
10	190

a. 你会如何根据试加工估算学习率？

b. 假如学习率不变，接下来的 190 个单位产品需要的生产时间是多少？

c. 生产第 1 000 个单位产品需要多少时间？

6. 激光科技公司（简称 LTI）共制作了 20 个高功率的激光系统，可用于摧毁任何靠近的敌方导弹或飞机。20 个单位产品已完成制造，部分资金由 LTI 的研发部门作为私人研究提供，另外的大部分资金由美国国防部（DoD）根据合同提供。对各单位产品的测试已表明它们已经达到了预期的防御效果。此外，通过重新设计、增加便携性以及提高现场维护的有效性，这类产品可进行车载。

DoD 要求 LTI 提交 100 个单位产品的价格。

LTI 已经生产出的 20 个单位产品成本根据产品生产顺序显示如下：

产品序号	成本（百万美元）	产品序号	成本（百万美元）
1	12	11	3.9
2	10	12	3.5
3	6	13	3.0
4	6.5	14	2.8
5	5.8	15	2.7
6	6	16	2.7
7	5	17	2.3
8	3.6	18	3.0
9	3.6	19	2.9
10	4.1	20	2.6

a. 根据以往的经验，学习率为多少？

b. 假设学习一直继续，LTI 应该为 100 个单位产品出价多少？

c. 在学习曲线中，最后一个单位产品的成本为多少？

7. Jack Simpson 担任 Nebula Airframe 公司的合同谈判员，最近正在竞标一份后续政府合同。该公司根据研发合同已经生产了 3 个单位产品。根据这 3 个单位产品所收集的资料，第 1 个单位产品花费了 2 000 个工时，第 2 个花费了 1 800 个工时，而第 3 个花费了 1 692 个工时。

Simpson 在签订下一份产品数量同样为 3 个的合同时，预算的工时应为多长？

8. 本田汽车公司发现其某一汽车生产线上生产的汽车排气系统存在问题，于是决定对产品做出必要的改良以达到政府规定的安全标准。最常用的方法是该公司支付一定的费用给经销商，让经销商对产品逐个进行改良。

本田试图算出一个合适的补偿额度来支付给经销商，于是决定随机选择一些技术人员，观察他们的表现和学习率。分析表明，平均学习率为 90%，因此，本田决定每辆车支付 60 美元的劳动力费用给经销商（3 小时 ×20 美元，每辆车改良的时间一般为 3 小时）。

西南本田公司向本田汽车公司抱怨费用不够。他们公司的 6 名技术人员每人已经独立完成了 2 辆车的改良。每个人在改良第一辆车上花的时间都是 9 个小时，第二辆车则为 6.3 小时。如果本田公司不将工时按最少 4.5 小时计算，西南本田公司则拒绝继续进行其余车辆的改良，而经销商预计要改良的车辆大约为 300 辆。

你对本田给出的学习率和技术人员的表现有何看法？

9. 联合研究协会（简称 URA）签订了一份合同，负责生产两台新型巡航导弹制导控制器。第一台工时为 4 000 小时，材料和设备使用成本为 30 000 美元。第二台工时为 3 200 小时，材料和设备使用成本为 21 000 美元。劳动力成本是每小时 18 美元。主承包商与 URA 进行协商时要求 URA 提交增加的 20 个制导控制器的价格。

a. 制造最后一个产品的成本为多少？

b. 生产 20 个导弹制导控制器的平均工时是多少？

c. 合同中生产 20 个导弹制导控制器的平均成本应为多少？

10. AlwaysRain 灌溉公司试图确定未来四年产能需求。目前公司有两条生产线，主要生产铜喷头和塑料喷头。这两种产品均有三种型号：喷嘴为 90 度、180 度以及 360 度的喷头。管理人员对未来四年的需求进行了预测，预测如下：

	年度需求（千）			
	第 1 年	第 2 年	第 3 年	第 4 年
90 度塑料喷头	32	44	55	56
180 度塑料喷头	15	16	17	18
360 度塑料喷头	50	55	64	67
90 度铜喷头	7	8	9	10
180 度铜喷头	3	4	5	6
360 度铜喷头	11	12	15	18

两条生产线都可以生产不同型号的喷头。每台铜喷头设备需要两个操作人员，产量可达 12 000 个。每台塑料喷头设备需要 4 个操作人员，产量可达 20 万个。3 台铜喷头设备和一台注塑机可供使用。今后四年的产能需求为多大（不考虑学习的情况下）？

11. 假设 AlwaysRain 灌溉公司的市场部将对铜喷头进行密集的广告宣传活动。虽然铜喷头成本比较高，但是比较耐用。对未来四年需求的预测结果如下：

	年度需求（千）			
	第 1 年	第 2 年	第 3 年	第 4 年
90 度塑料喷头	32	44	55	56
180 度塑料喷头	15	16	17	18
360 度塑料喷头	50	55	64	67
90 度铜喷头	11	15	18	23
180 度铜喷头	6	5	6	9
360 度铜喷头	15	16	17	20

产能将会对营销活动产生哪些影响（不考虑学习的情况下）？

12. 考虑到广告宣传活动，AlwaysRain 灌溉公司又购买了一台铜喷头设备。这能够确保足够的产能吗？

13. 假设操作人员经过培训后，能够操作铜喷头设备和塑料喷头设备。目前 AlwaysRain 灌溉公司有 10 个经过培训的员工。考虑到问题 11 中描述的广告宣传活动，管理人员同意添置两台铜喷头设备，这一决定会给劳动力需求带来什么影响？

14. Expando 公司正在考虑建一个新工厂，为其产品线增加新产品。该公司目前正在考虑两种方案。方案一是建造一个小工厂，费用为 600 万美元。如果新产品的市场需求较小，该公司预计将从小工厂获得 1 000 万美元的贴现收益（未来收入的现值）。反之，如果市场需求较大，贴现收益为 1 200 万美元。方案二是建立一个大型工厂，费用为 900 万美元。如果市场需求较小，该公司预计将从大工厂获得 1 000 万美元的贴现收益（未来收入的现值）。反之，如果市场需求较大，该公司预计将从大工厂获得 1 400 万美元的贴现收益。无论选择哪种方案，市场需求增加的概率为 40%，减少的概率是 60%。由于目前的工厂不能生产这些新产品，所以如果不建造一座新工厂，将不会有任何额外的收入。请构建决策树帮助 Expando 做出最佳决定。

15. 某建筑商选择了一块地皮，打算购买后建房子。目前的土地已被规划，每英亩土地用于建造四栋房子。她正在考虑对这块土地重新进行规划。她将如何建造，主要取决于规划要求能否被批准以及你对这一问题的分析与建议。根据她的投资与你的计算，决策过程已经减少，主要由费用、方案和概率组成，如下所示：

土地费用：200 万美元。

重新规划的概率：60%。

若土地重新规划，用于修建新道路，购买照明设备等的额外成本为 100 万美元。

如果土地重新规划，建筑商必须决定是否要建造一个购物中心或是 1 500 套公寓。如果建造一个购物中心，她有 70% 的机会将购物中心出售给大型百货连锁店，售价比建造成本高出 400 万美元（不包括土地成本）；她还有 30% 的机会将购物中心出售给一家保险公司，售价比建造成本高出 500 万美元（也不含土地成本）。如果不建造购物中心，而是建造 1 500 套公寓，她有 60% 的机会将公寓出售给房地产投资公司，每套公寓都以高出建造成本 3 000 美元的价格出售：还有 40% 机会，她只能将每套公寓以高出建造成本 2 000 美元的售价出售给此房地产投资公司（两种情况都不包括土地成本）。

如果土地没有被重新规划，她将按照现有的规划建造 600 套房子，她预计每套房子售价将高于建造成本 4 000 美元（不包括土地成本）。

试绘制决策树对此问题进行分析，并确定最佳的解决方案和预期的利润。

案例：Shouldice 医院——胜人一筹

"专门从事疝气治疗的 Shouldice 医院由一处乡村房屋改装而成，由此获得了'乡村俱乐部'的美誉。"

——引自美国医学新闻

Shouldice 医院在加拿大以疝修补术闻名，专门进行疝气治疗，已成功治愈了许多患者。在过去 20 年里这个只有 90 张病床的小医院平均每年的手术量可以达 7 000 例。去年，这所医院的手术量再创新高，达到了 7 500 例。Shouldice 医院在病人出院后实施跟进护理。每年的病友重聚晚宴（免费附赠疝气检查）吸引的已愈患者超过 1 000 名，其中一部分人坚持参加此聚会已有 30 多年了。

Shouldice 的成功应归因于其服务系统的几大特色。（1）Shouldice 医院只收治病情较简单的外疝患者，采用 Shouldice 博士在第二次世界大战期间独创的疝气修补法为其治疗。（2）医院鼓励患者早期下床行走，促进愈合（术后患者需自己走下手术台，并应在为期 3 天的住院期间进行轻微的运动）。（3）乡村俱乐部式的良好氛围。与患者同住的护理人员以及医院内的小型社交圈都给原本不愉快的治疗过程增添了乐趣。医院指定时间，让患者聚在一起喝茶、吃东西、相互交流。此外，医院将有着类似背景和爱好的患者分到同一个病房。

服务系统

该医院有五个手术室、一个病人康复室、一个实验室以及 6 个检查室。医院平均每星期实施 150 例手术，病人一般在医院住院 3 天。虽然每周工作日只有五天，该医院依然在其余时间对处于恢复期的病人进行护理。

Shouldice 医院有 12 名全职医师和 7 名兼职助理医师，每次手术由 1 名全职医师在 1 名兼职助理医师的协助下完成。他们的准备时间和手术时间共计 1 个小时，每天可为 4 名患者实施手术。手术每天下午 4 时结束，除此以外，他们每月 14 日晚上和每月 10 日（逢周末）随叫随到。

Shouldice 医院流程

在确定手术日期前，每个病人都必须接受 Shouldice 医院的筛选诊断。医院鼓励多伦多市区的患者步行前往医院接受诊断。诊断时间为星期一至星期五的上午9点至下午3点半，星期六上午10点至下午2点。对于外地患者，医院将给他们寄出医疗信息调查表（此表也可在互联网上获得）。其中一小部分超重的患者以及具有较大医疗风险的患者不能获得治疗，其余的患者则会收到注有手术日期的确认卡。手术日期确定以后，病人的资料将被转送到前台。

患者在手术前一天下午1点到3点到达医院。短暂等待后，他们会接受一个简单的术前检查，然后到接待员处办理所需文件。接下来，医院会安排他们去护士室接受血、尿化验。检验完毕，他们会被送去病房。剩下的时间，他们要做的事情则是在住处安顿下来，与室友进行交流。

下午5时进行入院培训，接下来去餐厅吃晚餐。晚上9点，患者聚集在休息区，喝茶吃点心，此时，新患者可以和已经做过手术的患者进行交流。9点半至10点为就寝时间。

手术当天，手术时间较早的患者在早晨5点半起床，接受术前镇静。第一例手术在上午7点半开始实施。手术实施前，医师对患者进行局部麻醉，使他保持清醒，了解手术全过程。手术结束后，医师鼓励患者自己从手术台走到附近的轮椅上，然后用轮椅将他们送回病房。经过短暂的休息，病人下床行走，并进行轻微的活动。晚上9点，他们就可以在休息区喝茶吃点心，并向新来的病人传授经验。

第二天，切口处的一部分皮肤夹会被松开，有的甚至被拆除。其余的皮肤夹则会在病人第三天出院时拆除。

Shouldice医院刚刚成立时，疝气手术患者的平均住院时间长达三个星期。如今许多医院出于多种原因，采取“随做随走”的方法。Shouldice医院坚信这不是对患者最有利的做法，并坚持保留为期3天的住院过程。Shouldice的术后康复项目主要是为了使患者在短期内适应并恢复正常活动。Shouldice患者术后几天之内通常就可以返回工作。每位患者所花平均总时间是8天。

"有趣的是，在Shouldice医院接受治疗的疝气患者中，平均100名就有约1名是医生。"

未来规划

Shouldice的管理者正在考虑扩大医院的产能，以满足大量的需求。为此，Shouldice医院的副院长正在考虑两种方案。第一种方案将现有的每周5个工作日增加一天（星期六），这将增加20%的产能。第二种方案是将医院的病房增加一层，这样可以增加50%的病床。这一方案则需要对手术室进行更密集的安排。

医院的主管关注的则是如何保持服务质量。他认为医院的设施已得到了很好的利用。医生和工作人员都很开心，病人也对他们的服务很满意。他认为，进一步扩大产能可能很难保证同样的工作质量和态度。

问题

图表3—10显示的是现行制度下病房的使用情况。表中每一行显示当天住进医院的患者人数。每一列显示当天住在医院的患者总人数。例如，根据第一行的数据，我们可以看出有30人在星期一接受检查，并在星期一、星期二、星期三这三天住在该医院。根据星期三这一列的数据，我们看到星期三住在医院的患者为90人。

登记时间	所需床位						
	星期一	星期二	星期三	星期四	星期五	星期六	星期天
星期一	30	30	30				
星期二		30	30	30			
星期三			30	30	30		
星期四				30	30	30	
星期五							
星期六							
星期天	30	30					30
总数	60	90	90	90	60	30	30

90 个床位下的手术量（每天 30 位病人）

1. 该医院目前利用床位的情况如何？

2. 制定类似表格，分析将星期六增加为工作日会带来什么影响（假设每天的手术量仍然为 30 例）？这将如何影响医院对床位能力的利用？目前医院的床位能够应付星期六增加的病人吗？

3. 现在我们来考虑一下将床位增加 50% 带来的影响。在床位能力不足时，医院每天能承受的手术量是多少（假设手术时间为每周 5 天，每天的手术量为 30 例）？与目前的运营情况相比，这些新增床位的利用情况会如何？医院确实能承受这个手术量吗？请说明原因。（提示：考虑 12 个医生与 5 个手术室的运营能力）

4. 根据财务数据，一家建筑公司粗略估算出增加每个床位的平均费用约为100 000美元，一例疝气手术的费用大概为 900 美元至 2 000 美元，平均下来为1 300美元/例，主治医生的费用为 600 美元。考虑到政府医疗立法中的种种不确定因素，Shouldice 医院希望得知在未来 5 年扩大规模是否有效。

参考文献

Wright, T. P. "Factors Affecting the Cost of Airplanes." *Journal of Aeronautical Sciences*, February 1936, pp. 122 – 128.

Yu-Lee, R. T. *Essentials of Capacity Management.* New York：Wiley, 2002.

4

制造流程

阅读了本章后，你将：

1. 了解生产工艺是如何组织的。

2. 设计生产流程时，知道如何做出取舍。

3. 知道什么是产品—工艺矩阵。

4. 认识到盈亏平衡分析法不仅在企业运营和供应链分析中具有很高的价值，在其他领域也是非常重要的。

5. 知道如何设计装配线。

本章概要

东芝——第一个笔记本电脑制造商

制造工艺的结构

                       项目规划的定义

                       加工中心的定义

                       制造单元的定义

                       装配线的定义

                       连续流程的定义

                       产品—工艺矩阵的定义

盈亏平衡分析

设计一个生产系统

    项目布置

    加工中心

    制造单元

    装配线与连续流程布置

装配线设计

任务分解	工作站节拍的定义
柔性的 U 形生产线布置	装配线平衡界定的定义
混合型装配线平衡	优先关系的定义

小结

案例：东芝笔记本电脑装配线的设计

东芝——第一个笔记本电脑制造商

东京芝浦电气（东京芝浦电气有限公司）成立于 1939 年，由两个注重高度创新的日本公司合并而成。这两个公司分别是 Shibaura Seisaku-sho（主要生产变压器、电动机、发电机、水力发电机以及 X 射线管等电子产品）和 Tokyo Electric Company（主要生产灯泡、无线电接收器和阴极射线管等）。合并以后，该公司在 1987 年正式更名为"东芝"。东芝公司创造了很多日本第一，荧光灯（1940 年）、雷达（1942年）、广播设备（1952 年）和数字电脑（1954 年）的研制在日本都是首创。1985年，东芝成为世界上第一个生产 1 兆 DRAM 芯片的制造商。同年，东芝还制造了世界上第一台型号为 T 3100 的笔记本电脑。

东芝公司凭借其极富竞争力的价格与技术创新产品，在笔记本电脑市场上奠定了行业地位。由于笔记本电脑市场的竞争十分激烈，东芝不得不通过持续改进生产工艺、降低成本来确保其领先地位。

戴尔电脑公司是一个强劲的竞争对手，它设法减少成本，根据顾客的订购组装电脑，进行直销。东芝之所以比戴尔更具优势，是因为其注重于薄膜晶体管（TFT）彩色显示屏、硬盘驱动器、锂离子电池和 DVD 驱动器等产品的技术投资。此外，东芝还通过与其他行业巨头建立伙伴关系，通过合资来分担研发新技术的风险。

假设你是东芝公司 Ome Works 的生产主管 Toshihiro Nakamura。该公司最新笔记本电脑的生产定于 10 天后启动。当他穿过办公桌前往工厂车间时候，他一直在考虑生产线能否在短时间内设计成功。

请阅读本章结尾的案例——"东芝笔记本电脑装配线的设计"，了解装配线设计的相关细节。

改编自：Toshiba：Ome Works, Harvard Business School（9－696－059）and www. toshiba. co. jp/worldwide/about/history. html.

4.1　工艺流程结构

工艺流程结构是指制造工厂选择何种生产工艺进行生产或提供服务的战略决策。例如，在东芝笔记本电脑公司案例中，如果产量非常低，可能会选择让工人手工装配电脑。相反，如果产量非常高，则建立一条装配线更为合适。

在工厂内，以何种方式来安排生产受到工作流形式的限制。工艺流程结构主要有5 种基本类型（项目规划、加工中心、制造单元、装配线和连续流程）。

在项目规划中，产品（由于体积或重量庞大）必须固定在某一位置。生产时，工人通常将生产设备移到产品所在处，而不是将产品移到设备处。建筑工地（房屋和道路）和摄影棚都是这一规划的例子。管理者通常使用第 2 章所述的管理技巧对此类产品进行生产规划管理。管理者按用途将此类工地分为不同的区域，如材料分类区域、组件生产区域、重型设备的放置区域以及生产管理区域。

加工中心是指将相似的设备或功能组合起来的一种规划方法，例如将所有的钻床放置到同一区域，将所有的冲压机床放置在另外一个区域。根据已经预先设定好的流程，工件从一个区域转移到另外一个区域，每个区域都放置了相应的设备来完成对此工件的加工。这类规划区域有时也被称为加工中心。

制造单元是一个专门的区域，主要用于生产工艺相似的产品。设立制造单元主要是为了执行一组特定的工艺，制造单元生产的产品范围是有限的。一个公司可以在生产领域设立多个不同的制造单元，每个制造单元用于生产某一种或某一组类似的产品。这些制造单元通常按照当前的客户需求进行生产。

装配线指根据产品的生产步骤来安排生产工艺。每种产品的加工路径都是直线。由不同的零部件组成的产品按生产顺序从一个工作站到另一个工作站来进行装配，如玩具、家电和汽车的自动装配。

连续流程与装配线相似，生产按照预先设定的顺序进行，但是这个流程是连续而不是分离的。这类工艺流程结构通常具有高度自动化，实际上构成了一个完整的"大机器"。这台大机器每天都必须 24 小时连续不断地运作，以避免高额的停工和开工费用。无差别原料（如石油、化学品或药物）的转化或者加工就是很好的例子。

工艺结构之间的关系通常用产品—工艺矩阵来表示。图表 4—1 中有两个变量：一个是产品产出量，指某一特定产品或某一类标准产品的产出量；另一变量——标准化在纵轴上显示，表示产品在生产过程中的变化。这些变化通过几何差异与原料差异等得出。从制造工艺的角度来看，标准化产品具有很高的相似性，生产标准化较低的产品所需要的生产工艺也是不一样的。

图表 4—1 中工艺沿着矩阵的对角线摆放。一般情况下，我们可以说对角线代表的是加工系统的最佳选择。例如，如果目标是生产非标准产品，而且生产数量较小，那么使用加工中心比较适合。相反，如果目标是生产一个高度标准化的产品（商品），而且产量较大，则应尽可能采用装配线或连续流程。由于如今的制造技术比较先进，在矩阵中一些布置结构所跨区域比较广。例如，制造单元的应用非常广泛，已成为制造工程师常用的一种规划结构。

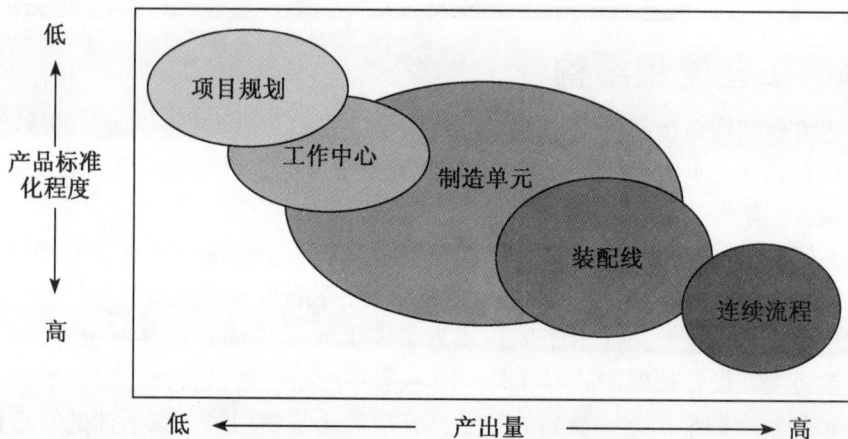

图表 4—1　产品—工艺矩阵：战略规划框架

4.2　盈亏平衡分析

工艺结构中的专用设备的选择常常基于盈亏平衡分析法。如产品—工艺矩阵（见图表 4—1）所示，专业设备与非专业设备之间有一个权衡过程。非专业设备被称为"通用设备"，也就是说，如果配置得当它有多种用途。专业设备被称为"专用设备"，具有特殊用途，往往可替代通用设备。例如，如果需要在金属上钻孔，一般的选择可能是使用简单的手钻，还有一种方法是使用具有特殊用途的钻床。在设置适当的情况下，钻床钻孔比手钻快得多。这一权衡还涉及各种因素，如设备成本（手钻较便宜，钻床较昂贵）、安装时间（手钻较快，钻床较慢）以及每单位加工时间（手钻较慢，钻床较快）。

盈亏平衡分析是工艺与设备选择的一种标准方法。盈亏平衡表可以清楚地反映不同生产或销售数量下的收益与损失。这样的选择显然依赖于对需求的预测。当工艺或设备占用大量初始投资和固定成本，且可变成本的大小与产品数量成合理的比例时，这种方法非常适用。

例4.1 盈亏平衡分析

假设一个生产厂商想获得一种机械零部件，它有以下几种选择：（1）以每个200美元的价格购买这批零部件（包括原料）；（2）在一台半自动数控车床上加工这种零部件，每个价格为75美元；（3）在加工中心生产这种零部件，价格为15美元/个。若采用购买方式，固定资产耗损可以忽略不计：一台半自动数控车床价格为8万美元，一个加工中心则需要花费20万美元。

每种选择的成本如下：

$$购买成本 = 200 \times 需求量$$
$$半自动数控车床加工成本 = 80\,000 + 75 \times 需求量$$
$$加工中心加工成本 = 200\,000 + 15 \times 需求量$$

解：

只要维持线性关系，用成本最小化或利润最大化的方法来解决这个问题是没有区别的，即每增加一个单位，可变成本和收益相同。图表4—2显示了每种方法的盈亏平衡点。如果预期需求超过2 000单位（A点），选择加工中心是最优的，因为这样总成本最小。当需求介于640单位（B点）和2 000单位之间时，采用半自动数控车床最节省成本。如果需求低于640单位（介于原点和B点之间），最经济的方法是外购。

盈亏平衡点A的计算：

$$80\,000 + 75 \times 需求量 = 200\,000 + 15 \times 需求量$$
$$需求点（点A）= 120\,000 \div 60 = 2\,000（件）$$

盈亏平衡点B的计算：

$$200 \times 需求量 = 80\,000 + 75 \times 需求量$$
$$需求点（点B）= 80\,000 \div 125 = 640（件）$$

考虑收入的影响，假设这种零部件的价格为每个300美元。如图表4—2所示，利润（或亏损）可以用收入线和成本线之间的距离来衡量。例如，在1 000个单位这一点，最大利润位于300 000美元收入（C点）和采用半自动数控机床生产的155 000美元成本（D点）之间。对于这个需求量，采用半自动数控机床生产时是最优的。按照成本最小化或利润最大化的原则进行最优选择，答案是这几条直线的最低部分：从原点到B点，再到A点，以及A点向右的这条射线（图表4—2中显示为绿色线条）。

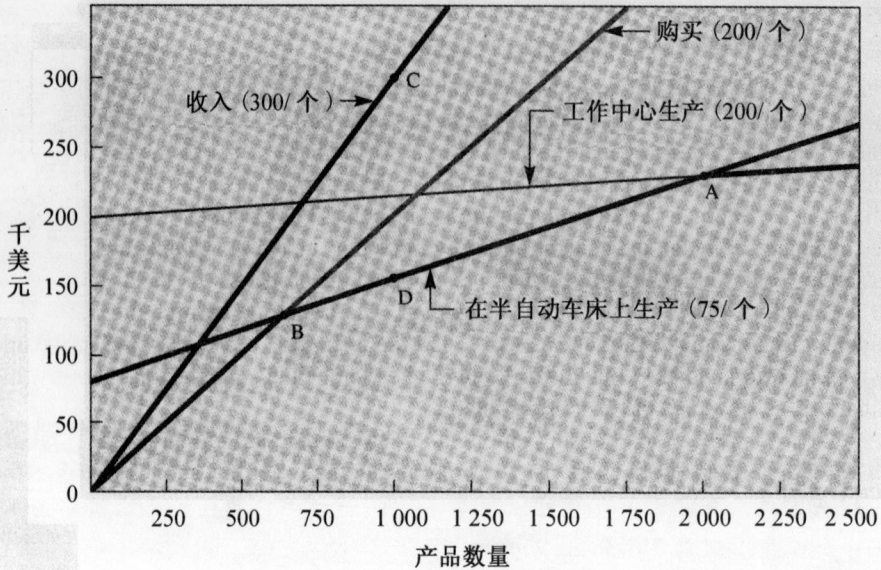

图表 4—2　工艺方案的盈亏图

4.3　生产工艺流程设计

对生产过程进行实际规划有多种技术。本节主要论述在规划过程中的一系列问题以及它们是如何得到快速解决的。此外，每一种规划类型都给出了描述，对这些规划如何进行布局以及其主要标准进行了说明。下一节我们将对装配线平衡问题进行深入讨论。

4.3.1　项目规划

在项目规划过程中，将整个生产过程视为一个车轮，产品为车轮的中心，材料和设备根据使用顺序和移动难易程度围绕产品分布。例如，在造船时，由于在整个建造过程中都需要使用铆钉，所以应将铆钉放置在船体附近或内部；重型发动机在建造过程中只会使用一次，因此可以将它放置在较远区域；起重机会经常用到，所以应放置在船体附近。

在项目规划中，任务排序比较频繁，通常的做法是按照工序的先后顺序决定生产阶段，按照生产材料的技术优先次序来放置物料。这一规划程序适用于需要严格规定生产流程的大型机床，如冲压机，其装配从基础部分开始，部件像堆积木似的一个个加到底座上。

4.3.2　加工中心

管理者往往按照尽量减少原料移动的原则来对加工中心进行规划。加工中心有时被认为是一个特殊的部门，专用于某一特定的操作。例如，钻孔加工中心主要进行磨削操作和热处理。进行小批量生产的玩具厂可能有多个加工中心，分别负责运输和接收、塑胶模具制造和冲压、金属成型、缝纫和绘画。玩具的各种零部件由这些加工中心制作，然后被运送至装配中心进行组装。在配置过程中，优化配置往往意味着把加工中心设置在枢纽区域。

4.3.3　制造单元

制造单元指将不同的设施归入同一单元，用以生产形状和工艺相似的产品。制造单元广泛应用于金属加工、电脑芯片的制造和装配作业中。

图表4—3对制造单元的形成过程进行了描述。它可分为三个不同的步骤：

1. 按一般的步骤对零部件进行分组。这就需要使用某种代码对部件进行分类。在实践中，该步骤是相当复杂的，并可能需要使用计算机系统。图表4—3A中，4种"零件组"已经确定，分别用不同的特殊箭头显示。图中给出了使用传统加工中心布置时每种零部件的加工路径。所有的零部件都按工序被送往各个独立的加工中心进行制造。

2. 确定零件组的主要物料流动类型，以此作为制造单元设备调整的基础（见图表4—3B）。

3. 最后，将机器和工艺分组，组成不同的工作单元（见图表4—3C）。在此过程中，经常会有一些零部件不能分组或有些专用设备不能被具体分入任何一个单元。这些无法分组的部件和设备都被放入到"剩余单元"中。

4.3.4　装配线与连续流程的布置

装配线是一种特殊的布置形式，主要用于按一系列连续的步骤生产某种产品。用于进行不同组装步骤的各个区域被称为"工作站"，这些工作站通常由某种材料处理设备连接。此外，两个工作站之间通常存在时间上可行的空间距离。由于装配线在世界各地的制造工厂中得到极其广泛的运用，我们在此不做赘述，而是将在本章的下一节对装配线的设计进行专门讨论。连续流程（或流水作业）与装配线类似，唯一不同的是在此种布置下，产品在生产过程中会被不停地移动。液体和化学品的加工就是以此方式进行的，在加工过程中，产品在整个生产系统中不断流动，流水作业这一名称也因此而来。石油提炼采用的就是流水作业。

4.4　装配线设计

装配线最常使用的是传送带，它以相同的时间间隔经过一系列的工作站，这种时间间隔称为工作站节拍（即相邻的两个产品离开装配线的间隔时间）。每个工作站上的操作人员对产品进行零件安装，然后将其送至下一个工作站，直至完成装配。每个工作站上的操作由许多琐碎的作业组成，作业也成为工作要素或工作单位。

在装配线上工作感觉如何？

Ben Hamper 在通用汽车公司工作，他是这样描述自己在雪佛兰公司的装配线上的新工作的：

汽笛声想起，生产线开始运作。我坐在工作台旁边，观察我即将要替换的工人如何工作。他迅速抓住一根长棍的一端，在流水线前一个工人的帮助下，轻敲了一下棍子的末端。"铃铃铃——叮叮叮——"！然后他迅速回到工作台旁边，抓起一个四轮的弹簧铸造物和一个消音器，将这些零件铆接到这根棍子上。完成了之后，他将这根棍子竖着放立，从工作台上方悬挂的供料线上抓起一个十字形的材料。他用一只空闲的手臂支撑，抓起了另外的一个铆接枪，将十字形的材料进行固定，使上面的小孔恰好排列成一条直线。接着他插入铆接枪，开始挤压这个十字形的材料。光是看着他如何操作就已经使我头晕眼花了。

过了一会，他问我："怎么样了？你只坐在那边看是找不到感觉的。"

我礼貌地垂下头。如果不是非学不可，我一点也不想学习这个像走迷宫一样可怕的工作。一旦老板认为你没有掌握这道工序，他很可能会走过来使你难堪。为了让自己回到原来的汽车销售部门，我必须一直拖延学习时间。

"好了，你已经学了三天了。"他对我说"以后就要完全靠你自己了。"

节选自：B. Hamper's Rivethead: Tales from the Assembly Line (New York: Warner Books, 1992), p. 90.

工作站的总工作量与分配给工作站的作业总数相同。装配线平衡也就是将所有的作业分配给不同的工作站，使每个工作站在节拍内没有多余的时间做其他工作，从而使所有工作站停止运行的时间（即空闲时间）达到最小化。因受产品设计和工艺技术的影响，装配线平衡变得更加复杂。这种复杂的作业关系称为作业次序，它决定了装配过程中各项作业的顺序。

实现装配线平衡的步骤如下：

（1）用流程图详细说明作业间的顺序关系。流程图由圆圈和箭头组成。圆圈代表单个任务；箭头代表作业次序。

（2）确定工作站节拍（C），用以下公式来计算：

$$C = 每天工作时间/每天计划产出量（单位：个）$$

（3）确定满足工作站节拍的工作站最小数量理论值（N_t），用以下公式来计算：

$$N_t = 完成作业所需总时间（T）/节拍（C）$$

（4）确定给每个工作站分配工作的主要原则，若该原则在应用时出现问题，则采用第二原则。

（5）给工作站 1 安排作业，一次一项，逐项增加，直至所有作业的时间与工作站节拍相等，或受到时间和操作顺序的限制，不能再安排其他任务。重复该过程，给工作站 2 分配作业，然后是工作站 3，直至所有的作业都分配完毕。

（6）使用下列公式评价装配线平衡的效率：

$$效率 = 完成作业所需总时间（T）/（工作站实际数目（N_a）×节拍（C））$$

（7）如果效率不能满足要求，则使用其他的决策标准再次进行平衡。

A. 初始加工中心布置

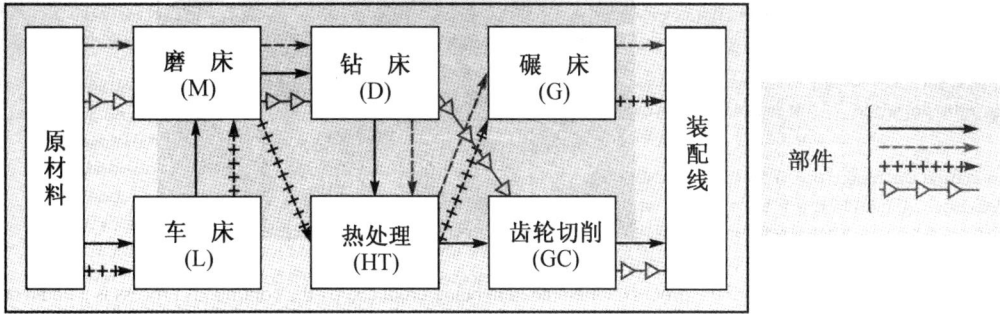

选自：D. Fogarty and T. Hoffman, *Production and Inventory Management* （Cincinnati：South - Western Publishing，1983），p. 472.

B. 部件流程路径矩阵图

原材料	部件	车床	磨床	钻床	热处理	碾床	齿轮切割	至	装配线
	--→		X	X	X	X		--→	
	▷▷▷		X	X			X	▷▷▷	
	—→	X	X		X		X	—→	
	+++→	X	X		X	X		+++→	

C. 根据部件群流程需求，重新安排设备组建制造单元

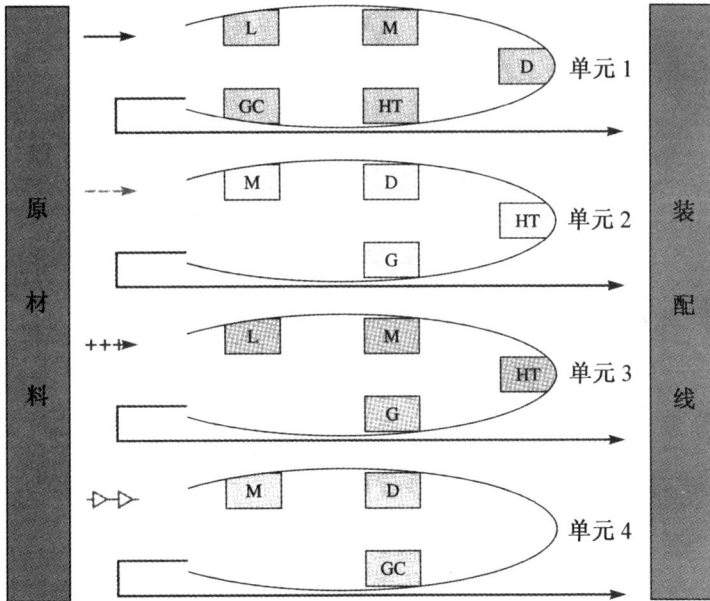

图表4—3　制造单元的形成

例4.2　装配线平衡

一家玩具公司要在一个传送带上装配 J 型玩具车，每天需要生产500辆。生产时

间为每辆420分钟，J型玩具车的组装步骤及作业时间在图表4—4中给出。请根据工作站节拍和作业次序限制，找出能使工作站数目减到最少的平衡方法。

图表4—4　　　　　　　　　　　J型玩具车的装配步骤和时间

作业	时间（秒）	描述	紧前工作
A	45	安装后轴支架，拧紧4个螺母	—
B	11	插入后轴	A
C	9	拧紧后轴支架螺栓	B
D	50	安装前轴，用手拧紧4个螺母	—
E	15	拧紧前轴螺母	D
F	12	安装1#后轮盖，拧紧轮轴盖	C
G	12	安装2#后轮盖，拧紧轮轴盖	C
H	12	安装3#后轮盖，拧紧轮轴盖	E
I	12	安装4#后轮盖，拧紧轮轴盖	E
J	8	安装前轴上的车把手，拧紧螺栓和螺钉	F, G, H, I
K	9	上紧全部螺栓螺钉	J
	195		

解：

1. 画出流程图，如图表4—5，图中列出了图表4—4中的次序关系（箭头长度无实际意义）。

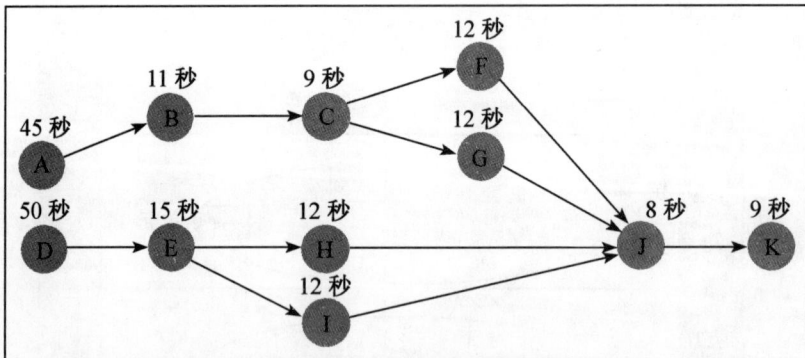

图表4—5　J型玩具车的流程图

2. 计算工作站节拍。因为作业时间是以秒计算，所以这里必须把单位换算成秒。

$$C = 每天工作时间 \div 每天要求产出量 = (60 \times 420) \div 500 = 25\ 200 \div 500 = 50.4（秒/辆）$$

3. 计算工作站数量的理论最小值（实际数字可能会稍大一点）。

$$N_t = T/C = 195 \div 50.4 = 3.87 = 4（取整数）$$

4. 确定作业分配的规则。研究表明，对于特定问题，某些规则会优于其他规则。一般情况下，我们首先安排后续作业较多或者持续时间较长的作业，因为它们可能会限制装配线平衡的实现。在这种情况下，我们使用如下规则：

a. 优先安排后续工作最多的作业。

作业	后续工作数量
A	6
B 或 D	5
C 或 E	4
F，G，H 或 I	2
J	1
K	0

在第一规则遇到约束时，使用第二规则。

b. 优先安排作业时间最长的作业（如图表 4—6 所示）。我们注意到根据这一规则，D 应该安排在 B 之前，E 应该安排在 C 之前。

5. 给工作站 1 安排作业，然后是工作站 2，依此类推，直至所有的作业都安排完毕。图表 4—6A 表示了实际的作业安排，并在图表 4—6B 中显示出来。在作业安排中，要尽量满足作业次序和工作站节拍的要求。

6. 计算效率，如图表 4—6C 所示。

7. 评估方案。77% 的效率意味着整个装配线处于不平衡状态，闲置时间达到 23%（1−0.77），从图表 4—6A 中可以看出空闲时间总共为 57 秒，最空闲的工作站为工作站 5。

存在更好的平衡方案吗？在本例中，答案是肯定的。不采用规则 a，采用规则 b 来平衡装配线（你将达到由 4 个工作站组成的装配线平衡）。

图表 4—6

A. 根据最大后续作业原则进行平衡

	作业	时间（秒）	闲置时间	可行作业	紧前工序最多的作业	紧前工序最长的作业
工作站 1	A	45	5.4	—		
工作站 2	D	50	0.4	—		
工作站 3	B	11	39.4	C，E	C，E	E
	E	15	24.4	C，H，I	C	
	C	9	15.4	F，G，H，I	F，G，H，I	F，G，H，I
	F	12	3.4	—		
工作站 4	G	12	38.4	H，I	H，I	H，I
	H	12	26.4	I		
	I	12	14.4	J		
	J	8	6.4	—		
工作站 5	K	9	41.4	—		

B. J 型玩具车的流程图

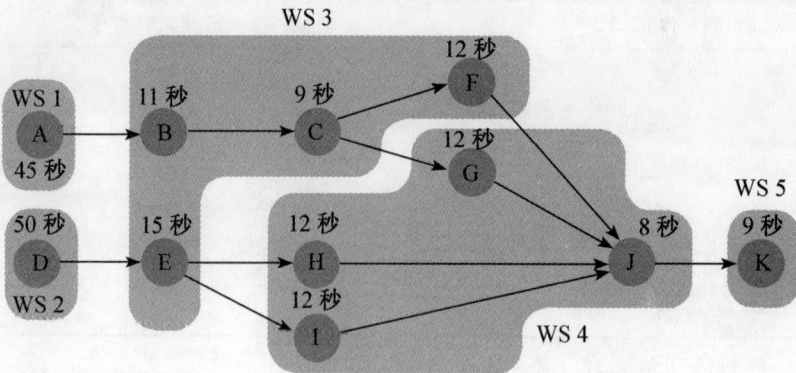

C. 计算效率

$$效率 = \frac{T}{N_a C} = \frac{195}{5 \times 50.4} = 0.77 \ （77\%）$$

4.4.1 作业分解

通常，生产线上最小的工作站节拍由最长的作业时间决定。最长的作业时间就是工作站节拍的下限，除非有可能将这个作业分解到两个或者更多的工作站内。

考虑下面的例子：假设一条装配线的作业时间（秒）分别为：40，30，15，25，20，18，15。装配线每天运行 7.5 个小时，计划产出量为每天 750 台。

每天生产 750 台的工作站节拍为 36 秒（(7.5 × 60 × 60) ÷ 750 = 36）。现在的问题是其中一项作业的时间为 40 秒，应该如何处理这一作业呢？

有几种方法可以使这项 40 秒的作业能在 36 秒的工作站节拍内完成，如下所示：

（1）作业分解。是否可以将这项作业分解，使其在两个工作站进行？

（2）作业共享。作业能否在相邻的工作站进行一定程度的共享？这与第一种作业分解方法不同，因为相邻的工作站只是提供协助，而不是独立完成作业中的某一部分。

（3）使用平行工作站。也许有必要将这项作业分配到平行操作的两个工作站。

（4）聘用操作技能更熟练的员工。因为这项作业时间超出了节拍的 11%，工作效率更高的员工也许可以达到 36 秒内完成此作业的要求。

（5）加班。以每件 40 秒的速度进行生产，1 天能产出 675 件，比 750 件的生产需求少了 75 件。生产这额外的 75 件需要 50 分钟（74 × 40 ÷ 60）。

（6）重新设计。也许能通过对产品的重新设计来稍微缩短一些作业时间。

其他可能减少作业时间的方法还包括：升级设备、安排生产线备用人员、更换原材料以及让拥有多种技能的员工组成一个团队来操作生产线而不是每个工人各司其职。

4.4.2 柔性 U 型生产线规划

正如我们在前面的例子中看到的那样，装配线平衡经常导致工作站的作业时间不等。图表 4—7 所示的柔性生产线布置是解决这一问题最常见的方法。以玩具厂为例，通过 U 型生产线可以实现该图底层的工作共享，从而解决不平衡问题。

4.4.3 混合型装配线平衡

JIT 生产商经常采用混合型装配线，例如丰田。混合型装配线的目标是生产多品种的产品，并避免大量的库存。混合型装配线平衡就是在指定的时间内（天、周），使用循环的方式为一条装配线上同时生产的不同产品安排生产时间。

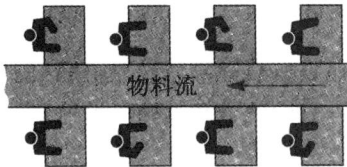

缺点：操作者互相分开，没有机会互相交流（这是美国工厂中常见的装配线规划）

优点：操作者可以交换工作，操作员数量可以增加或减少。操作者经过训练能自动平衡速率差异

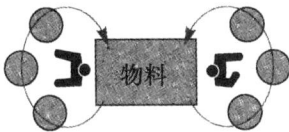

缺点：操作者被包围起来，没有机会通过第三个操作者来提高产量

优点：操作者可以互相协助，可以通过第三个操作者的协助来提高产量

缺点：直线型生产线，不易于平衡

优点：U 型生产线容易上手，5 个操作者可以减少到 4 个

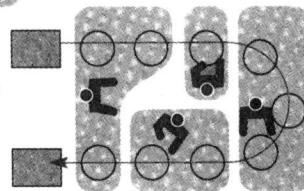

图表 4—7　柔性生产线规划

资料来源：R. W. Hall, Attaining Manufacturing Excellence（Homewood, IL: Dow Jones-Inwin, 1987）, p. 125. Copyright © 1987 McGraw-Hill Companies Inc.

例4.3 混合型装配线平衡

为了说明混合型装配线的平衡是如何实现的，现在假设玩具公司有一条生产线对J型和K型的玩具车支架进行钻孔。这两个类型的玩具车钻孔所需要的时间是不一样的。

假设最终装配线要求的两种模型车支架相等，我们要为生产线设计一个能够保持生产线平衡的工作站节拍，用于生产这两种数目相同的支架。当然可以先生产几天J型玩具车支架，然后再生产K型玩具车支架，使两者生产数目相同，但这就造成了不必要的在制品库存。

如果要降低在制品库存的数量，可以采用混合型装配线，在生产相同数目的J型和K型玩具车支架的同时，可以大大降低在制品库存。

加工时间：每个J型玩具车支架需要6分钟，每个K型玩具车支架需要4分钟。

解：

$$6J + 4K = 480$$

因为要生产数目相等的J型和K型玩具车支架，即 K = J = 48，所以每天要生产J型和K型玩具车支架各48个，或每小时各生产6个。

下表显示了J型和K型支架的一种平衡方案。

产品次序	JJ	KKK	JJ	JJ	KKK	
作业时间	66	444	66	66	444	每天重复8次
最小周期	12	12	12	12	12	
总周期			60			

该生产线每小时加工两种支架各6个，最小工作站节拍为12分钟，以此来实现平衡。

另外一个平衡方案是JKKJKJ，时间为6，4，4，6，4，6。若采用这个平衡方案，每30分钟加工两种支架各3个，最小节拍为10分钟（JK，KJ，KJ）。

混合型平衡的简便性（在均衡生产计划的条件下）可以参见滨野安宏对丰田汽车公司的描述：

丰田汽车的最终装配线是混合型产品线，每天的生产数量是以月生产计划表中各型号的汽车数量除以工作天数得出的平均数。

为了适应每天的生产计划，就要根据不同的产品计算生产周期。为了保证按周期生产的实现，各种产品都要按规定的次序进行生产。

4.5 小结

设计顾客喜爱的产品是一种艺术，生产这些产品是一门科学，而将产品从设计到送到顾客手中则是一个管理过程。世界一流的制造商正是凭借高效、灵活的一体化进程取得领先地位的。对于工艺结构来说，设计者设计一个高效的制造流程时，需要清楚地知道企业能做什么，不能做什么。许多企业都会将本章所述的规划类型结合起来使用，一部分区域采用加工中心，另一部分区域则使用装配线。当需求发生改变时，必须做出新的选择。同样，管理者在做出此类决策时必须了解各种流程之间的差异，以此来确定适合新产品需求的流程。

关键术语

项目规划（project layout）：产品（由于体积或重量太大）必须固定在同一个位置。生产时，操作人员将生产设备移到产品所在处，而不是将产品移至设备处。

加工中心（workcenter）：用于小批量生产多种非标准化产品的工艺结构。加工中心有时候被看做是专门生产某一系列特定产品的单元。

制造单元（manufacturing cell）：用于生产工艺需求相同的产品的区域。

装配线（assembly line）：用于生产零部件的工艺结构。零部件按照可控速率被依次送往各个工作站进行加工。

连续流程（continuous process）：使用连续的流程将原材料加工成产品的自动生产流程。

产品—工艺矩阵（product – process matrix）：用于显示不同单位产品之间的关系，如何根据产品数量及产品标准化的程度来利用这类关系。

工作站节拍（workstation cycle time）：相邻两个单位产品离开装配线的间隔时间。

装配线平衡（assembly – line balance）：将所有的作业分配给各工作站，使工作站节拍内各工作站没有空闲时间完成其他工作，从而使所有工作站的空闲时间达到最小化。

作业次序（precedence relationship）：在装配线工艺中各作业完成的先后次序关系。

应用举例

例1

某公司考虑为产品增加一项新性能，这可以使产品的销售额增加6%，成本增加10%。预计利润是销售增加额的16%。原来的产品成本为销售价格的63%。该公司应该增加此项新性能吗？

解：

设销售额为100M（百万美元）

销售增加额：销售额 $\times 6\% = 100M \times 6\% = 6M$

利润增加额：销售增加额 $\times 16\% = 6M \times 16\% = 0.96M$

成本增加额：（销售额 $\times 63\%$）$\times 10\% =$（$100M \times 63\%$）$\times 10\% = 6.3M$

由于增加的成本超过了利润，这项新性能不应被引入。

例 2

一家汽车生产商正在考虑改进一条生产线，以此来降低劳动成本和材料成本。实施这项改进需要引入 4 台新的自动设备，用于自动安装汽车挡风玻璃。这 4 台设备的成本，包括设备安装和初始程序安装，共需要 40 万美元。通常的做法是在今后两年内，以直线折旧的方式摊销设备成本。据工艺工程师估计，每台设备需要一名专业的技术人员来负责监控、维护和重新编程，以此来保证其正常运转。每年支付给这名技术人员大约 6 万美元的工资。目前，公司雇用了 4 名技术人员负责这项工作，每人每年工资为 5.2 万美元。其中一名雇员负责物料管理，在新方案中需要保留这一岗位。工艺工程师估计，使用自动设备安装挡风玻璃，每块将节省成本 0.25 美元。在今后两年内，需要生产多少辆汽车才能吸引厂商投资这项新设备？由于时间跨度较短，所以货币的价值变化不予考虑。

解：

现有工艺在今后两年内的成本仅为 4 名专职技术人员的工资（单位：美元）。

$$52\ 000 \times 4 \times 2 = 416\ 000$$

假设自动设备的使用寿命只有两年，新的生产方式在今后两年内的成本为：

$$(52\ 000 + 60\ 000) \times 2 + 400\ 000 - 0.25 \times 汽车数量$$

设两式相等，得：

$$416\ 000 = 624\ 000 - 0.25 \times 汽车数量$$

得出盈亏平衡点为：

$$208\ 000 \div 0.25 = 832\ 000\ （辆）$$

上述计算表明，使用这种自动设备时，为了达到盈亏平衡，在今后两年内要生产 832 000 辆汽车。

例 3

下面的作业必须按照给定的次序和时间在装配线上完成：

作业	作业时间（秒）	紧前作业
A	50	—
B	40	—
C	20	A
D	45	C
E	20	C
F	25	D
G	10	E
H	35	B, F, G

a. 画出流程图。

b. 若每天工作 8 小时，日产量为 400 个单位产品，计算所需工作站最小数目的理论值。

c. 使用最长时间作业原则，以最少的工作站数目来平衡装配线，使得每天可以生产 400 个单位产品。

解：

a.

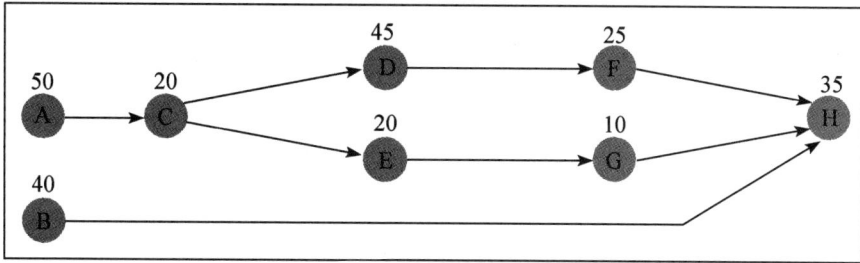

b. 当 D = 400 时，工作站最少数目的理论值是：

$$N_t = T/C = 245 \div [(60 \times 480) \div 400] = 245 \div 73 = 3.4 \text{（个）}$$

c.

	作业	作业时间（秒）	余留时间（秒）	可行的保留作业
工作站1	A	50	22	C
	C	20	2	—
工作站2	D	45	27	E，F
	F	25	2	—
工作站3	B	40	32	E
	E	20	12	G
	G	10	2	—
工作站4	H	35	37	—

例4

桑尼公司（Suny）的制造工程师准备生产一种新型遥控玩具——怪物卡车。他们雇用了一名生产顾问来设计生产工艺的最佳模型，以满足新产品的预期需求。顾问建议他们使用装配线。他告诉制造工程师，为了满足预期的需求，这条装配线必须每天生产600辆怪物卡车。工人每天工作8小时。新怪物卡车的作业信息如下：

作业	作业时间（秒）	紧前作业
A	28	—
B	13	—
C	35	B
D	11	A
E	20	C
F	6	D，E
G	23	F
H	25	F
I	37	G
J	11	G，H
K	27	I，J
共计	236	

a. 画出流程图。

b. 按照每天工作 8 小时，计算日生产 600 辆所需的工作站周期。

c. 根据 b 的答案确定工作站最小数目的理论值。

d. 按照最长作业时间顺序来平衡装配线，用最少的工作站实现日生产 600 辆怪物卡车的目标。

e. 使用最多后续工作的最短作业时间规则来平衡生产线，用数量最少的工作站实现日生产 600 辆怪物卡车的目标。

解：

a.

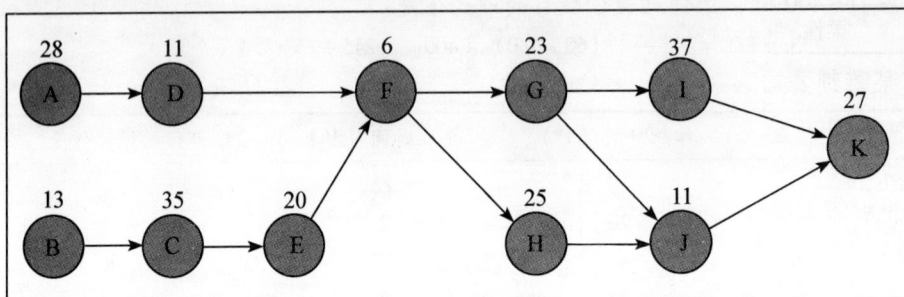

b.　　　　　$C = 每天工作时间/日产量 = （60 \times 480） \div 600 = 48（秒）$

c.　　　　　$N_t = T/C = 236/48 = 4.92 = 5（个）（取整数）$

d.

	可行作业	作业	作业时间（秒）	剩余时间
工作站 1	A, B	A	28	20
	B, D	B	13	7
工作站 2	C, D	C	35	13
	D	D	11	2
工作站 3	E	E	20	28
	F	F	6	22
工作站 4	G, H	G	23	25
	H, J	H	25	0
工作站 5	I, J	I	37	11
	J	J	11	0
工作站 6	K	K	27	21

e. 解答方法同上。

复习与讨论题

1. 健身中心应采用何种规划方式？

2. 装配线平衡的目标是什么？如果有 1 个工人，无论他怎么努力都比装配线上的其他 10 个工人慢 20%，你将如何处理这个问题？

3. 对于平衡已经给定的装配线，你如何确定闲置时间的比率？

4. 使混合型装配线变得切实可行的必要条件是什么？

5. 为什么设立制造单元比较困难？

6. 试将由加工中心组成的车间与由连续流程组成的车间进行比较，说出两者在下列方面最显著的差异。

方面	加工中心	连续流程
转换次数		
劳动内容		
柔性		

7. 某雕刻公司为客户提供定制服务，通常客户订单中的产品需求数量从 1 到 50 不等。一位大客户要定制一批雕刻奖牌（这些奖牌大体相同），客户联系了这家雕刻公司，希望其参加这项业务的竞标。预计需求为每年 12 000 个，合作可能会持续 4 年。为了赢得竞标（以最低的价格），得到这批订单，这家雕刻公司该怎么做？

8. 产品—工艺矩阵描述了产量（连续的形式）和公司在指定地点采用的工艺系统之间的关系。下表描述了不同车间类型（行）和工艺维度（列）之间的关系。

	加工中心生产	连续流程生产
工程技术的重要性		
一般劳动技能		
统计过程控制		
设备布置		
在制品库存水平		

9. 从下列方面解释产品在加工中心与连续流程生产中的差异（大体上）。

a. 生产时间（将原材料生产成产品所需要的时间）。

b. 资金/劳动力密集型。

c. 瓶颈。

习题

1. 一家图书出版商生产了一批书，固定成本为 300 000 美元，每本书的可变成本为 8 美元。书籍的零售价格为每本 32 美元。

a. 为了达到盈亏平衡，需要出售多少本书？

b. 如果固定成本上升，新的盈亏平衡点将会升高还是降低？

c. 如果可变成本上升，新的盈亏平衡点将会升高还是降低？

2. 使用某种生产工艺每月的固定成本为 15 万美元，每件产品的物料成本为 25 美元，劳动力成本为 45 美元，如果单位产品出售价格为 90 美元，那么盈亏平衡点是多少？

3. 假设固定成本为 900 美元，单位可变成本为 4.5 美元，单位产品零售价格为 5.5 美元。

　　a. 盈亏平衡点是多少？

　　b. 为获得 500 美元利润，需要销售多少产品？

　　c. 如果要获得每单位产品 0.25 美元的利润，需要销售多少产品？如果每单位产品利润为 0.5 美元，需要销售多少产品？如果每单位产品利润是 1.5 美元，结果又会是多少？

4. 埃尔德使用自己的汽车办理公司的业务。他的老板愿意为他承担每英里 36 美分的费用。埃尔德估计使用汽车每年的固定成本为 2 050 美元，其中包括税收、保险和折旧费用。直接或者可变成本包括汽油和汽车保养费用，平均每英里为 14.4 美分。为了达到盈亏平衡，他需要行驶多少英里？

5. 一家公司销售两种产品，椅子和长凳，单价为 50 美元。椅子的可变成本为 25 美元，长凳的可变成本为 20 美元。公司的固定成本为 2 万美元。

　　a. 如果销售比例为 1：1（即销售 1 把椅子的同时销售 1 张长凳），盈亏平衡点为多少？请分别用销售额以及椅子和长凳的销售数量表示。

　　b. 如果销售比例为 1：4（即销售 1 把椅子的同时销售 4 张长凳），盈亏平衡点为多少？请分别用销售额以及椅子和长凳的销售数量表示。

6. 一条装配线的规定日产量为 360 个单位产品。这一装配线每天运行 450 分钟。下表给出了单位产品的作业时间和先后次序：

作业	紧前作业	作业时间（秒）
A	30	—
B	35	A
C	30	A
D	35	B
E	15	C
F	65	C
G	40	E, F
H	25	D, G

　　a. 画出流程图。

　　b. 工作站周期为多少？

　　c. 使用后续作业最多的原则来平衡装配线，工作时间最长原则为第二原则。

　　d. 装配线平衡的效率是多少？

7. 下表给出了一些工序并根据装配要求确定了这些工序的顺序。这些工序结合起来组成了一条装配线。这条装配线每天运行 7.5 个小时，每天产出需求为 1 000 件产品。

作业	紧前工序	作业时间（秒）	作业	紧前工序	作业时间（秒）
A	—	15	G	C	11
B	A	24	H	D	9
C	A	6	I	E	14
D	B	12	J	F, G	7
E	B	18	K	H, I	15
F	C	7	L	J, K	10

a. 工作站周期为多少？

b. 基于每天 1 000 个单位产品的生产需求，使用最长作业时间原则平衡装配线，指出每个工作站需要完成的任务有哪些。

c. b 中装配线平衡的效率是多少？

d. 在生产开始之后，市场部门意识到需求估计过低，应该将日产量增加到 1 100件。这时应该采取何种措施？如果可以，请使用定量术语做出具体说明。

8. 一条装配线每天工作 7.5 个小时，日产出量为 300 件。下表是关于装配线作业和作业时间的信息：

作业	紧前工序	作业时间（秒）	作业	紧前工序	作业时间（秒）
A	—	70	G	D	60
B	—	40	H	E	50
C	—	45	I	F	15
D	A	10	J	G	25
E	B	30	K	H, I	20
F	C	20	L	J, K	25

a. 画出流程图。

b. 工作站周期为多少？

c. 确定工作站最小数目的理论值。

d. 使用最长作业时间原则对每个工作站进行任务分配。

e. 装配线达到平衡时，效率为多少？

f. 假设需求增加了 10%，应该采取何种措施？设装配线每天的运行时间为 7.5个小时。

9. 下表中的作业计划在一条装配线上完成，信息如下：

作业	作业时间（秒）	紧前作业
A	20	—
B	7	A
C	20	B
D	22	B
E	15	C
F	10	D
G	16	E, F
H	8	G

每天的工作时间为 7 小时，日产量为 750 件。

a. 工作站周期为多少？

b. 确定工作站最小数目的理论值。

c. 画出流程图。

d. 使用最长作业时间原则来平衡装配线。

e. b 中装配线平衡的效率是多少？

f. 假如日需求从 750 件上升到 800 件，应该采取什么措施？给出相关数据或计算过程。

g. 假如日需求从 750 件上升到 1 000 件，应该采取什么措施？给出相关数据或计算过程。

10. 某公司采用了由一系列装配线组成的生产系统，需要解决如下问题：

a. 需要建立一套新的工艺系统，规定每班次（工作时间为 7.5 个小时）产量为 900。在这一系统中，生产一个单位产品要经过 4 个工作站，每个工作站的加工时间为 30 秒。请问这一系统的工作站周期是多少？

b. 在这个工作站周期下，装配线效率是多少？

c. 若工作站 3 的作业时间增加到 45 秒，应该采取何种方法来满足生产需要（假设每天的作业时间只有 7.5 个小时）？调整后的新系统效率为多少？

附加题

11. 弗朗西斯·约翰逊的工程需要设计一条高效的装配线，用于生产新产品。这条装配线每小时的产出需求为 15 件，工厂只能容纳 4 个工作站。作业和作业顺序已经在下表中给出。作业不能再分解，并且无论使哪个工作站的作业增加一倍，代价都非常大。

作业	作业时间（分钟）	紧前作业
A	1	—
B	2	—
C	3	—
D	1	A, B, C
E	3	C
F	2	E
G	3	E

a. 画出流程图。

b. 工作站周期为多少？

c. 使用你认为合适的方法平衡装配线，使其只有 4 个工作站。

d. 装配线达到平衡时，效率为多少？

案例：东芝笔记本电脑装配线的设计

东芝公司的制造工程部经理 Toshihiro Nakamura 对最新超小型笔记本电脑模型的

装配工艺模型（如图表4—8所示）进行了审查。每当一种新的工艺被引进，管理层都认为应当提高装配生产线的效率，降低成本，从而对装配线进行改进。而每当一种新机型被设计出来，管理层则致力于减少所需元件数量，简化零部件的生产和装配的要求。这种新型计算机堪称创新奇迹，科技含量高，成本低，将在即将到来的秋季/冬季销售旺季给东芝公司带来极大的竞争优势。

超小型笔记本的生产计划在10天内启动。根据初期生产计划，这一机型的日产量在第一周为150台，然后在第二周增加到250台（管理层预计最终产量将达到300台/天）。工厂的装配生产线长度为14.4米，通常由10名操作人员负责。该生产线最多可以容纳12个操作人员，每天正常运作7.5小时（员工从上午8：15工作至下午5：00，中间有一个小时为工作餐时间，以及15分钟的规定休息时间）。员工有可能要加班1个、2个甚至是3个小时，但是加班计划必须提前三天下达，以便于安排生产计划。

装配线

装配线上游设有计算机，用于显示每日生产计划，包括电脑型号清单，以及每个模型相应的计划组装批量大小。机型的区别仅仅在于硬盘、内存和电池电量的大小。通常，一个生产计划包括7个或8个机型，批量从10到100台不等。该机型组装顺序如下：生产第一个机型需要的所有零件，其次生产第二个机型需要的所有零件，逐一进行。计算机屏幕也会显示此装配线离完成日产量目标还有多久，从而指导材料管理人员为装配线提供零部件。

每天的生产计划表都与邻近的Fujihashi零件集散中心（工厂）共享。零件在投入生产前2个小时从Fujihashi工厂购买。物料供应系统内部协调紧密，运作良好。

装配线上用于传送电脑的是一个长度为14.4米的传送带，以传送带上的白色条纹为界，每1.2米为一个间隔。工人依次站在传送带旁，对每个经过的产品进行加工。除了10名操作人员，装配线上还指配了1名高级技术工人，即我们所谓的"工长"。工长沿着装配线查看，协助速度较慢的工人，并替换需要休息的工人。在装配过程中遇到问题时（如缺陷部件），由工长决定如何解决。生产线的速度和工人数量每天都不同，主要根据生产需求和劳动者的技能及可用性决定。虽然根据装配线的设计，每条线应为10名操作工人，但是其实际人数可能有所出入，从8个到12个不等。

图表4—8显示了设计新型笔记本电脑的工程师们制定新生产线的各种细节。这些负责组装线设计的工程师做出了如下假设：组装一台笔记本电脑需要两分钟，10个装配线操作人员。以下对每个操作人员的职责做出了简短说明：

1. 第一名操作人员安排位于传送带上两条白线之间的主要部件。

2. 第二名操作人员使用手持扫描器扫描这些组件的条形码，然后将这些条形码输入中央电脑系统。传送带上方的架子上设有便携式计算机，用于显示每个工作站的工作情况。

3. 接下来的6个组装步骤，操作人员需使用大量简单的手工操作，或使用简单工具进行操作，如电动螺丝刀。这些操作通常是进行接头焊接，或使用小螺丝钉组装附件。所有的工具都用缆线挂在操作人员上方，很容易就可以取到。虽然每个人的操作看似很简单，但是操作人员必须要手法灵巧、速度较快。

4. 最后的 2 项工序是硬件试验和冲击试验。为了作好硬件测试的准备，操作人员将装有测试软件的存储卡插入到 USB 接口，使用软件测试不同组件的电路。

由于装载测试软件需要近 40 分钟的时间，所以这一工序的周期比工作线上的其他工序周期长。为了降低装配线的周期时间，硬件测试同时在三个不同的工作站进行。这些工作站仍然设在传送带旁，测试交替进行，因此可以由操作人员个别完成。冲击试验（组装线的最后一道工序）主要测试计算机的抗震、抗压能力。

经过装配线上的冲击试验后，电脑被移到烧机测试区。这里电脑放在机架上，在 25 ℃下进行 24 小时电路元件"老化测试"。这一步完成以后，电脑需要再次进行测试，然后安装软件，最后进行笔记本电脑包装和装箱。

图表4—8   笔记本电脑样机装配线

工作站	工序	时间	加工描述
1	1	100	安排传送带上的主要部件
	2	6	去除顶壳上的胶粘底布
	3	4	将工序8需要的螺丝装入泡沫托盘，置于传送带
2	4	50	扫描序号条码
	5	13	连接 LCD 电缆—1 至 LCD 印刷电路板（PCB）
	6	16	连接 LCD 电缆—1 至 LCD 显示面板
	7	13	连接 LCD 电缆—2 至 LCD—PCB
	8	16	用螺丝将 LCD—PCB 连接至顶壳
	9	6	将工序13、16需要的螺丝装入泡沫托盘，置于传送带
3	10	26	连接 LCD 显示器至顶壳
	11	10	折叠电线丝并进行绝缘处理
	12	13	连接 LCD 外框至顶壳
	13	23	用螺丝固定外框
	14	6	将 PCB—1 放入基壳
	15	6	将 CPU 支架装入 PCB—1
	16	13	用螺丝将 CPU 支架固定在基壳上
	17	4	将工序23所需的螺丝装入泡沫托盘
4	18	15	将带状电丝连接到硬盘驱动器（HDD）
	19	11	将带状电丝连接到 PCB—1
	20	8	将隔热板装入 HDD
	21	8	将 PCB—2 放在 PCB—1 上
	22	8	将 PCB—3 放在 PCB—1 上
	23	13	使用螺丝固定 PCB—2 和 PCB—3
	24	6	将电容式话筒装入支架
	25	13	将耳麦线连接至 PCB—1
	26	8	用胶带固定电容式话筒
	27	13	将备用电池连接至 PCB—2，安装至底板
	28	4	将工序31所需的螺丝装入泡沫托盘

工作站	工序	时间	加工描述
5	29	6	将支架安装到基壳上
	30	13	将 PCB—3 放在 PCB—1 上
	31	6	用螺丝固定 PCB—3
	32	8	安装 Accupoint 定点设备压力传感器
	33	11	将 PCB—5 连至 PCB—2 和 PCB—4
	34	6	将话筒装入基座
	35	11	安装扬声器支架，连接电缆至 PCB—2
	36	10	将时钟电池装入 PCB—4
	37	10	用胶布固定扬声器和电池线
	38	16	检查电池电压和备用电池
	39	6	将第 44、46 工序所需的螺丝放入泡沫托盘
6	40	13	在 Accupoint 按钮上安装隔垫
	41	6	连接 LCD 电丝至 PCB—1
	42	6	用胶带固定电丝
	43	5	在基座上安装键盘支架
	44	23	用螺丝固定支板
	45	18	安装键盘、连接电缆，固定在基座上
	46	18	用螺丝固定键盘
	47	8	安装键盘罩
	48	10	在 LCD 罩上安装缓冲垫
7	49	18	在 LCD 显示屏上安装保护贴片
	50	10	在 LCD 显示屏上贴上品牌商标
	51	11	在外壳上贴上品牌商标
	52	8	将电丝连接至 DVD 驱动
	53	33	将 DVD 驱动安装至底板
	54	22	在 DVD 上装上保护罩
	55	6	将工序 56、57 要用的螺丝放入泡沫托盘
8	56	58	将机身反过来，用螺丝固定底座
	57	8	拧入接地螺钉
	58	8	安装接口盖
	59	8	安装 DVD 组件
	60	6	在电池组上安装电池盖
	61	5	安装电池盖
9	62	31	插入存储卡进行硬件测试，启动软件
	63	208	装入软件（不需要操作员）
	64	71	测试 DVD、LCD、键盘和指针；取出存储卡
10	65	5	将产品放入冲击试验台
	66	75	进行冲击试验
	67	10	扫描条形码
	68	5	将产品放在架子上进行烧机测试

装配线初始设计调整

从经验来看，Toshihiro 发现工程师提供的装配线初始设计往往需要调整。Toshihiro 所考虑的问题如下所示：

1. 由工程师设计的装配线每日生产能力是多少？

2. 当它以最大能力运行时，装配线的效率是多少？

3. 如果日产量目标是 300 台，在不考虑加班的情况下，应如何重新设计装配线？新装配线的效率应为多少？

4. 当新的装配生产线提速时，他还应考虑到哪些问题？

参考文献

Heragu, S. *Facilities Design*. Boston：PWS Publishing，1997.

Hyer, N., and U. Wemmerlöv. *Reorganizing the Factory*：*Competing through Cellular Manufacturing*. Portland, OR：Productivity Press，2002.

Tompkins, J. A., and J. A. While. *Facilities Planning*. New York：John Wiley &Sons，2003.

5

服务流程

敦豪速递公司（DHL）的供应链服务

    DHL 公司常常为其客户提供多样的额外服务，以此来吸引顾客购买其主流产品。它是一个国际快递公司，在全世界范围内运送货物，小到鲜花大到工业货物。DHL 在世界各地设立了 6 500 多家办事处，拥有一个由 240 个网关，450 多个分拨中心、仓库和集散地组成的服务网络。DHL 的运输队伍由 420 架飞机和 76 200 辆汽车组成，为全世界约 4 100 000 顾客提供服务。

    DHL 在提高效率、减少成本的同时，为客户提供多种多样的增值服务，这些与供应链相关的增值服务延伸到寄送包裹以外的领域。这些服务允许 DHL 的顾客外包其大部分需要协调供应链过程的工作。以下是 DHL 提供的一些增值服务：

    订单管理：订单的签收、管理、执行、排序以及货物的准时发运。

    呼叫中心管理：管理订单，跟踪销售活动，为客户提供服务以及执行服务台的功能。

    全球库存管理：顾客能对库存进行全球跟踪，从而可以对库存配置做出明智的决定。

    综合账单服务：对某一时期由多个供应商所提供的服务按类别统一开具发票。

货运和海关服务：DHL 按照国际贸易规范和程序为全世界 220 多个国家和地区提供服务，积累了相当丰富的跨国贸易经验，再加上欧洲国家竞争力中心和国家专业技术，有足够的能力为顾客提供服务、质量与管理俱佳的跨国交易。

5.1　服务的运营分类

服务机构通常依据两方面对服务进行分类：一方面是目标顾客，例如，个人或公司；另一方面是其提供的服务类型（金融服务、医疗服务、运输服务等）。这种分类方式虽然在体现总体经济数据方面十分有效，但并不适用于运营管理，因为其很少涉及服务的流程。相反，在制造业中我们却可以找到一些十分具有启发性的术语来对生产活动进行分类（例如，装配线和连续流程）。当将其应用于制造业时，它们能迅速地表现出制造流程的本质。尽管这些相同的术语也可以用来描述服务，但是我们需要一个附加的信息来反映顾客参与生产系统的这个事实。我们认为能将一个服务系统在生产功能方面与其他服务系统区分开来的信息，就是服务过程中与顾客接触的程度。

顾客接触指系统中顾客是真实存在的，服务创造是指提供服务本身的工作过程。接触程度在这里可以大致地被定义为顾客在系统中的停留时间占为顾客服务总时间的百分比。一般来说，服务系统和顾客接触时间的百分比越大，那么在生产过程中二者相互作用的程度越高。

由这个概念可以看出，与顾客接触程度较低的服务系统比，与顾客接触程度较高的服务系统更加难以控制，更加难以进行合理调整。在与顾客接触程度较高的系统中，由于顾客参与了这个服务过程，从而能够影响到服务的需求时间、性质、质量或感知质量。

因此，与顾客接触程度较高的服务系统中，顾客的影响和系统的变化往往同时存在。例如，一家银行的分支机构既提供简单的服务，如仅需一分钟左右的现金支取服务，也提供复杂的服务，如需要超过一个小时的贷款申请服务。此外，通过自动取款机进行自助服务到银行工作人员和顾客协作完成贷款申请等方面的服务都包括在这些服务活动中。

5.2　服务组织设计

在设计服务组织时，我们必须记住服务的一个显著特点：服务不能储存。在制造业中，我们在淡季储备一些库存，以满足旺季的需求，从而保持一个相对稳定的雇员水平和生产计划。与制造业不同，在服务业中我们必须满足市场回升的需求（除了极少数情况外）。因此，服务产能成为最主要的问题。想一想许多你自己正在享受的服务，比如，在餐馆吃饭或者星期六晚上去看电影。一般情况下，如果一个餐厅或剧院客满时，你将会决定去其他的地方。所以，在服务业中一个重要的设计参数就是"我们的目标产能应该是多少?"过大的产能会产生过高的成本。产能的不足会导致顾客的流失。显然，在这种情况下我们应当寻求市场营销的帮助。这就是机票打折、饭店提供周末特别活动等一些情况出现的原因。这也很好地说明了为什么在服务业中很难将运营管理职能从市场营销中分离出来。

本章中所讨论的队列模型为我们提供了强大的数学工具，以分析许多常见的服务问题。比如，一家银行应该有多少名出纳员或在互联网服务运营中需要多少台计算机服务器。通过电子表格，我们可以很容易地使用这些模型。

5.3 构建服务平台：服务系统设计矩阵

服务平台能以很多不同的方式来构建。图表5—1中的服务系统设计矩阵给出了6种常见的可选方案。

矩阵的最上端表示顾客与服务接触的程度：隔离系统表示服务与顾客是分离的；渗透系统表示与顾客的接触是利用电话或面对面沟通；反应系统表示既要接受又要回应顾客的要求。矩阵的左边表示一个符合逻辑的市场建议，也就是说，与顾客接触的越多，卖出商品的机会也就越大。矩阵的右边表示随着顾客的对运营施加影响的增加，服务效率的变化情况。

矩阵中的内部列出了服务的一些方式。在矩阵的一端，服务接触是通过电子邮件实现的；顾客与服务系统没有任何互动。在矩阵的另一端，顾客通过面对面的沟通按自己的要求来获取服务。图中剩下的四种方式都包含了不同程度的交流。

正如人们猜测的那样，生产率随着顾客与服务系统接触的增加（因此对服务系统有更大的影响）而降低。为了弥补这种缺点，面对面的接触提供了更多的销售机会。相反，由于顾客并不能明显地影响（或破坏）服务系统，所以低程度的接触，比如电子邮件，能使服务系统更有效率地运作。但是，产品的销售机会却少得多。

矩阵中某些条目的位置是可以改变的。我们把矩阵中的"互联网和线上技术指导"项作为第一个例子。网络公司和顾客之间产生了明显的距离，但是有一些有趣的途径可以为顾客提供相关的信息和服务。因为可以根据客户的需求来设计网站，从而做出智能的反应，所以也可能给企业提供大量新的销售机会。此外，当顾客所需的服务超过了网站程序提供服务的能力时，服务系统会向员工请求帮助。当互联网能够提供只有实体公司才能提供的服务时，它就会成为一项具有革命性的技术。

另一个矩阵条目位置改变的例子是如图表5—1所示的"面对面规范严格的接触"。此项指的是那些在服务流程中几乎没有变化的情况——在创造服务的过程中，顾客和服务人员都没有太多的随意性。这使我们想到快餐店和迪士尼乐园。"面对面规范宽松的接触"指那些服务流程为人们所熟知的情况，但在这种情况下可以选择如何提供服务或具体提供哪些服务。全天营业的餐厅和汽车经销商都具有类似的情况。"面对面顾客定制化服务"是指必须通过顾客与服务人员之间的接触来提供服务。法律服务和医疗服务就属于这种类型，服务系统资源的集中程度决定了这一系统是积极主动的（甚至可能是前摄的）或者仅仅是可渗透的。例如，广告公司动用资源准备迎接一位将到公司正式访问的大客户，或者一个手术团队准备进行一次紧急的外科手术。

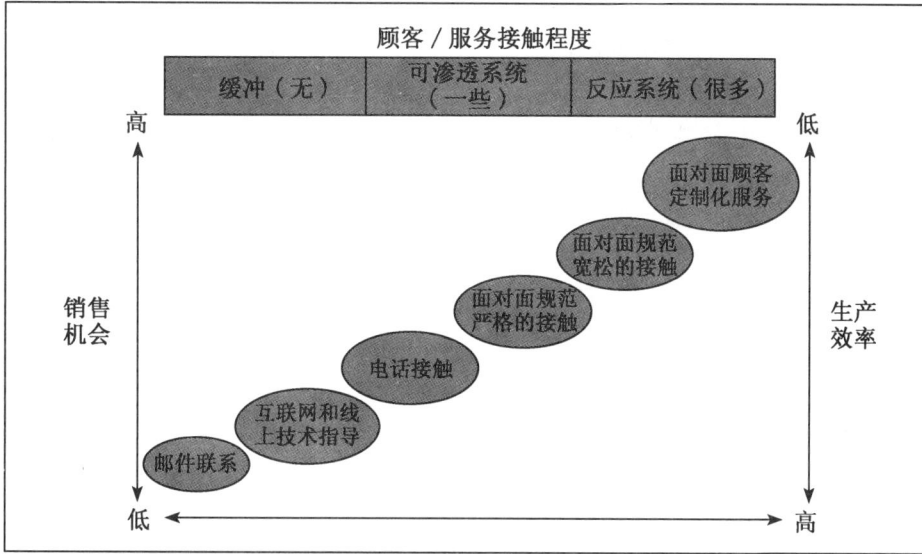

顾客／服务接触程度

| 缓冲（无） | 可渗透系统（一些） | 反应系统（很多） |

高 / 低
销售机会 / 生产效率
低 / 高

面对面顾客定制化服务
面对面规范宽松的接触
面对面规范严格的接触
电话接触
互联网和线上技术指导
邮件联系

图表 5—1　服务系统设计矩阵

图表 5—2 对设计矩阵进行了扩展。该图显示出工人、运营和技术革新方面都随着顾客与服务系统接触程度的变化而变化。从工人的要求来看，邮件技能与文书技能、互联网技能与辅助技能、电话接听技能与口头表达能力之间的关系是不言而喻的。面对面规范严格的接触特别需要工人有程序技能，因为工人必须遵循一般的标准程序。面对面规范宽松的接触则往往要求工人掌握交易技能（银行出纳员、绘图员、餐厅领班、牙医），以此来完成服务的设计。面对面定制化服务要求工人具有专业的判定技能，便于明确顾客的需要和期望。

图表 5—2　　　　**工人、运营及技术革新与顾客和服务接触程度的关系**

顾客与服务人员接触的程度

低 ←——————————————————————→ 高

工人要求	书写技能	辅助技能	口头（表达）技能	程序技能	交易技能	判断技能
运营重点	文件处理	需求管理	记录电话内容	流程控制	产能管理	综合委托人（意见）
技术革新	办公自动化	常规方法	计算机数据库	辅助的电子设备	自助服务	委托人与员工队伍

5.4　排队论的经济含义

排队论的核心问题就是对于等候时间的管理。管理者必须权衡因提供更快捷的服务（如更多的车道、额外的飞机降落跑道、更多的收银台）而增加的成本和顾客等待造成的成本之间的关系。

对成本的权衡决策常常是最直接明了的方法。例如，当我们发现员工排队使用复印机所花去的全部时间可以用在其他生产活动中时，我们可以把安装一个新复印机的成本和员工所节约下来的时间的价值进行比较。这样一来，这个问题就转化成了成本与收益之间的对比，做出决策也就容易多了。

另一方面，假设我们的排队问题集中在一家医院的床位需求方面。我们可以将建筑成本、所需的新设备和维护成本加起来，估算增加床位所需的成本。但是事情的另一面又是怎么样的呢？我们所面临的问题是要计算出一个病人到达医院而没有床时，给医院所带来的损失。虽然我们能够估算出医院收入方面的损失，那么我们又该如何估算病人由于医院能力不足而不能得到适当的救护时所遭受的损失呢？

排队问题的实际应用

在我们对排队理论进行专门介绍之前，首先让我们先直观地观察一下排队问题，这对于我们了解其实际意思是非常有益的。图表5—3列出了一个服务机构（如银行）的顾客到达数量以及这个机构的服务需求（比如，银行出纳员和贷款负责人）。与服务系统运作时间相对应的顾客到达数量是一个重要的变量。从提供服务的观点来看，顾客所需要的服务量不等，而且常常会超过系统能够提供的服务能力。我们有多种不同的方法来控制顾客到达数量。例如，缩短排队的长度（如快餐店免下车服务口的空间很小），为特定顾客安排特定时间段，或者提供特色服务。就服务器来说，我们可以通过一些方法来改变服务时间，比如，使用更快或更慢的服务人员和机器、不同的工具、不同的材料、不同的设施布局和更快的准备时间等。

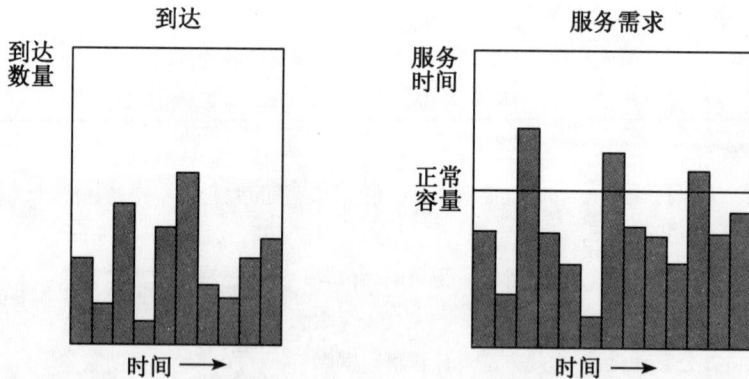

图表5—3　到达和服务总览

最关键的一点是，排队问题并不是生产系统中的固定状态，它在很大程度上受到系统管理与设计的控制。图表5—4中给出了关于队列管理的一些有用的建议，这些意见都是基于对银行业的研究而提出的。

对顾客进行分类

如果一类顾客所需的服务时间很短，那么就为他们开设特殊窗口，这样他们就不需要等待那些较慢的顾客

培养服务人员的友好态度

问候一下顾客或提供其他一些特殊的关照，在很大程度上可以消除顾客因长时间等待而产生的反感情绪。心理学家建议应该让服务人员知道什么时候应该对顾客表现出友好的态度，比如，在问候顾客、接受顾客订单或者找零钱时都要面带笑容（如在便利店中）。实验表明，这些特别举动能使顾客对于服务人员的友好感得到明显提高

及时告诉顾客他们所希望了解的情况

当等待时间将比一般情况下更长时，告诉你的顾客到底发生了什么是相当重要的。告诉他们等待时间比平时长的原因以及为了缓解这种状况你正在采取的措施

尝试转移顾客排队时的注意力

通过播放音乐、电视节目或其他娱乐形式将顾客从等待的情绪中脱离出来

鼓励顾客在非高峰时期到达

告知顾客一般情况下的高峰期和空闲期，这样便能缓解服务压力

5.5　排队系统

如图表5—5所示，排队系统（queuing system）主要由三大部分组成：（1）顾客源和顾客到达系统的方式；（2）服务系统；（3）顾客离开排队系统的方式（是否回到顾客源中）。我们在以下章节将对这些部分进行一一讨论。

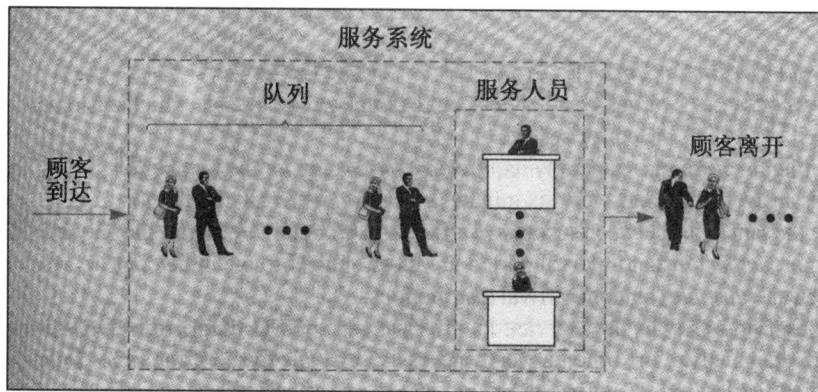

图表5—5　排队系统的构成

5.5.1　顾客到达

一个服务系统中的顾客到达大致可以分为有限总体和无限总体两类。因为这两类问题的分析是建立在不同基础之上，而且解决方式也不一样，所以进行这一区分是很重要的。

1. 有限总体。有限总体指系统中要求服务的顾客数量是有限的，通常情况下排成一队。为什么这种有限分类很重要呢？因为顾客总体中的某一位离开队伍时（例如，1台机器停机待修），顾客总体数量就会减少一个，同时还降低了下一次需要服务的概率。反之，当一位顾客在使用服务后返回到顾客总体时，总体人数增加，需要服务的概率也就增加了。解决有限总体问题的公式和解决无限总体问题的公式是不一样的。

下面我们来看一个例子，一个修理工要维护6台机器，如果其中1台机器出现故障，总数将减少到5台，并且剩下的5台机器中出故障待修的机会必然会比6台机器中出故障待修的机会要小得多。当其中2台机器发生故障只剩下4台机器能正常运转时，故障发生的概率又会有所改变。相反，如果1台机器被修理好后继续投入使用，机器的总数增加了，因此新故障发生的概率也增加了。

2. 无限总体。无限总体指相对于服务系统来说顾客数量足够多，所以顾客的减少或增加（一位顾客需要服务或一位顾客在接受过服务后回到顾客源中）所引起的顾客总体变化对服务系统概率的影响并不明显。在前面对有限总体的说明中，如果将6台机器改为100台，其中有2台或3台机器发生故障，这种情况下出现新的故障概率也不会与原来的概率有很大差别，而且我们假设顾客总体（实际上）是无限的，也不会有太大误差。我们可以将"无限"排队问题的公式应用于一位有1 000名病人的内科医生或一家有10 000名顾客的百货公司，同样不会有太大误差。

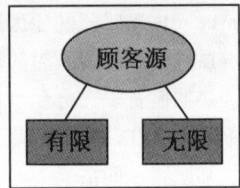

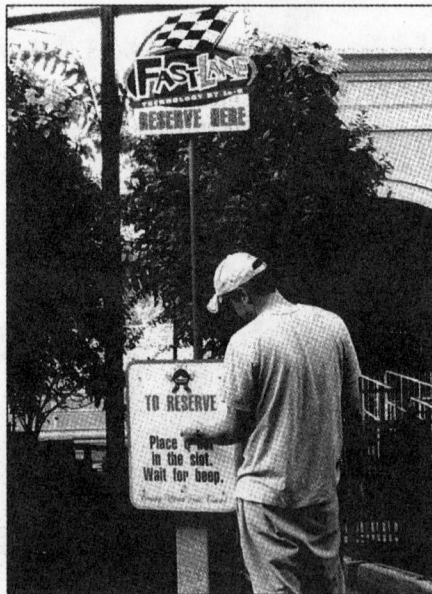

六旗快车道顾客通常购买科技含量较低的一次性纸质票或一种高科技的电子"Q‒BOT"装置。Q‒BOT是一种模拟的站点呼叫器。当车准备启动时，这些呼叫器就会震动并显示出下一条信息。

5.5.2 到达分布

在描述一个等待系统时，我们需要对顾客或者等待单位安排服务的方式进行说明。

到达率或单位时间段的达到数量（比如，平均每6分钟1个）通常是排队问题公式中需要了解的一个指标。固定的到达呈周期性分布，即两个相邻的顾客到达的间隔时间刚好相同。在生产系统中，唯一真正接近固定时间间隔分布就是那些受机器控制的到达分布。变量（随机）到达分布更加常见。

我们可以从两方面对一个服务机构的顾客到达进行观察。第一，我们可以对两个相继到达的间隔时间进行分析，看这个时间是否遵循一定的统计分布。通常情况下，我们假定到达的间隔时间是按照指数分布的。第二，我们可以设定一定的时间段（T），并且确定 T 时段内可能进入服务系统的顾客到达的数量。我们通常假定每个时间单位的顾客到达数量呈泊松分布。

1. 指数分布。第一种情况，当顾客以随机方式到达一个服务机构时，顾客到达的间隔时间呈指数分布，如图表5—6 所示。概率函数表示为：

$$f(t) = \lambda e^{-\lambda t} \qquad\qquad [5.1]$$

式中，λ 表示单位时间内到达顾客的平均数。

在图表5—6 中，曲线下方的区域为等式5.1 在正数范围内的积分，也就是 $e^{-\lambda t}$。我们可以通过这个方式计算出特定时间内顾客到达的概率。例如，在一个顾客到达的情况下（$\lambda = 1$），可以通过求出 $e^{-\lambda t}$ 的值或利用附录 D 得出下面的表格。表中第二栏表示顾客到达时间间隔超过 t 分钟的概率。表中第三栏表示顾客到达时间间隔小于 t 分钟的概率（用1 减去第二栏中的数值计算）。

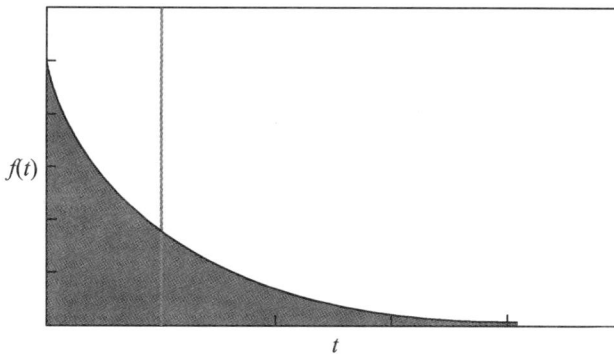

图表5—6　指数分布图

(1) t（分钟）	(2) 顾客到达时间间隔大于或等于 t 分钟的概率（通过附录 D 或求 $e^{-\lambda t}$ 的值得出）	(3) 顾客到达时间间隔小于或等于 t 分钟的概率（1 – 第二栏的数值）
0	1.00	0
0.5	0.61	0.39
1.0	0.37	0.63
1.5	0.22	0.78
2.0	0.14	0.86

2. 泊松分布。第二种情况，图表5—7 中的分布是对顾客到达的数量的研究。泊松分布是根据在 t 时间段内到达 n 个顾客的概率而得出的。如果顾客到达过程是随机的，那么这种分布就是泊松分布，其公式如下：

$$P_T(n) = \frac{(\lambda T)^n e^{-\lambda T}}{n!} \qquad\qquad [5.2]$$

等式 [5.2] 表示在 t 时间段内到达 n 个顾客的概率。例如，当一个服务系统的平均顾客到达率为每分钟 3 个（$\lambda = 3$）时，如果想得出在 1 分钟内到达 5 个顾客的概率，可以这样计算：

$$P_1(5) = \frac{(3 \times 1)^5 e^{-3 \times 1}}{5!} = \frac{3^5 e^{-3}}{120} = 2.025 e^{-3} = 0.101$$

也就是说在任何长度为 1 分钟的时间间隔内有 5 个顾客到达的概率为 10.1%。

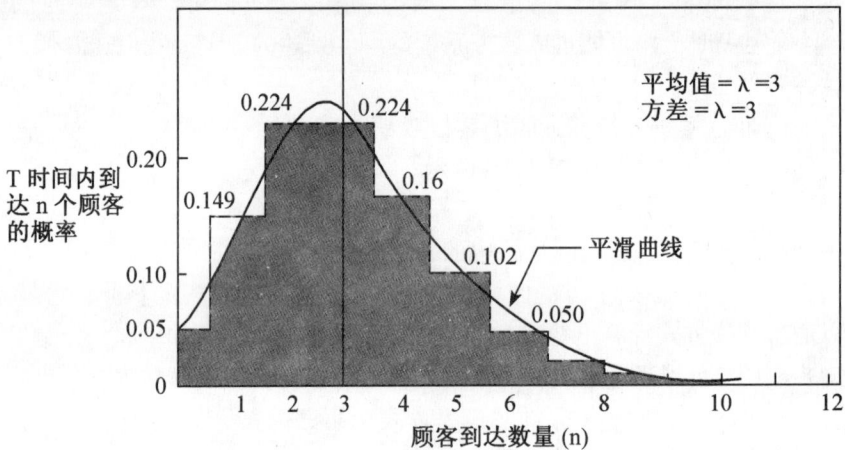

图表5—7 $\lambda T = 3$ 的泊松分布图

如图表5—7 所示，虽然泊松是一段平滑曲线，但是它却是呈离散分布的（随着 n 的增大，曲线越来越平滑）。在这个例子中，我们说这一分布是离散的，理由就是 n 表示系统中顾客到达的数量，并且它一定是一个整数（例如，不可能有 1.5 个顾客到达）。

我们也注意到指数分布和泊松分布可以相互推导得出。泊松分布的平均值和方差是相等的，都由 λ 表示。指数分布的平均值为 $1/\lambda$，方差为 $1/\lambda^2$（要记住，相邻顾客到达的时间间隔服从指数分布，单位时间内顾客到达的数量服从泊松分布）。

顾客到达的其他特点包括顾客到达方式、顾客到达的规模大小以及耐心程度（如图表5—8 所示）。

顾客到达方式。顾客到达系统的方式比我们所想象的要容易得多。理发师可以通过对成人多收 1 美元理发费或者以成年人的费用向未成年人收费，来降低周六的顾客到达率（将顾客到达挪到一周中的其他几天中）。为了控制顾客到达方式，百货公司会在淡季时进行降价销售或者对部分商品进行为期一天的打折活动。航空公司也在淡季时推出优惠旅行和低价机票。此外，控制顾客到达的最简单的方法就是公布营业时间。

有一些服务需求很明显是不可控制的，比如，对于城市医疗设备的紧急医疗需求。但即使在这些情况下，通过告知救护车司机其正要赶去的医院的急诊设施情况，可以在某种程度上控制指定医院急诊室的顾客到达方式。

顾客到达单位大小。单个顾客到达被视作一个单位（一个单位是所能处理的最小数量）。纽约证券交易所（NYSE）里的一个单位是指 100 股股票；鸡蛋加工厂里的一个单位可能是指一打鸡蛋或 30 个鸡蛋；餐馆中的一个单位是指一个人。

成批到达的数量是单位顾客到达的倍数，例如，纽约证券交易所中 1 000 股股票；鸡蛋加工厂里的一箱鸡蛋或者餐馆里的五人派对。

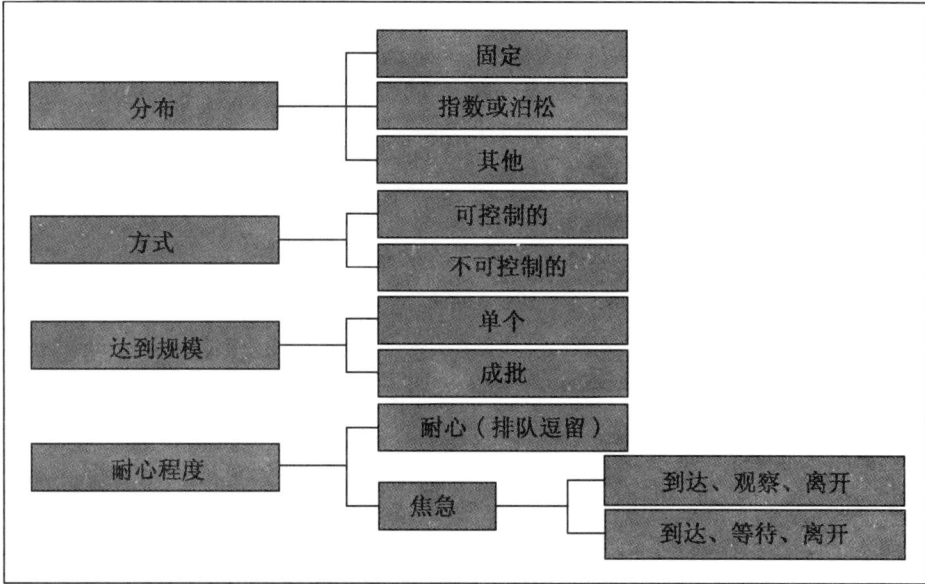

图表 5—8　队列中的顾客到达

耐心程度。耐心的顾客是指在服务设施准备好要为他或她提供服务前一直在等待的顾客（即使到达的顾客发牢骚或者表现出不耐烦的情绪，在队列理论中，根据他们等待的这个事实，可以将他们归为耐心的顾客）。

焦急的顾客分为两类。第一类顾客到达后先对服务设施和排队的长度进行观察，然后决定离开。第二类顾客到达后先观察情况，排队等待一段时间后离开。第一类顾客的行为称作望而却步，而第二类顾客的行为称作中途离队。

5.5.3　排队系统中的参数

排队系统主要是由队列和可供使用的服务台数量组成。这里我们所讨论的问题与队列的特点和管理、结构以及服务率有关。应该考虑的队列因素包括队列长度、队列数量以及排队规则。

队列长度。从实用意义上说，无限队列较简单，即指相对于服务系统的服务能力而言相当长的队列。在桥梁通道上因为堵车而排成的数英里的车队和顾客在剧院为了买票而排成的队伍都属于无限队列。

法律约束和实际空间的特点限制了加油站、码头和停车场的队列长度。这样一来使得服务系统利用率、队列计算和实际到达分布变得更加复杂。由于空间不足而不愿进入队列的顾客可能稍后再次进入顾客源中或者从其他地方寻求服务。在有限总体的情况下，这两种情况的差异十分显著。

队列数量。单队列或单纵队毫无疑问只有一个队列。多队列这个词是指在两个或两个以上服务台前的多个单队列或者聚集在某中心点上的多个单队列。在服务台繁忙时，多队列的缺点是当前面的几个顾客服务时间较短或那些在其他队列里的顾客需要的服务时间很短时，顾客常常会转换队列。

排队规则。排队规则是指队列中决定顾客接受服务次序的一个或者一系列优先规则。这些精选指定的规则对于服务系统的总体绩效有很大的影响。队列中顾客的数量、平均服务时间、等待时间的变化范围以及服务设施的效率这几个因素都受到排队优先规则的影响。

也许最常见的优先法则是先到先服务（FCFS）规则。它规定按顾客到达的先后顺序对顾客进行服务，任何特性都不会对选择过程产生影响。尽管这个规则在实践中没有考虑到那些仅需较短服务时间的顾客，但它却作为最公平的规则被大众所接受。

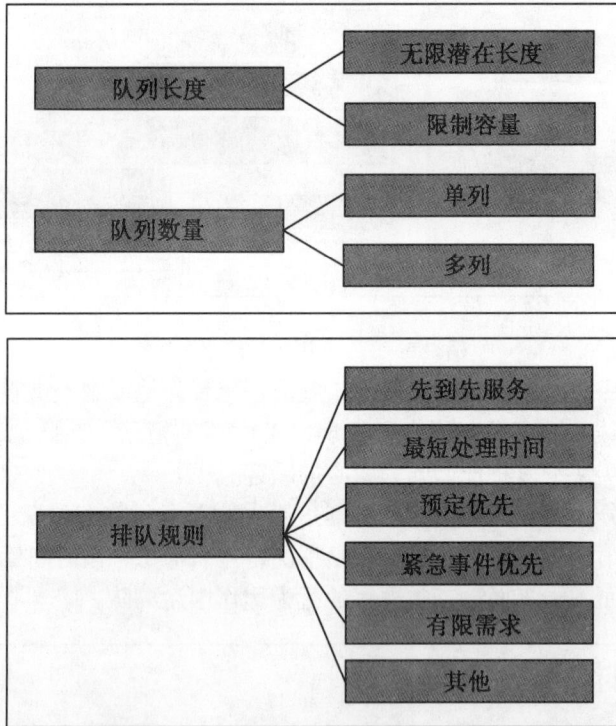

其他优先法则有：预定优先、紧急情况优先、最高利润顾客优先、最大订单优先、最佳顾客优先、排队等待时间最长优先和最短承诺日期优先等。在使用任何规则时会出现两类主要的实际问题：一是确保顾客知道并遵守规则；二是确保有一个系统能够让员工来管理队列（比如，叫号系统）。

1. 服务时间分布。等待结构的另一重要特点指一旦顾客或单位开始接受服务便开始计算的服务时间。队列公式通常将服务率解释为单位时间内服务的顾客数量，而不是每位顾客的服务时间，如每五分钟取一次平均值。固定服务时间规则规定完成每项服务所需的时间要刚好相同。就像固定顾客到达一样，这一特征仅限于受机器控制的运作。

当服务时间随机时，服务时间分布便和指数分布大致相同。当用指数分布来近似表示服务时间分布时，我们把 μ 称作单位时间内服务的顾客或单位的平均数。

2. 队列结构。如图表 5—9 所示，接受服务的顾客流可能会经过单通道、多通道或混合通道。这些方式的选择一方面取决于需要服务的顾客数量，另一方面取决于对服务顺序的特殊要求。

（1）单通道，单阶段。这是最简单的队列结构类型，通过简单的公式我们可以解决顾客到达和服务时间的标准分布问题。当分布不标准时，仿真计算便能轻而易举地解决此问题。只有一个理发师的理发店就是单队列，单阶段最典型的例子。

（2）单通道，多阶段。洗车就是一个例子，因为它按相当统一的顺序提供服务（吸尘、喷湿、擦洗、漂清、晾干、清洁车窗和停车）。在单通道，多阶段的情况下，提供服务的项目数量是一个关键因素，在各个不同的步骤中又形成了单独的队列。

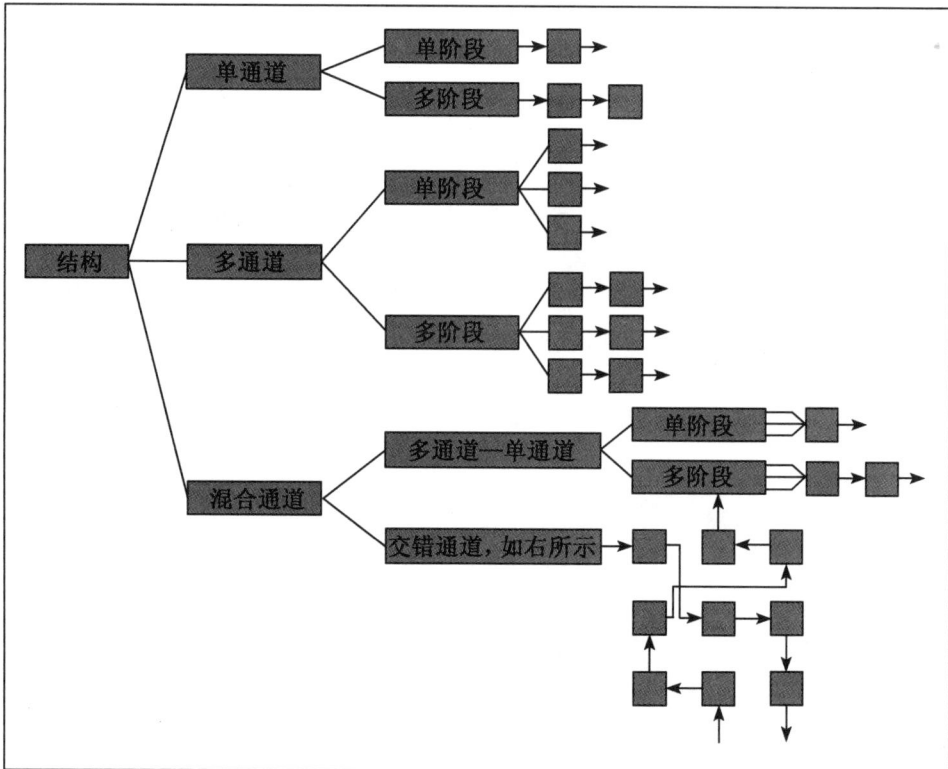

图表 5—9　队列结构

（3）多队列，单阶段。银行的出纳窗口和大型百货公司的收银台使用的就是这类结构。这种结构的难点在于任何一个顾客不均匀的服务时间都会导致队列流动的不均匀。这样一来便会导致某些晚到的顾客甚至能提前接受服务，还会引起一定程度的队列转换。应当排出单独一列并从中指定下一个接受服务的顾客，这样当某个服务台可用时，可以保证在队列结构转换时到达的顾客按先后顺序接受服务。

这种结构的主要问题是需要对队列进行严格的控制，以维持秩序，并引导顾客去可用的服务台。根据顾客到达的先后顺序进行排号在某些情况下对解决这一问题是有帮助的。

（4）多队列，多阶段。这种类型与多队列，单阶段相类似，唯一的不同之处在于这种结构由两个或多个服务台组成。病人在医院里挂号就是采用这种形式，因为挂号的步骤是有一定顺序的：和登记处联系、填表、领取号码牌、安排看病科室、将病人送入病房等。因为这一过程中有多个服务台，所以医院能同时为多个病人提供服务。

（5）混合式。混合式可以分为两类：①多通道—单通道结构；②交错通道结构。在①中，单阶段服务的多通道变成了单通道，就像在过桥时并列的两个通道变成了一个通道；或者多阶段服务的多通道变成了单通道，例如，多条子装配线汇成主装配线。在②中，我们会遇到两种不同流动方向的结构。第一种结构的情况与多通道，多阶段类型相似，但有两点区别：第一，当前服务完成后，可能出现从一个通道跳转到另一个通道的情况；第二，在第一项服务完成后，队列和阶段数量可能会再次改变。

5.5.4　离开排队系统

一旦顾客接受服务离开后会出现两种可能的结果：（1）顾客可能返回顾客源中，并立刻成为再次竞争接受服务的顾客。（2）顾客再次要求服务的概率很低。第一种情况就如同虽然对一台机器进行日常修理并让它继续运行，但它还是有可能出现故障；第二种情况就相当于对一台机器进行大修或改装，它在近期内投入使用的概率就很小。简单地说，我们把第一种情况称作"经常发生的事件（recurring-common-cold case）"，把第二种情况称作"只发生一次的事件（appendectomy-only-once case）"。

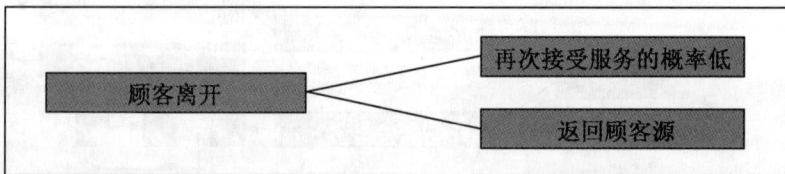

很显然，在顾客源有限的情况下，当为返回顾客源的顾客所提供的服务发生变化时，服务机构的顾客到达率也会有所改变。它改变了正处于研究中的队列的特点，于是我们必须对这个问题重新进行分析。

5.6　队列模型

在本节中，我们介绍三类队列模型以及其解决办法。三种模型的结构（如图表5—10所示）和求解公式（如图表5—11所示）都会有细微的差别。虽然除了这三种之外还有许多种队列模型，但是随着问题的复杂性加大，其公式和解答也变得相当复杂，所以我们常常借助于计算机仿真技术。使用这些公式时，要记住排队问题必须符合一定的假定，即所研究的过程是持续、稳定的。因此，若在一个问题中，顾客到达率和服务率随时间的变化而变化，那么运用这些公式所得出的结果可能会不准确。DVD-ROM 中的 Excel Spreadsheet QueueModels. xls 可以用来解决此问题。

为了对图表 5—10 和图表 5—11 中的三种队列模型进行逐个说明，我们先快速浏览一下这三种队列模型。

问题 1：队列中的顾客。银行想要了解免下车出纳窗口有多少顾客在排队等候？他们还要等多久？出纳的利用率是多少？若要求在 95% 的时间内的任何时刻服务系统中的汽车不超过三辆，服务率应该达到多少？

问题 2：设备选择。Robot 汽车清洗特许经营店必须选择购买三种设备中的一种。较大的设备成本高但是所需的洗车时间短。在选择设备时必须根据收入来确定成本。

问题 3：确定服务人员的数量。一家汽车经销商的零件部门必须确定要雇用多少柜台服务人员。服务人员越多成本越高，但是却节省了修理工的等待时间，从某些方面也节约了成本。

图表 5—10　　　　　　　　　　**一些特殊队列模型的特征**

模型	布局	服务阶段	顾客源	到达分布	排队规则	服务时间分布	允许队列长度	典型例证
1	单通道	单个	无限	泊松	先到先服务	指数	无限	银行的免下车柜台的出纳员；单车道收费桥
2	单通道	单个	无限	泊松	先到先服务	常数	无限	乘坐游乐园过山车
3	多通道	单个	无限	泊松	先到先服务	指数	无限	汽车经销商的零件柜台

图表 5—11　　　　　　　　　　**方程式中符号的意义**

无限排队中符号的意义：模型 1—3

λ 表示顾客到达率

μ 表示服务率

$\dfrac{1}{\mu}$ 表示平均服务时间

$\dfrac{1}{\lambda}$ 表示平均到达时间间隔

ρ 表示单位时间顾客平均到达率和服务率的比值 $\left(\dfrac{\lambda}{\mu}\right)^{*}$

L_q 表示队列中等待的平均顾客数

L_s 表示系统中的平均顾客数（包括正在接受服务的）

W_q 表示平均等待时间

W_s 表示平均逗留时间（包括正在服务的）

n 表示系统中顾客数

S 表示完全相同的服务通道数

P_n 表示系统中恰好有 n 个顾客的概率

P_w 排队等待的概率

解答三类模型问题的方程式				

模型 1 $\begin{cases} L_q = \dfrac{\lambda^2}{\mu\,(\mu-\lambda)} & W_q = \dfrac{L_q}{\lambda} & \rho_n = \left(1 - \dfrac{\lambda}{\mu}\right)\left(\dfrac{\lambda}{\mu}\right)^n \\ L_s = \dfrac{\lambda}{\mu-\lambda} & W_s = \dfrac{L_s}{\lambda} & \rho = \dfrac{\lambda}{\mu} \end{cases}$ $\rho_o = \left(1 - \dfrac{\lambda}{\mu}\right)$ [5.3]

模型 2 $\begin{cases} L_q = \dfrac{\lambda^2}{2\mu\,(\mu-\lambda)} & W_q = \dfrac{L_q}{\lambda} \\ L_s = L_q + \dfrac{\lambda}{\mu} & W_s = \dfrac{L_s}{\lambda} \end{cases}$ [5.4]

模型 3 $\begin{cases} & W_s = L_s/\lambda \\ L_s = L_q + \lambda/\mu & \\ W_q = L_q/\lambda & \rho_w = L_q\left(\dfrac{S_\mu}{\lambda} - 1\right) \end{cases}$ [5.5]

（图表 5—12 给出了不同的 S 值与 λ/μ 值时，L_q 的值）

注：＊在单阶段的排队中，它相当于利用率。

例 5.1　队列中的顾客

西部国家银行正考虑开设一个免下车窗口为顾客服务。经营部估计顾客到达率为每小时 15 位。在这个窗口工作的出纳每 3 分钟能为 1 位顾客服务或者说是每小时能为 20 位顾客服务。

第一部分　假设顾客到达服从泊松分布，服务时间服从指数分布，求：

1. 出纳的利用率。
2. 平均等待顾客数。
3. 系统中的顾客数。
4. 平均等待时间。
5. 平均逗留时间（包括服务时间）。

解：

1. 出纳的平均利用率为（使用模型 1）：

$$\rho = \frac{\lambda}{\mu} = \frac{15}{20} = 75\%$$

2. 平均等待顾客数为（人）：

$$L_q = \frac{\lambda^2}{\mu\,(\mu-\lambda)} = \frac{15^2}{20 \times (20-15)} = 2.25$$

3. 系统中的顾客数为（人）：

$$L_s = \frac{\lambda}{\mu-\lambda} = \frac{15}{20-15} = 3$$

4. 平均等待时间为（小时）：

$$W_q = \frac{L_q}{\lambda} = \frac{2.25}{15} = 0.15$$

5. 平均逗留时间为（小时）：

$$W_s = \frac{L_s}{\lambda} = \frac{3}{15} = 0.2$$

第二部分　因为可用空间有限，并且想要提供给顾客一个可接受的服务水平，假设银行经理希望保证任何时候系统中的汽车数量不会超过3辆。在3辆车限制下，当前服务水平为多高？出纳的使用率必须达到什么水平？为了保证95%的服务水平，出纳的服务率应该是多少？

解：

3辆或3辆以下汽车时的服务水平是指系统中车辆数量分别为0，1，2或3时的概率。根据图表5—11和模型1，可得：

$$P_n = \left(1 - \frac{\lambda}{\mu}\right)\left(\frac{\lambda}{\mu}\right)^n$$

当 $n = 0$ 时，　　　　$P_0 = (1 - 15/20) \times (15/20)^0 = 0.250$

当 $n = 1$ 时，　　　　$P_1 = (1/4) \times (15/20)^1 = 0.188$

当 $n = 2$ 时，　　　　$P_2 = (1/4) \times (15/20)^2 = 0.141$

当 $n = 3$ 时，　　　　$P_3 = (1/4) \times (15/20)^3 = \underline{0.105}$

　　　　　　　　　　　　　　　　　　0.684　　或 68.5%

系统中存在3辆以上汽车的概率等于1.0减去系统中存在3辆或3辆以下车辆的概率，表示为 $(1.0 - 0.685 = 31.5\%)$。

系统中不多于3辆汽车的服务水平为95%，这说明 $P_0 + P_1 + P_2 + P_3 = 95\%$

$$0.95 = \left(1 - \frac{\lambda}{\mu}\right)\left(\frac{\lambda}{\mu}\right)^0 + \left(1 - \frac{\lambda}{\mu}\right)\left(\frac{\lambda}{\mu}\right)^1 + \left(1 - \frac{\lambda}{\mu}\right)\left(\frac{\lambda}{\mu}\right)^2 + \left(1 - \frac{\lambda}{\mu}\right)\left(\frac{\lambda}{\mu}\right)^3$$

$$0.95 = \left(1 - \frac{\lambda}{\mu}\right)\left[1 + \frac{\lambda}{\mu} + \left(\frac{\lambda}{\mu}\right)^2 + \left(\frac{\lambda}{\mu}\right)^3\right]$$

我们可以通过反复对 λ/μ 进行取值来解答。如果 $\lambda/\mu = 0.50$，

$$0.95 \overset{?}{=} 0.5\,(1 + 0.5 + 0.25 + 0.125)$$

$$0.95 \neq 0.9375$$

当 $\lambda/\mu = 0.45$ 时，

$$0.95 \overset{?}{=} (1 - 0.45)(1 + 0.45 + 0.203 + 0.091)$$

$$0.95 \neq 0.96$$

当 $\lambda/\mu = 0.47$ 时，

$$0.95 \overset{?}{=} (1 - 0.47)(1 + 0.47 + 0.221 + 0.104) = 0.9512$$

$$0.95 \approx 0.95135$$

因此，当利用率 $\rho = \lambda/\mu$ 为47%时，系统中不多于3辆汽车的概率为95%。

为了求出服务水平为95%时的服务率，我们只需解出方程 $\lambda/\mu = 0.47$，这里的 $\lambda = $ 每小时到达顾客的数量。由此得出 $\mu = 32$ 人/小时。也就是说出纳员每小时必须为大约32位顾客服务（在原本每小时服务20位顾客的能力的基础上增加了60%），以此来保证系统中将不会有三辆以上的汽车。也许能通过改变服务方法来提高服务速度，比如，增加一个出纳员或限定免下车窗口的交易类型。要注意的是，在95%的置信度下保证系统中有三辆或以下汽车时，出纳员有53%的空闲时间。

例 5.2　设备选择

　　Robot 公司面向全美授权经营加油与洗车专营店。Robot 公司为加满油的顾客提供一次免费洗车服务,不加油只洗车则收费 0.50 美元。以往的经验表明加满油后洗车的顾客数量和仅仅只洗车的顾客数量大致相同。加一次油的平均利润为 0.70 美元,而洗车的成本为 0.10 美元。Robot 公司每天营业 11 个小时。

　　Robot 公司有三套功率不同的传动装置,经销商必须从中选出一套比较好的装置。装置 1 每 5 分钟洗 1 辆车并且租金为每天 12 美元。装置 2 比装置 1 要大一些,每 4 分钟洗 1 辆车但是租金为每天 16 美元。装置 3 是三套中最大的,每 3 分钟洗 1 辆车,租金为每天 22 美元。

　　经销商估计顾客愿意排队等待洗车的时间不会超过 5 分钟。顾客等待时间过长,公司便会失去加油和洗车的生意。

　　如果洗车的顾客到达率估计数量为每小时 10 位,那么应该选择哪一套装置呢?

解:

　　使用装置 1 时,根据模型 2 的公式(见图表 5—11)计算出排队洗车顾客的平均等待时间(装置 1 的 $\lambda = 12$)。

$$L_q = \frac{\lambda^2}{2\mu(\mu-\lambda)} = \frac{10^2}{2 \times 12 \times (12-10)} = 2.08333$$

$$W_q = \frac{L_q}{\lambda} = \frac{2.08333}{10} = 0.208 \text{ (小时) 或 } 12\frac{1}{2} \text{ (分钟)}$$

装置 2 的 $\lambda = 15$:

$$L_q = \frac{10^2}{2 \times 15 \times (15-10)} = 0.667$$

$$W_q = \frac{0.667}{10} = 0.0667 \text{ (小时) 或 (4 分钟)}$$

　　如果等待时间为挑选装置的唯一标准,那么就应该购买装置 2,但是在做最后决定之前,我们必须考虑各个装置在利润上的差异。

　　使用装置 1 时,一些顾客会因为 12.5 分钟的等待时间而放弃或中途退出。尽管这将使数学分析变得复杂,但是我们可以通过延长平均等待时间 $W_q = 5$ 分钟或 $\frac{1}{12}$ 小时(顾客平均等待时间)并求出 λ 的值,来得出装置 1 的销售减少量。这就是有效的顾客到达率:

$$W_q = \frac{L_q}{\lambda} = \left(\frac{\lambda^2/2\mu(\mu-\lambda)}{\lambda} \right)$$

$$W_q = \frac{\lambda}{2\mu(\mu-\lambda)}$$

$$\lambda = \frac{2W_q\mu^2}{1+2W_q\mu} = \frac{2 \times \frac{1}{12} \times 12^2}{1 + 2 \times \frac{1}{12} \times 12} = 8$$

由于最初预计的顾客到达率 λ 为 10 位/小时，所以每小时大约损失 2 位顾客。2 位顾客损失利润/小时 × 14 小时 × 1/2（0.70 美元的加油利润 + 0.40 美元的洗车利润）= 15.40 美元/天。

由于装置 2 比装置 1 的成本高 4 美元/天，显然，装置 1 比装置 2 的利润少 15.40 美元/天，所以要使用装置 2。

装置 2 符合最长等待时间为 5 分钟的限制条件。因此，除非顾客到达率增加，否则是不会考虑使用装置 3 的。

例 5.3　确定服务人员数量

在 Glenn-Mark 汽车销售公司的售后部，修理工需要零件来进行汽车修理时，需要向零件部提交申请表。零件部工作人员负责填写申请表，这时修理工处于等待状态。修理工以随机（泊松分布）的方式到达，到达率为 40 个/小时，每个零件部工作人员填写申请表的速度为 20 份/小时（指数分布）。如果每个零件部工作人员的花费为 6 美元/小时，每个修理工的花费为 12 美元/小时，那么应该雇用多少个零件部工作人员（由于顾客到达率很高，所以假设顾客源是无限的）？

解：

首先，因为只有 1 或 2 名零件部工作人员将会造成无限长的队列（此时 λ = 40，μ = 20），所以假设我们将雇用 3 名零件部工作人员。我们将使用图表 5—11 中模型 3 的方程式，但是我们必须先通过图表 5—12 中的表格得出队列中的平均顾客数。然后再根据此表，由 λ/μ = 2 和 S = 3 求出 L_q = 0.8888 个修理工。

这时我们发现平均有 0.8888 个修理师从早到晚都在等待中。按每天 8 小时工作制，每小时花费 12 美元计算，修理工所浪费的时间成本为 0.8888 × 12 美元/小时 × 8 小时 = 85.32 美元。

接下来我们要求算出增加一个零件部工作人员之后的等待时间，然后我们将这位新增工作人员的成本与修理工节省时间后创造的价值进行比较。根据图表 5—12 中的表，当 S = 4 时，我们可以得出：

L_q = 0.1730 个修理工排队

0.173 × 12 × 8 = 16.61 美元等待中修理工的成本

修理工所节省的时间的价值 = 85.32 − 16.61 = 68.71（美元）

增加的零件部工作人员的成本 = 8 × 6 = 48.00（美元）

增加第四个工作人员所降低的成 = 20.71（美元）

我们可以将这个问题扩展一下，增加零件递送员为修理师送零件，那么解决这个问题便需要确定零件递送员的最佳人数。这样一来，我们就必须考虑到零件递送员因递送失误浪费时间所导致的额外成本。因为修理工可以在服务台发现错误并立刻纠正，但是零件递送员却做不到。

图表 5—12　　当 S 和 λ/μ 取不同值时排队等待顾客的期望值(L_q)服务台数量

λ/μ	1	2	3	4	5	6	7	8	9	10	11	12	13	14	15
0.10	0.0111														
0.15	0.0264	0.0006													
0.20	0.0500	0.0020													
0.25	0.0833	0.0039													
0.30	0.1285	0.0069													
0.35	0.1884	0.0110													
0.40	0.2666	0.0166													
0.45	0.3681	0.0239	0.0019												
0.50	0.5000	0.0333	0.0030												
0.55	0.6722	0.0450	0.0048												
0.60	0.9090	0.0593	0.0061												
0.65	1.2071	0.0767	0.0084												
0.70	1.6333	0.0976	0.0112												
0.75	2.2500	0.2117	0.0147												
0.80	3.2000	0.1523	0.0189												
0.85	4.8165	0.1873	0.0239	0.0031											
0.90	8.1000	0.2285	0.0300	0.0041											
0.95	18.0500	0.2767	0.0371	0.0053											
1.0		0.3333	0.0454	0.0067											
1.2		0.6748	0.0940	0.0158											
1.4		1.3449	0.1778	0.0324	0.0059										
1.6		2.8441	0.3128	0.0604	0.0121										
1.8		7.6731	0.5320	0.1051	0.0227	0.0047									
2.0			0.8888	0.1730	0.0390	0.0090									
2.2			1.4907	0.2770	0.066	0.0158									
2.4			2.1261	0.4205	0.1047	0.0266	0.0065								
2.6			4.9322	0.6581	0.1609	0.0425	0.0110								
2.8			12.2724	1.0000	0.2411	0.0659	0.0180								
3.0				1.5282	0.3541	0.0991	0.0282	0.0077							
3.2				2.3855	0.5128	0.1452	0.0427	0.0122							
3.4				3.9060	0.7365	0.2085	0.0631	0.0189							
3.6				7.0893	1.0550	0.2947	0.0912	0.0283	0.0084						
3.8				16.9366	1.5181	0.4114	0.1292	0.0412	0.0127						
4.0					2.2164	0.5694	0.1801	0.0590	0.0189						
4.2					3.3269	0.7837	0.2475	0.0827	0.0273	0.0087					

(续表)

λ/μ	1	2	3	4	5	6	7	8	9	10	11	12	13	14	15
4.4					5.2675	1.0777	0.3364	0.1142	0.0389	0.0128					
4.6					9.2885	1.4857	0.4532	0.1555	0.0541	0.0184					
4.8					21.6384	2.0708	0.6071	0.2092	0.0742	0.0260					
5.0						2.9375	0.8102	0.2785	0.1006	0.0361	0.0125				
5.2						4.3004	1.0804	0.3680	0.1345	0.0492	0.0175				
5.4						6.6609	1.4441	0.5871	0.1779	0.0663	0.0243	0.0085			
5.6						11.5178	1.9436	0.6313	0.2330	0.0683	0.0330	0.0119			
5.8						26.3726	2.6481	0.8225	0.3032	0.1164	0.0443	0.0164			
6.0							3.6878	1.0707	0.3918	0.1518	0.0590	0.0224			
6.2							5.2979	1.3967	0.5037	0.1964	0.0775	0.0300	0.0113		
6.4							8.0768	1.8040	0.6454	0.2524	0.1008	0.0398	0.0153		
6.6							13.7992	2.4198	0.8247	0.3222	0.1302	0.0523	0.0205		
6.8							31.1270	3.2441	1.0533	0.4090	0.1666	0.0679	0.0271	0.0105	
7.0								4.4471	1.3471	0.5172	0.2119	0.0876	0.0357	0.0141	
7.2								6.3133	1.7288	0.6521	0.2677	0.1119	0.0453	0.0187	
7.4								9.5102	2.2324	0.8202	0.3364	0.1420	0.0595	0.0245	0.0097
7.6								16.0379	2.9113	1.0310	0.4211	0.1789	0.0761	0.0318	0.0129
7.8								35.8956	3.8558	1.2972	0.5250	0.2243	0.0966	0.0410	0.0168
8.0									5.2264	1.6364	0.6530	0.2796	0.1214	0.0522	0.0220
8.2									7.3441	2.0736	0.8109	0.3469	0.1520	0.0663	0.0283
8.4									10.9592	2.6470	1.0060	0.4288	0.1891	0.0834	0.0361
8.6									18.3223	3.4160	1.2484	0.5236	0.2341	0.1043	0.0469
8.8									40.6824	4.4805	1.5524	0.6501	0.2885	0.1208	0.0577
9.0										6.0183	1.9366	0.7980	0.3543	0.1630	0.0723
9.2										8.3869	2.4293	0.9788	0.4333	0.1974	0.0899
9.4										12.4183	3.0732	1.2010	0.5267	0.2419	0.1111
9.6										20.6160	3.9318	1.4752	0.5437	0.2952	0.1367
9.8										45.4769	5.1156	1.8165	0.7827	0.3699	0.16731
10											6.8210	2.2465	0.9506	0.4352	0.2040

5.7　排队问题的计算机仿真

一些排队问题看上去很简单，其实相当难，有些甚至是不可能解答的。在这一章中，我们讨论了相互独立的排队问题。也就是说，由单阶段组成的整个系统服务以及所提供的服务系统中的每一阶段服务都是相互独立的（当某个服务点的顾客在到达下一个服务点之前累积起来时，这种情况就会发生，实质上，这项服务的顾客输出其实就变成了下一项服务的输入客户源）。当我们按顺序提供一系列的服务时，一项服务的输出率就成为下一项服务的输入率，那么我们就不能用简单的方程式进行计算了。对于条件不能满足方程要求的一些问题也是如此，详见图表5—10。解决这类问题最好的方法就是计算机仿真。

5.8　小结

本章介绍了服务业和制造业在许多方面的相似之处。这两类行业都需要进行权衡，从而找出发展的重心。正如制造业一样，服务业所提供的服务并不能满足所有人的需求。

服务系统设计矩阵和以前用来对制造过程进行分类的生产流程矩阵在许多方面都有相似之处。但是，当我们考虑到高度个性化的服务需要、必需的配送速度、直接的顾客接触以及服务接触所固有的不确定性时，它和制造业是有很大差异的。制造过程中用来缓和顾客需求的缓冲和调度机制常常不能用于服务运营。服务业往往需要能满足相应需求的极高水平的服务能力。另外，服务业要求提供服务的员工具有极大的灵活性。

排队问题分析与许多服务情况相关，其根本目标就是权衡等待成本与增加资源引起的成本之间的得失。对于服务系统来说，这就意味着为了让顾客等待较短的时间，服务台的利用率可能会非常低。许多排队问题在没有尝试解答前看上去很简单。本章已经讨论了一些较简单的问题。当多阶段或一系列的服务按特定次序进行时，情况就变得更复杂，这时我们需要用计算机仿真来解决。

关键术语

与顾客高度接触和低度接触（high and low customer contact）：顾客在系统中的实际存在以及顾客必须处于系统之中的时间相对于系统提供服务所需时间的百分比。

排队系统（queuing system）：由三个主要部分组成：（1）顾客源和顾客到达系统的方式；（2）服务系统；（3）顾客如何离开系统。

顾客到达率（customer arrival rate）：每段时间内到达顾客数量的期望值。

指数分布（exponential distribution）：关于顾客到达间隔时间概率的分布。

泊松分布（poisson distribution）：常用来描述一个特定时间段内顾客到达数量的概率分布。

服务率（service rate）：一个服务人员在一个特定时间段内用单位数量来计算的提供服务的能力。

公式复习

指数分布

$$f(t) = \lambda e^{-\lambda t} \qquad\qquad [5.1]$$

泊松分布

$$P_T(n) = \frac{(\lambda T)^n e^{-\lambda T}}{n!} \qquad\qquad [5.2]$$

模型 1 (见图表 5—11)

$$L_q = \frac{\lambda^2}{\mu(\mu-\lambda)} \quad W_q = \frac{L_q}{\lambda} \quad P_n = \left(1-\frac{\lambda}{\mu}\right)\left(\frac{\lambda}{\mu}\right)^n \quad P_o = \left(1-\frac{\lambda}{\mu}\right)$$

$$L_s = \frac{\lambda}{\mu-\lambda} \quad W_s = \frac{L_s}{\lambda} \quad \rho = \frac{\lambda}{\mu} \qquad\qquad [5.3]$$

模型 2

$$L_q = \frac{\lambda^2}{2\mu(\mu-\lambda)} \quad W_q = \frac{L_q}{\lambda}$$

$$L_s = L_q + \frac{\lambda}{\mu} \quad W_s = \frac{L_s}{\lambda} \qquad\qquad [5.4]$$

模型 3

$$L_s = L_q + \lambda/\mu \quad W_s = L_s/\lambda$$

$$W_q = L_q/\lambda \quad P_w = L_q\left(\frac{S_\mu}{\lambda} - 1\right) \qquad\qquad [5.5]$$

应用举例

例 1

快客润滑油公司经营润滑油更换和汽车修理业务。通常,顾客到达率为每小时 3 位,润滑油更换的平均服务率为每 15 分钟 1 位顾客。机械师以小组形式为每辆车服务。

假设顾客到达服从泊松分布,服务时间服从指数分布,求:

1. 润滑油工作组的利用率。
2. 汽车的平均等待数量。
3. 在更换润滑油前,每辆车等待的平均时间。
4. 经过系统所需的总时间(也就是说,等待时间加上更换润滑油的时间)。

解:

$$\lambda = 3, \ \mu = 4$$

1.
$$\text{利用率 } \rho = \frac{\lambda}{\mu} = \frac{3}{4} = 75\%$$

2.
$$L_q = \frac{\lambda^2}{\mu(\mu-\lambda)} = \frac{3^2}{4(4-3)} = \frac{9}{4} = 2.25 \text{ 辆车在排队}$$

3.
$$W_q = \frac{L_q}{\lambda} = \frac{2.25}{3} = 0.75 \text{ 小时, 或 45 分钟}$$

4.
$$W_q = \frac{L_s}{\lambda} = \frac{\lambda}{\mu - \lambda} \Big/ \lambda = \frac{3}{4-3} \Big/ 3 = 1 \text{ 小时 （等待时间 + 加注润滑油时间）}$$

例 2

美国自动售货公司（AVI）为一所大学提供自动售货食品。学生们常常因为恼怒和失望而踢售货机，管理人员需要经常对机器进行维修。平均每小时有 3 台自动售货机出现故障，机器的故障服从泊松分布。每台机器的故障每小时会给公司带来 25 美元的损失，每位维修工每小时会得到 4 美元的酬劳。一个工人的平均服务率为每小时 5 台；两个工人一起工作的平均服务率为每小时 7 台；三个工人为一组的服务率为每小时 8 台。服务时间都服从指数分布。为自动售货机服务的维修人员的最佳人数是多少？

解：

情况 1——1 个工人：

$$\lambda = 3/\text{小时}, \ \mu = 5/\text{小时}$$

系统中机器的平均数量：

$$L_s = \frac{\lambda}{\mu - \lambda} = \frac{3}{5-3} = \frac{3}{2} = 1\frac{1}{2} \ （台）$$

故障时间成本为 $1.5 \times 25 = 37.50$ 美元/小时；维修成本为 4.00 美元/小时；1 个工人每小时的总成本为 $37.50 + 4.00 = 41.5$ 美元。

$$
\begin{aligned}
\text{故障时间成本}(1.5 \times 25) &= 37.50 \text{ 美元} \\
\text{工人成本}(1 \text{ 个工人} \times 4) &= \underline{\ 4.00 \text{ 美元}} \\
&\quad\ 41.5 \text{ 美元}
\end{aligned}
$$

情况 2——2 个工人：

$$\lambda = 3, \ \mu = 7$$

$$L_s = \frac{\lambda}{\mu - \lambda} = \frac{3}{7-3} = 0.75 \ （台）$$

$$
\begin{aligned}
\text{故障时间成本}(0.75 \times 25) &= 18.75 \text{ 美元} \\
\text{工人成本}(2 \text{ 个工人} \times 4.00) &= \underline{\ 8.00 \text{ 美元}} \\
&\quad\ 26.75 \text{ 美元}
\end{aligned}
$$

情况 3——3 个工人：

$$\lambda = 3, \ \mu = 8$$

$$L_s = \frac{\lambda}{\mu - \lambda} = \frac{3}{8-3} = \frac{3}{5} = 0.60 \ （台）$$

$$
\begin{aligned}
\text{故障时间成本}(0.60 \times 25) &= 15.00 \text{ 美元} \\
\text{工人成本}(3 \text{ 个工人} \times 4) &= \underline{12.00 \text{ 美元}} \\
&\quad\ 27.00 \text{ 美元}
\end{aligned}
$$

比较以上三种情况时的成本，我们可以得出工人数量为 2 个是最优解。

复习与讨论题

1. 文化因素也会影响排队问题，例如，在日本不常见到快速付款通道（主要用于为购买 10 件或 10 件以下物品的顾客服务）。为什么会出现这种情况？请谈谈你的看法。

2. 在你上一次等待航班时，看到的队列数是多少？

3. 指出通道（channel）和阶段（phase）的区别。

4. 对排队问题进行管理时，主要的成本权衡因素是什么？

5. 使用模型 1 中给出的公式需要满足哪些条件？

6. 对于在银行或医院中排队等候的顾客来说，先到先服务规则在什么情况下对他们是不公平的？

7. 从实用的意义上来看，什么是服从指数分布的服务时间？

8. 在以下情况中，你认为指数分布是否与服务时间分布相似？

　　1）在机场买机票；

　　2）在嘉年华会上骑旋转木马；

　　3）酒店退房；

　　4）完成运营管理课程的期中考试试卷。

9. 你认为以下几种情况是否与泊松分布相似？

　　1）在波士顿马拉松比赛中冲过终点线的运动员；

　　2）运营管理课上学生的到达时间；

　　3）去学校的公共汽车的到达时间。

习题

1. 平均每 15 分钟有 1 个学生到达行政服务处，对于学生的要求的平均处理时间为 10 分钟。服务台只有一个工作人员 Judy Gumshoes，她每天工作 8 小时。假设顾客到达服从泊松分布，服务时间服从指数分布。

　　1）Judy 的空闲时间率为多少？

　　2）每个学生的平均等待时间为多久？

　　3）队列的平均人数为多少？

　　4）刚到达的学生（刚好在进入行政服务处之前）发现至少有一名学生在排队的概率是多少？

2. 行政服务处的负责人估计一个学生排队等待为他们带来的损失为 10 美元/小时。为了缩短学生的等待时间，行政服务处的负责人认为 Judy 需要缩短处理时间（见习题 1）。他们目前正在考虑以下两个方案：

　　1）安装一个计算机系统，这个系统可以使 Judy 完成每个学生请求的速度提高 40%（比如，处理每个请求需要的时间从 2 分钟减少到 1 分 12 秒）。

　　2）雇用一个临时工作人员，工作效率和 Judy 一样。

如果计算机每天运行的成本为99.50美元，临时工作人员的工资为每天75美元，那么哪种方式更合适？假设顾客到达服从泊松分布，服务时间服从指数分布。

3. Sharp折扣批发店有两个服务台，商店的每个出口都有一个服务台。每个服务台的顾客到达率平均为每6分钟1位。每个服务台的服务率为每位顾客4分钟。

1）每个服务台的空闲时间率是多少？

2）两个服务台同时忙碌的概率是多少？

3）两个服务台同时空闲的概率是多少？

4）在每个服务台前排队等待的平均顾客数量是多少？

5）每位顾客在服务台耗费的时间是多少（等待时间加上服务时间）？

4. Sharp折扣批发店正在考虑将两个服务台（见习题3）合并安排到同一位置，并雇用2个工作人员。工作人员将继续以每位顾客4分钟的服务率工作。

1）排队等待的概率是多少？

2）排队等待的顾客平均数？

3）每位顾客在服务台花费的时间是多少（等待时间加上服务时间）？

4）你认为Sharp折扣批发店应该合并服务台吗？

5. 墨西哥玉米煎饼王（一家遍布美国的新快餐专营店）已经成功地将免下车快餐设备自动化，使其能自动售卖墨西哥玉米煎饼。Burro-Master 9000生产一炉玉米煎饼需要45秒。据估计免下车窗口的顾客到达率为平均每50秒钟1位，并服从泊松分布。墨西哥玉米煎饼王想要明确顾客在系统中期望的平均逗留时间、平均队长（车辆）以及系统中排队汽车（包括正在排队等待的和位于窗口的汽车）的平均数量，以便确定免下车窗口排队等待所需的空间。

6. 位于加利福尼亚的何尔摩沙海滩上的Bijou剧院主要播放老电影。顾客到达率为每小时100位。售票员为每位顾客的服务时间为30秒，在这期间售票员除了售票，还要在停车收据上盖章，在会员卡上打孔（由于这些附加服务，许多顾客直到电影开始的时候才能进入剧院）。

1）顾客在系统中的平均等待时间是多少？

2）为了将平均服务时间减少到每位顾客20秒，该院决定增加一名只负责盖章和打孔的工作人员，这种做法对系统的等待时间有什么影响？

3）如果增加一个窗口，且每个服务人员仍需提供这三项任务，那么系统中的等待时间是否比问题2）中的时间短？

7. 为了支持全国心脏周的宣传活动，心脏协会计划在El Con购物中心设立一个免费血压测量点，并持续一周的时间。从以往的经验来看，平均每小时有10个人要求服务。假设顾客到达服从泊松分布且顾客源是无限的。每个人测量血压的固定时间为5分钟。假设排队长度是无限的并且遵循先到先服务的规则。

1）平均排队人数预计是多少？

2）系统中的平均人数预计是多少？

3）每位顾客的平均等待时间预计是多少？

4）测量一个人的血压包括排队所需要的平均时间是多少？

5）周末的顾客到达率预计可以超过每小时12人。这样会给排队人数带来什么影响?

8. 某自助餐厅设有一个自助咖啡壶，自动为顾客供应咖啡。这个自助咖啡壶的顾客到达率为每分钟 3 人并且服从泊松分布。顾客自助服务大约需要 15 分钟，服务时间服从指数分布。

1）队列中平均有多少位顾客?

2）取一杯咖啡需要多长时间?

3）咖啡壶的利用率是多少?

4）咖啡壶前有 3 个或 3 个以上顾客的概率是多少?

5）如果自助餐厅安装一台自动售货机售卖咖啡，购买一杯咖啡需要 15 秒，那么问题 1）和 2）的答案分别又会是什么?

9. L. 温斯顿·马丁（芝加哥的过敏症专科医师）有一套专门给顾客注射的系统。来注射的先填写一份名单，这份名单会被放进一个开口槽中然后送到另一个配有 1 到 2 名护士的候诊室。病人的注射液准备就绪后，护士通过一个扬声系统，通知病人接受注射。在一段时间内，病人只要求注射点滴，这样就只需要 1 名护士。

我们来看看两种情况中比较简单的一种——也就是，在只有 1 名护士的情况下。同样假设病人到达率服从泊松分布，护士的服务时间服从指数分布。病人到达的间隔时间大约为 3 分钟。平均每名护士需要 2 分钟时间为病人准备注射液以及进行注射。

1）到马丁医生那里等待治疗的病人平均数量是多少?

2）一个病人到达、注射到离开需要多长时间?

3）系统中有 3 个或 3 个以上病人的概率是多少?

4）护士的利用率是多少?

5）假设有 3 名护士可提供服务，平均每名护士需要 2 分钟时间为病人准备注射液以及进行注射。每位顾客在系统中的平均逗留时间是多少?

10. 在四月归档最后期限的前一个月，Judy Gray 正在对顾客服务运营进行分析。根据以前的数据，顾客到达的平均间隔时间为 12 分钟，且服从泊松分布。为每位顾客完成所得税申请表的平均时间为 10 分钟，且服从泊松分布。根据这些信息回答以下问题：

1）如果你去 Judy 那里，拿到所得税申请表需要等待多长时间?

2）平均需要多大的排队空间?

3）如果 Judy 每天工作 12 小时，那么繁忙的时间为几个小时?

4）系统空闲的概率是多少?

5）如果顾客到达率保持不变，要想使顾客的平均逗留时间为 45 分钟或更少，应该如何做出改变?

11. 理发师 Benny 拥有一家只有一个座位的理发店。在理发师学院，他们告诉他顾客到达率会服从泊松，他的服务时间服从指数分布。市场调查数据表明，顾客到达率为每小时 2 位。Benny 理发的平均时间为 20 分钟。根据这些数据，试计算：

1）排队等待的顾客平均数;

2）顾客的平均等待时间;

3）顾客在理发店里的平均逗留时间;

4）Benny 的时间利用率。

12. 理发师 Benny（见习题 11）正考虑在理发店里增加一张椅子。Benny 会从排队等候的人群中根据先到先服务的规则挑选顾客并为其理发。Benny 假设 2 个理发师的平均理发时间均为 20 分钟，并且顾客到达率为每小时 2 位时营业额保持不变。求出以下值，以便帮助 Benny 做出决定：

1）排队等待的顾客平均数；

2）顾客的平均等待时间；

3）顾客在理发店里的平均逗留时间。

13. 一家商场相机销售柜台的顾客平均到达率为每小时 6 位。这个柜台只有一个员工，他为每位顾客服务的平均时间为 6 分钟。假设顾客到达率服从泊松分布，服务时间服从指数分布。

1）你将在相机柜台前平均看到多少人（不包括服务人员）？每位顾客在相机柜台的逗留时间是多少（总时间）？

2）工作人员的利用率是多少？

3）相机柜台前的人数超过 2 个的概率是多少（不包括工作人员）？

4）相机柜台雇用了一名新的员工，他为每位顾客服务的平均时间也为 6 分钟。现在每位顾客在相机柜台前的平均逗留时间是多长？

14. Los Gactos Racquet 俱乐部的调酒师 Cathy Livingston 每 50 秒钟能调出一杯酒。最近夜晚比较炎热，酒吧生意相当火爆，每隔 55 秒钟就会有人需要酒。

1）假设吧台前每个人喝酒的速度相同，Cathy 根据先到先服务的规则服务，那么顾客平均等待时间为多久？

2）等待酒的平均顾客数为多少？

3）有 3 个或 3 个以上顾客排队的概率是多少？

4）调酒师的利用率是多少（她有多忙）？

5）如果用一台自动调酒机替换调酒师，问题 1）的答案会有怎样的改变？

15. 一个办公室雇用几个工作人员来建立文档，然后由一名操作员负责将文档信息输入文字处理器。工作人员建立文档的速率为每小时 25 份。操作员输入信息的平均时间为 2 分钟并服从指数分布。假设顾客源是无限的，顾客到达服从泊松分布，排队长度是无限的并遵守先到先服务规则。

1）计算操作员的使用率；

2）计算系统中文档的平均数量；

3）计算文档在系统中平均逗留时间；

4）计算系统中有 4 份或 4 份以上文档的概率；

5）如果增加一个操作员，文档建立的速度将增加到每小时 30 份。这将对操作员的工作量有什么影响？说明原因。

16. 学校建立了一个学习辅导部，聘请一名毕业生帮助学生解答运营管理课上遇到的难题。这个学习辅导部每天运营 8 小时。主任想了解学习辅导部是如何运作的。统计表明学生的到达率为每小时 4 人并服从泊松分布。辅导学习的平均时间为 10 分钟并服从指数分布。假设顾客源的队列长度是无限的，排队规则是先到先服务。

1）计算毕业生的利用率。

2）计算系统中学生的平均人数。

3）计算学生在系统中的平均逗留时间。

4）计算 4 个或 4 个以上学生排队或接受服务的概率。

5）在考试前，学生的到达率增加到平均每小时 6 人。这对平均队长有什么影响？

17. 加利福尼亚边检站的车辆到达率为每分钟 10 辆，并服从泊松分布。为了使问题简单化，假设只有一个车道和一个检查员，他检查车辆的速率为每分钟 12 辆，并服从指数分布。

1）队列的平均长度是多少？

2）每辆车的平均等待时间为多少？

3）检查员的利用率是多少？

4）系统中有 3 辆或 3 辆以上汽车的概率是多少？

18. 加利福尼亚边检站（见习题 17）正考虑增加一名检查员。车辆会在一个车道中排队等待，由最先可用的检查员进行检查。车辆的到达率不变（每分钟 10 辆），新雇用的检查员检查车辆的速度与原先的检查员相同（每分钟 12 辆）。

1）队列的平均长度是多少？

2）每辆车的平均等待时间为多少？

如果增加一个车道（一个检查员负责一个车道），那么：

3）队列的平均长度是多少？

4）每辆车的平均等待时间为多少？

19. 在校园春季嘉年华期间，游乐园的碰碰车出现故障并需要修理。维修人员的工资为每小时 20 美元，他们以团队的形式工作。因此，如果只雇用一人，那么他或她将独自工作；如果雇用两到三人，那么他们将一起完成修理任务。

一个修理工修理碰碰车的平均时间为 30 分钟；两个修理工需要 20 分钟；三个修理工需要 15 分钟。当这些碰碰车出现故障时，将会导致的收入损失为 40 美元/小时。碰碰车的故障率一般是每小时 2 辆。

那么应该雇用几个修理工？

20. 一个收费隧道决定尝试使用计费卡来缴费。首先只在一个车道试用，这个车道的车辆到达率为每小时 750 辆。使用银行卡缴费需要 4 秒钟。

1）车辆排队等待、使用计费卡缴费然后离开，一共需要多长时间？

2）系统中的平均车辆数为多少？

案例：社区医院的夜间手术室

美国外科医师学会建立了一系列标准，用以确定美国手术室的等级。该标准规定一级和二级手术中心一天 24 小时都要有手术人员待命，所以对于全天 24 小时待命的基本水平是有强制要求的。在正常的营业期间，由于医院的外科手术时间已经进行了安排，医院一般会安排一个后备手术队，以备紧急情况下使用。现在我们要确定，医院是否应该安排一个后备手术队在夜间待命。

如果在夜间有 2 个或更多的病人同时需要手术的概率很大，那么一个后备手术队是必需的。虽然这个概率的大小很难判断，但是如果同时有 2 个或 2 个以上病人需要手术的概率高于 1%，那么就应该雇用一个后备手术队。

最近，位于斯坦福的哥伦比亚大学医师学会的医生们对此进行了一项实际应用研究。他们对一年内的紧急手术情况进行统计，发现病人通常是在晚上 11 点后至早上 7 点前到达医院的。一年里总共有 62 名病人在这段时间到达医院接受手术治疗，医生的平均服务时间是 80.79 分钟。

分析这个问题时，我们假设这是一个单队列，单阶段的服务系统，病人到达率服从泊松分布，服务时间服从指数分布。

1. 计算一小时内顾客的平均到达率和平均服务时间。

2. 计算夜班时间系统中有 0 个病人的概率（P0）、有 1 个病人的概率（P1）以及 2 个或 2 个以上病人同时到达的概率。

3. 概率高于 1% 时就应该安排一个后备手术队，如何向管理部门提出建议？

参考文献

Fitzsimmons, J. A., and M. J. Fitzsimmons. *Service Management*, 4th ed. New York: Irwin/McGraw-Hill, 2003.

Gross, D., and C. M. Harris. Fundamentals of Queuing Theory. New York: Wiley, 1997.

Hillier, F. S., et al. *Queuing Tables and Graphs*. New York: Elsevier-North Holland, 1981.

Kleinrock, L., and R. Gail. *Queuing Systems: Problems and Solutions*. New York: Wiley, 1996.

Winston, W. L., and S. C. Albright. *Practical Management Science: Spreadsheet Modeling and Application*. New York: Duxbury, 2000.

6

六西格玛质量

阅读了本章后，你将：

1. 对全面质量管理有所了解。
2. 知道如何检测质量，什么是质量维度。
3. 对定义、测量、分析、改进和控制的质量改进过程有较系统的认识。
4. 知道如何测量工艺能力。
5. 了解控制图是如何对工序进行监管的。
6. 了解抽样验收。

本章概要

通用电气六西格玛供应链流程

全面质量管理

                              全面质量管理的定义

                              Malcolm Baldrige 质量奖的定义

质量规范和质量成本

    制定质量规范   设计质量的定义

    质量成本   一致性质量的定义

                                源头质量的定义

                                质量维度的定义

                                质量成本的定义

ISO9000

六西格玛质量

    六西格玛质量方法论   六西格玛的定义

    六西格玛分析工具   每百万机会缺陷数（DPMO）的定义

                                定义、测量、分析、改进和控制（DMAIC）的定义

统计质量控制

    我们周围的波动   异常波动的定义

    工序能力   一般波动的定义

                                规格上下限的定义

                                能力指数的定义

工序控制流程

    计数型工序控制   统计工序控制的定义

    测量方法：使用 p 图   计数特性的定义

    计量型工序控制   计量特性的定义

    测量方法：使用 $\overline{X}$—R 图

    如何构建 $\overline{X}$—R 图

接受抽样
　　　计数型单次抽样计划设计
　　　操作特征曲线
小结
案例：质保部主管 Hank Kolb

六西格玛供应链流程

　　10 多年来，通用电气一直是六西格玛的主要倡导者。已退休的杰克·韦尔奇曾经是通用公司的传奇人物，他一直主张："六西格玛是质量控制和统计学方面最伟大的神话，不仅如此，它给领导者提供了处理棘手问题的最佳方法，从而大大增强了领导者的管理能力。六西格玛的核心思想就是：把对公司的内部管理重心转移到外部管理上，集中精力对外部的顾客进行管理。"通用电气对质量的承诺是以六西格玛为依据的，它在公司网站上对六西格玛做出了如下描述：

　　首先，什么是六西格玛？回答这个问题首先要思考，六西格玛不是什么？它不是秘不可测的，也不仅仅只是一个口号，更不是一个老掉牙的话题。六西格玛是一个严谨的程序，能帮助我们开发并生产出几近完美的产品和服务。为什么要使用六西格玛？六西格玛是一个统计学术语，用于测量指定产品偏离完美的程度。六西格玛的中心思想就是：如果你能检测出一个工艺程序的所有不足，那么你就能找出一套方法对其进行改进，从而使产品达到零缺陷的完美状态。为了达到六西格玛规定的质量水平，一个工艺程序必须确保在每 100 万个机会中，缺陷在 3.4 个以下。这里所说的机会就是产品不能达到一致的可能性，抑或是没有达到规定标准的可能性。这意味着我们在执行工艺程序时，要尽量做到零缺陷。以六西格玛为核心，下面我们又引出了几个关键术语。

　　质量的关键：顾客最重要。

　　缺陷：没有制造出顾客想要的东西。

　　工艺能力：你的工艺能生产什么，数量是多少？

　　波动：顾客能看到什么，感觉到什么？

　　稳定运营：保证一致的、可预测的工艺过程，以此来改善顾客看到的及感觉到的。

　　六西格玛设计：为了满足顾客需求和工艺能力而进行的设计。

6.1　全面质量管理

　　全面质量管理（TQM）的定义为：对整个组织进行管理，从而提高对顾客而言至关重要的产品和服务维度。全面质量管理有两个基本运营目标：

1. 产品和服务的精心设计。
2. 确保组织系统生产的连续性。

只有在整个组织都以这两个目标为导向时，它们才有可能实现，全面质量管理（TQM）这一术语就是由此得来的。TQM 在 20 世纪 80 年代成为美国人的关注焦点。美国人用 TQM 来应对日本在汽车制造和其他耐用品，如室内空调等方面的质量优势。一项关于日本和美国空调制造的研究表明，最好的美国产品的缺陷率甚至要高于日本最差的产品的缺陷率。[1]产品质量如此不足，使得美国将全面提高各产业的产品质量作为首要任务。1987 年美国商务部设立了 Malcolm Baldrige 国家质量奖，以此来帮助公司检查并构建质量计划。同时，还有一个方面也使 TQM 受到了广泛关注，供应商表明如果他们要打入国际市场，他们必须根据相关特定的标准，如 ISO 标准，检测并记录他们在质量方面所做的各种工作。下文我们将对此进一步叙述。

突　破　　　　　　　Baldrige 质量奖

Baldrige 质量奖主要是授予那些产品和工艺格外突出的企业。每年授予奖项的对象包括 4 种不同类型的企业：制造型企业、服务型企业、小型企业以及教育卫生保健组织等非营利机构。

候选企业必须递交一份至少 75 页的申请文件，对其质量管理的方法、执行过程和结果从以下 7 个方面进行详述：管理能力、战略规划、顾客与市场关注焦点、信息和分析、人力资源管理、工艺管理以及经营绩效。审核人员对这些申请进行评分，满分为 1 000 分。那些高于 650 分的企业将被选出来，然后对其进行实地考察。这一轮的优胜者将在华盛顿举行的年度会议上接受奖励。对于所有申请者来说，他们所获得的最大益处就是可以得到审核者的反馈意见，实际上就是对他们的质量管理活动的审查。美国很多州都将 Baldrige 标准视为制订质量奖励计划的标准。

一则由竞争委员会编写的题目为《以 Baldrige 为标准：21 世纪的美国产品质量》的报告指出："Baldrige 和其他奖项不一样，其主要职责是使改善质量成为国家的首要任务，使最好的质量管理方法在美国广泛传播。"

参与这场质量运动的著名的哲学管理者主要有菲利普·克劳比斯、爱德华·戴明、约赛夫·朱兰，这些"质量大师"对质量的定义以及获得质量的方式有少许分歧（见图表 6—1），但是他们的观点大致上是相同的：想要获得突出的质量，需要领导者有丰富的管理经验，以顾客为焦点，调动全体工作人员，在严格的工艺分析基础上不断地做出调整。在本章接下来的部分，我们将会讨论全面质量管理如何运用这些准则——六西格玛质量准则。下面，我们将对一些常用的基本概念进行叙述：质量规范与质量成本。

	克劳比斯	戴明	朱兰
质量的定义	符合需求	成本低，可预测的一致性与可靠性，符合市场需求	适用性（满足顾客需求）
资深管理者的责任程度	对质量有责任	负94%的责任	20%以下的质量问题来自员工
行为标准	零缺陷	质量有很多"等级"，使用统计学来测量各个领域的性能；零缺陷是关键	不要进行"工作零缺陷"运动
基本方法	预防，而不是检验	连续的改进，减少可变性；停止大批量检验	对质量实行全面管理，注重人的因素
结构	改进质量的14个方法	质量管理的14个要点	改进质量的10个方法
统计工序控制	拒绝统计可接收质量水平（100%的质量水平）	使用统计方法控制质量	提倡统计工序控制，但是警惕其可能机械化
改进基础	一个流程，而不是一个项目；改善目标	持续降低变异；排除没有合适方法的目标	一个接一个制定项目；制定目标
团队合作	质量改进团队；质量委员会	员工参与决策；消除部门间的界限	团队和质量环方法
质量成本	产品非一致性成本；质量成本为0	没有最优质量，不断改进	质量需要成本；没有最优质量
采购和货物验收	表明需求；供应方是你业务的扩展；大多数错误是由采购员自己造成的	检验太迟；样本试用使得缺陷进入系统；需要统计数据和控制图解决	问题较复杂；必须开展正式调查
供应商审核	必要；质量审计没有用	不必要；对大多数系统都很关键	有必要；但是要帮助供应商改进质量

6.2　质量规范与质量成本

质量规范以及实施（或不实施）质量规范所使用的成本是所有质量管理项目中最基本的考虑因素。

6.2.1　制定质量规范

一个产品或一类服务的质量规范是围绕产品设计质量以及保证设计一致性

而做出的决策或采取的行动。设计质量是指产品在市场中的内在价值，属于公司的战略决策。图表6—2给出了质量设计的各个维度。维度是指产品或服务的特性，与设计有直接联系。公司设计一种产品或一类服务来满足特定的市场需求。

公司通常是以市场需求为依据来设计具有某种性能和特征的产品和服务。原料和制造工艺很可能在很大程度上影响产品的稳定性和持久性。公司希望设计一种制造和运输成本比较合理的产品或服务。进入市场后，产品的维护性能将会在很大程度上影响顾客使用产品或服务的成本，也会影响公司的保修和维修成本。美学设计对产品或服务的需求也有很大影响，尤其是消费品。当一个品牌推出产品时，其设计通常体现了其下一代产品或服务的风格。与艺术形态不同，人们对产品质量的认可往往取决于产品性能的一致性，这一点对产品或服务能否取得长期成功非常重要。

图表6—2   **质量设计的维度**

维度	意义
性能	产品或服务的主要特性
特点	附加在产品或服务上的感知特性，属次要特征
可靠性	性能一致性；故障概率；使用期
维护性	便于维修
美观	第二特征（声音、感觉、外观等）
质量感知	过去的表现和名声

一致性质量指产品或服务满足其设计规格的程度。能够获得质量一致性的行为都是具有战略性的日常活动。通常情况下有两种情况：一种是产品或服务的设计质量很高，但是其质量一致性却很差；另一种恰好相反，产品或服务的设计质量很低，一致性却很高。

在谈论质量一致性时我们也经常提到源头质量，其意思就是担任某种工作的人有责任确保他加工或生产的产品达到规定的要求。对于制造业而言，达到质量规范是制造部门管理层的职责；对于服务业而言，则是各部门运营管理层的职责。图表6—3给出了质量维度的两个例子：第一个是激光打印机，其能够满足每分钟打印页数和打印密度的标准；第二个是银行业务账目的处理。

质量一致性和源头质量都旨在提供能满足顾客需求的产品，即人们通常说的产品的"适用性"，它能确定顾客需要的（来自顾客的声音）产品或服务的维度，并制订产品质量控制计划来确保这些维度得到满足。

6.2.2   质量成本

尽管很少有人对采取预防措施的观念有异议，但是管理者还需要许多其他确凿的数据资料来确定其成本。这一点是由约赛夫·朱兰在他1951年所写的《质量管理手册》中提出来的。

目前，质量成本（COQ）分析在工业领域已经得到广泛应用，并成为质量管理部门的一项主要职能。

突 破　　J. D. Power and Associates 重新定义质量

J. D. Power and Associates 是一个监督组织，旨在保证消费者产品的质量，为企业提供顾客满意度数据。最近，该组织使用类似于本章中提到的方法对"初始质量研究"重新进行了定义。这项关于新车购买的研究认为，在确定质量时，新车的整体设计与缺陷和运作故障一样重要。这项研究将新车买主所遇到的问题分为两个不同的类别：

导致组件、功能及产品出现故障或完全失灵（如停止运行；装饰件损坏或松脱）的质量问题，主要包括：

●机械部件制造质量：引擎或传输方面的问题以及对驾驶过程产生影响的问题，如刹车不灵、不正常的噪音或振动。

●车身和内部制造质量：噪音、漏水、结实度与外观较差、喷漆不匀、发出吱吱声等。

●特征及配件制造质量：座椅、风窗玻璃刮水器、导航系统、后座娱乐系统、暖器、空调、音响系统、天窗和便携电脑方面的问题。

设计质量指设计对工作进行控制，使工作具有某种特征，比较抽象且不易理解，包括：

●机械部件设计质量：基于引擎或传输方面的问题，以及那些影响驾驶的问题，如行驶顺畅度、转向系统和制动系统反应速度、稳定性和操作性。

●外形结构及室内设计质量：前端和尾部造型、内饰和外观以及关门声音方面的问题。

●车身及配件设计质量：座椅、立体声音响、导航系统、暖器、空调和天窗等方面的问题。

资料来源：改编自 J. D. Power and Associates' Study Redefines Quality, The McGraw-Hill Companies Employee Newsletter, Vol. 19, No. 6（June, 2006）。

图表6—3　　　　　　　　　　　　　　　**质量维度的例子**

	方法	
维度	产品案例： 激光打印机	服务案例： 银行账目处理
性能	每分钟打印页数 打印密度	处理顾客需求的时间
特征	多纸托盘 色彩浓度	自动账单支付

		方法
可靠性/耐用性	缺陷时间间隔 预计淘汰时间 主要部件的预期寿命	处理客户需求的时间可变性 与行业趋势保持一致
维护性	授权维修点的可用度 每个墨盒的打印页数 模块设计	在线报告 便于获得最新信息
美观	控制键布局 外壳造型 经销商礼仪	银行大厅的布置 出纳员的礼仪
感知质量	产品品牌的认知度 消费报告中的排名	行业协会的认可

比如在英特尔公司，技术人员要经过好几个步骤，检测圆片、芯片以确保产品的完整性。检测必须在干净的房间里进行，为了防止污染，技术人员须穿上 GORE-TEX 半定制的套装。

关于质量成本这一术语，专家们提出了很多定义和解释。从最单纯的角度来看，质量管理就是指生产的产品没有达到 100% 完美质量时产生的成本。还有一个不太严格的定义，即质量成本是当前实际生产成本与优质性能产品带来的销售额之差。

质量成本究竟有多重要？有人曾经计算过，质量成本占销售额的 15% ~ 20%，主要包括返工成本、废品成本、重复维修成本、检测成本、测试成本、保修成本以及其他一些与质量相关的成本。菲利普·克劳斯比认为一个良好的质量管理计划管理下的产品成本应该低于销售额的 25%。[2]

对于质量成本分析有 3 种基本假设：（1）产品缺陷原因可追溯；（2）预防成本相对较低；（3）性能可测量。

质量成本通常被分为 4 种类型：

1. 鉴定成本。检验、测试以及进行其他任务来保证产品或工艺能被顾客接受所需的成本。

2. 预防成本。预防缺陷的总成本，包括：确定缺陷原因的成本、实施正确行动消除这类原因的成本、重新设计产品或系统的成本以及购买新设备进行产品质量改进的成本。

3. 内部缺陷成本。出现在系统内部的缺陷产生的成本，如报废、返工、维修等成本。

4. 外部缺陷成本。出现在系统外部的缺陷产生的成本，如顾客进行产品退换、顾客流失或信誉损失、处理投诉以及产品维修所带来的成本。

图表 6—4 给出了一个成本报告，对各种成本进行了分类显示。从报告中我们可以看出，预防是最重要的影响因素。一条重要的规律告诉我们，你在预防上每花费 1 美元，就能在产品缺陷和鉴定成本上节省 10 美元。

减少质量成本随之带来的是生产率的提高。例如，银行开始提高质量，降低质量成本，同时也提高了业务处理的效率。银行将这种能够提高业务处理效率的方法实施在贷款处理领域：用支票的总数除以需要的资源数量（劳动成本、计算机使用时间、表格的成本）。在质量提高计划实施以前，业务处理效率指数为 0.2660（2 080 ÷（11.23 美元 × 640 小时 + 0.05 美元 × 2 600 份（表格）+ 500 美元（系统成本）））。采取这一计划以后，劳动时间降到了 546 小时，表格使用数量上升到了 2 100 份，指数上升到了 0.3088，效率提高了 16%。

6.3　ISO 9000

ISO 9000 是国际标准化组织颁布的一系列国际质量标准的总称。这些标准的共同目标就是通过在产品设计、生产、安装及服务这四阶段计划和实施最佳实践，以防止产品缺陷的产生。这些标准主要是为了确立一套准则，确保不管是制造型还是服务型企业所生产出来的产品都能满足顾客的需求。这些标准规定公司首先应制作出一套质量管理系统，并实施这一系统，然后通过一个独立的、权威的第三方认证来核实这一系统是否符合规定的要求。

ISO 9000 目前包括三个质量标准：ISO 9000：2000、ISO 9001：2000 以及 ISO 9004：2000。ISO 9000：2000 列出了具体要求，而 ISO 9001：2000 和 ISO 9004：2000 则给出了相应的方针。这些工艺标准（不是产品标准）给出了如何从质量的角度测量并记录工艺，而不是规定每个产品具体的工差。

图表 6—4　　　　　　　　　　　**质量成本报告**

	目前每月成本（美元）	所占总成本比例（%）
预防成本		
质量培训	2 000	1.3
可靠性诊断	10 000	6.5
指导生产运作	5 000	3.3
系统开发	8 000	5.2
共计	25 000	16.3
鉴定成本		
材料检测	6 000	3.9
供货检测	3 000	2.0
可靠性检测	5 000	3.3
实验室检测	25 000	16.3
共计	39 000	25.5

	目前每月成本（美元）	所占总成本比例（%）
内部缺陷成本		
报废	15 000	9.8
维修	18 000	11.8
返工	12 000	7.8
停工	6 000	3.9
共计	51 000	33.3
外部缺陷成本		
保修成本	14 000	9.2
保修期外的修理和更换	6 000	3.9
顾客投诉	3 000	2.0
产品可靠性	10 000	6.5
运输损失	5 000	3.3
共计	38 000	24.9
总质量成本	153 000	100.0

1987 年 ISO 首次公布了其质量标准，在 1994 年又进行了修正，2000 年再次推出了新版本。这些新的标准被称为 ISO9000：2000 标准。ISO 的目标就是提供一系列能够被公众认可并遵行的标准，使国际贸易更加顺畅。ISO9000：2000 标准适用于制造业的很多领域。这些行业包括制造、服务、印刷、林业、电子、钢铁、计算机、法律服务、金融服务、会计、货运、银行、零售、钻探、回收利用、航空航天、建筑、勘探、纺织、医药、石油和天然气、造纸、石油化工、出版、运输、能源、电信、塑料、金属、科研、保健、酒店、公用事业、虫害控制、航空、机床、食品加工、农业、政府、教育、娱乐、装配、卫生、软件开发、消费品、运输、设计、仪器仪表、旅游、通信、生物技术、化学、工程、农业、招待、园艺、企业管理咨询、保险等行业。

ISO 标准还在持续变化，请登录 ISO 官方网站 www. iso. org 了解最新状况。

6.4　六西格玛质量

六西格玛（Six Sigma）指用于消除产品和生产过程缺陷的理念和方法，通用电气和摩托罗拉等公司正是使用这种方法减少产品和流程中的缺陷。缺陷就是不符合客户的规格限制的部件。公司的每个步骤或活动都为缺陷提供了发生的机会，同时也给予了六西格玛在工序中减少导致这些缺陷的波动的机会。六西格玛倡导者将变化视为质量的天敌，六西格玛的许多基本理论都致力于处理这一问题。在六西格玛控制下的工艺过程中，每 1 亿单位产生的缺陷不超过 2 个。通常，如果工艺过程仅仅在六西格玛的某一个目标规格内运行，则缺陷率为每百万个单位 4 个缺陷。

六西格玛思想的优点在于它可以让管理人员根据波动随时描述工艺的性能，并使用一个统一的度量对不同工艺进行比较。这个衡量标准就是每百万机会缺陷数

（DPMO）。这个计算需要三方面的数据：

1. 单位。已生产出来的产品或已提供的服务。
2. 缺陷。不能满足客户需求的产品或活动。
3. 机会。缺陷发生的机会。

最直接的计算方法是使用下面的公式：

$$DPMO = \frac{\text{缺陷数量}}{\text{每单位产品出错的机会} \times \text{单位产品数量}} \times 1\,000\,000$$

例 6.1

一家抵押贷款银行的客户希望在 10 天内完成抵押贷款申请过程。这在六西格玛的术语里被称为关键客户需求（CCR）。假设所有的缺陷都计算在内（如每月贷款的处理时间大于 10 天），我们确定上个月的 1000 个申请处理中有 150 个不能满足客户的要求，因此得出 DPMO $= 150 \div 1\,000 \times 1\,000\,000$，即每 100 万个申请处理中有 150 000 个不能满足客户的需求。换言之，这意味着在顾客期望的时间范围内，每 100 万个申请处理中只通过了 850 000 个。从统计中我们可以看出，缺陷率为 15%，合格率为 85%。这个案例中，所有的贷款必须在 10 天内完成。通常顾客的要求有上下限，不会像我们这个例子中只规定了上限。

六西格玛计划包含两方面的内容：一方面是方法论；另一方面是人员论。我们将在下文中分别进行讨论。

6.4.1 六西格玛方法论

六西格玛方法包括许多其他质量改进过程中使用的统计工具，这里它们被用于在以系统项目为导向的定义、测量、分析、改进和控制（define, measure, analyze, improve, and control, DMAIC）循环中。这一方法的重点在于理解和实现客户的需求，因为这被看做是一个生产工艺能否盈利的关键。事实上，为了便于理解这一点，一些人将 DMAIC 戏称为 "Dumb Managers Always Ignore Customers"（愚钝的经理总是忽略客户的需求）的缩写。

六西格玛项目的标准方法是通用电气公司首创的 DMAIC 方法，其描述如下：[3]

1. 定义（D）

● 确定客户和他们的喜好。

● 确定一个适合六西格玛的项目，这一项目应以企业的商业目标以及客户的需求和反馈意见为基础。

● 确定 CTQs（关键质量特性），即客户认为对质量影响最大的因素。

2. 测量（M）

● 确定如何测量工艺以及它是如何执行的。

● 确定影响 CTQs 的关键内部工艺，测量这些工艺过程中目前所产生的缺陷。

3. 分析（A）

● 确定最有可能导致缺陷的原因。

● 通过查明最有可能导致工艺波动的关键变量，弄清楚缺陷产生的原因。

4. 改善（I）

● 确定方法，用以消除导致缺陷的因素。

● 确认关键变量和其对 CTQs 的影响。

● 确定关键变量最大的可接受范围，确定一个测量这些变量偏离程度的系统。

● 改进工艺，使其保持在可接受的范围内。

5. 控制（C）

● 确定如何维持改进。

● 将工具放置在合适的地方，确保经过改进的关键变量保持最大程度的可接受范围。

6.4.2　六西格玛分析工具

六西格玛分析工具在传统的质量改进项目中已被沿用多年。六西格玛的这些分析工具的独特之处在于：这些分析工具在企业管理系统中得到了整合运用。用于改进质量问题的常用工具有流程图、运行图、帕累托（Pareto）图、柱状图、检查表、因果图和控制图。本书根据 DMAIC 的常用范围，对所有这些工具以及机会流程图在图表6—5 中做出了显示。

流程图（Flowcharts）。流程图有许多类型。在图表 6—5 显示的流程图描述了SIPOC 分析（供应商、输入、处理、输出、客户）中的流程步骤。SIPOC 实质上是一个投入—产出模型，用于项目的定义阶段。

运行图（Run charts）。运行图通过使用数据来描绘随时间变化的趋势，在定义阶段有助于我们了解问题的大小。通常情况下，可以使用它们得出一个处理过程的中间值。

帕累托图（Pareto charts）。这类图表有助于深入到问题内部，对其组成部分进行检测。这一方法是以普遍的经验发现为依据的，即很大一部分问题是由于一小部分原因造成的。在这个例子中，80% 的客户投诉是由于交付延误引起的，而这一原因只占所列举的原因的 20%。

检查表（Checksheets）。检查表是辅助标准化数据收集工作的最基本形式。它们往往被用于柱状图的创建中，如帕累托图。

因果图（Cause-and-effect diagrams）。因果图也称为鱼刺图，它们用于显示潜在原因和被研究问题之间的假设关系。构建了因果图以后，因果分析的下一个步骤就是找出导致问题产生的潜在原因。

机会流程图（Opportunity flow diagram）。主要用于区分工艺中增值与非增值的步骤。

过程控制图（Process control charts）。过程控制图是时间顺序图，用于显示各类统计数值点的分布，包括平均中值线和控制上下限。它主要用于确定工艺是否在控制范围内。

在六西格玛项目中使用较广的统计工具还包括故障模式和影响分析（FMEA）以及实验设计（DOE）。

故障模式和影响分析（Failure mode and effect analysis）。故障模式和影响分析用于对工艺的每个阶段进行识别、估计、确定优先次序、评估潜在故障风险，属于一种结构化的方法。它首先要识别各个元素、集合或工艺部分，并列出潜在的故障、潜在原因以及故障可能产生的影响。风险优先级数（RPN）被用于计算各种故障模式，这一指数主要用于对 FMEA 中所列项目的重要性进行排名（见图表6—6）。这些考察条件包括故障发生概率（发生率）、故障造成的损失（严重性）以及内部检测到故障的概率（检测率）。RPN 高的项目应该首先加以改善。故障模式和影响分析还提出了一项备受推崇的建议，即指定一名负责人或一个负责部门通过对系统、设计、或工艺进行重新设计，并重新计算 RPN 来消除故障。

实验设计（DOE）。实验设计有时也称为多元测试，这种统计方法主要用于确定过程变量（X）和输出变量（Y）之间的因果关系。标准统计试验通过改变每个变量来确定影响最大的变量，而实验设计则可以通过精心挑选一个子集，对多个变量同时进行试验。

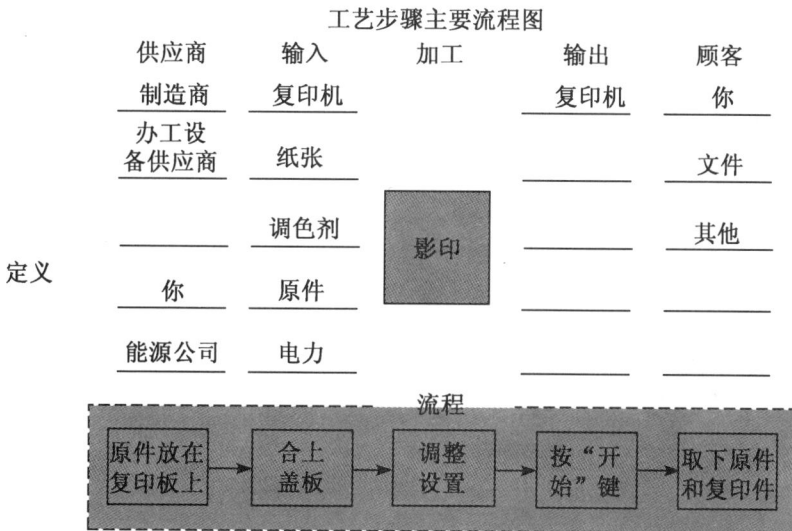

工艺步骤主要流程图

| 供应商 | 输入 | 加工 | 输出 | 顾客 |

定义

流程

运行图
每月交付量（每家店）

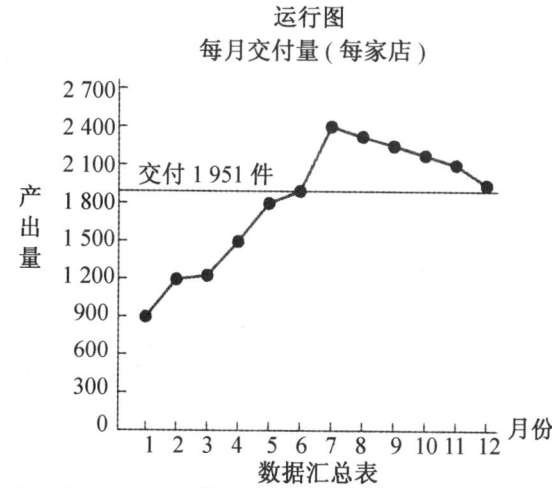

数据汇总表
检查表在需要记录数据的地方留出空间以便数据收集标准化

确定收集数据类型——机器停工时间
(13 号生产线)

操作员：Wendy　　　日期：5 月 19 日

原因	频率	备注
盒运	‖‖ ‖‖ ‖	
金属检测	‖‖	
无产品	‖‖ ‖	←
密封	‖	
条形码	‖‖	
传送带		
坏品	‖‖	叶片烧杯 ‖‖ 重量不足 ‖
其他	‖	

列出主要情况和特征

存放数据的空间

为追踪分层因素增加空间

备注处

衡量标准

帕累托图
顾客投诉类型

总数 =2 520　　　10—12 月 (6 家店)

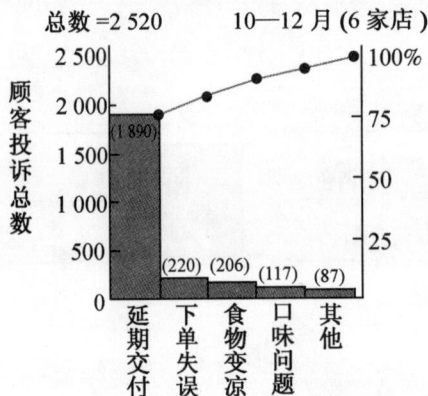

交付时间指顾客下订单到收到食物的总时间。

因果 / 鱼刺图
比萨送达延迟的原因

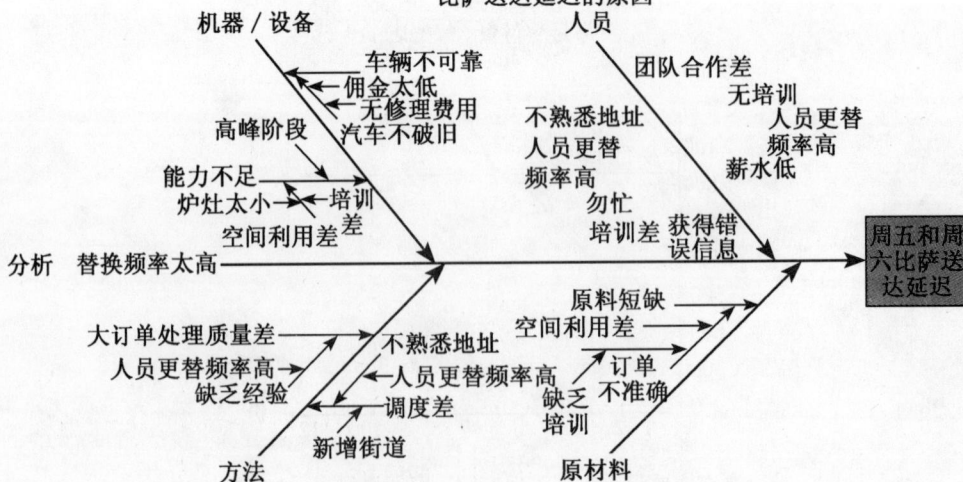

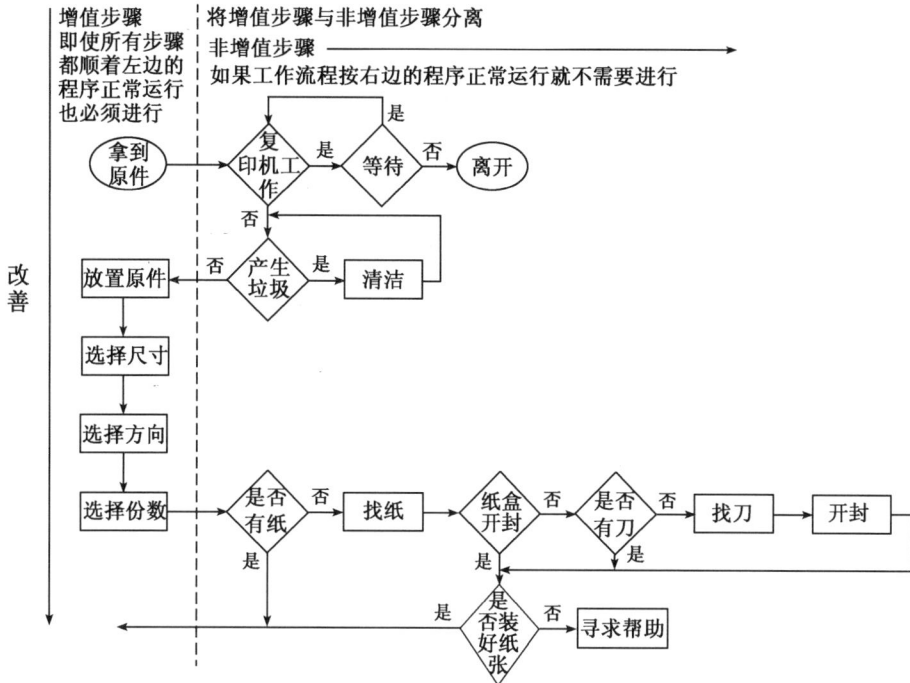

控制图特征

基本特征与时间序列相同

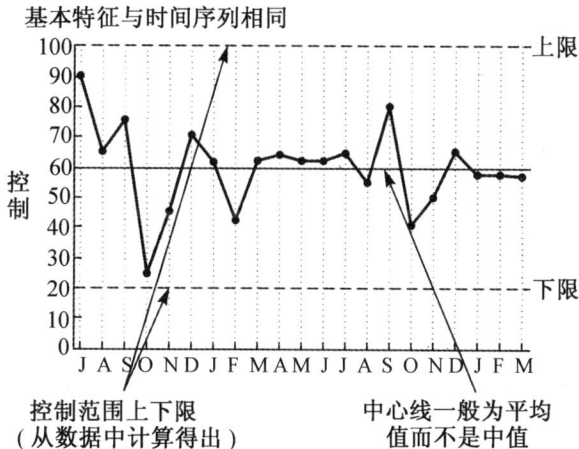

控制范围上下限
（从数据中计算得出）

中心线一般为平均
值而不是中值

图表 6—5　六西格玛和持续改进分析工作

图表 6—6　　　　　　　　　　　　　FMEA 表格

FMEA 分析

项目：_____　　　　　　　　　　　　　日期：_____　（原版）

团队：_____　　　　　　　　　　　　　_____　（校订后）

项目或者工艺步骤	潜在故障模式	故障潜在影响	严重性	潜在原因	发生率	现有控制	可察觉性	RPN	建议措施	责任与目标日期	措施采取后	严重性	发生率	可察觉性	RPN

FMEA 分析

项目：_____ 日期：_____（原版）

团队：_____ _____（校订后）

项目或者工艺步骤	潜在故障模式	故障潜在影响	严重性	潜在原因	发生率	现有控制	可察觉性	RPN	建议措施	责任与目标日期	措施采取后	严重性	发生率	可察觉性	RPN

总风险优先级数：_____ 改进后风险优先级数：_____

6.5 统计质量控制

统计质量控制（statistical quality control，SQC）这一部分介绍了质量管理的定量方面。总体而言，SQC 是为了从一致性角度评估质量而设计的一系列方法。换句话说，我们提供的产品和服务是否达到了设定规格的要求？达到了多少？采用 SQC 技术进行质量管理通常涉及工序的定期抽样，以及使用统计学绩效标准对这些数据进行分析。

下文中大家将看到，SQC 在物流、制造、服务等工序中都可以使用。这里给出了一些 SQC 适用的情形：

• 完工的新车有多少喷漆缺陷？我们是否采取了措施来改进喷漆工艺（如安装新的喷漆机）？

• 在网络交易系统上，处理市场订单要多长时间？新安装的服务器是否提高了服务质量？在交易日的各个时段，系统的绩效是否不一样？

• 我们如何控制 3 英寸滚球轴承装配线生产尺寸的公差？在给定滚球轴承制造工序波动的情况下，我们预计制造每 100 万个轴承中缺陷产品为多少？

• 在中午午餐高峰期，顾客在我们的免下车汉堡快餐店窗口购买一份食品的服务时间是多长？

提供商品和服务的工序通常会有一些波动。这些波动可能是由许多因素引起的，其中有些我们可以控制，还有一些则是工序所固有的。对于那些产生原因可以清楚地确定，甚至可以控制的波动，我们称之为非随机波动。例如，由工人没有得到适当训练，亦或是设备调整不当导致的波动，就属于非随机波动。工序本身所固有的波动就是所谓的一般波动。一般波动通常也被称为随机波动，例如某种工序中使用的设备类型产生的波动就叫随机波动。

从本节标题我们可以看出，学习这部分的内容需要一定的统计学基础知识。回顾你之前学过的关于正态分布的统计学知识，均值和标准差是如何定义的。均值$\overline{X}$是一组数值的平均值，其数学表达式为：

$$\overline{X} = \sum_{i=1}^{N} x_i / N \qquad [6.1]$$

式中：

x_i——观测值；

N——观测值总个数。

标准差的表达式为：

$$\sigma = \sqrt{\frac{\sum_{i=1}^{N} (x_i - \overline{X})^2}{N}} \qquad [6.2]$$

在使用 SQC 进行工序监测时，工序输出的样本将被采用，用来进行抽样统计计算。尽管现实中样本分布的波动较少，但是样本的分布应和实际中的工序分布表现出相似的波动。这样做是非常有益的，因为工序在实际分布中的变化就能够得到快速检测。进行抽样主要是为了找出工序发生异常变化的时间，这样就可以迅速确定变化的原因。

在 SQC 术语中，六西格玛往往用来指样本标准差。你在以下的例子中可以看到几种不同的西格玛计算方法，这些方法由不同分布决定（如正态分布或泊松分布）。

6.5.1　我们周围的波动

人们普遍认为，随着波动减少，质量就会提高。有些情况下这种观点基本上大家都能理解。如果一列火车总是按时到达，时刻表就可以得到更精确的安排。如果衣服尺码是一致的，顾客就可以从目录上订购商品，从而节省时间。然而，很少有人从降低波动的角度去思考这一问题。对于工程师来说，学术的界定更为明确，如活塞必须与气缸配套，门与门框的大小必须吻合，电器元件必须是兼容的，谷物箱内的葡萄干数量必须是准确的；否则产品的质量将是不可接受的，不能让客户满意。

然而，工程师也知道，零波动的状态是不可能达到的。为此，设计者制定了一些规格，用以确定某种事物的目标值以及偏离目标值的可以接受范围。例如，如果某类产品尺寸的目标值是 10 英寸，那么设计规格就可能是 10 英寸 ±0.02 英寸。这就告诉制造部，虽然其目标值应该是整整 10 英寸，但 9.98 或 10.02 英寸范围内的产品也是可接受的。这些设计的界限常常被称为规格上限和规格下限。

对于这种规格的一种传统解释就是：处于这个规格允许范围内的任何部件都是可接受的，而处于这个范围外的部件是不合格的。这一点在图表 6—7 中有显示（请注意，整个规格范围内，成本都为零，但是一旦超出这个范围，成本就会急剧增加）。

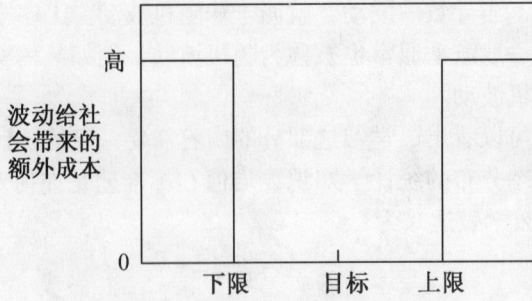

图表 6—7　波动成本的传统观点

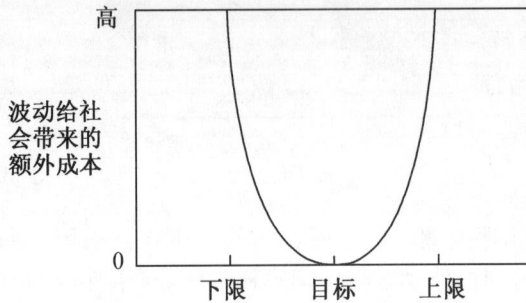

图表 6—8　Taguchi 对波动成本的观点

日本著名质量专家 Genichi Taguchi 曾经指出，图表 6—7 中所示的传统观点是无稽之谈，主要原因有两点：

1. 从客户的角度来看，规格界限内的产品和规格界限外的产品几乎没有区别。实质上，达到目标质量的产品与接近某一规格界限的产品存在着相当大的差异。

2. 客户的要求越来越高，降低波动性的压力也随之增加。然而，图表 6—7 没有反映出这一逻辑。

Taguchi 给出了一个更科学的损失函数图，见图表 6—8。请注意，在此图中成本由一条光滑的曲线显示。有许多可以体现这一观点的例子：齿轮传动中的啮合、胶片电影的播放速度、工作场所或百货公司的温度。几乎在所有可以被衡量的事物中，客户看到的不是一条剧烈波动的曲线，而是一条渐变的曲线，可接受度逐渐偏离目标规格。与图表 6—7 相比，图表 6—8 更好地反映了损失函数。

当然，如果产品超出规格范围而总是被报废，损失曲线通常会在规格范围外的大小等于报废成本的点变得平坦。这是因为这些产品，从理论上来讲，是永远也卖不出去的，所以对社会不会增加任何额外成本。然而，在很多实际情况中，要么就是某种工序有能力生产出大量的符合规格的产品而不需要做 100% 的产品检测，要么就是工序不能生产出符合规格的产品而需要进行 100% 的产品检测，或者将这些产品进行返工。在任何一种情况下，这种抛物形损失函数都是一种合理的假设。

6.5.2　工序能力

Taguchi 指出，是否在规格的范围内并不是仅仅一个是/否判断，而是一个连续的函数。另外，摩托罗拉公司的质量专家认为生产某种商品或提供某种服务的工序应该达到非常好的水平，这样产生缺陷的概率就非常低。摩托罗拉使用六西格玛限制使其工序能力和产品设计被广泛接受。当我们设计一个部件时，我们要确定这一部件的某些维度应该在规格限制范围内。

举个简单的例子，假设我们正在设计一个旋转轴承——汽车车轮的车轴。旋转轴承或车轴的设计涉及许多变量，如轴承的宽度、滚筒的尺寸、车轴的尺寸和长度，以及它是如何被支撑的等等。设计师为每个变量规定了容许限，以确保部件在设计规格内。假设最初我们选择了一种设计，轴承的直径被设定为 1.250 ± 0.005 英寸。这意味着可接受的部件的直径可能在 1.245 英寸和 1.255 英寸（前者为规格上限，后者为规格下限）之间。

接下来，我们来考虑一下制作轴承的工序。考虑到我们可以选择许多不同的工序来制造轴承，那么在选择工序用来制造部件的时候，通常要做出权衡。这个工序可能生产速度非常快，但不稳定，或者可能非常慢，但非常稳定。生产轴承的工序一致性程度是可以通过测量直径的标准差得出的。我们可以进行一个测试，即制造 100 个轴承，然后测量每个轴承样本的直径。

进行测试后，我们发现直径的均值为 1.250 英寸。还有一种说法，即工序的均值恰好位于规格限制上下限的"中间"点。在现实中可能很难有我们例子里所说的恰好位于中间点的工序。我们所说的直径的标准差或 σ 等于 0.002 英寸。这意味着我们的工序生产的轴承尺寸不可能完全一致。

在这一章里我们稍后会看到，通常使用控制图对工序进行控制。当工序生产的轴承大于或小于 1.250 英寸 3 个标准差（±0.006）时，我们应该停止生产。这意味着我们生产出来的部件的直径将会在 1.244（1.250 − 3 × 0.002）英寸和 1.256（1.250 + 3 × 0.002）英寸之间。1.244 和 1.256 被称为这一工艺限制的上限和下限。请注意，这些术语不要弄混淆了。"工序"限制涉及制造轴承的工序的一致性。我们管理工序的目标是使它保持在中值的 3 个标准偏差范围内。"规格"限制则与部件设计有关。回顾一下，从设计角度来看，可以接受的部件直径在 1.245 英寸和 1.255 英寸（前者为规格上限，后者为规格下限）之间。

我们可以看到，工序的规格范围与设计师指定的规格范围相比，要稍大一些。这样并不好，因为我们会生产出一些不符合规格的部件。使用六西格玛工序的企业始终坚持：制造部件的工序是能够调控的，这样看来，设计规格限制偏离了工序均值 6 个标准偏差。对于我们的轴承制造工序，要达到六西格玛的标准，工序的标准差要降低到多少？我们的设计规格是 1.250（±0.005）英寸，这里的 0.005 英寸与工序波动有关。0.005 英寸除以 6 等于 0.00083，这样我们就可以得出六西格玛工序的标准差。因此，要达到六西格玛标准，工序制造的轴承的直径均值要恰好为 1.250 英寸，且工序标准差必须小于或等于 0.00083 英寸。

可能有些读者已经对六西格玛的整个思想有些混淆不清了。为什么我们公司不对每个轴承进行逐一检测，将那些直径小于 1.245 英寸或大于 1.255 英寸的轴承挑选出来？当然可以这么做，并且对于许多部件都可以做这类 100% 的测试。问题是对于一家每小时生产成千上万个部件的公司，对每个部件的关键维度进行测试可能会带来高额费用。就拿轴承来说，除了直径，还存在 10 个或更多个关键维度，这些都需要进行检测。要进行 100% 的全面测试，那么公司花在测试上的时间会比实际生产部件所需要的时间还多。这就是为什么一家公司只抽取少量样本来进行定期检测，以确定工序是否在统计控制范围内。在这一章中，我们稍后将讨论如何准确地进行统计抽样。

当一个工序的均值和标准偏差能够被控制，且其上下限比规格限制的上下限更能被人们接受时，我们说这个工序是合格的。参见图表 6—9 图 A，这是我们最初的工序中轴承直径的分布图。图中的均值为 1.250 英寸，设计规格的下限为 1.245 英寸，上限为 1.255 英寸。工序控制的限制值则是通过加上或减去 3 个标准差而得出（分别为 1.244 英寸和 1.256 英寸）。请注意图中有产生缺陷产品的概率。

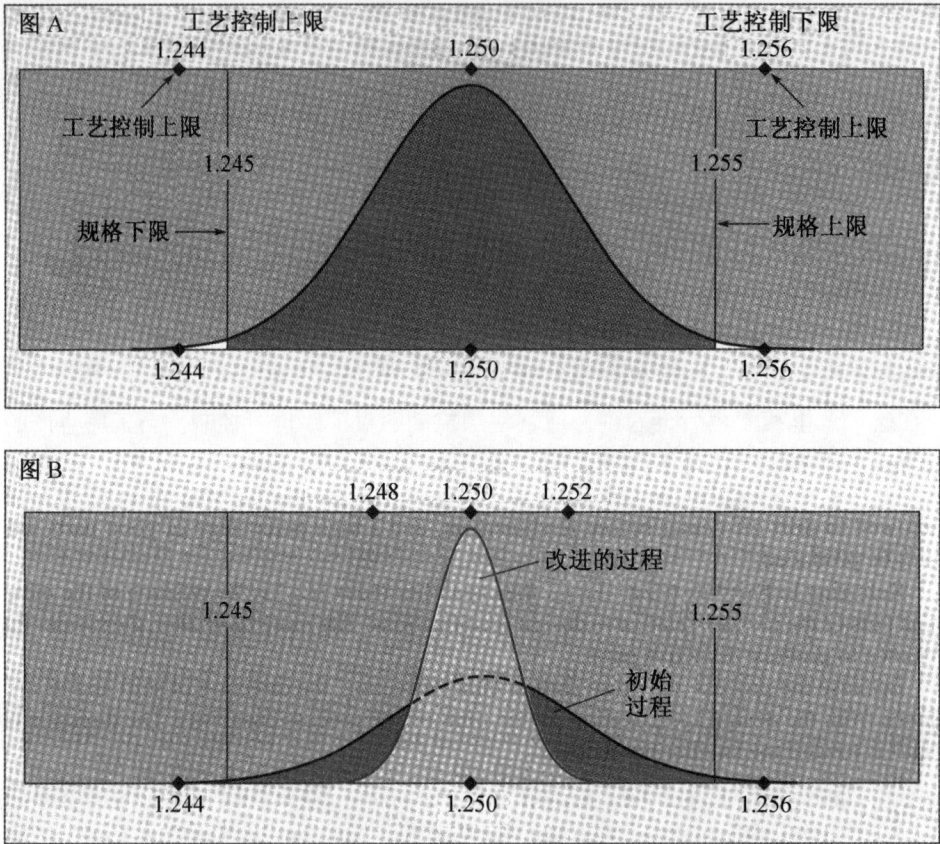

图表6—9　工序能力

如果我们能通过降低轴承直径的标准差来改进工序，那么缺陷概率就会减小。图表 6—9 图 B 给出了另外一幅图，图中标准差被降低到了 0.00083。尽管我们在图中不能看出，但是这一新工序生产缺陷产品的概率仍然是存在的，只不过非常低。

假设工序的中间值或均值偏离了给定的均值，图表 6—10 就给出了一幅这样的图，图中均值向规格上限偏离了一个标准差。尽管这将导致缺陷率略微升高，但是我们从图中还是可以看出总体情况还是很理想的。我们通常采用能力指数来测量相对于设计规格而言的容许限度，从而了解工序生产能力的水平。接下来我们将讨论这一指数的计算方法。

能力指数（capability index，C_{pk}）用来表示生产部件与设计规格限制范围的吻合度。如果规格界限比工序允许的范围大 3 个 σ，则意味着这一工序的均值在改进前可以偏离中心值，并且生产合格部件的比率仍然很大。

根据图表 6—9 和图表 6—10 可以看出，能力指数就是工序中值和边界相对于设计规格的位置。越偏离中值，产生缺陷的几率就越大。

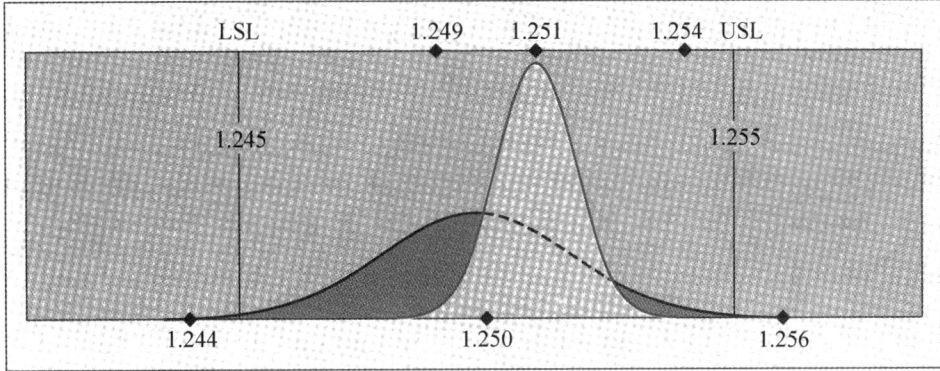

图表 6—10　偏移工序中值的工序能力

因为工序中值可以向任何一方偏离，与设计规格偏离的方向和距离就确定了工序能力。偏移的正方向是向数值小的方向。

严格地讲，工序能力指数通常选较小值，其计算公式如下：

$$C_{pk} = \min\left[\frac{\overline{X} - LSL}{3\sigma} \quad 或 \quad \frac{USL - \overline{X}}{3\sigma}\right] \qquad [6.3]$$

结合图表 6—10 中的例子，假设工序均值 = 1.251，且 σ = 0.00083（σ 代表标准差），则：

$$C_{pk} = \min\left[\frac{1.251 - 1.245}{3 \times 0.00083} \quad 或 \quad \frac{1.255 - 1.251}{3 \times 0.00083}\right]$$

$$= \min\left[\frac{0.006}{0.00249} \quad 或 \quad \frac{0.004}{0.00249}\right]$$

$$C_{pk} = \min\,[2.4 \quad 或 \quad 1.6]$$

$$C_{pk} = 较小数值 1.6（不错的能力指数）$$

上述计算告诉我们，与图表 6—10 中一样，工序均值向右稍稍偏离，但是生产的部件仍然在设计规格的界限内。

有时候计算产出缺陷的实际概率是非常有用的。如果工序以某一稳定的标准差进行生产，那么计算起来就相当简单，尤其是当我们使用电子数据表的时候。方法就是利用已经给出的工序均值和标准差，计算产出部件超出设计规格上下限的概率。

在我们的例子中，工序并没有处于中间点，均值为 1.251 英寸，σ = 0.00083，LSL = 1.245，USL = 1.255。我们首先需要使用规格限制的上下限来计算 Z 值。回顾一下你所学过的统计学知识，该 Z 值为标准差，在概率分布图中从 0 点向右或向左偏移。

$$Z_{LSL} = \frac{LSL - \overline{X}}{\sigma} \qquad Z_{USL} = \frac{USL - \overline{X}}{\sigma}$$

在我们的例子中：

$$Z_{LSL} = \frac{1.245 - 1.251}{0.00083} = -7.2289$$

$$Z_{USL} = \frac{1.255 - 1.251}{0.00083} = 4.8193$$

计算这些 Z 值相对的概率的一个简单的方法是使用 Excel 中的 NORMSDIST 函数（也可以使用附录 E 中的表格）。这一函数的表达式为 NORMSDIST（Z），其中 Z 就是我们在上面计算的 Z 值。Excel 中可以得出以下值（你可能会得出如下所示的两种不同结果，这主要与你使用的 Excel 版本有关）。

NORMSDIST（-7.2289）= 2.43461E - 13   NORMSDIST（4.8193）= 0.99999928

解释这些数值需要准确了解 NORMSDIST 函数能给出什么。NORMSDIST 给出的是给定 Z 值左侧的累积概率。由于 Z = -7.2289 表示的是与规格限制下限相对的标准差，部件的缺陷率将低于这个值，为 2.43461E - 13。这个数值使用的是科学记数法，数值尾部的 E - 13 表示我们需要把小数点移动 13 位才能得出缺陷率。所以，缺陷率为 0.00000000000024361，这是一个非常小的数字。同样，我们也看到，大约有 0.99999928 的部件低于我们规格限制的上限。我们真正感兴趣的是超出这一上限的一小部分产品，因为这些才是缺陷部件。高于规格限制范围上限的部件不合格率为 1 - 0.99999928 = 0.00000082。

将两个不合格率相加，结果为 0.0000082000024361。这意味着我们的预计缺陷率为每百万产品中有 0.82 个缺陷部件。显然，这是一个非常棒的工序。然而，在计算本章结尾处的习题时，你会发现结果并不总是这样。

例 6.2

质量保证部门的经理正在评估一个工序的能力，这一工序的主要任务是将压缩润滑脂注入气溶胶罐。设计规格要求每平方英寸（psi）的压强为 60 磅，规格上限和下限分别为 65 磅/平方英寸和 55 磅/平方英寸。我们从生产出来的产品中提取一个样本，研究后发现样本的平均压强为 61 磅，标准差为 2 磅。该工序的能力是多少？产品缺陷概率是多少？

解：

步骤 1   阐释问题中的数据

$$LSL = 55 \quad USL = 65 \quad \overline{X} = 61 \quad \sigma = 2$$

步骤 2   计算 C_{pk}

$$C_{pk} = \min\left[\frac{\overline{X} - LSL}{3\sigma}, \frac{USL - \overline{X}}{3\sigma}\right]$$

$$C_{pk} = \min\left[\frac{61 - 55}{3 \times 2}, \frac{65 - 61}{3 \times 2}\right]$$

$$C_{pk} = \min[1, 0.6667] = 0.6667$$

（这个能力指数并不理想）

步骤 3   计算产品缺陷率

罐压小于 55psi 的概率：

$$Z = \frac{X - \overline{X}}{\sigma} = \frac{55 - 61}{2} = -3$$

$$\text{NORMSDIST}（-3）= 0.001349898$$

罐压大于65psi的概率：

$$Z = \frac{X - \overline{X}}{\sigma} = \frac{65 - 61}{2} = 2$$

$$1 - \text{NORMSDIST}（2）= 1 - 0.977249868 = 0.022750132$$

罐压小于55ps或大于65psi的概率：

$$\text{概率} = 0.001349898 + 0.022750132 = 0.024100030$$

缺陷概率约为2.4%。

下面的表格是各种产品设计规格界限对应的缺陷概率快速参考表（以标准差显示）。这个表格的假设前提是标准差保持不变，工序恰好位于设计规格界限中间。

设计界限	缺陷产品数量	缺陷率
$\pm 1\sigma$	1 000 件中有 317 件	0.3173
$\pm 2\sigma$	1 000 件中有 45 件	0.0455
$\pm 3\sigma$	1 000 件中有 2.7 件	0.0027
$\pm 4\sigma$	100 万件中有 63 件	0.000063
$\pm 5\sigma$	10 亿件中有 574 件	0.000000574
$\pm 6\sigma$	10 亿件中有 2 件	0.000000002

摩托罗拉的六西格玛设计规格限制范围内，工序偏离均值为1.5σ（$C_{pk} = 1.5$），每100万个产品中有3.4个缺陷产品。如果中值恰好位于范围的中间点（$C_{pk} = 2$），那么根据上表，每10亿个产品中缺陷产品为2个。

6.6 工序控制程序

工序控制的重点在于对正在生产的产品或提供的服务进行质量监控。工序控制计划的目标是对目前生产是否满足设计规范提供实时信息，并检测工序中可能导致产品不符合规格的工序偏离。

统计工序控制（SPC）指对一个工序生产出来的产品进行随机抽样调查，以确定该工序生产的产品是否符合规定的范围。

到现在为止，我们举出的都是可衡量的质量特征（或变量）的例子，如部件的直径和重量。计数型指按是否符合规格对质量特征进行分类。货物或服务的好与坏、运作正常与否是可以分辨的。例如，割草机是否正常运行，是否达到一定的扭矩和马力。这种类型的测量被称为计数型测量。另外，割草机的扭矩和马力可以用偏离设立标准的值来衡量。这种类型的测量被称为计量型测量。接下来，我们将介绍一些工序控制的标准方法：第一个方法适合计数型测量，而第二个方法适合计量型测量。这两种方法都可以生成控制图。图表6—11给出了一些例子，用于显示如何使用控制图分析工序的运作状况。

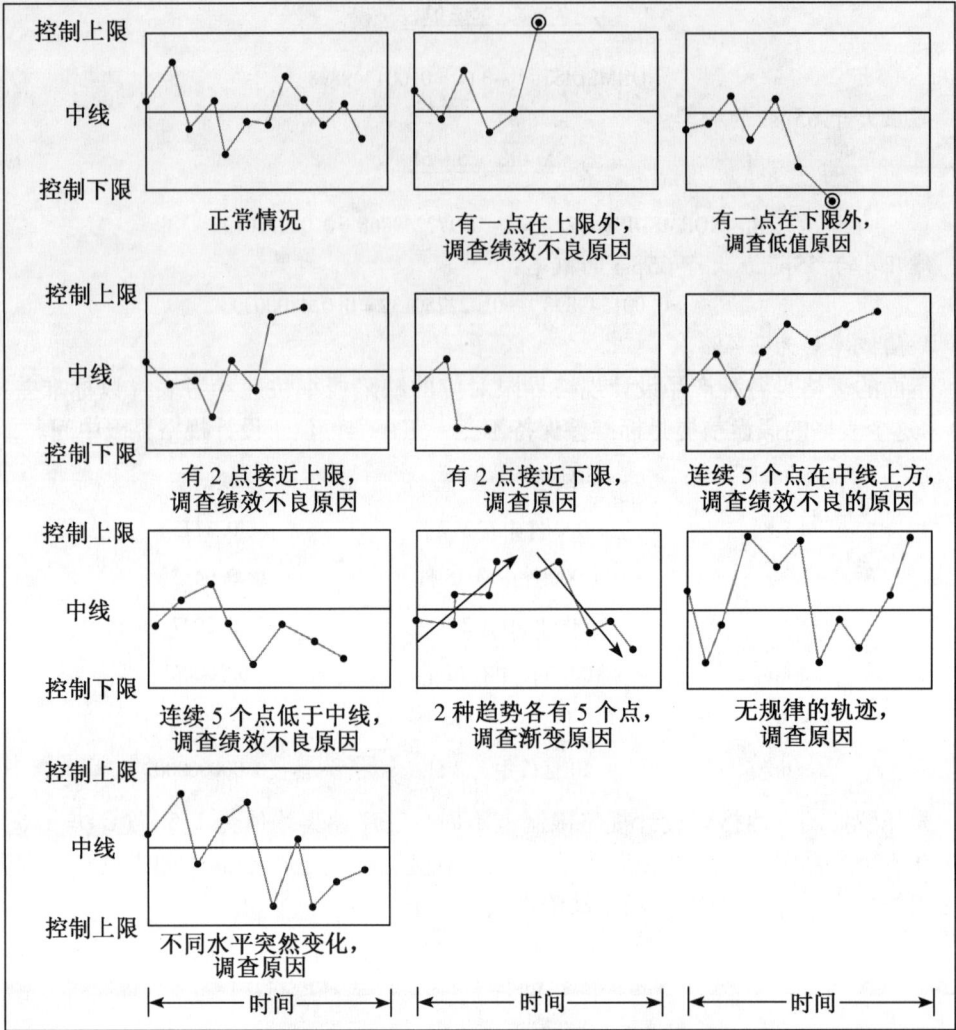

图表 6—11　为调查提供依据的控制图

6.6.1 　计数型工序控制：使用 p 图

　　计数型测量意味着抽取样本并做出一个判断——产品是否合格。因为这是一个关于是或否的判断，我们可以利用简单的统计数值，结合工序控制上限（UCL）和工序控制下限（LCL）来构建一个 p 图。我们可以在图中将这些控制界限画出来，然后将每个测试样本的缺陷率在图中标出来。如果一个工作日中被随机抽出来的样本都保持在控制界限范围内，那么我们可以说这个工序处于正常工作状态。

$$\bar{p} = \frac{\text{所有样品中缺陷产品总数}}{\text{样品数量} \times \text{单个样本容量}} \qquad [6.4]$$

$$s_p = \sqrt{\frac{\bar{p}\,(1-\bar{p})}{n}} \qquad [6.5]$$

$$UCL = \bar{p} + zs_p \qquad [6.6]$$

$$LCL = \bar{p} = \bar{p} - zs_p \qquad [6.7]$$

$\bar{p}$ 为缺陷率，s_p 为标准差，n 为样本容量，z 为某一特定置信度所对应的标准差。通常，z = 3（99.7% 的置信度）或 z = 2.58（99% 的置信度）。

样本容量。样本容量必须足够大，才可以进行计数。例如，假设我们知道一台机器的产品缺陷率为 1%，那么选取 5 个样本是不足以测出缺陷率的。当绘制 p 图时，我们应该使样本数量足够大，保证每个样本中出现的缺陷产品至少为 2 个。所以，当缺陷率约为 1% 时，合适的样本容量应该为 200 个单位产品。最后要注意的一点是：在公式 6.4 到 6.7 的计算中，均假设样本容量为固定值。标准差的计算都是在这个前提下进行的。如果样本容量有变化，那么每个样本的标准差和工序控制范围的上下限都需要重新计算。

例 6.3　工序控制图设计

一家保险公司希望设计一个控制图，用以监管保险索赔表格是否填写正确。公司打算使用工序控制图来查看表格设计的改进是否有效。公司首先收集了过去 10 天里填写错误的表格数据。由于公司每天需要处理成千上万个这类表格，对每份表格进行检测的成本太高，所以只从 10 个工作日中抽取了一些样本。数据和分析如图表 6—12 所示。

样本	已调查数量	填写错误的表格数量	出错部分
1	300	10	0.03333
2	300	8	0.02667
3	300	9	0.03000
4	300	13	0.04333
5	300	7	0.02333
6	300	7	0.02333
7	300	6	0.02000
8	300	11	0.03667
9	300	12	0.04000
10	300	8	0.02667
共计	3 000	91	0.03033
样本标准差			0.00990

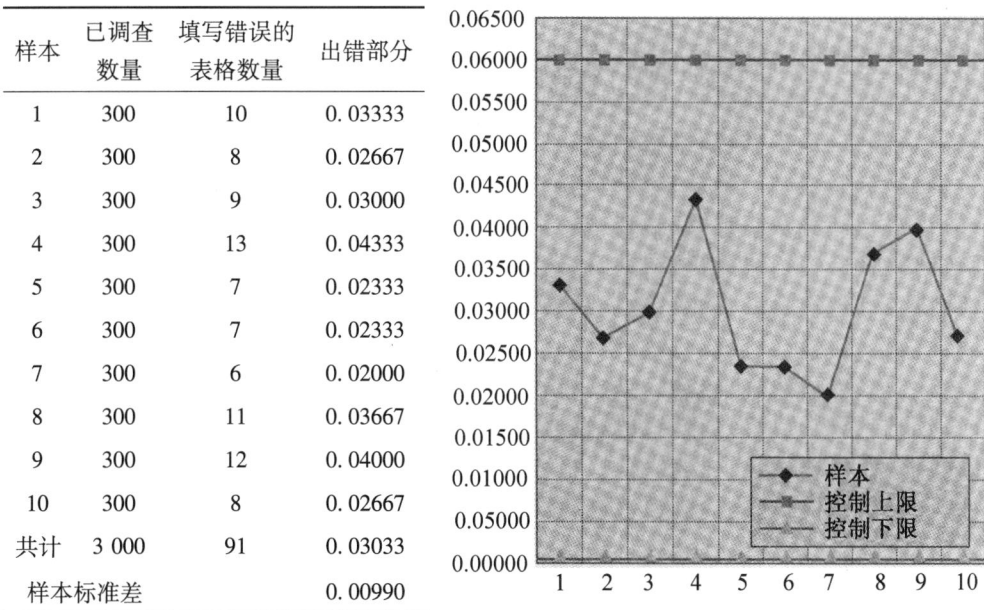

图表 6—12　保险公司索赔表

解：

要构建控制图，首先必须根据选取的样本计算出总缺陷率，作为控制图的中线。

$$\bar{p} = \frac{\text{所有样品中缺陷产品总数}}{\text{样品数量} \times \text{单个样品容量}} = \frac{91}{3\,000} = 0.03033$$

接下来，计算样本标准差：

$$s_p = \sqrt{\frac{\bar{p}\,(1-\bar{p})}{n}} = \sqrt{\frac{0.03033 \times (1 - 0.3033)}{300}} = 0.00990$$

最后，计算工序控制范围的上下限。z 值为 3，表明置信度为 99.7%。这一工序的上下限为：

$$UCL = \bar{p} + 3s_p = 0.03033 + 3 \times 0.00990 = 0.06003$$
$$LCL = \bar{p} - 3s_p = 0.03033 - 3 \times 0.00990 = 0.00063$$

图表 6—12 中的计算，包括控制图，都在数据表 SPC.xls 中给出了显示。

6.6.2 计量型工序控制：使用 $\bar{X}$—R 图

$\bar{X}$—R（极差）图在统计工序控制中被广泛应用。

在计数型测量中，我们决定一个产品或服务是好是坏，是否符合需求，实际上就是一种合格还是不合格的选择。在计量型抽样测试中，我们测量重量、数量、尺寸或其他的变量。接下来，我们在这些数据的基础上构建控制图，用来确定工序的可接受程度。例如，在计量型测量中，我们主要进行此类决定：如果一个产品超过了 10 磅就会被拒绝，如果低于 10 磅就可以接受。在计量抽样中，我们对样本进行检测，并作出相应的记录，如重量为 9.8 磅或 10.2 磅。我们使用这些值来生成或者改进控制图，观测它们是否落在接受区间内。

生成控制图有四个主要因素：样本容量、样本数量、抽样频率和控制限值。

样本容量。工业领域使用的工序控制涉及计量型测量，往往选取较小的样本容量。原因主要有两个：第一，样本需要在合适的时间范围内选取，否则在抽取样本的时候工序会产生变化；第二，抽取的样本越大，成本就越高。

容量为 4 个或 5 个单位产品的样本通常比较合适。不管其总体的分布如何，这类样本的均值基本呈正态分布。若样本容量大于 5 个单位产品，工序控制限制范围就会更窄、更敏感。为了更精确地检测到一个工序的变量，在实际中我们可能需要使用更大的样本容量。但是，当样本容量超过 15 个或更多单位产品时，最好使用带标准差 σ 的 $\bar{X}$ 图，而不是我们在例 6—4 中使用的带极差 R 的 $\bar{X}$ 图。

样本数量。控制图一旦生成，可以将每个抽取的样本与之进行对比，从而决定出更为合适的工序。为了慎重起见，从统计学观点来看，一般建议抽取 25 个左右的样本构建控制图。

抽样频率。多长时间进行一次抽样，这主要取决于抽样成本（如果是破坏性试验，还包括样品的成本）与系统改进后所带来的利润之间的权衡。通常，工序最开始进行抽样应该频繁一些，随着对工序置信度的建立，抽样频率会逐渐降低。比如，一个工序最开始每半小时抽取 5 个单位产品为一个样本进行测试，到了后来一天抽取一次样本就已经足够了。

控制限值。在计量型统计学工序控制中，标准做法就是将控制限值设置在高于均值 3 个标准差的范围内。这意味着 99.7% 的样本均值将落在工序控制限内（也就是说，在 99.7% 的置信度区间内）。因此，如果一个样本均值落在这个显著的范围外，我们就可以肯定工序已经超出了控制。

6.6.3 如何构建 $\bar{X}$—R 图

如果工序分布的标准差已经给出，那么 $\bar{X}$ 图为：

$$\mathrm{UCL}_{\overline{X}} = \overline{\overline{X}} + zS_{\overline{X}} \qquad [6.8]$$

和

$$\mathrm{LCL}_{\overline{X}} = \overline{\overline{X}} - zS_{\overline{X}}$$

式中：

$S_{\overline{X}} = s/\sqrt{n}$ —— 样本均值的标准差；

s——工序分布的标准差；

n——样本容量；

$\overline{\overline{X}}$——工序均值的平均值或工序的目标值；

z——具体的置信水平标准值的数量（通常 $z = 3$）。

$\overline{X}$ 图就是根据工序中抽取的样品均值所绘出的图。$\overline{X}$ 是均值的平均值。

实际操作中，工序标准差是未知的。所以，我们通常采用实际的样本数据。这个方法在下一部分会提到。

R 图就是表示每个样本的极差范围的图。极差指一个样本中最大和最小的值之间的差。如标准值一样，R 值为我们提供了一种简单的测量波动的方法。$\overline{R}$ 图用于表示各个样品极差的平均值。更确切地用公式表示为：

$$\overline{X} = \frac{\sum_{i=1}^{n} X_i}{n}$$

式中：

$\overline{X}$——样品均值；

i——序号；

n——样品包含的项数。

$$\overline{\overline{X}} = \frac{\sum_{j=1}^{m} \overline{X}_j}{m} \qquad [6.9]$$

式中：

$\overline{\overline{X}}$——工序均值的平均值或工序的目标值；

j——样本序号；

m——样本总数。

$$\overline{R} = \frac{\sum_{j=1}^{m} R_j}{m} \qquad [6.10]$$

式中：

R_j——样本最大值与最小值之间的差；

$\overline{R}$——所有样本 R 值的均值。

E. L. Grant 和 R. Leavenworth 计算出了一个表格（图表6—13），使得我们可以很容易地计算出 $\overline{X}$ 图和 R 图的上下控制限。[4]这些表达式分别为：

$$\overline{X} \text{ 图的控制上限} = \overline{\overline{X}} + A_2\overline{R} \qquad [6.11]$$

$$\overline{X} \text{ 图的控制下限} = \overline{\overline{X}} - A_2\overline{R} \qquad [6.12]$$

$$R \text{ 图的控制上限} = D_4\overline{R} \qquad [6.13]$$

$$R \text{ 图的控制下限} = D_3\overline{R} \qquad [6.14]$$

例 6.4 $\overline{X}$—R 图

我们将为某一工序构建 $\overline{X}$—R 图。图表 6—14 给出了 25 个样本的观测值。最后两栏为样本均值 $\overline{X}$ 和极差 R。

数值 A_2、D_3 和 D_4 都取自图表 6—13。

$$\overline{X} \text{ 图的控制上限} = \overline{\overline{X}} + A_2\overline{R} = 10.21 + 0.58 \times 0.60 = 10.56$$

$$\overline{X} \text{ 图的控制下限} = \overline{\overline{X}} - A_2\overline{R} = 10.21 - 0.58 \times 0.60 = 9.86$$

$$R \text{ 图的控制上限} = D_4\overline{R} = 2.11 \times 0.60 = 1.27$$

$$R \text{ 图的控制下限} = D_3\overline{R} = 0 \times 0.60 = 0$$

图表 6—13 　　由 $\overline{R}$ 决定的 $\overline{X}$ 图和 R 图的 3σ 控制限系数

子样本容量	$\overline{X}$ 图系数	R 图系数	
		控制下限	控制上限
n	A_2	D_3	D_4
2	1.88	0	3.27
3	1.02	0	2.57
4	0.73	0	2.28
5	0.58	0	2.11
6	0.48	0	2.00
7	0.42	0.08	1.92
8	0.37	0.14	1.86
9	0.34	0.18	1.82
10	0.31	0.22	1.78
11	0.29	0.26	1.74
12	0.27	0.28	1.72
13	0.25	0.31	1.69
14	0.24	0.33	1.67
15	0.22	0.35	1.65
16	0.21	0.36	1.64
17	0.20	0.38	1.62
18	0.19	0.39	1.61
19	0.19	0.40	1.60
20	0.18	0.41	1.59

$$\overline{X} \text{ 图的控制上限} = UCL_{\overline{x}} = \overline{\overline{X}} + A_2\overline{R}$$

$$\overline{X} \text{ 图的控制下限} = LCL_{\overline{x}} = \overline{\overline{X}} - A_2\overline{R}$$

$$R \text{ 图的控制上限} = UCL_R = D_4\overline{R}$$

$$R \text{ 图的控制下限} = LCL_R = D_3\overline{R}$$

注：所有的数都基于正态分布。

解：

图表6—15 给出了所有样本均值和极差的 $\overline{X}$ 图和 R 图。所有的点都在控制限范围以内，尽管23号样本已经接近 $\overline{X}$ 的下限。

6.7 接受抽样

6.7.1 计数型单次抽样计划设计

接受抽样用于检测现有的产品中达到规格的比例。这些产品可能是其他公司送至检查部门接受检测的产品，也可以是经过某工序加工后由公司生产人员或者仓库管理人员检测的产品。在下面的例子中我们将说明到底要不要进行检测。

图表6—14 　　　　　　　　　　　**包含5个单位产品的工序样本观测值**

样本序号	样本中各元素值					平均数 $\overline{X}$	极差 R
1	10.60	10.40	10.30	9.90	10.20	10.28	0.70
2	9.98	10.25	10.05	10.23	10.33	10.17	0.35
3	9.85	9.90	10.20	10.25	10.15	10.07	0.40
4	10.20	10.10	10.30	9.95	9.95	10.09	0.40
5	10.30	10.20	10.24	10.50	10.30	10.31	0.30
6	10.10	10.30	10.20	10.30	9.90	10.16	0.40
7	9.98	9.90	10.20	10.40	10.10	10.12	0.50
8	10.10	10.30	10.40	10.24	10.30	10.27	0.30
9	10.30	10.20	10.60	10.50	10.10	10.12	0.50
10	10.30	10.40	10.50	10.10	10.20	10.30	0.40
11	9.90	9.50	10.20	10.30	10.35	10.05	0.85
12	10.10	10.36	10.50	9.80	9.95	10.14	0.70
13	10.20	10.50	10.70	10.10	9.90	10.28	0.80
14	10.20	10.60	10.50	10.30	10.40	10.40	0.40
15	10.54	10.30	10.40	10.55	10.00	10.36	0.55
16	10.20	10.60	10.15	10.00	10.50	10.29	0.60
17	10.20	10.40	10.60	10.80	10.10	10.42	0.70
18	9.90	9.50	9.90	10.50	10.00	9.96	1.00
19	10.60	10.30	10.50	9.90	9.80	10.22	0.80
20	10.60	10.40	10.30	10.40	10.20	10.38	0.40
21	9.90	9.60	10.50	10.10	10.60	10.14	1.00
22	9.95	10.20	10.50	10.30	10.20	10.23	0.55
23	10.20	9.50	9.60	9.80	10.30	9.88	0.80
24	10.30	10.60	10.30	9.90	9.80	10.18	0.80
25	9.90	10.30	10.60	9.90	10.10	10.16	0.70
						$\overline{\overline{X}}$ = 10.21	
							$\overline{R}$ = 0.60

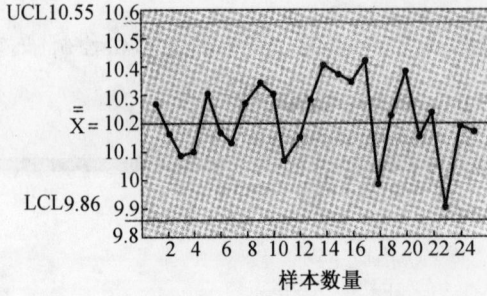

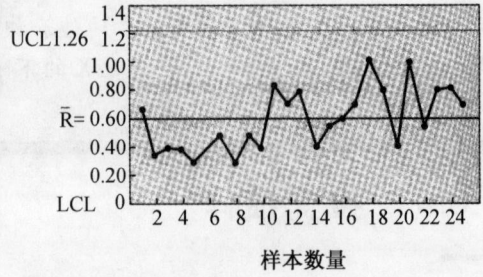

图表6—15 X̄图和R图

接受抽样是通过一个抽样计划实施的。在本节中，我们将对一个单次抽样计划进行说明，即根据单个抽取的样本来确定产品质量（有些计划可能会使用2个或更多样本，朱兰和F. M. Gryna的《质量计划和分析》里就对这些计划进行了讨论）。

例6.5 根据成本来确定是否需要检测

如果不检测质量导致的损失大于检测所需的成本，那么全面检测（100%检测）就是必需的。假设一个缺陷品造成10美元的损失，且该批次的平均缺陷率为3%。

解：

如果一批产品的平均缺陷率为3%，那么缺陷品预计造成的损失为0.03×10美元，也就是平均每件0.3美元的损失。因此，如果每件产品的检测成本小于0.3美元，那么实行100%的全面检测就更为经济。然而，检测并不能排除所有的缺陷品，检测员有时候会因为失误将一些缺陷品判为合格品，而一些合格品则被判为不合格品。

抽样计划的目的就是检测产品，确定其质量，并确保质量符合预设的规范。因此，如果一个质量监测员已经知道质量水平（比如在例子中已经给出的0.03这个值），他就不需要为缺陷率进行抽样检测了。要么对所有的产品进行检测，排除缺陷品，要么一个都不检测，让次品进入工序。这个决策主要取决于检测成本与缺陷产品造成的损失相比，哪个更大。

单次抽样计划由n和c确定，n是样品中包含的产品数量，c是接受的数量。n的大小可从1到整个批量大小不等（常用N表示）。接受数量c表示一批产品被驳回前其样本中可以发现的缺陷品的最大值。n和c的值由4个因素（AQL、α、LTPD、β）决定，这4个因素量化了生产者和消费者的目标。生产者的目标在于确定抽样计划中被驳回产品批次的概率达到最小。如果一个批次的产品的缺陷率低于设定的缺陷率水平（术语中被称为可接受质量水平，AQL），那么这一批次的产品就为高质量。顾客的目标就是确保抽样计划中接受缺陷产品的几率达到最小。如果一个批次的缺陷率高于设定的水平（术语中称之为批量容许缺陷比例，LTPD），那么这一批次的产品质量就是较低的。高质量批次被驳回的几率用希腊字母α表示，术语中称之为生产者风险。低质量批次被接受的几率则用β表示，术语中称之为消费者风险。AQL、 α、LTPD、β值的选择通常是基于企业政策或合同要求决定的。

我们讨论一个有趣的案例。据说惠普公司第一次和日本供应商进行合作时，惠普公司一直强调要保证产品质量，坚持购买的电缆中，每100根的AQL值为2%。在签订采购合同的时候，由于日本的供应商不同意这个条款，而惠普公司一再坚持，为此双方进行了激烈的争论。最后，日本供应商同意了这个条款。不久，货物送到了，惠普公司发现箱子里有两个包裹，其中一个装了100根电缆，另一个装了2根电缆。箱子内部还附有一张纸条，上面写着："我们给贵公司送过去的是100根优质电缆，而贵公司坚持要求缺陷率为2%，所以我们只能再附上2根有缺陷的电缆，尽管我们不知道贵公司为什么需要它们。"

接下来的例子中，我们采用了标准接受抽样表的部分数据，来说明如何运用AQL、α、LTPD、β这四个参数制订抽样计划。

例6.6 n和c的值

Hi-Tech工业制造公司生产Z波段雷达扫描器，用于监测计速路段。扫描器中印刷电脑板是从外部供应商处购买的。供应商按照2%的AQL生产这种线路板，此外其承担的缺陷率小于等于AQL水平的产品被驳回的风险（α）为5%。Hi-Tech公司认为缺陷率高于8%（LTPD）就不能被接受，并且质量低于该水平的产品被接受的概率（β）不得超过8%。一大批货物刚刚送到。要确定这批货物的质量，选取的n和c的值为多少？

解：

这个问题中的参数分别为 $AQL = 0.02$，$\alpha = 0.05$，$LTPD = 0.08$，$\beta = 0.10$。我们可以从图表6—16中得出n和c的值。

首先，用LTPD的值除以AQL（$0.08 \div 0.04 = 2$）。然后在第2栏中找出刚好等于4或稍大一点的值，这个值为4.057，对应的 $c = 4$。

最后，在第3栏中找出与 $c = 4$ 同一行的值，然后把这个值除以AQL得出n的值（$1.970 \div 0.02 = 98.5$）。

因此，合理的抽样计划中，$c = 4$，$n = 99$。

图表6—16　　　　　　**α=0.05，β=0.10 的抽样计划表摘录**

c	LTPD ÷ AQL	n × AQL	c	LTPD ÷ AQL	c × AQL
0	44.890	0.052	5	3.549	2.613
1	10.946	0.355	6	3.206	3.286
2	6.509	0.818	7	2.957	3.981
3	4.890	1.366	8	2.768	4.695
4	4.057	1.970	9	2.618	5.426

6.7.2 操作特性曲线

尽管刚刚介绍的抽样计划达到了我们对优质和劣质的界限值要求，但是我们仍然不能确定这个计划是否能很好地区分中值附近的产品质量的优劣。出于这个原因，我们通常用操作特性（OC）曲线来表示抽样计划。n 和 c 每次组合产生的曲线都是不一样的，这些曲线显示了在不同缺陷概率下产品的接受概率。实际上，我们在构建计划中所遵循的程序确定了 OC 曲线的两个点：一个点由 AQL 和 $1-\alpha$ 的值确定，还有一个点由 LTPD 与 β 的值确定。常见的 n 和 c 对应的曲线都可以通过计算得出，或者从现有的表格中找出。[6]

绘制 OC 曲线。能够完美地区分质量优劣的抽样计划在 AQL 选值上的范围往往都是无限大的（垂直）。在图表 6—17 中，位于 2% 左边的缺陷率总是可以被接受的，而位于右边的缺陷率情况刚好相反。然而，这样的曲线只有在对产品进行 100% 全面检测的时候才可能存在，而实际抽样计划中可能性很小。

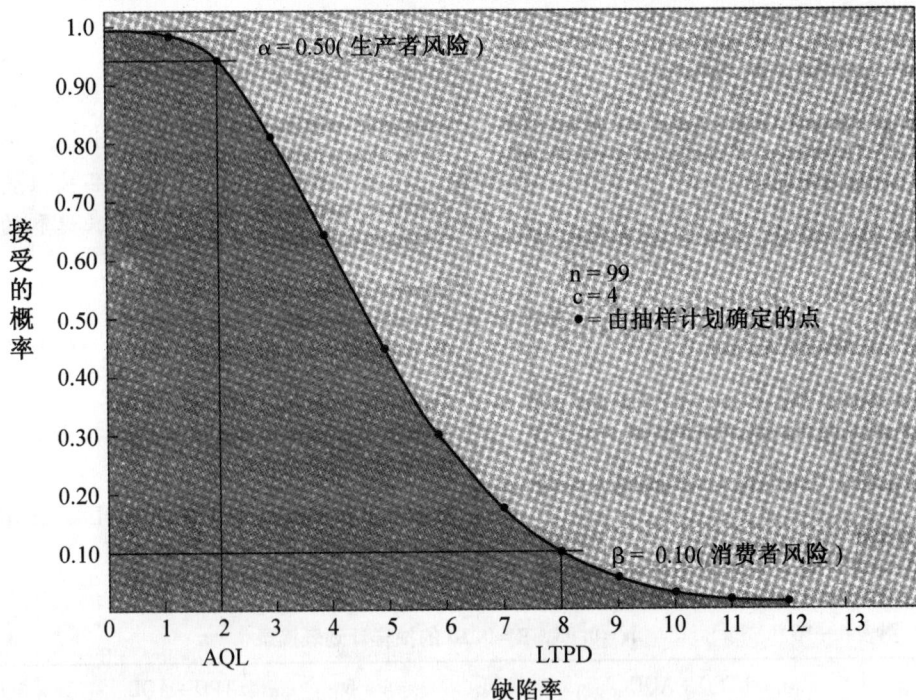

图表 6—17 AQL = 0.02，α = 0.05，LTPD = 0.08，β = 0.10 的操作特性曲线

OC 曲线在 AQL 和 LTPD 之间的区域比较陡峭，程度随着 n 和 c 的变化而变化。如果 c 的值保持不变，n 的值变大，会导致 OC 曲线更趋于垂直。反过来，如果 n 的值保持不变，c（缺陷产品的最大数量）的值变大，那么 OC 曲线也会更趋于垂直，更接近原点。

批量大小的影响。从某一批量产品中进行抽样检查时，这一批量的大小对质量几乎没有任何影响。比如，将容量相同（20 个）的样本从不同的批次中抽取出来，这些批量的大小可以从200个单位产品到无穷大。如果每个批次的已知缺陷率为5%，那么基于此样本的批次被接受的几率大概为0.34～0.36。这意味着，当批量大小是抽样容量的倍数时，批量的大小根本就不会产生任何影响。这一点看起来似乎难以理解，但是在统计学上（从长期的平均结果来看），不管货物是一卡车还是一箱，得出的结果大致都是一样的。虽然从表面上看，一卡车货物应该抽取一个容量更大的样本。当然，前提是样本是随机挑选的，且缺陷是随机分布的。

6.8　小结

目前公司都希望员工能够对六西格玛的质量改进方法有所了解。DMAIC（定义、测量、分析、改进和控制）方法是公司用于引导改进项目最基本的原理。工序"能力"用于显示一个在控制范围内的工序预计生产缺陷产品的概率。六西格玛工序的目标就是降低产品的缺陷率。统计工序控制方法包括控制图和接受抽样。这两种方法能够确保工序按照设定的方式运行。世界上一流的公司都开设了培训课程（通常被称为绿带和黑带训练），来促使其员工对这些概念有所了解。

关键术语

全面质量管理（total quality management，TQM）：对整个企业进行管理，使那些对于顾客而言很重要的产品和服务能够在各个维度有出色的表现。

Malcolm Baldrige 国家质量奖（Malcolm Baldrige National Quality Award）：由美国商务部设立的一个年度奖项，用于奖励那些质量出色的企业。

设计质量（design quality）：产品在市场上的固有内在价值。

一致性质量（conformance quality）：产品或服务达到设计规格的程度。

源头质量（quality at the source）：一项工作的负责人应该保证其生产的产品符合规格。

质量维度（dimensions of quality）：测量质量的标准。

质量成本（cost of quality）：用于提高产品或服务质量的费用，如预防成本、鉴定成本、内部失误成本和外部失误成本等。

六西格玛（six Sigma）：统计学方面的一个术语，用来描述每百万产品中缺陷少于4个的质量目标，同时还指质量改进思想与计划。

每百万机会缺陷率（DPMO，defects per million opportunities）：用于描述工序波动的标准。

DMAIC（define，measure，analyze，improve，and control）：一套由定义、测量、分析、改进和控制5个步骤组成的质量改善方法，使用六西格玛质量改善计划的公司往往都遵循这一方法。

非随机波动（assignable variation）：不能被明确识别和管理的工序产出偏差。

一般波动（common variation）：工序内部随机出现的、固有的产出偏差。

规格上下限（upper and lower specification limits）：在给出了产品和服务目标的情况下，工序产出在某项度量标准上的允许范围值。

能力指数（capability index，C_{pk}）：工序产出的可接受范围值除以设计规格的允许范围值得出的比率。

统计工序控制（statistical process control，SPC）：一种工序测试方法，即从一个工序中随机抽取样本进行测试，来确定这一工序所生产的产品是否在规格限定的范围内。

计数特性（attributes）：根据符合或不符合规格标准来分类的质量特性。

计量特性（variables）：根据实际重量、数量、尺寸、半径或其他方面的测量结果进行分类的质量特性。

公式复习

均值或平均数

$$\overline{X} = \sum_{i=1}^{N} x_i / N \qquad [6.1]$$

标准差

$$\sigma = \sqrt{\frac{\sum_{i=1}^{N}(x_i - \overline{X})^2}{N}} \qquad [6.2]$$

能力指数

$$C_{pk} = \min\left[\frac{\overline{X} - LSL}{3\sigma}, \frac{USL - \overline{X}}{3\sigma}\right] \qquad [6.3]$$

计量型工序控制图

$$\overline{p} = \frac{\text{所有样本中缺陷产品总数}}{\text{样本数量} \times \text{单个样本容量}} \qquad [6.4]$$

$$s_p = \sqrt{\frac{\overline{p}(1-\overline{p})}{n}} \qquad [6.5]$$

$$UCL = \overline{p} + zs_p \qquad [6.6]$$

$$LCL = \overline{p} - zs_p \qquad [6.7]$$

$$UCL_{\overline{x}} = \overline{\overline{X}} + zS_{\overline{x}} \text{ 和 } LCL_{\overline{x}} = \overline{\overline{X}} - zS_{\overline{x}} \qquad [6.8]$$

工序控制 $\overline{X}$ 图和 R 图

$$\overline{\overline{X}} = \frac{\sum_{j=1}^{m} \overline{X}_j}{m} \qquad [6.9]$$

$$\overline{R} = \frac{\sum_{j=1}^{m} R_j}{m} \qquad [6.10]$$

$$\overline{X} \text{ 图控制上限} = UCL_{\overline{x}} = \overline{\overline{X}} + A_2\overline{R} \qquad [6.11]$$

$$\overline{X} \text{ 图控制下限} = LCL_{\overline{x}} = \overline{\overline{X}} - A_2\overline{R} \qquad [6.12]$$

$$R \text{ 图控制上限} = UCL_R = D_4\overline{R} \qquad [6.13]$$

$$R \text{ 图控制下限} = LCL_R = D_3 \overline{R} \qquad [6.14]$$

应用举例

例 1

假设我们每天对一家保险公司某部门填写好的表格进行抽样测试，以检测这一部门的绩效质量。为了给这个部门建立一个初步规范，我们每天抽取一个样本，样本容量为 100 张表格，这一抽样测试持续 15 天，得出的结果如下：

样品	样品容量	错误表格数量	样品	样品容量	错误表格数量
1	100	4	9	100	4
2	100	3	10	100	2
3	100	4	11	100	7
4	100	0	12	100	2
5	100	2	13	100	1
6	100	8	14	100	3
7	100	1	15	100	1
8	100	3			

a. 在 95% 的置信区间绘制一个 p 图（1.96 倍标准差）。

b. 画出这 15 个样本点。

c. 你对这一工序有何评价？

解：

$$\overline{p} = \frac{46}{15 \times 100} = 0.0307$$

a.
$$s_p = \sqrt{\frac{\overline{p}(1-\overline{p})}{n}} = \sqrt{\frac{0.0307 \times (1-0.0307)}{100}} = \sqrt{0.0003} = 0.017$$

$$UCL = \overline{p} + 1.96 s_p = 0.031 + 1.96 \times 0.017 = 0.064$$

$$LCL = \overline{p} - 1.96 s_p = 0.031 - 1.96 \times 017 = -0.00232 \text{ 或 } 0$$

b. 15 个缺陷点分布如下：

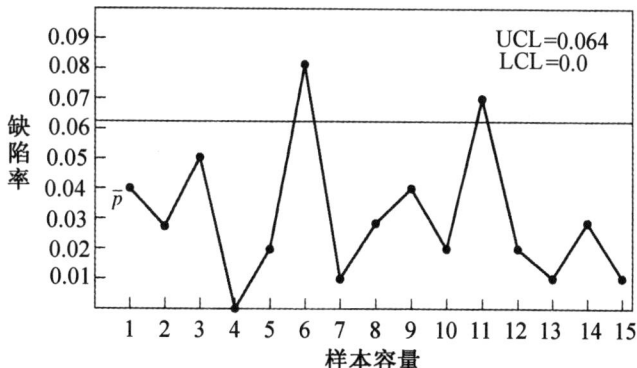

c. 在 15 个样本中，2 个样本超出了控制。由于控制限为 95%，也就是 1 ： 20，我们可以说这个工序处于失控状态，需要对其进行检测来找出导致巨大波动的原因。

例 2

管理层正在尝试作出一个决策，即部件 A 的生产缺陷率一直持续在 3%，这一部件是否需要检测。如果不进行检测，3% 的缺陷产品将进入到工序的产品装配阶段，在后面的阶段被更换掉。如果对所有的部件 A 都进行检测，1/3 的缺陷产品将被检测出来，从而使部件的缺陷率降到 2%。

a. 如果每个部件的检测成本为 0.01 美元，在装配阶段再进行产品更换的成本为 4 美元/单位，那么是否应该进行部件检测？

b. 假设检测每个部件的成本为 0.05 美元而不是 0.01 美元，那么你在问题 a 中的答案会改变吗？

解：

部件 A 需要检测吗？

如果不检测，部件缺陷率为 3%。

如果检测，部件缺陷率为 2%。

a. 解决这一问题的方法很简单，我们只需要看一下 1% 质量改进带来的效果。

$$收益 = 0.01 \times 4 = 0.04（美元）$$

$$检测成本 = 0.01 美元$$

因此，进行检测，每单位产品可以节省 0.03 美元。

b. 单位检测成本为 0.05 美元时，高出节约的成本 0.01 美元，所以不应该进行部件检测。

复习与讨论题

1. 能力指数允许工序均值有所偏离，讨论在产品输出质量方面这意味着什么。

2. 讨论 p 图与 $\overline{X}$ 图和 R 图的区别与用途。

3. 在供应商和客户签订协议时，供应商应该保证运送给顾客的所有的部件符合规格。从顾客角度看，这对质量成本的影响是什么？

4. 在第 3 题所述的情况中，从供应商角度来看对质量成本又有什么影响？

5. 讨论 AQL（可接受质量水平）为 0 和 AQL 为正数时（如 AQL 为 2%）的区别。

习题

1. 一个管理者声称他管理的工序运行得很好。每 1 500 个部件中，1 477 个部件没有任何缺陷，且通过了检验。在其他方面都相同的情况下，请根据六西格玛理论对这一工序的绩效进行评价。

2. 一家公司最近在其原材料验收部门采用了一项检测工序，试图启动一项全面降低成本的计划。减少成本的一个方法就是撤除某一个检测点。原材料检测点检测出的原材料缺陷率为 0.04%。如果对所有项目都进行检测，检测员就有可能排除所有的缺陷。检测员每小时可以检测 50 单位，扣除额外收益，这种检测的费用为 9 美元/

小时。如果这个监测点被撤除，缺陷将进入产品装配阶段。在最终产品检测时，这些缺陷品将以每单位 10 美元的价格被置换掉。

    a. 这个检测点应该被撤除吗？

    b. 每单位的检测成本为多少？

    c. 目前的检测工序会带来收益（或损失）吗？是多少？

    3. 一个金属加工厂生产外径规格为 1 ±0.01 英寸的连杆，操作员在一段时间内抽取了几个样本进行检测，确定样本的外径均值为 1.002 英寸，标准差为 0.003 英寸。

    a. 计算这一工序的能力指数。

    b. 从这些数据中，你对该工序有何了解？

    4. 从一个正在运行的工序中每次抽取 10 个包含 15 部件的样本，用来构建 p 图进行控制。样本和缺陷品数量都已经在下面的表格里给出。

样本	n	每个样本中的缺陷品数量	样本	n	每个样本中的缺陷品数量
1	15	3	6	15	2
2	15	1	7	15	0
3	15	0	8	15	3
4	15	0	9	15	1
5	15	0	10	15	0

    a. 在 95% 的置信度下构建一个 p 图（标准差为 1.96）。

    b. 根据绘制出的样本点，你如何评价这一工序？

    5. 一个工序产出的缺陷率为 0.02 单位。缺陷品若在最终的装配阶段才被查出来，其置换成本为 25 美元/单位。可以建立一个检测工序来检测产品并消除缺陷品。一个检测员每小时能够检测 20 单位的产品，其每小时工资为 8 美元。应该建立一个检测工作站来对所有的产品进行检测吗？

    a. 每单位产品的检测成本为多少？

    b. 这一检测工序会带来多少收益（或损失）？

    6. 一个生产工序在某一特定点生产出来的产品缺陷率为 3%。如果在这个点安排一位检测员，所有的缺陷都能被检测出来并得到排除。一名检测员每小时工资为 8 美元，其检测速度为每小时 30 个单位。

    若不安排检测员，缺陷品将通过该点，那么在后面的工序中消除这一缺陷的成本为每单位 10 美元。

    应该安排检查员进行检测吗？

    7. 一台高速自动机器大量制造电路电阻器，电阻器的电阻为 1 000 欧姆。为了安装这一机器，并且创建控制图来控制机器的运行，我们抽取了 15 个样本进行测试，每个样本包含 4 个电阻。样本和测量值显示如下：

样本序号	测量读数（欧姆）			
1	1 010	991	985	986
2	995	996	1 009	994
3	990	1 003	1 015	1 008
4	1 015	1 020	1 009	998
5	1 013	1 019	1 005	993
6	994	1 001	994	1 005
7	989	992	982	1 020
8	1 001	986	996	996
9	1 006	989	1 005	1 007
10	992	1 007	1 006	979
11	996	1 006	997	989
12	1 019	996	991	1 011
13	981	991	989	1 003
14	999	993	988	948
15	1 013	1 002	1 005	992

构建 $\overline{X}$ 图与 R 图，在图中标出各样本的点。根据画出的图，对这一工序进行评价。（使用图表 6—13 中的三西格玛控制限值）

8. Alpha 公司过去没有对购入物品进行质量控制检测，只是与供货商口头进行协商。然而，Alpha 公司最近接收到了一些有质量问题的产品，因此决定制订一个抽样检测计划供验收部门使用。

Alpha 公司对 X 部件允许的缺陷率为 10%。Zenon 公司是 Alpha 公司 X 部件的供应商，产出的 X 部件的 AQL 为 3%。Alpha 公司的顾客风险为 10%，Zenon 公司的制造商风险为 5%。

a. 当从 Zenon 公司接收到 X 部件时，验收部门应该抽取多大容量的样本？

b. 这批货物可接受的缺陷产品数量最大为多少？

9. 假设你是一所地方医院新聘请的助理管理人员，你的第一个项目就是要调查医院餐厅为患者提供的饮食质量。调查时间为 10 天，在这一段时间内，你在每次就餐后，随机对 400 位患者进行一个简单的问卷调查。患者只需要简单地回答满意还是不满意。为了简化这个问题，我们假设每天发放出去的 1 200 份调查问卷可以收回 1 000 份。调查结果如下表所示：

	不满意数量	样本容量
12 月 1 日	74	1 000
12 月 2 日	42	1 000
12 月 3 日	64	1 000
12 月 4 日	80	1 000
12 月 5 日	40	1 000
12 月 6 日	50	1 000
12 月 7 日	65	1 000
12 月 8 日	70	1 000
12 月 9 日	40	1 000
12 月 10 日	75	1 000
	600	10 000

a. 根据调查结果构建一个 p 图，置信度为 95.5%，即 2 倍标准差。

b. 你对这次调查的结果有何评价？

10. 一家电子产品公司的某一部门专门生产大型集成电路芯片。这些芯片将被插入一种元件然后嵌入环氧树脂中。这一产品的收益不是特别理想，因此部门规定 AQL 为 0.15。此外，装配部门接受的 LTPD 为 0.40.

a. 制订一个抽样计划。

b. 对这个计划进行解释，即告诉别人如何进行这个测试。

11. 国家警方部门及当地警方部门试图对犯罪率进行分析，以便于他们将巡逻车从犯罪率降低的地区转派到犯罪率正在上升的地区。他们将城市和乡村按照地理位置划分成许多区域，每个区域居民为 5 000 户。警方知道并非所有的违法犯罪行为都已经被上报，主要原因大致为以下几类：不愿意卷入是非；认为有些案件的严重程度不足以报案；觉得案件令人尴尬而不想报案；没有时间报案；出于其他原因放弃报案。因此，警方每个月通过电话进行一次抽样调查，他们从每个区域的 5 000 住户里随机选择 1 000 户居民作为样本，来收集犯罪资料。这项抽样调查中保证每个举报者都是匿名的。下面是某一区域过去 12 个月的统计调查资料：

月份	犯罪案件	样本容量	犯罪率
1 月	7	1 000	0.007
2 月	9	1 000	0.009
3 月	7	1 000	0.007
4 月	7	1 000	0.007
5 月	7	1 000	0.007
6 月	9	1 000	0.009
7 月	7	1 000	0.007
8 月	10	1 000	0.010
9 月	8	1 000	0.008
10 月	11	1 000	0.011
11 月	10	1 000	0.010
12 月	8	1 000	0.008

构建一个置信度为 95%（1.96）的 p 图，在图中标出每个月样本的点。如果接下来的 3 个月该地区的犯罪案件数目为：

1 月 = 10（样本容量为 1 000）

2 月 = 12（样本容量为 1 000）

3 月 = 11（样本容量为 1 000）

试对这个地区的犯罪率作出评价。

12. 一些居民向城市委员会投诉，在实施法律抑制犯罪的同时，应该对社会进行相应的安全保护。这些居民认为，与犯罪率低的地区相比，应该对犯罪率高的地区指派更多的警察进行治安维护。此外，应该采取警察巡逻以及其他能够防止犯罪行为发生的措施（如设置路灯、处理废弃区域或建筑）来减少犯罪案件的发生。

与第 11 题有点类似，该城市按照地理位置被划分为 20 个区域，每个区域居民为 5 000 户。从每个区域抽取一个容量为 1 000 户居民的样本进行检测，得出该区域的犯罪情况如下：

区域编号	案件数量	样本容量	犯罪率
1	14	1 000	0.014
2	3	1 000	0.003
3	19	1 000	0.019
4	18	1 000	0.018
5	14	1 000	0.014
6	28	1 000	0.028
7	10	1 000	0.010
8	18	1 000	0.018
9	12	1 000	0.012
10	3	1 000	0.003
11	20	1 000	0.020
12	15	1 000	0.015
13	12	1 000	0.012
14	14	1 000	0.014
15	10	1 000	0.010
16	30	1 000	0.030
17	4	1 000	0.004
18	20	1 000	0.020
19	6	1 000	0.006
20	30	1 000	0.030
	300		

提出一个方案对警力进行重新分配，然后使用 p 图对此方案进行分析。为了让你的建议更加合理，选择 95% 的置信度（即 $Z = 1.96$）。

13. 下表显示的是一种燃料喷射器关键长度尺寸的测量值。每个样品均包含 5 个单位产品，每小时进行一次抽样。

样本序号	测量值				
	1	2	3	4	5
1	0.486	0.499	0.493	0.511	0.481
2	0.499	0.506	0.516	0.494	0.529
3	0.496	0.500	0.515	0.488	0.521
4	0.495	0.506	0.483	0.487	0.489
5	0.472	0.502	0.526	0.469	0.481
6	0.473	0.495	0.507	0.493	0.506
7	0.495	0.512	0.490	0.471	0.504
8	0.525	0.501	0.498	0.474	0.485
9	0.497	0.501	0.517	0.506	0.516
10	0.495	0.505	0.516	0.511	0.487
11	0.495	0.482	0.468	0.492	0.492
12	0.483	0.459	0.526	0.506	0.522
13	0.521	0.512	0.493	0.525	0.510

样本序号	测量值				
	1	2	3	4	5
14	0.487	0.521	0.507	0.501	0.500
15	0.493	0.516	0.499	0.500	0.513
16	0.473	0.506	0.479	0.480	0.523
17	0.477	0.485	0.513	0.484	0.496
18	0.515	0.493	0.493	0.485	0.475
19	0.511	0.536	0.486	0.497	0.491
20	0.509	0.490	0.470	0.504	0.512

为燃料喷射器的长度构建一个三西格玛 $\overline{X}$ 图和 R 图，并对此工序进行评价。

14. C-Spec 公司想确定其现有的机器能否加工关键特征值规格为 4 ± 0 .003 英寸的发动机部件。对这台机器进行试运行以后，C-Spec 公司确定其产出的样本均值为4.001 英寸，标准差为 0.002 英寸。

　　a. 计算这台机器的 C_{pk}。

　　b. C-Spec 公司应该使用这台机器来生产此部件吗？为什么？

附加题

15. 一个产品的关键维度的设计规格为 100 ± 10 单位。生产这一产品的工序标准差定为 4 个单位。

　　a. 你认为这一工序能力如何（用数字说明）？

　　b. 假设这一工序的均值为 92，计算其工序能力。

　　c. 试对均值改变后的工序做出评价，预计生产的产品缺陷率大约为多少？

案例：质保部主管 Hank Kolb

　　Hank Kolb 一边吹着口哨，一边走向自己的办公室。尽管他担任质保部主管已经4 个星期了，但还是觉得有点陌生。这一个星期他都不在部门，而是去参加了由公司培训部门特地为制造部门的质量管理人员组织的研讨会。他现在希望能深入挖掘这个拥有 1 200 名员工的工厂的产品质量问题。

　　Kolb 把头探进其直系下属——质量控制部经理 Mark Hamler 的办公室，向他询问部门过去一周的状况。Hamler 笑了笑，说："恩，还不错。"他还不是很了解 Hamler，不知道还应不应该继续问下去。Hamler 之前被提名担任质保部主管，结果却被 Kolb 获得了这一职位，所以 Kolb 不知道如何和他建立良好的关系。Kolb 看过 Hamler 的鉴定表，上面是这样写的："技术知识丰富，但缺乏管理技能。"犹豫了一下，Kolb 还是决定进一步询问 Hamler："上周有没有发生什么事情。"Hamler 答道："只是又发生了一个常见的质量问题。上个星期 Greasex（一种喷雾罐包装的脱脂剂，用于高科技产业）生产线出了点小小的问题。在第二个班组发现一些罐子的气压有点偏高，后来监督人员对这些产品进行了排气处理，现在已经可以进行装运了。交付计划还是照样进行。"因为 Kolb 对这个工厂和其所生产的产品还不是很了解，所以他要求 Hamler 说得更加详细些。Hamler 不得不继续：

"新的填充设备出了点问题，所以有些罐子的压力超出了规格上限。生产率只达到了标准的 50%，每个班组大约能生产 14 箱，那次刚好产品才做了一半就要换班了。生产线的检测员 Mac Evans 就将这些没有完工的产品挑选出来，标上'保留'，然后继续他自己的工作。他在班组工作结束时回来准备对这些未完成的产品做记录，却发现第一条生产线的监督员 Wayne Simmons 正将这些产品封好了准备放入成品盒里，贴在上面的标签已经被移除了。他告诉 Mac 他在喝咖啡的时候已经从另外一个检测员那里听说了罐子气压偏高的事情，特意回来将 8 个箱子里的不合格罐子上的标签移除了，并将它们一一倒过来进行排气处理。他还告诉 Mac 这个生产计划时间很紧，没有时间将这些产品送回去返工了。他会同那台机器的操作员联系让他以后按规范操作。Mac 并没有将这些写进报告，直到三天前才向我汇报了这件事。不过这种事情偶尔会发生，我叫他去检查了一下那台机器的维修状况，那台机器现在已经被修好了。我在大厅里遇到了 Wayne，告诉他以后要将不合格的产品送去返工。"

Kolb 听了 Hamler 的叙述以后有点发愣，也没有多说什么，因为他还不能确定这个问题的严重性。当他回到自己的办公室时，他突然想起在他被录用时，总经理 Morganthal 对他说过的话："这个工厂的员工缺乏质量观念，你应该试着做一些事情来改变这一状况。"Morganthal 还进一步强调了工厂质量方面存在的一些问题，并说："我们必须改进产品质量，尽管这需要花费很大的成本。我虽然了解这一点，但是我没有办到。我将全力支持你对这方面进行处理，现在由你全权负责处理这些质量问题。这一质量下降—生产率下降—销售额下降的状况早应该得到改善了。"

这件事情是一周前发生的，那些问题产品估计已经送到顾客手中了，大家可能已经忘记（或是希望忘记）这件事了。Kolb 还有更加紧急的事情要处理，但是这个问题还是一直困扰着他。他感觉他所负责的质量部门已经成为一个笑柄，生产部的员工根本就没有把质量部门放在眼里，但是他并不想和生产部开战，那他应该怎么做呢？Kolb 费了很大劲取消了所有的预约，花了一上午的时间找了相关人员了解情况。经过一个上午的努力，他掌握了如下信息：

1. 人员方面。填充设备的操作员是刚刚从装运部调过来的，没有经过正规的培训，只是向 Wayne 学习了一些操作技巧。当 Mac 对这些压力偏高的罐子进行检测时，操作员根本不在现场，并且他下班后才从 Wayne 那里得知此事。

2. 工厂维护方面。这台自动填充机是 2 年前购买的，主要是为了加工另外一种产品。6 个月前这台机器被调到 Greasex 生产线上，上个月由于维修和调整，它只完成了 12 个订单。这台机器经过车间维修人员调整后（包括为这台机器设计了一种特制填充头）专门用于生产低黏度的 Greasex，但问题是：这台机器原本不是为生产这种产品而设计的。这台机器没有预置的维修计划，在过去 6 个月里，填充头的部件已经更换了 3 次，而这些部件必须从附近的一家工厂购买。停工时间约占用了实际生产时间的 15%。

3. 采购方面。Greasex 罐子的塑料喷嘴是由一个供应商接到加急订单后赶制的，喷嘴的内部边缘有一些粗糙，这导致将喷嘴接入罐子顶部的时候会有一点困难。通过维护和调试，工作人员增加了填充头的压力，这一问题得到了解决。采购员表示，供应商的销售代表下次来的时候，他们将针对喷头问题与之进行协商。

4. 产品设计和包装方面。专为 Greasex 设计的包装罐比较简便，便于用户用手抓握。市场调查显示，这一包装上的改变使得 Greasex 产品区别于其他竞争产品，设计师也十分注重这一点。但是这种形状的罐子并没有经过高压填充喷头的填充速度或流体力学测试。Kolb 认为新设计的包装再填充时会产生文丘里效应，但是包装设计员并不这样认为。

5. 制造主管方面。他知道这个事情，实际上 Simmons 已经对这件事件开过玩笑了，他到处吹嘘自己如何完成了生产定额，击败了其他监督员和班组主管。生产部主管曾这样评价 Simmons："他是我们厂最优秀的监督员……他总是能按时完成生产任务。"Kolb 还在生产部主管的桌子上看到过 Simmons 的晋升资料。Simmons 被提升为班组主管的可能性很大。制造部主管很同情 Kolb，但是由于 Morganthal 在缩减成本和缩短交付期方面施加了压力，他提议应该在返工部门对 Wayne 手工进行的工作用压力机进行检测，他还说："我会和 Wayne 谈一下的。"

6. 市场营销方面。Greasex 被匆忙投入市场是为了击败对手，下一步进行的营销活动主要是为了提高顾客对产品的认知度。一个接一个的订单蜂拥而至，延迟交付的情况也逐渐增加。生产部调动了所有的员工来进行生产，有些不符合规格的产品也被认为是可以容许的，因为他们认为："把这些产品放在货架上总比货架上什么都没有强。没有谁会在意这些产品的标签是否有点歪，或者填充物由于压力偏高而漏出了一点点。"

Kolb 最担心的就是这些压力偏高的罐子的安全问题。他不知道这些压力偏高的罐子会带来多大的危险，也不确定 Simmons 对这些罐子进行的放气处理是否有效。通过从 Hamler 那儿获得的生产部门提供的资料来看，检测员检查出来的高压并没有达到危险的范围。但是，检测员只抽取了一个样本进行测试就找出了这 8 箱不合格产品。即使从道德方面讲，Kolb 能够接受这一不会产生安全问题的产品，但是他能保证这件事情不会再发生吗？

Kolb 午饭都没有吃，一直坐在办公室里思考这件事。上个星期的研讨会讨论到了质量的作用、生产率与质量、树立新的质量观念以及质量挑战，但是并没有讨论到当这些问题发生时应该怎么做。他放弃了一份很好的工作来到这个公司，是因为他觉得这个公司很重视质量，此外，他自己也想迎接新的挑战。Kolb 的薪水和生产部、市场营销部以及生产研发部的主管相同，也是直接可以向总经理进行汇报的主管之一。然而，他到目前为止还是不知道他在这类情况下应该做什么，不应该做什么，或者他能做什么，不能做什么。

问题：

1. Greasex 生产线上质量问题产生的原因是什么？使用鱼刺图进行解释。

2. Hank 应该采取什么样的步骤为公司制订一个持续改进计划？在实施这一计划的过程中他将面临什么样的问题？

文献来源：1981 年版，由哈佛大学商学院院长及其员工编写。这一案例是由 Frank S. Leonard 为其课堂讨论而准备的，而非为了论证某些管理方法是否有效。

注释

1. D. A. Garvin, Managing Quality (New York: Free Press, 1988).

2. P. B. Crosby, Quality Is Free (New York: New American Library, 1979), p. 15.

3. S. Walleck, D. O'Halloran, and C. Leader, "Benchmarking World-Class Performance," McKinsey Quarterly, no. 1 (1991), p. 7.

4. E. L. Grant and R. S. Leavenworth, Statistical Quality Control (New York: McGraw-Hill, 1996).

5. 对于 AQLs，人们有一些争议。有人认为，确定缺陷可接受率不符合零缺陷的哲学目标。在实践中，即使 QC 最好的企业，也存在可接受质量水平。所不同的是，它的表达为百万分之几，而不是百分之几。在摩托罗拉的六西格玛质量标准案例中就出现了这种情况，即其认为每百万个产品中缺陷部件不超过 3.4 个，是可以接受的水平。

6. 参见 H. F. Dodge and H. G. Romig, Sampling Inspection Tables—Single and Double Sampling (New York: John Wiley & Sons, 1959); and Military Standard Sampling Procedures and Tables for Inspection by Attributes (MIL-STD-105D) (Washington, DC: U. S. Government Printing Office, 1983).

参考文献

Evans, Jame R., and William M. Lindsay. The Management and Control of Quality, 6th ed. Cincinnati: South-Western College Publications, 2004.

Rath & Strong. Rath & Strong's Six Sigma Pocket Guide. Rath & Strong, Inc., 2000.

Small, B. B. (with committee). Statistical Quality Control Handbook. Western Electric Co., Inc., 1956.

Zimmerman, S. M., and M. L. Icenogel. Statistical Quality Control: Using Excel. 2nd ed. Milwaukee, WI: ASQ Quality Press, 2002.

第3部分 供应链

为什么高效的供应链很重要

Accenture 大学、欧洲工商管理学院和斯坦福大学的一项最新研究证明：供应链的运营状况与公司的财务运作有很大关系。一般说来，具有高效供应链的公司其股票市值增长明显高于供应链运营状况较差的公司。

这项研究用到了"全球3000强"中600多家公司1995—2000年的数据，涉及的行业多达24个。通过对各公司的存货周转率、成本收益率和资产收益率进行比较，研究小组将这些公司分为两类，即"供应链领先者"与"供应链落后者"，并将研究期间各公司股票的市值变动情况与同行业的其他公司进行比较，从而估算它们的财务状况。用股票市场来衡量公司价值是人们一直以来使用的方法。

结果十分惊人："供应链领先者"的股票市值的复合年平均增长率比"供应链落后者"高出 10~30 个百分点。在这6年中，21个行业中"供应链领先者"的股票市值增长尤其迅速。这些公司的指数都超过道琼斯指数或标准普尔500指数的平均值，并一度领先数个百分点。"供应链领先者"1995—1997年的年平均增长率比市场平均水平高出26个百分点，1998—2000年则高出7个百分点。

如果一个公司不是"供应链领先者"，那其财务运营状况会好吗？这样的情况当然会有，15%的"供应链落后者"的股票有很高的市值增长率，然而，大部分"供应链落后者"在股市上的表现不尽如人意。

那么，成为"供应链领先者"容易吗？答案是否定的，因为这不仅需要好的工艺、人力、技术、领导和纪律，还需要一些运气。公司必须清楚要做什么，怎么做。如果能根据订单进行生产，从而避免库存；将销售趋势与商店需求紧密结合；迅速补充货架；尽量减少季末低价出售的商品；降低创造1美元利润所需的资本、工厂和设备消耗，公司自然能够获得高额回报。

资料来源：Accenture research report，见 http：//www.accenture.com。

7

战略采购

阅读了本章后，你将：

1. 知道采购决策与简单的原料采购相比，其重要程度高出多少。

2. 了解"牛鞭效应"，知道为什么它对于同步供应链参与者之间的原材料流动很重要。

3. 了解供应和需求的特点是如何影响供应链结构的。

4. 了解能力外包的原因。

5. 知道如何计算存货周转率和供应天数。

6. 了解建立高效的大规模定制计划的基本要素有哪些。

本章概要

世界是平的

　　　　因素5：外包

　　　　因素6：离岸外包

战略采购

　　　　　　　　　　　　战略采购的定义

　　　　　　　　　　　　牛鞭效应的定义

　　　　　　　　　　　　功能型产品的定义

　　　　　　　　　　　　创新型产品的定义

外包

　　　　　　　　　　　　外包的定义

　　　　　　　　　　　　物流的定义

评价供应链的绩效

　　　　　　　　　　　　存货周转率的定义

　　　　　　　　　　　　售出成本的定义

　　　　　　　　　　　　平均库存总值的定义

　　　　　　　　　　　　供应周数的定义

全球采购

大批量定制

　　　　　　　　　　　　大规模定制的定义

　　　　　　　　　　　　工艺延迟的定义

小结

案例：Pepe Jeans

世界是平的

　　因素5：外包

　　因素6：离岸外包

　　北京一家燃油泵公司的老板在生产车间的墙上贴了一条翻译成中文的非洲谚语，其内容如下：

在非洲，羚羊每天早上醒来时，它知道自己必须跑得比最快的狮子还要快，否则就会被吃掉。狮子每天早上醒来时，它知道自己必须追上跑得最慢的羚羊，否则就会被饿死。不管你是狮子还是羚羊，当太阳升起时，你最好开始奔跑。

2001 年 12 月 11 日，中国正式加入世界贸易组织（WTO），这标志着中国进一步打开了对外开放的大门。自此，中国和世界其他国家都必须提高发展速度。中国加入世贸组织极大地推动了一种新的合作形式，即离岸外包。离岸外包已有几十年的历史，其与外包有显著差别。外包是指将公司内部的一些具体而有限的职能，如研究、呼叫中心或应收账款，交付给另一家公司完成，然后将其工作整合到公司的整体运作中。离岸外包的情况则不一样，例如，一个公司将它位于俄亥俄州坎顿市的工厂完全迁移到中国的广东省，以同样的方式在广东的工厂生产相同的产品，并能享受廉价的劳动力、较低的税收、能源价格补贴以及低廉的医疗费用等。正如其在 2000 年推动印度和世界达到了一个全新的离岸外包水平，世贸组织也极大地推动了中国和世界各国的离岸外包水平，更多的公司转向海外生产，融入全球供应链中。

资料来源：Thomas L. Friedman, *The World Is Flat* [Updated and Expanded], New York：Farrar, Straus and GIROUX, 2006, p. 136.

7.1 战略采购

戴尔电脑公司的例子既独特又有趣。戴尔电脑公司拥有一条非常高效的供应链。通过新颖的产品设计、网上订购、创新的组装系统以及与供应商良好的合作，该公司已经成为电脑行业的典范。

戴尔电脑公司成功的原因之一是其采用了顾客网络订购，产品订购后一个星期内送达。现实中，许多顾客不是通过这种途径购买电脑，而是到沃尔玛、Staples 或其他零售店去购买现货。卖方一般将电脑与附加服务捆绑销售，以吸引顾客购买，从而降低电脑和服务的总成本。

马歇尔·费雪[1]认为，在许多情况下，供应链的各方存在一些冲突以及无效的运作，比如对降价促销的过度依赖。食品行业每年 1 月都要进行促销活动，零售商对此采取的应对措施是增加库存，有时必须储备长达一年的供给量——这种行为被称为能力的提前购买。而实际上，在交易中没有哪一方是赢家，零售商需要支付巨额费用购买一年的供给量，增加的购买量也提高了供应商系统的成本。比如，供应商为了满足多出的需求，必须从前一年的 10 月开始加班生产。甚至连制造企业的供应商也受到了影响，因为它们必须快速地应对原材料需求的巨大变化。

已经有公司对这几类运作的影响进行了研究，比如宝洁公司。图表 7—1 显示了制造业供应链中的每个节点，以及最典型的需求模式。供应链通常由制造商、分销商、批发商和零售商构成。这个案例所列举的是一次性尿布。零售商给批发商下达的订单与最终顾客的需求相比在时间和数量上呈现出较大的波动性；批发商给制造商下达的订单呈现出更大的波动性；制造商给供应商下达的订单的波动性则最明显。在这一供应链中，从顾客到生产者的需求波动不断增大，这种现象被称作牛鞭效应，它反映出供应链成员之间缺乏同步性。顾客需求的细微变化传导到供应链上游时会被放大，这与晃动牛鞭一端产生的效果很相似。由于供应模式和需求模式不匹配，造成在某些时段库存增加，另外一些时段则产生货源短缺或供货时间推迟等现象。牛鞭效应存在于许多行业的大多数公司中，包括消费品行业的坎贝尔羹汤公司和宝洁公司，电子行业的惠普、IBM 和摩托罗拉公司，汽车行业的通用汽车公司等。

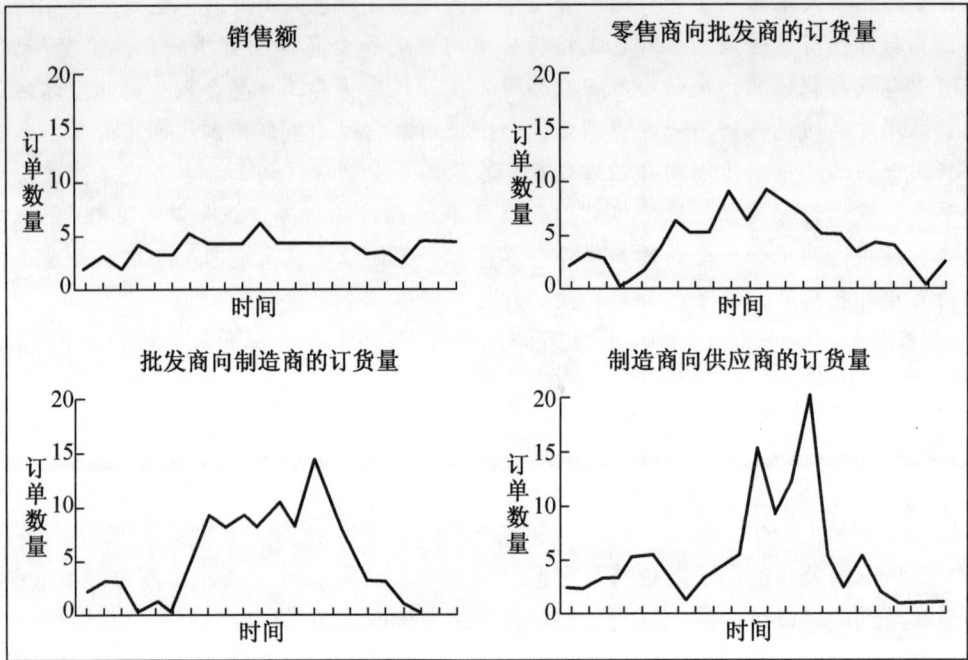

图表 7—1　供应链订单波动

坎贝尔羹汤公司有一套用于持续补货的程序，许多制造商都使用这一方法来稳定供应链中的物流。下面我们来介绍一下它的运行程序。坎贝尔与零售商建立了电子数据交换系统，并用天天平价的策略来代替折扣。每天早上，零售商通过电子数据交换告知坎贝尔它们的需求和分销中心的库存情况。坎贝尔使用这些信息预测需求，并根据各个零售商的库存围绕设定标准的波动情况来决定哪些产品需要补货。当天下午，载着货物的卡车从坎贝尔工厂出发，开往零售商的分销中心。通过这一个系统，坎贝尔能将零售商的库存量减少至 2 周的需求量，而在旧的系统下为 4 周。

这个系统为坎贝尔羹汤公司解决了一些问题，但是对零售商有什么益处呢？许多零售商计算出：某种产品的年库存费用至少相当于产品成本的 25%；2 周的库存成本相当于将近 1% 的销售额。零售商的平均利润大致为销售额 2%，那么库存成本的节省就能使零售商的利润提高 50%。因为零售商通过坎贝尔公司的持续补货系统而获得了更大的收益，所以它们愿意给坎贝尔公司提供更多的货架。坎贝尔公司发现自从引进了这个系统，那些被纳入持续供货系统的零售商的产品销量增长速度比其他零售商快了一倍。

费雪开发了一个体系来帮助管理者理解产品需求的特点，从而设计能更好地满足产品需求的供应链。产品需求的许多方面都十分重要——产品生命周期、需求可预测性、产品多样性以及服务的市场标准。此外，费雪发现产品可以分为功能型和创新型两种。因为两类产品的供应链类型有很大差别，所以供应链产生问题的根本原因在于产品类型和供应链的不匹配。

功能型产品包括人们在各种零售店，如食品店和加油站购买的东西。因为这些产品能满足人们的基本需求，而且这些产品的长期需求变化不大，所以有稳定的、可预测的需求和较长的生命周期。但是这种稳定性导致了竞争的产生，从而使产品的边际利润降低。费雪提出判断功能型产品可以依据如下标准：产品周期超过 2 年，边际利润在 5% 到 20% 之间，只有 10 个到 20 个不同的产品类型，生产期间需求预测的平均错误只有 10%，根据订单生产的产品提前期为半年到 1 年。

为了避免边际利润太低，许多公司在产品样式和技术上不断创新，以此来吸引顾客。流行服饰和电脑就是很好的例子。尽管创新能为公司带来更高的利润，但是同时也会导致产品需求的不确定性增加。创新型产品的生命周期往往只有几个月。由于模仿者能使创新型产品的优势迅速消失，公司被迫不断地进行创新。创新性产品生命周期短，需求变化大，从而进一步提高了产品的不可预测性。

图表 7—2 总结了功能型产品和创新型产品的差异。

图表 7—2 　　　　　　　　　　　　**需求与供应的特征**

需求的特点		供应的特点	
功能型	创新型	稳定的	发展的
不确定性低	不确定性高	不易出错	易出错
容易预测	难以预测	稳定，产量高	不稳定，产量低
稳定	变化	质量问题少	存在潜在的质量问题
产品生命周期长	产品生命周期短	供应资源多	供应资源少
库存费用低	库存费用高	稳定的供应商	供应商不稳定
利润率低	利润率高	工艺变化少	工艺变化多
产品多样性低	产品多样性高	产能限制少	具有潜在的产能限制
缺货损失小	缺货损失大	柔性大	柔性小
产品不易被淘汰	产品容易被淘汰	提前期可靠	提前期不可靠

李效良（Hau Lee）[2]发展了费雪的理念，不过他的重点主要集中在供应链中的供应方。费雪对需求的主要特点进行了研究，而李效良则指出不确定性同样存在于供应方身上，这也是战略采购的决定因素。

李效良将"稳定的供应流程"定义为一个制造流程，一个制造技术已经成熟、供应基地也已建立的流程。与此相对的是"发展中的供应流程"——制造技术还处在起步阶段，而且发展变化很快，因此供应基地在规模和经验方面都很欠缺。在稳定的供应流程中，制造工艺简单而且易于管理。稳定的制造流程逐渐趋于高度自动化，通常有长期的合同供应关系。在发展中的供应流程中，制造流程需要大量的协调工作，容易产生问题，产量也不稳定。由于供应商在不断进行自我调整和改革，因此供应基地也不稳定。图表 7—2 对稳定的供应流程和发展中的供应流程之间的差别进行了总结。

李效良指出大部分功能型产品的供应流程趋于稳定和成熟，但也有例外。比如，某地区对电力和其他一些功能型产品的年需求量是稳定的、可预测的，但是水力发电的供给受到当地降雨量的影响，每年都在发生变化。某些食物有稳定的需求，但是其供应（数量和质量）则取决于每年的天气情况。相反的，某些创新型产品却有着稳定的供应流程。比如，流行服饰的销售季节很短，需求不易预测，但是供应流程却非常稳定，有可靠的供应基地和成熟的生产技术。图表7—3列出了一些供应和需求不确定的产品作为例子。

图表7—3　　　　　李效良的不确定性框架——所需的供应链例子和种类

		需求不确定性	
		低（功能型产品）	高（创新型产品）
供应链的不确定性	低（稳定的流程）	杂货店、普通服饰、食品、天然气、石油 经济型供应链	流行服饰、电脑、流行音乐 响应型供应链
	高（发展的流程）	水力发电、某些食品 风险共担型供应链	电信、高端电脑、半导体 敏捷型供应链

根据李效良的观点，图表7—3中右列的供应链管理比左列的更具挑战性，而下一行的供应链管理比上一行的更具有挑战性。在建立供应链战略之前，有必要了解资源的潜在不确定性并设法降低这种不确定性。如果能将产品不确定性的特点从右列移到左列，或者从下行移到上行，供应链的绩效就会得到改善。

李效良对图表7—3中4种供应链战略的特点进行了描述，信息技术在建立这些战略的过程中发挥了重要作用。

经济型供应链。供应链的战略目标是成本最小化。为了达到经济性目标，应取消不增值的作业，追求规模经济。为了最有效地利用资源，必须在生产和分销的过程中尽量使用最优化技术，同时建立信息联结以保证供应链中的信息有效、准确、经济地传输。

风险共担型供应链。供应链的战略目标是供应链成员集成和共享供应链中的资源，并共同承担供应链中断的风险。供应链中单独的成员很容易受到供应链中断的影响，但是如果供应链中的资源不是单一的，或存在替代资源，那么供应链中断的风险就降低了。比如对于关键资源，公司会保持安全库存以防止供应链中断，如果与其他公司共同保持该资源的库存，就能降低库存成本。这种战略在零售行业很常见，不同的零售商会采取库存共享的方法。对于这种战略的成功实施，信息技术十分重要，因为库存和需求的实时信息能使战略伙伴实现有效管理，并使转移货物的成本达到最小化。

响应型供应链。供应链的战略目标是对顾客变化多样的需求做出快速灵活的响应。为了能够实现快速响应，公司采用订单生产和大规模定制生产的方式，以满足顾客的特殊需求。

敏捷型供应链。这种供应链的战略目标是对顾客的需求做出快速灵活的响应，同时通过库存和集成其他资源，实现供应短缺和中断风险的最小化。这种供应链其实结合了响应型供应链和风险共担型供应链的优点，被称为"敏捷型供应链"是因为它有能力对顾客需求的变化性、多样性和不可预测性做出快速响应，同时又能使供应链中断的风险降低到最小。

需求与供应的不确定性是理解战略采购的一个框架，创新型产品拥有不可预测的需求以及发展的供应流程，面临着很大的调整。由于产品的生命周期越来越短，公司迫切需要形成动态的、不断调整的供应链战略。下面我们将会讨论外包、全球采购、大规模定制和延迟的概念，这些都是应对供应和需求不确定性的有效工具。

7.2 外包

外包是指公司通过合同达成一致意见，将部分工作和决策交给其他公司完成。外包的含义超越了普通的采购和咨询合同，因为不仅工作移交了，所需的人力、设施、设备、技术及其他资产也是如此。另外，在工作中做出决策的责任也同时移交了。在外包中负完全责任的是专门的合同制造商，比如伟创力公司（Flextronics）和旭电集团（Solectron）。[3]

公司选择外包的原因有很多。关于外包的理由和优点，请见图表7—4。外包能使公司集中发展自己的核心竞争力。因此，公司能在降低成本的同时获得竞争优势。能够进行外包的可以是一整项工作，也可以是一项工作的几个部分，而其余的由自己来完成。以信息技术为例，其中一部分工作是战略性的，一部分工作是非常关键的，而另一部分则交给第三方来完成，以此来节省资金。先确定一项能够进行外包的工作，然后对其进行分解，由决策者确定哪些活动是战略性的和关键性的，因此必须由自己完成，而哪些活动可以实行外包。下面将讨论物流功能的外包问题。

图表7—4   **外包的原因及优点**

财务驱动因素

减少库存，卖出不需要的固定资产，以增加资产回报

将回报较低的项目卖出，增加现金

寻找渠道进入新市场，尤其是发展中国家的市场

建立成本较低的生产结构，降低生产成本

将固定资本转化为可变资本

改善驱动因素

提高质量和产能

减少周期时间

获得专家、技能和技术，而这些在其他情况下是无法得到的

改善风险管理

与顶级供应商合作，提高公司信誉和形象

组织驱动因素

集中发展公司的重点项目，以此来增加效率

增加柔性，满足产品和服务的需求变化

提高对顾客需求的响应速度，从而提高产品和服务价值

在物流领域，外包得到了长足的发展。物流一词指的是一种管理职能，它支持物

料的完全流通：从采购与产品原材料的内部管理，到在制品的规划与控制，再到成品的购买、运输与分销。对精益库存的强调意味着物流中不能有太多错误。Ryder卡车公司已经将物流服务纳入公司的业务中——不再仅仅将货物从A点运送到B点，而是在一段较长的时间内全部或部分地管理整个运输情况，这个时间通常是3年，并将托运方的员工换成自己的员工。当前，物流公司有先进的电脑追踪技术，能减少运输中的风险。相比委托方自己负责物流活动，物流公司能提供更多的增值服务。第三方物流服务提供商利用电子数据交换和卫星系统追踪货物，告知顾客货物的位置以及送达时间。对于送货时间只需30分钟的传送系统，这些技术是至关重要的。

联邦快递公司拥有最先进的系统来追踪自己运送的货物。这个系统对所有的因特网用户开放，它可以准确告知由公司运送的每项货物目前的状况，并提供货物送出的精确时间、在公司运输网络节点转移的时间和送达的时间。顾客从公司网站（www.fedex.com）进入追踪系统，在初始页面中选择所在的国家并点击页面左边菜单上的"追踪"，输入货物的追踪号码，就可以获得货物的信息。联邦快递公司的这个系统已经和许多客户的内部系统进行了整合。

另一个物流业实行创新型外包的例子是惠普公司。惠普公司将其在华盛顿Vancouver地区的原材料入库工作外包给了快车道物流公司（Roadway Logistics）。快车道物流公司的140名员工对仓库实行每周7天、每天24小时的全天候管理，并协调仓库的入库工作和库存管理工作。惠普公司原有的250名仓储人员则被转派至公司的其他工作岗位。惠普认为这样能将仓库运营的成本降低10%。

外包的缺点之一是会导致裁员。尽管有时实行外包的公司会重新招募以前的员工，但是只给他们提供较低的工资和较差的福利。外包被许多工会认为是对合同的投机取巧行为。

理论上，外包的益处是毋庸置疑的。通过第三方服务供应商，公司能削减非核心职能，提高资产回报率。但是在现实中，情况是非常复杂的。马萨诸塞州剑桥市的埃森哲战略变革研究所资深研究人员及副主任Jane Linder指出："现在很难区分什么是核心职能，什么是非核心职能，任何事情总是在不断变化的。"2001年9月9日，机场保安人员还只是普通员工，而到了2001年9月12日，他们就成为联邦政府保障国家安全的核心人员。在公司中类似的事情更是每天都在发生。

图表7—5提供了一个非常有用的框架，能够帮助管理者选择合适的供应商关系结构。这种决策不再是"核心业务"必须处于公司的直接管理之下，而其他业务可以外包。在这个框架中，从纵向一体化到外包是一个连续行为，构成了决策的基础。

一项活动能使用下列特点来衡量：所需的协调、战略控制和知识产权。所需的协调指该项活动与整个工艺整合的难易程度，需要大量信息来回流动的、不确定的活动不应该外包，而那些易于理解的、高度标准化的活动则可以交给专业的合作伙伴来完成。战略控制指若与合作伙伴关系中断，会给公司带来的损失程度。需要考虑的损失是多方面的，如专业的设备、与大客户的关系以及研发投资等。最后必须考虑合作关系可能造成的知识产权的潜在流失。

	纵向一体化（不外包）	紧密的关系（外包）
协调	凌乱的"对接"；相邻的作业需要高度的相互适应、明确的知识交流以及在工作中不断地学习。作业所需信息十分特殊	相邻的作业有标准化的对接；作业所需信息具有高度标准化（价格、质量、交付日期等）
战略控制	高度控制：对优先完成任务所需的持久的、用于维护关系的资产进行巨大投资。如果关系终止，则投资得不到回报：专用设施的配置　品牌投资　大量所有权学习曲线　在特定研发项目上的长期投资	控制程度低：对于那些有大量潜在客户和供应商的企业，资产可以获得
知识产权	产权不明确，保护较弱　易于模仿的技术　不同的技术成分之间存在凌乱的"对接"	知识产权保护较好　不易模仿的技术　不同技术成分之间的界限明显

突　破　　　　　　　7-Eleven 公司的能力外包

"能力外包"这一术语专门用于指某些公司只专注于它们的强项，而把其他职能外包给重要合作伙伴的外包方式。其主要观点就是拥有能力不及控制能力重要，应该将额外的能力进行外包。由于竞争的加剧，公司目前正面临紧张的压力，来努力提高收入和利润。便利店行业的竞争尤其激烈，7-Eleven 正是便利店行业的巨头。

在 1991 年之前，7-Eleven 是垂直一体化便利连锁店的最为典型的代表之一。实施垂直一体化后，该公司控制了供应链中的大部分活动。在 7-Eleven 的案例中，该公司拥有自己的分销网络，用于向每个分销店运送汽油。此外，该公司还生产糖果和冰淇淋，并要求管理人员进行库存维护、信用卡业务办理、工资存储，以及存储信息技术（IT）系统的管理。有一段时间，7-Eleven 甚至喂养奶牛，生产牛奶，供应给各个销售商店。由于涉及的职能繁多，7-Eleven 的成本难以控制。

当时，7-Eleven 在日本的分公司取得了很大成功，但是其使用的是一个完全不同的整合模式。没有采用公司所有的和纵向一体化的模式，日本的商店与各个供应商建立了伙伴关系，让它们负责许多日常职能。这些供应商在每个领域都非常专业，它们在提高质量和改善服务的同时，还降低了成本。日本的模式就是将一切可以外包的项目都实行外包，但绝不向竞争对手提供公司的重要信息，以免危及公司。一个最简单的原则就是：如果一个合作伙伴可以提供比 7-Eleven 更有效率的能力，就应当对这种能力采取外包策略。在美国，公司将很多职能进行外包，如人力资源管理、财务管理、信息技术管理、物流、分销、产品的开发和产品包装等。7-Eleven 仍然控制着公司所有的重要信息，并负责处理所有的销售、定价、选址、汽油促销和即食食品项目。

下表显示了 7-Eleven 的主要合作关系结构:

项目	外包战略
汽油	将汽油分销外包给了雪铁戈公司（Citgo），但仍然保留对汽油价格和促销的专有控制权，因为如果这些方面做得好，其产品就能显得与众不同
零食	直接分销到各零售店；制订订购量和货品陈列等关键问题的决策方案；广泛搜集和分析本地顾客消费模式的数据，因"店"制宜地做出决策
速食产品	与 E. A. Sween 合资建立了联合配送中心（CDC），这是一个直接货物配送机构，为 7-Eleven 便利店供应三明治和其他生鲜食品，一天两次
特产	为 7-Eleven 的客户专门设计。例如，7-Eleven 公司曾与糖果制造商好时公司（Hershey）合作，为好时公司热销糖果 Twizzler 开发了一种可食用的吸管。与安海斯—布希公司（Anheuser-Busch）合作，举办美国全国赛车联合会（NASCAR）促销活动，以及美国职业棒球联赛中的促销活动
数据分析	依靠外部供应商 IRI 资源信息公司为自己维护并处理销售数据，保证自己的信息优先权。当顾客在各个分销店采购时，只有 7-Eleven 能看见这些真实的信息
新能力	美国运通公司（American Express）供应自动取款机 西部联盟电报公司（Western Union）处理电子转账 Cashworks 公司负责对账项目 电子数据交换系统（EDS）维护网络运行

英特尔公司是一个典型的例子，它在 20 世纪 80 年代中期就已经认识到了这个决策框架的重要性。20 世纪 80 年代早期，英特尔公司发现自己被日本的一些公司如日立、富士通、NEC 等挤出了存储芯片市场。这些公司在快速开发和改善半导体工艺方面，具备了很强的能力。而在 1985 年，英特尔的主要产品是设计复杂的集成电路，而不是开发标准化存储芯片的制造工艺。结果，面对持续的财务亏损，英特尔被迫退出了存储芯片市场。

在存储芯片市场吸取了教训之后，英特尔公司将注意力放在了微处理器市场上，其在 20 世纪 60 年代末期就发明了这种微处理器。为了避免犯与存储芯片同样的错误，英特尔公司认为关键在于开发强大的工艺制造能力。根据纯粹的"核心能力"战略，英特尔应致力于微处理器的设计，而将制造外包。但是由于微处理器的研发与制造工艺紧密联系，依赖于制造外包有可能使研发时间增加，从而提高成本。因此，20 世纪 80 年代后期，英特尔投入巨资开发世界一流的制造工艺，这就是为什么在 20 世纪 90 年代，尽管竞争对手能快速"克隆"其设计，如 AMD，英特尔在 PC 微处理器市场上仍然占据大约 90% 份额的最主要原因。不断提高产品设计核心能力是英特尔公司成功的主要原因之一。

在某些情况下，公司在外包时易于遭到合作伙伴的"叛变"，成为受害者。如为了给合作者提供更多产品，德国 Blaupunkt 电子公司决定增加录音机的产出量，于是将此项目外包给了松下公司。后来，不顾这些产品与 Blaupunkt 公司的名誉息息相关，松下公司直接与买家进行交易，很快就渗透了 Blaupunkt 公司建立起来的销售网络。Frey 说："事实上，是 Blaupunkt 公司自己将松下引入了其销售网络。"

一个好的方法就是控制，即获取真正的竞争差异，保留潜在的竞争优势，并将剩余的工作外包。区分"核心工作"与"战略性工作"是非常重要的。核心工作是一个公司的关键工作，但是不一定能够提高公司的竞争优势，如银行的信息技术运作。战略性工作是竞争优势的源泉，由于竞争环境的不断变化，公司需要进行持续的监控与调整。比如，可口可乐公司在 20 世纪初决定自身不生产饮料瓶，而是与专门的饮料瓶生产商合作，主攻建立自己的市场份额。到了 20 世纪 80 年代，当饮料瓶成为关键的竞争因素时，可口可乐公司决定自己生产饮料瓶。

7.3　评价供应链的绩效

一种关于供应链的观点，其重心主要集中在供应链系统中的库存上。图表 7—6 对典型的快餐连锁店如何将牛肉和土豆分区域存放做出了描述。我们可以看到牛肉和土豆被运送到当地零售店，再到顾客手中总共要经过哪些步骤。每个环节中库存是必不可少的，而且库存会给公司造成一定的费用。库存作为一种缓冲手段，为每个环节提供了独立运作的机会，比如说分销中心的库存就可以使得这个为零售商供应产品的系统独立进行牛肉和土豆的包装工作。

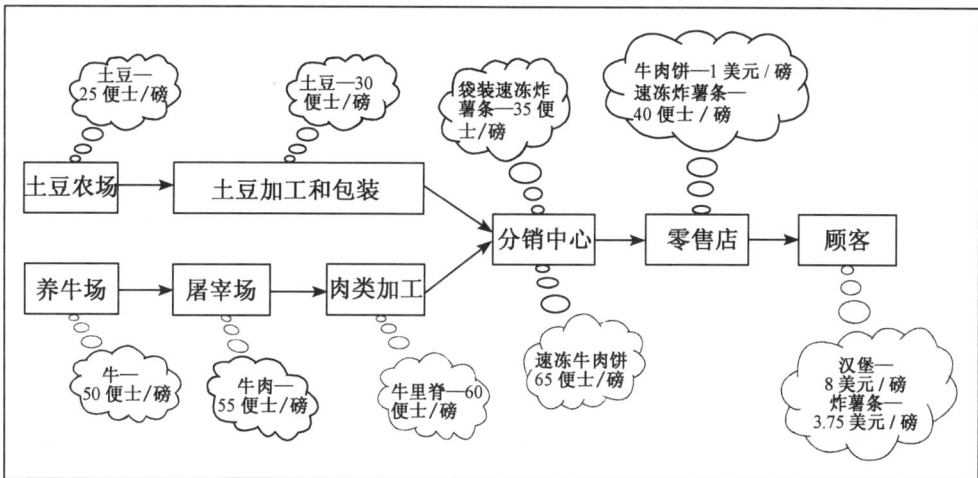

图表 7—6　速食店供应链库存

衡量供应链绩效两个较常用的指标是库存周转率和供应周数，它们实际上衡量的是同一样东西，且在数值上互为倒数。库存周转率的计算公式如下：

$$库存周转率 = 售出产品的成本 \div 平均库存总值 \quad\quad [7.1]$$

售出产品的成本是一个公司为顾客提供产品或服务的成本之和，也称为收益成本，它不包括公司的销售费用和管理费用。平均库存总值是公司各种形式库存的总价值，包括公司的原材料、在制品、成品以及销售库存。

不同行业，不同类型的产品，其库存周转率是不一样的。食品连锁店每年库存周转可以达到100次以上。在制造业中，库存周转率一般是6~7次。许多情况下，尤其是分销库存较多时，供应周数更是衡量供应链绩效的一个常用指标。这个指标用于显示在某个特定时间段，系统中的库存能维持多少周，其计算公式如下：

$$供应周数 = （平均库存成本 ÷ 售出产品成本）×52 周 \qquad [7.2]$$

当公司的财务报告采用库存周转率和供应周数时，我们可以认为这些数据是准确而可靠的。下面这个例子使用了戴尔电脑公司的数据。这些计算适用于公司内单独的部门。比如我们可能对原材料的周转率，或是公司仓库运营的供应周数感兴趣，这时库存也许与特殊库存的总量有关。对库存很低的运营作业，用天或小时作为单位来计算也许更加合适。

企业将库存视为某种方式的投资，因为在销售产品时将用到它。库存占用了资金，而这些资金本来可以用于其他用途，有时公司还必须通过借贷来维持库存。库存管理的目标是维持合适的库存量，并使这些库存位于供应链中合适的环节，决定每个节点的库存量需要对供应链进行详细分析，并确定在产品市场上的竞争战略。

例 7.1　库存周转率的计算

戴尔电脑公司在 2005 年度报表中公布了如下数据：

	金额单位：百万美元
净收益（2005 财务年度）	49 205
收益成本（2005 财务年度）	40 190
现有生产原料（2005 年 1 月 28 日）	228
现有在制品和成品（2005 年 1 月 28 日）	231
库存供应周转天数	4 天

收益成本即我们所说的售出产品成本，读者也许会认为美国的公司使用的是通用的会计术语，但是情况并非如此。库存周转率的计算如下：

$$库存周转率 = 40\ 190 ÷ （228 + 231）= 87.56 （次/年）$$

对于高科技企业来说，这样的业绩是非常惊人的，它显示了该公司在财务运作方面的优良水平。相应的供应周数计算如下：

$$供应周数 = （228 + 231）÷ 40\ 190 × 52 = 0.59 （周）$$

7.4　全球采购

我们正处在全球经济的巨大变革中，欧元的发行，土耳其、印度、南非等地区新市场的建立，都给我们带来了更多的机会。我们看到了《北美自由贸易协定》与《关贸总协定》带来喜人的成果。现在的中国是一个巨大的市场，也是一个强有力的合作伙伴。

大多数管理者面临着一个有趣的问题，以耐克公司为例，耐克公司是优质网球鞋的生产商，其主要的原材料是皮革，可以从世界上许多地区购买。最便宜的皮革可能在南美洲，而最便宜的人力则可能在地球另一端——中国。这些地区离产品的主要市场美国、欧洲和日本都很远。更糟糕的是，美国、欧洲和日本对产品的需求往往不一致。

存在多样化采购、生产和分销的企业需要衡量原料、运输、生产、仓储和分销等方面的费用，并建立综合性的网络使成本达到最小化。当然，正如我们在本章前半部分所述，外包也是这个网络可以考虑的选择之一。在第8章"物流"中，我们将对减少成本的方法进行讨论。

7.5　大规模定制

大规模定制指企业为世界各地的不同顾客提供高度定制的产品和服务的能力。有效实施大规模定制的关键在于尽量延迟供应链中产品差异化生产的时间。为了做到这一点，公司需要重新考虑和整合产品的设计、产品运输流程以及整个供应网络的结构。若能做到这一点，公司就能以最低的成本实行最高效的运营，满足顾客的定制需求，并实现库存最小化。

原则一：设计上，产品应由许多独立的模块组成，这样易于不同产品的组装，并且成本很低。惠普公司决定将 DeskJet 打印机设计成采用标准模块组装的样式，以便于欧亚市场的定制生产。公司决定在各区的分销中心完成定制作业，而不是在工厂完成。比如，产品不是在运到欧洲之前在新加坡的工厂完成定制作业，而是由德国斯图加特的欧洲分销中心来完成这项作业。公司为这种新产品设计了适用于各个不同国家的电源插头，用于启动打印机。公司不仅负责定制产品，而且要购买定制所需的不同原料（包括电源插头、产品包装和说明书）。经过重新设计，制造成本有所提高，但是总的制造、运输和库存成本下降了 25%。

原则二：制造或服务工艺流程应由独立的模块组成，易于移动或重新安排，以支持不同分销网络的设计。五金店和油漆店根据顾客的需求为油漆配色就是一个很好的例子。工厂没有生产大量不同颜色的油漆来满足顾客不同的需求，而是生产通用油漆和不同的色素。通用油漆和色素在五金店和油漆店有售，销售员通过色谱对顾客提供的油漆样本进行分析，来确定如何通过油漆与色素来调色。这种工艺为顾客提供了无穷的选择，同时显著降低了为满足不同顾客特殊需求时必须持有的库存。工艺延迟指的是尽量延迟开始进行产品差异化生产的时间。在这个例子中，工艺延迟的关键就是将油漆生产和配色的工艺分开，从而降低成本。

原则三：供应网络（包括库存地点、选址、服务数量和结构、制造过程、分销设施等）的设计应具备两种能力：第一，能通过较经济的方式为实施定制的部门提供基础产品；第二，在接受顾客的订单和交付产品时具有柔性和响应能力。为了实施大规模定制，灵活的供应网络是必需的。对于产品种类多样化的公司，如果其分布在世界各地的分销中心仅仅承担了仓储和分销的任务，公司的获利就会很小。为了满足多种产品的需要，需要对库存进行大量投资。前面提到的油漆生产工艺就是一个很好的例子，因为油漆生产企业有地方（油漆店）来完成最终的调色步骤。通用的油漆可以大批量运输，而最终的产品可以在顾客来购买时完成。当一个公司重新将产品和工艺设计为一个个模块，使得定制化生产的最后一步是根据订单来完成时，制造业经济就会发生巨大变化。对于上述的油漆店来说，设立更多分销中心和零售店是很经济的，这些店持有基本产品的库存，负责完成定制化生产的最后一个步骤。

让分销中心负责一些简单的制造或组装工作，这样不仅能帮助公司按照当地市场现有的规则运行，而且能满足那些不愿意等待定制产品从另一个地区运送过来的顾客的需求。这样，公司就能从两个方面获得好处：一方面，公司可以将主要部件在少数地区集中制造，以达到规模经济；另一方面，公司能时刻对当地需求做出快速响应。

做出这样的决策并非易事，因为这一决策至少涉及 5 个部门，即营销部门、研发部门、生产部门、分销部门和财务部门。要使大规模定制有效运行，这 5 个部门的人员必须行使如下职责：

营销部门要决定大规模定制需要达到何种程度才能满足顾客的需求。

研发部门负责重新设计产品，使定制化生产在供应网络中达到最经济的水平。

生产和分销部门要协调供应系统和产品的再设计，并将生产或组装工艺安排在最经济的地点。

财务部门要提供基础作业的成本信息和各项决策的财务分析。

公司的各个部门都有自己的方法来衡量绩效，比如营销部门依据收益的增加额度；研发部门依据产品的功能和零件的成本；生产和分销部门依据装配和运输的成本。衡量方法因各部门的目标而异，营销部门希望能提供尽可能多的产品种类来吸引顾客；研发部门希望能以最低的成本研发出功能最齐全的产品；生产和分销部门希望产量能够达到稳定状态。如果各部门之间没有很好的协作，仅仅优化自身的战略，则会从整体上阻碍公司低成本定制的供应网络的建立。部门之间的协商也是很重要的，协商应本着只做对公司有利的事这一目标。

供应链能把从原材料到生产再到销售的各个环节连接起来，通过电子信息系统进行协调。确定系统运行的逻辑结构有很多方法，但不管在什么情况下，供应链上的信息传递速度都会对库存和成本产生很大影响。对大的生产企业来说，企业资源计划系统，即 ERP（将在第四部分讨论）的应用是十分广泛的。

供应链的管理在很大程度上转为由供应商负责。现在采购合同与交货日期联系在一起，我们在第 9 章中学习精益生产时将看到这两者是如何协调的。电子信息使供应商能直接掌控每个时间点的销售信息，从而将预测和产品交付的工作分配给供应商来完成。就目前看来，这种关系还将维持很长的一段时间，但是你可以预测一下，这种关系在将来是否会改变？

7.6　小结

目前，战略采购在商业中占有十分重要的地位。外包是减少成本、完善企业战略重点的一个有效方法。许多公司的巨大成功就是源于其自身独特的供应链结构。比如，戴尔公司跳过制造业供应链中的分销与零售环节，直接与供应商联系，从而缩短了周期时间，并降低了在制品库存水平。

计算外包效率需要使用库存周转率和供应周数。经济型供应链用于生产功能型产品，而响应型供应链用于生产创新型产品。战略采购与产品特征要匹配，公司的运营才能成功。

公司面对多样化采购、制造和分销决策时，需要考虑原材料、运输、生产、库存和分销的成本，以建立一个成本最小的综合型供应链。

关键术语

战略采购（strategic sourcing）：发展和管理供应商之间的关系，以利于满足商业需求的方式获得产品和服务。

牛鞭效应（bullwhip effect）：在供应链中，需求波动从顾客至生产者不断放大的现象。

功能型产品（functional product）：人们在各种零售店都能买到的产品，如在食品店和加油站。

创新型产品（innovative product）：生命周期通常只有几个月的产品，如流行服饰、个人电脑等。

外包（outsourcing）：企业将服务或生产的部分工作交给另一方来完成。

物流（logistics）：一种管理职能，支持物料的完全流通——从采购和产品原料的内部管理，到在制品的规划与控制，再到成品的购买、运输和分销。

库存周转率和供应周数（inventory turnover and weeks of supply）：供应链绩效衡量指标，在数值上互为倒数。

售出产品成本（cost of goods sold）：公司为顾客提供产品和服务的年成本。

平均库存总值（average aggregate inventory value）：企业各种形式库存的总成本。

供应周数（weeks of supply）：在某个特定时间段，系统中库存能维持的周数。

大规模定制（mass customization）：企业为世界各地不同顾客生产高度定制化产品的能力。

工艺延迟（process postponement）：在供应链中尽量推迟进行产品差异化生产的时间。

公式复习

$$库存周转率 = 售出产品成本 \div 平均库存总值 \qquad [7.1]$$
$$供应周数 = （平均库存成本 \div 售出产品成本）\times 52 \ 周 \qquad [7.2]$$

复习与讨论题

1. 最近发生了什么变化，使得供应链管理变得十分重要？

2. 美国有如此大的产能和空间可以扩展，为什么美国的公司要到国外进行采购？讨论这种做法的利弊。

3. 描述功能型产品和创新型产品的差异。

4. 经济型供应链、响应型供应链、风险共担型供应链以及敏捷型供应链各有什么特点？一个供应链能同时具备经济性或响应性两种特性吗？或者风险共担性和敏捷性？为什么？

5. 作为供应商，与顾客（潜在顾客）建立长期合作关系需要考虑哪些重要因素？

6. 使用工艺延迟战略的优势有哪些？

7. 外包是如何进行的？为什么一个公司会选择外包？

8. 有效实施大规模定制的主要障碍是什么？要成功实行大规模定制，需要什么样的企业合作形式？

习题

1. 麦当劳校园快餐店平价每周售出 4 000 个 1/4 磅的汉堡，肉饼平均每周供应 2 次，该店汉堡的平均库存为 350 磅。假定 1 磅汉堡的成本为 1 美元，肉饼的库存周转率是多少？平均供应天数为几天？

2. 假设美国 Airfilter 公司聘请你为供应链顾问。该公司为住宅供暖和空调系统生产空气过滤器，这些过滤器由位于美国肯塔基州路易斯维尔市的工厂生产，然后通过美国、加拿大和欧洲的 100 个分销中心供应给零售商。关于美国 Airfilter 公司供应链中的库存价值，你已经收集了如下信息：

单位：百万美元

	第一季度 （1—3 月）	第二季度 （4—6 月）	第三季度 （7—9 月）	第四季度 （10—12 月）
销售额（整季）				
美国	300	350	405	375
加拿大	75	60	75	70
欧洲	30	33	20	15
售出产品成本（整季）	280	295	340	350
路易斯维尔市工厂的原材料（季末）	50	40	55	60
路易斯维尔市工厂的在制品与成品（季末）	100	105	120	150
分销中心库存（季末）				
美国	25	27	23	30
加拿大	10	11	15	16
欧洲	5	4	5	5

a. 公司的平均库存周转率是多少？

b. 如果你的任务是提高库存周转率，你会集中精力做什么？

c. 根据公司提供的数据，其每年需要价值 5 亿美元的原材料。工厂目前的原材料供应周数为多少？

案例：Pepe 牛仔公司

Pepe 公司创建于 20 世纪 70 年代初期，其最初在英国生产和销售粗布牛仔服，并获得了巨大的成功。Pepe 的成功源于其在当时以品牌和少数品种为主导的市场上使用的独特方法。Pepe 生产了一系列风格的牛仔服，比传统的西方 5 袋牛仔裤（如美国的李维斯）更加合身，尤其适合女性顾客。Pepe 牛仔系列的基本风格每个季节都会改变，每个款型都与其独特怪异的名称相配，充分突出牛仔服的风格和卖点。洗涤方法、皮革装饰以及磨白处理等方面都得到了改进和变化，以应对不断变化的时装潮流。若要了解关于 Pepe 及其产品的更多信息，请访问网 http://www.pepejeans.com。

Pepe 的品牌实力可见一斑，例如，公司可以要求其标准产品的零售价格平均为 45 英镑（1 英镑 = 1.8 美元）。Pepe 的大部分销售额都来自其在英国的 1500 个独立分销点。公司通过一个约由 10 个专门为 Pepe 工作的代理组成的小组，与这些独立的零售商保持联系。每个代理负责管理某个国家指定地区的零售商。

Pepe 认为与各零售商保持良好的合作关系是取得成功的关键。代理每年必须与各零售商会面 3~4 次，向零售商介绍公司每年的新产品系列，并获取销售订单。由于每个代理负责的事项很繁复，他们往往会联系多个零售商前往酒店会面，集中进行产品介绍。代理每次从零售商那里收取 6 个月的交付订单。Pepe 收到订单后，零售商若要取消订单，必须在一周内办理，因为公司需要立即确认订单并送至中国香港，从而确保在交货期前发货。该公司已经确定了一项长期的政策，即实现在英国无库存。

订单递交并得到确认后，至交付前的所有作业由 Pepe 在威尔斯登的公司进行管理。订单的状态可以在 Pepe 公司的网站上进行核实。实际的订单会被发送到设立在中国香港的采购代理处，由其安排生产。采购代理负责管理材料、制造和向零售商运输牛仔服成品的各个环节。Pepe 有一支优秀而年轻的设计师队伍，主要负责设计新的产品风格，并开发顾客所需的热销产品。牛仔裤就是依照该团队的设计理念生产的。该小组与中国香港的采购代理紧密合作，以确保生产出的牛仔裤美观大方、材质优异。

对各独立零售商的一项最新调查显示出了一些日益严重的问题。尽管各零售商称赞 Pepe 牛仔裤合身、优质、风格多样，然而他们中的许多人认为，与昔日领导潮流的地位相比，其已经越来越落伍了。有人认为，Pepe 风格多样的款式和优良的质量是其竞争力的关键优势所在。然而，Pepe 要求提前 6 个月提交订单，并且不允许做任何更改、取消或重复订购。这一点使得各零售商感到很不满，有些零售商声称，订购系统的不灵活迫使他们不得不减少订购量，从而导致某些特定尺码和样式脱销。零售商甚至估算出，Pepe 如果有一个更灵活的订货系统，其销量将增长 10% 左右。

零售商期望能持有一些稳定的库存，但6个月的提前订购时间使他们难以准确估算订购量，从而导致问题严重化。由于服装市场的需求变化很快，目前热销的款式在6个月后往往就淡出了人们的视线。另外，当实际需求超过了预期需求，填补这一缺口需要很长的一段时间。零售商希望Pepe公司设计出一些让他们能进行有限退货、交换或重新订购的方法，以克服这些最棘手的问题。面对这些投诉，Pepe感到压力很大，因为它的一些实力较弱的竞争对手往往在几天之内就能交货。

凭借其目前的业务模式，Pepe在过去取得了巨大成功。上一年的销售额约为2亿英镑，销售成本大约占40%，运营费用占28%，税前利润达到了销售额的32%。该公司没有长期债务，其资金状况也非常良好。

Pepe承受着巨大的压力，认识到需要尽快做出调整。在评估方案时，公司发现最简单的办法就是与中国香港的采购代理合作，以减少订单的提前期。采购代理同意将订购时间缩短到大概6个星期，但成本将大大增加。目前，代理收集一段时间的订单，大约每2个星期把这些订单在约1 000名潜在供应商中进行竞标。采购代理估计，如果把提前期缩短到6周，成本可能会增长30%。此外，即使成本显著增加，交货时间也难以保持一致。

Pepe采购代理建议Pepe在英国建立一个最后工序作业点。他们还指出，位于美国的大型零售连锁店已转为这种结构类型，并相当成功。这一连锁店的最后工序作业点主要负责完成最后的作业，即采用不同方式洗涤牛仔裤，让它们看起来像是被"穿"过的一样。同时，最后工序作业点也接受零售商的订单，并发货给他们。美国连锁店对各零售商店的需求响应时间是2天。

采购代理指出，由于产量增加，通用牛仔裤（还未经过漂洗的牛仔裤）的成本也许可以减少10%。此外，由于最后工序不包括在内，通用牛仔裤的提前期可以减少到约3个月，而且订购量将会更大。

Pepe设计师们发现这是一个有趣的想法，于是他们对美国的最后工序作业点进行了考察，了解系统的运作程序。他们发现，公司必须在英国保持大约能维持6个星期的通用牛仔裤库存，并且必须投资约1 000 000英镑的设备。可以将生产设施放在威尔斯登办公楼的地下室，翻新需要耗资约300 000英镑。

问题：

1. 作为外聘顾问，你会建议Pepe如何做？根据给出的数据，进行财务分析，并对你已经确定的方案进行分析（假设新的库存相当于每年销售成本中6个星期的价值。使用30%的库存持有成本率）。计算每个方案的回收期。

2. Pepe还应当考虑什么方案？

注：上述案例源自伦敦商学院的D. Bramley和C. John所写的标题为"Pepe Jeans"的一个案例。Pepe牛仔是一个真实的公司，但案例中给出的数据并不代表实际的公司数据。）

注释

1. M. L. Fisher, "What Is the Right Supply Chain for Your Product?" Harvard Business Review, March-April 1997, pp. 105 – 16.

2. Hau L. Lee, "Aligning Supply Chain Strategies with Product Uncertainties," California Management Review 44, No. 3 (Spring2002), pp. 105 – 19. Copyright © 2002 by the Regents of the University of California. By permission of the Regents.

3. "Have Factory Will Travel," The Economist, February 12 – 18, 2000, pp. 61 – 62.

4. Adapted from Martha Craumer, "How to Think Strategically about Outsourcing," Harvard Management Update, May 2002, p. 4.

5. This section is adapted from E. Feitzinger and H. Lee, "Mass Customization at Hewlett-Packard: The Power of Postponement," Harvard Business Review, January-February 1997, pp. 116 – 21.

参考文献

Bowersox, D. J.; D. J. Closs; and M. B. Cooper. Supply Chain and Logistics Management. New York: Irwin/McGraw-Hill, 2002.

Burt, D. N.; D. W. Dobler; and S. L. Starling. World Class Supply Management[SM]: The Key to Supply Chain Management. 7th ed. New York: McGraw-Hill/Irwin, 2003.

Chopra, S., and P. Meindl. Supply Chain Management: Strategy, Planning, and Operations. 2nd ed. Upper Saddle River, NJ: Prentice Hall, 2003.

Greaver II, M. F. Strategic Outsourcing: A Structured Approach to Outsourcing Decisions and Initiatives. New York: American Management Association, 1999.

Hayes, R.; G. Pisano; D. Upton; and S. Wheelwright. Operations Strategy and Technology: Pursuing the Competitive Edge. New York: John Wiley & Sons, 2005.

Simchi-Levi, D.; P. Kaminski; and E. Simchi-Levi. Supply Chain Management. 2nd ed. New York: McGraw-Hill, 2003.

Vollmann, T.; W. L. Berry; D. C. Whybark; and F. R. Jacobs. Manufacturing Planning and Control Systems for Supply Chain Management: The Definitive Guide for Professionals. New York: McGraw-Hill/Irwin, 2004.

8

物流

联邦快递：全球领先的物流公司

联邦快递给客户提供了大量的物流解决方案。这些服务根据各类客户的需求细分，从统包的分销中心到全面的物流服务，来加快交货。以下是一些提供给企业客户的主要服务。

联邦快递配送中心：这些配送中心为企业提供仓储服务保管，在美国和海外使用仓库网络。这项服务特别针对时间紧迫的企业。货物存放在这些配送中心能够不断地提供24小时交货。

联邦快递退货管理：联邦快递退货解决方案的设计是用于精简公司供应链的返回区域。这些智能流程工具为客户提供这些服务：提供提货、交付和需要退还产品的在线状态跟踪服务。

其他增值服务：联邦快递为客户提供了许多其他增值服务。一个例子是为众多需要快速交付的客户提供合并运输服务。例如，根据合并运输计划，对于托运人的电脑,联邦快递可以存储外设产品,如在孟菲斯航空枢纽中心把需要的显示器和打印机一起装配起来然后再送给客户。

8.1 物流

为制成品设计一个好的供应链的主要问题是:决定这些产品从工厂送到客户手中的方式。对于消费产品,这往往涉及将产品从工厂移动到仓库,然后再送到零售商店。你大概没有经常思考这些问题,而是仅看到所有这些贴着"中国制造"标签的产品。运输一件运动衫的时间很可能比你做出它的时间还要长。如果你住在美国芝加哥,而这件运动衫是在中国福建制造的,运动衫需要运输6600英里,即1.6万公里,几乎是半个地球,才会到达你去购买的零售商店。为了保持运动衫价格不下跌,这一趟运输必须尽可能有效。没有人知道运动衫是如何运输的。它可能是空运或可能是用组合式的运输工具运输,可能一部分路程用卡车,而另一部分用船或飞机。物流就是供应链中这一货物的运动。

运营管理协会定义物流为"在合适的地点,以合适的数量获取、生产、分发材料和产品的艺术和科学"。这是一个相当宽泛的定义,本章将重点放在如何分析仓库和工厂的选址,以及如何评估材料在这些仓库和工厂中的运转。国际物流指的是该运转在全球范围内发生时管理这些职能。显然,如果中国产的运动衫在美国或欧洲出售,这就涉及国际物流。

业界已经有专门的物流公司,如美国联合包裹服务公司(UPS)、联邦快递公司(FedEx)和DHL公司。这些全球性公司的业务包括从鲜花到工业设备的所有物品的运输。今天,一家制造公司往往会与这些公司合作来处理它的许多物流职能。在这种情况下,这些运输公司常常被称为第三方物流公司。最基本的功能只是把货物从一个地方运输到另一个地方。物流公司还可能提供附加服务,如仓库管理、库存控制和其他客户服务职能。

物流是一笔大生意,占美国国内生产总值的8%~9%,而且这一比重越来越大。现代化的今天,高效率的仓储与配送中心是物流的核心。这些中心的精心管理和有效运作,可以确保储存安全和货物与服务的快速流动,以及获取从起点到最终消费的相关信息。

8.2 与物流有关的决策

决定如何最好地将货物从工厂运输到客户是一个复杂的问题,它影响到产品的成本。主要权衡涉及产品的运输费用、交货速度和遇到变化时反应的灵活性。信息系统在协调活动中发挥着重要的作用,包括资源分配、管理库存水平、调度和跟踪订单的活动。详细讨论这些系统已经超出了本书的范围,但后面的章节涵盖了基本的库存控制和调度。

一个关键的决策是决定如何运送材料。有5个普遍认同的运输方式:公路(卡车)、水路(船)、空运(飞机)、铁路(火车)、管道。每种模式适合处理某种特定类型的产品。

公路（卡车）——事实上，很少有产品的运输能离开公路运输。在没有被水分割的任何地方，公路给货物的运输带来了巨大的灵活性。不同尺寸和重量的产品，液体或散装的都适合这一模式。

水路（船）——非常高的运输能力和非常低的成本，但运输时间缓慢，世界范围内的运输不能直接通过水运。这种模式对大宗物品，如石油、煤炭、化工等产品特别有用。

空运——快速但昂贵。体积小、重量轻、费用昂贵的物品最适合这种运输方式。

铁路（火车）——这是一个相当低成本的选择，但运输时间很长并可能发生变化。是否适用于铁路运输取决于世界特定地区的铁路基础设施。欧洲基础设施高度发达，使之与卡车相比更具有吸引力。在美国，过去50年铁路基础设施地位已大幅下降，使之缺乏了吸引力。

管道——这是高度专业化的运输方式，并仅限于液体、气体和固体浆形式。不需要包装，每英里的运输成本很低。最初建设一个管道的成本是非常高的。

很少有公司只使用单一的运输模式。多式联运的解决办法是很平常的，并且找到正确的多重战略可能是一个很重要的问题。协调和调度运营商的问题需要全面的信息系统并通过该系统跟踪货物的能力。标准化集装箱常常被使用，使产品有效地从卡车转运到飞机或船只。

接驳式转运。当货物从各种渠道汇集合成比较大的出货量，并且有共同的目的地时就要用到特别合并仓库。这提高了整个系统的效率。接驳式转运应用于这些合并仓库，在这里并不是制造较大出货量，而是将大批量的货物分解成较小批量并为一个地区运送。这常常需要通过协调才能做到，使货物不在仓库中存储。

零售商收到从供应商在各自区域仓库发出的货物，并立即使用计算机控制接驳式转运系统并将这些货物交付给各个商店。这样的结果是使仓库存货数量最小。

中心辐射系统。其结合了固定和接驳式转运思想。这里的仓库被称为"枢纽"，其唯一目的是分拣货物。立即分拣不断进入的货物并进入一个固定的区域，即将货物运往指定地点的每个特定区域。枢纽设在地理中心附近的战略区域，它们最大限度地减少货物行走的距离。

设计这些系统是一个非常有趣和复杂的工作。下面一节的重点是以需要做出各种物流决策的工厂和仓库选址为代表的问题。物流是一个广泛的话题，其内容随着主要物流供应商提供的增值服务而扩大。设计一个适当的网络是企业有效率的根本。

8.3 设施选址问题

一个新建企业或已存在的企业都存在设施选址问题。这类问题的决策对于一家公司的最终成功起着至关重要的作用。在一家公司的供应链设计中，一个重要的环节就是它的设施的选址。例如，3M已经将其职能活动中很重要的一部分，包括研发，转移到了气候更适宜的得克萨斯州的奥斯汀；作为其全球战略的一部分，"Я"Us玩具公司在日本选定了一个新址，并且业已投入使用；迪士尼公司选择在法国的巴黎建造欧洲的迪士尼主题乐园；宝马选址南卡罗来纳州加工其 Z3 系列运动跑车。制造业和服务业的选址决策受到各种标准的左右，这些标准无一例外是由竞争需要决定的。影响制造企业和仓库选址计划的判断标准如下文所述。

接近客户。举例来说，日本的国刚电子公司把它的两家最大的工厂设在墨西哥和匈牙利，就是为了能够尽量接近美国的汽车制造厂，这个市场的客户希望他们的订货能够隔夜送达。接近顾客的同时也确保了生产和研发的产品与顾客的需要保持一致。

商业环境。良好的商业环境应包括规模类似的企业和同行业的企业存在，如果是考虑跨国选址的问题，还应有其他国外公司的参与。政府是否推行积极的经济立法，当地政府是否愿意通过政府补贴、减税和其他便利的条件吸引企业前来落户，这些都是设施选址中应该考虑的因素。

总成本。选址的目标就是寻求总成本最小的地址。总成本包括地域成本和货物运进运出的运输成本。土地、建筑、劳动力、税收和能源成本构成了地域成本。另外，还有比较难以衡量的隐形成本，包括：（1）产品交付给顾客之前半成品在各地间的搬运；（2）因远离主要消费客户群而无法及时得到消费者的反馈所带来的损失。

基础设施。充足的公路、铁路、航空和海运能力是至关重要的。当然，能源和电信设施也必须同时满足要求。此外，当地政府是否愿意改建或升级基础设施以满足所需，对选址也有重要的影响。

劳动力素质。劳动力的教育和技术水平必须与公司的需求相匹配。更为重要的是，劳动力必须具有学习的热情和能力。

供应商。一个合适的选址必须具有高质量和有竞争力的供应商。接近主要供应商的工厂同时也是精益生产方式的需要。

其他设施。公司其他工厂或配送中心的位置会影响新工厂在整个网络中的选址。在这种情况下，产品组合和生产能力两个问题与选址决策密切相关。

自由贸易区。国际贸易区或自由贸易区是典型的封闭式设施（在海关的监督下），国外货物的进出可不必受通常的海关规定的制约。现今在美国大约有 260 个这样的自由贸易区。这种专门的地域也存在于其他国家。自由贸易区内的制造商先使用进口元件装配成最终产品，并延期支付相应的关税，直至产品运抵使用国。

政治风险。许多国家地理政治的突变使许多公司的设施选址同时面临着机会与挑战。当然，许多国家正在进行的体制改革也使得在这些地区设厂变得极具风险。投资国和东道国之间的政治关系也会影响投资国在设施选址问题上的决策。

政府壁垒。如今，许多国家正在通过立法清除妨碍外国产品进入和在本土设厂的壁垒。但是，除立法以外的其他因素以及文化壁垒也是需要在设施选址中认真考虑的问题。

贸易共同体。随着《中美洲自由贸易协定》（CAFTA）的签订，世界上又增加了一个新的贸易共同体。这类协定将同时影响该贸易共同体内外的国家的选址决策。受贸易协定的影响，成员国公司通常利用选址或重新选址来得到新的市场机会，或者降低其总成本。其他公司（成员国之外的公司）也可在该共同体成员国国内选址，以避免在新市场的竞争中丧失竞争资格。这样的例子很多，例如，1992 年以前许多日本汽车制造厂在欧洲建厂；自 CAFTA 生效后，许多通信和金融公司开始向墨西哥挺进。

环境规制。在设施选址决策中还必须包括这一点，即某些地区的环保规章将会影响一些行业。除了对成本的直接影响外，它还将影响企业与所在社区的关系。

东道社区。调查东道社区是否欢迎企业落户于此也是决策中必需的部分。此外，当地的教育设施和逐渐受关注的生活质量问题也很重要。

竞争优势。对于跨国公司来说，对其每个不同的业务分支确定本垒所在国也是个重要问题。波特（Porter）建议，公司应根据不同的业务或部门设置不同的本垒。制定企业战略的本垒具有竞争优势，可以创造出核心产品和技术，并进行大规模生产。所以，一家公司应将本垒迁移到一个能激励创新并能为全球性竞争提供最好环境的国家。该思想也适用于那些希望保持长期的竞争优势的国内企业。这也是最近美国东南部各州迅速崛起，成为企业乐于投资和迁入的地区的部分原因（这说明，它们的经济环境能够促进创新和低成本地生产）。

8.4 工厂选址方法

我们将会看到，有许多技术可用来确定潜在的工厂或其他设施的地址。将决策简化到某个特定区域的流程依商业类型和需要考虑的竞争压力而变化很大。就像我们之前讨论的，从一组可选择的厂址中确定一个合适的厂址经常有很多标准需要考虑。

在这一节，我们列举了三种不同的技术，它们已被证明对许多公司是非常有用的。第一个是因素评分法，它允许我们用简单的积分评定来考虑许多不同类型的标准；第二个是线性规划运输方法，它是一种用来估算由工厂和仓库组成的网络的成本的很有用的技术；接下来我们考虑重心法，通信公司（手机服务提供商）经常使用这种方法来确定其信号发射塔的地址。最后一个方法是像麦当劳和州立农业保险这样的服务公司，用统计的技术来为其设施选址。

8.4.1 因素评分法

因素评分法大概是设施选址使用最广泛的技术了，因为它提供了一种机制，将多种因素结合成一种容易理解的形式。

举例来说，一家精炼厂将以下一组分值范围赋予选址时要考虑的主要因素。

	范围
地区的燃料状况	0～330
能源可得性和可靠性	0～200
劳动力环境	0～100
居住条件	0～100
运输	0～50
水供应	0～10
气候	0～50
供应商	0～60
税收政策与法律	0～20

每个地址则用每个因素来评价，每个因素都在分值范围内打一个分。然后比较每个地址打分之和，选择得分最高的地址。

积分评价表的一个大问题是它没有考虑每个因素内可能产生的费用范围变化很大。比如说，某个因素最好的地址与最差的地址产生的费用差别可能只有几百美元，对另一个因素来说则有好几千美元的差别。第一个因素的得分可能很高，但是它对设施选址的决策作用是微小的，第二个因素的得分可能很低，但是在选址方面的作用很大。为了解决这个问题，建议每个因素根据成本的标准方差而不是简单的总成本来确定一个权重，这样就考虑了相对费用。

8.4.2　线性规划运输方法

运输方法是一个特殊的线性规划方法。之所以叫运输方法，是因为它被用于解决从不同生产地到不同目的地的产品运输问题。这种问题的两个主要目标是：（1）使 n 个单位的产品运到 m 个目的地的成本最小；（2）使 n 个单位的产品运到 m 个目的地的利润最大。

例 8.1　美国制药公司

假定美国制药公司有 4 个工厂为 4 个主要的客户中心仓库提供供应，其管理的目标是为这些客户每个月的供应制定出一个成本最低的运输计划。工厂供应、仓库需求、药品的单位运输费用见图表 8—1。

图表 8—1　　　　　　　　　　美国制药公司运输问题的数据

工厂	供应量	仓库	需求	各种情况的运输费用（单位：美元）				
				从	至哥伦布	至圣路易斯	至丹佛	至洛杉矶
印第安纳波利斯	15	哥伦布	10	印第安纳波利斯	25	35	36	60
菲尼克斯	6	圣路易斯	12	菲尼克斯	55	30	25	25
纽约	14	丹佛	15	纽约	40	50	80	90
亚特兰大	11	洛杉矶	9	亚特兰大	30	40	66	75

图表 8—2 中的运输矩阵显示，每个工厂的供应量由图中最右边一列给出，仓库的需求则在底行。运输成本由各个方格中的小格子给出。如从印第安纳波利斯的工厂运输一个单位的产品到哥伦布的客户中心仓库的成本为 25 美元。

解：

这个问题可用 Microsoft Excel Solver 的功能来解答。图表 8—3 显示了这个问题如何在电子数据表中建立起来。单元格 B6 到 E6 是每个客户中心仓库的需求。单元格 F2 到 F5 是每个工厂的可供应量。单元格 B2 到 E5 是各个工厂到客户中心仓库的每单位产品的运输费用。

单元格 B9 到 E12 是问题的解。这些单元格在建立电子数据表时置空。单元格 F9

从 \ 至	哥伦布	圣路易斯	丹佛	洛杉矶	工厂供货量
印第安纳波利斯	25	35	36	60	15
菲尼克斯	55	30	25	25	6
纽约	40	50	80	90	14
亚特兰大	30	40	66	75	11
目的地需求量	10	12	15	9	46 \ 46

图表 8—2　美国制药公司运输问题的运输矩阵

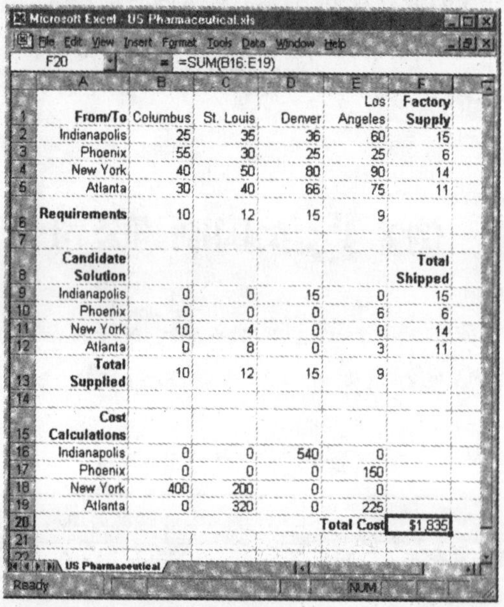
Microsoft Excel - US Pharmaceutical.xls

F20 = =SUM(B16:E19)

	A	B	C	D	E	F
1	From/To	Columbus	St. Louis	Denver	Los Angeles	Factory Supply
2	Indianapolis	25	35	36	60	15
3	Phoenix	55	30	25	25	6
4	New York	40	50	80	90	14
5	Atlanta	30	40	66	75	11
6	Requirements	10	12	15	9	
7						
8	Candidate Solution					Total Shipped
9	Indianapolis	0	0	15	0	15
10	Phoenix	0	0	0	6	6
11	New York	10	4	0	0	14
12	Atlanta	0	8	0	3	11
13	Total Supplied	10	12	15	9	
14						
15	Cost Calculations					
16	Indianapolis	0	0	540	0	
17	Phoenix	0	0	0	150	
18	New York	400	200	0	0	
19	Atlanta	0	320	0	225	
20					Total Cost	$1,835

图表 8—3　解决美国制药公司问题的 Excel 界面

到 F12 这一列是每一行的值的和，这些值表示在候选解中有多少产品从各个工厂运出。类似的，单元格 B13 到 E13 是候选解中运到各个客户中心仓库的产品量。Excel 的求和功能能够计算这些值。

候选解的总费用在单元格 B16 到 E19 中计算出来，是将相应候选解中各个单元格的运输量与运费相乘得到的。比如将 B2 与 B9 相乘得到 B16，即得出从印第安纳波利斯到哥伦布的运费。总的运费为各单元格运费的总和，表示在单元格 F20 中。

为了解这个问题，需要进入 ExcelSolver。点击 Excel 菜单上的“工具”，然后选择 Solve，如果你找不到 Solve 的位置，可能是因为你安装 Excel 时没有安装该功能。

Solver 参数应该设置好。首先设定目标单元格。这个单元格显示总运输费用的计算结果。在我们这个例子里，就是单元格 F20 。下一步指定问题为最小化，选择“最小化”按钮。解则在“可变单元格”B9 到 E12 给出。

下一步我们需要确定问题的约束条件，对于运输问题，要保证需求得到满足且不能超过工厂生产能力的限制。为了保证需求得到满足，点击"添加"添加约束条件，如单元格 B13 到 E13。然后点击" = "按钮，以使供应量等于需求量。最后在电子数据表中的最右边一栏输入客户实际需求的范围，如单元格 B6 到 E6 所示。

第二个组约束条件要保证不能超过工厂的生产能力，输入方法同上。F9 到 F12 表示有多少产品从各个工厂运出。这些值应该小于等于各个工厂的生产能力，如单元格 F2 到 F5 所示。为了解这道题，还要设置另一些选项。点击"选项"按钮，如下的屏幕就会出现：

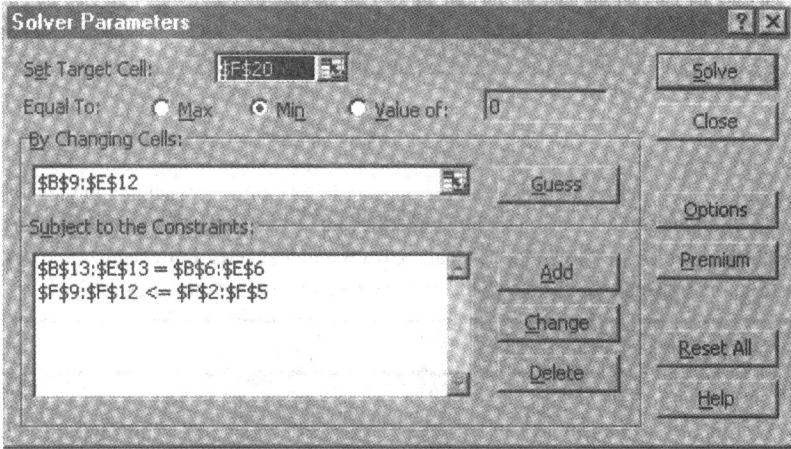

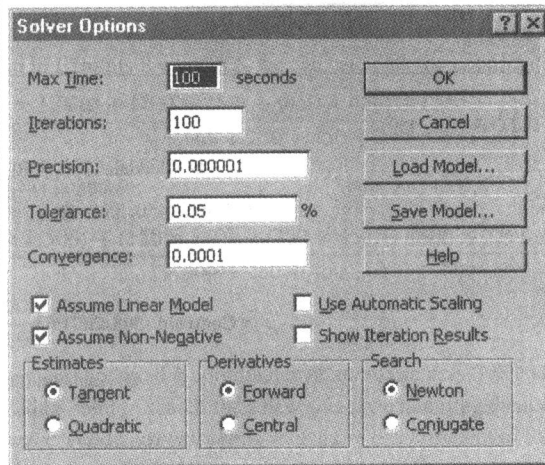

解决运输问题需要设置两个选项。一个是"采用线性模型"，这相当于告诉 Solver 在电子数据表中没有非线性的计算。这很重要，因为如果这个条件存在的话，Solver 能用一个非常有效的算法来计算最优值。另一个"假定非负"要选中。这相当于告诉 Solver，解应该是大于或等于 0 的。在运输问题中，负的运输量是没有意义的。然后点击"确定"返回 Solver 主对话框，再点击"求解"来解这个问题。如果有解，Solver 给出问题的解，并提示你保存结果。最后点击"确定"返回主电子数据表。结果显示在单元格 B9 到 E12 中。

如果能够创新地应用，运输方法可以解很多类型的问题，比如能够用来计算不同的候选厂址对整个生产—分销网络的成本影响。为此我们需要在现有的客户中心仓库中再增加新的一行，包含从工厂到新的厂址，如达拉斯的单位运输费用，还要给出所能提供的供应总量。然后我们就能解这个特殊的矩阵问题来求得最低费用了。接下来，如果我们把这一行用另一个工厂休斯敦来替换达拉斯，再次解这个问题。假设达拉斯与休斯敦其他条件相同，那么就应该选择最低成本的网络。

8.4.3 重心法

重心法是一种为单个设施选址的技术，需要考虑现有工厂、它们之间的距离以及货物运输量等因素。这种技术经常被用于为中间仓库或分销仓库选址。该方法最简单的形式是假定运进与运出费用是相等的，并且未满载的运输不增加特别费用。

现在重心法的另一个应用是市区通信发射塔的选址，如广播、电视、手机信号塔等。在这种应用中，目标是找到靠近顾客群的地点，还要保证清晰的无线电信号。

重心法第一步是将现有的厂址标在网格坐标系上，坐标系的选择完全是任意的，目的是表示出各厂址的相对位置。对跨国选址可选用经度、纬度表示。图表8—4显示的是一个网格规划的例子。

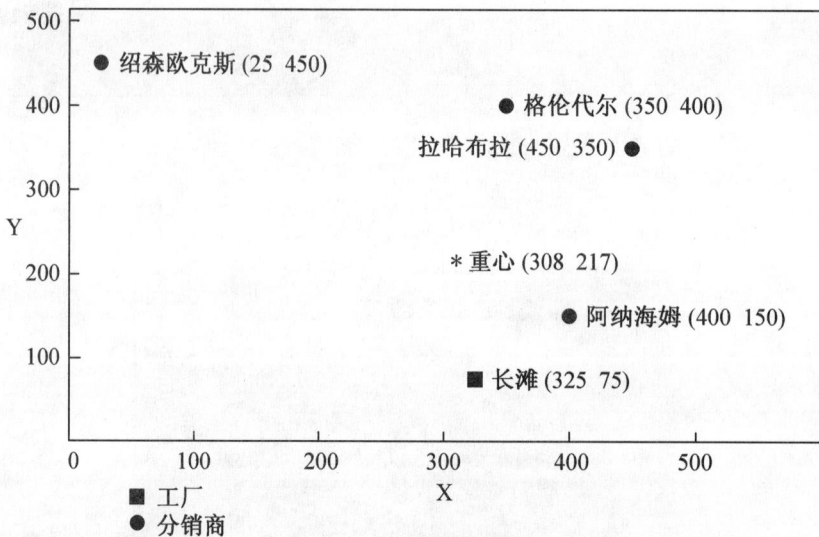

图表8—4 重心法的网格地图

重心通过X、Y坐标的计算得到，以确定最低费用。公式如下：

$$C_x = \frac{\sum d_{ix} V_i}{\sum V_i} \qquad C_y = \frac{\sum d_{iy} V_i}{\sum V_i}$$

式中：

C_x—— 重心的 X 坐标；

C_y—— 重心的 Y 坐标；

d_{ix}—— 第 i 个厂址的 X 坐标；

d_{iy}——第 i 个厂址的 Y 坐标;

V_i——从第 i 个厂址运进或运出的货物量。

例 8.2　HiOctane 炼油公司

HiOctane 炼油公司需要为在长滩的炼油厂与主要的分销商之间的库存设施选址。图表 8—4 显示的是坐标图。从工厂和分销商运进或运出的汽油量如图表 8—5 所示。

在这个例子中,对于长滩(第一个厂址)有:$d_{1x} = 325$,$d_{1y} = 75$,且 $V_1 = 1\,500$。

解:

利用图表 8—4 和图表 8—5 的信息,可得重心的坐标为:

$$C_x = \frac{325 \times 1\,500 + 400 \times 250 + 450 \times 450 + 350 \times 350 + 25 \times 450}{1\,500 + 250 + 450 + 350 + 450} = \frac{923\,750}{3\,000}$$

$$= 307.9$$

图表 8—5　　　　　　　　　　　　　　**运输量**

厂址	每月汽油量(10 万加仑)
长滩	1 500
阿纳海姆	250
拉哈布拉	450
格伦代尔	350
绍森欧克斯	450

$$C_y = \frac{75 \times 1\,500 + 150 \times 250 + 350 \times 450 + 400 \times 350 + 450 \times 450}{1\,500 + 250 + 450 + 350 + 450}$$

$$= \frac{650\,000}{3\,000} = 216.7$$

管理层可以分别把 X 坐标和 Y 坐标近似取为 308 和 217,这样就为新厂址提供了一个开端。通过在网格地图上分析计算出来的重心坐标,我们可以看到直接在长滩工厂和阿纳海姆分销中心运输货物比通过重心附近的仓库转运成本更低,在一个选址决策做出之前,管理层很可能需要通过改变数据来重新计算重心(即减掉从长滩运往阿纳海姆分销中心的汽油量,并取消阿纳海姆分销中心)。

8.5　服务设施的选址

由于服务公司的多样性和与制造业公司相比更低廉的设施建设费用,现在新的服务设施远比新工厂或新仓库普遍。的确,在一些社区中,快速增长的人口还不如零售店、餐馆、市政设施、娱乐设施数量增加得快。

服务业通常需要靠近顾客的多个店址。选址决策与市场选择决策紧密相关。如果目标市场是大学生年龄层次的群体,那么把店址选在退休居民区就是不合适的,尽管在成本、资源的有效性等方面有优势。市场需要也决定了店址的数量、规模及特征。制造业的选址考虑的是成本最小,许多服务公司的选址目的则是最大化不同店址的潜在利润。下面我们利用一个多元回归模型来解决选址问题。

例 8.3 筛选酒店选址

对连锁酒店而言，选址是很重要的。四个主要的市场因素（价格、产品、促销、店址）中，店址和产品对多店址公司是最重要的。因此，能够迅速选择好的店址的连锁酒店老板就有很大的竞争优势。

图表 8—6 在研究中展示了多样化的初始名单，以帮助连锁酒店为它们的新酒店找到潜在的地点。这里收集了 57 个现有地址的资料。数据分析确定了两年内营业利润的相关变量（见图表 8—7）。

图表 8—6   为建立最初模型收集的独立变量表

类别	变量名	描述
竞争性变量	INNRATE	旅店的价格
	PRICE	旅店的房价
	RATE	竞争对手旅店的平均房价
	RMS1	1 英里内的旅店房间数量
	RMSTOTAL	3 英里内的旅店房间数量
	ROOMSINN	旅店的房间数
创造需求变量	CIVILIAN	文职人员数
	COLLEGE	大学生人数
	HOSP1	1 英里内医院病床数
	HOSPTOTL	4 英里内医院病床数
	HVYIND	重工业从业人数
	LGTIND	轻工业占地面积
	MALLS	商业中心面积
	MILBLKD	受管制的军事基地
	MILITARY	军人人数
	MILTOT	军人 + 文职人员数量
	OFC1	1 英里内办公空间
	OFCTOTAL	4 英里内办公空间
	OFCCBD	中央商业区的办公空间
	PASSENGR	机场客流量
	RETAIL	零售活动的规模等级
	TOURISTS	每年游客人数
	TRAFFIC	车流量统计
	WAN	机场客车数量
人口变量	EMPLYPCT	失业率
	INCOME	家庭平均收入
	POPULACE	居民人口数
认识市场变量	AGE	旅店营业年数
	NEAREST	与最近旅店的距离

类别	变量名	描述
	STATE	每家旅店中外来人的数量
	URBAN	每家旅店中城里人的数量
物理变量	ACCESS	交通便利性
	ARTERY	主要交通干线
	DISTCBD	去市中心距离
	SIGNVIS	招牌或标记的清晰性

图表 8—7   **营业利润的相关变量表**

VARZABLE	YEAR 1	YEAR 2
ACCESS	0.20	
AGE	0.29	0.49
COLLEGE		0.25
DISTCBD		− 0.22
EMPLYPCT	− 0.22	− 0.22
INCOME		− 0.23
MILTOT		0.22
NEAREST	− 0.51	
OFCCBD	0.30	
POPULACE	0.30	0.35
PRICE	0.38	0.58
RATE		0.27
STATE	− 0.32	− 0.33
SIGNVIS	0.25	
TRAFFIC	0.32	
URBAN	− 0.22	− 0.26

解：

建立回归模型（见第 10 章），其回归方程为：

$$\text{利润} = 39.05 - 5.41 \times \genfrac{}{}{0pt}{}{\text{每个旅店的}}{\substack{\text{平均外来人}\\\text{口数（1 000）}}} + 5.86 \times \genfrac{}{}{0pt}{}{\text{每个旅店}}{\text{的价格}} - 3.91 \times \genfrac{}{}{0pt}{}{\substack{\text{当地居民中}\\\text{等收入的平}}}{\text{方根（1 000）}} + 1.75 \times \genfrac{}{}{0pt}{}{\substack{\text{4 英里内}\\\text{大学生}}}{\text{的数量}}$$

该模型表明利润受市场渗透的影响，与价格正相关，与收入负相关（中低收入地区的旅店利润更高），与附近的大学生数量正相关。

该连锁酒店在电子数据表上运行这个模型，并用电子数据表列出潜在的不动产购置。连锁酒店的创始人和主席已经肯定了这一模型的有效性，不再觉得非要亲自选择地址。

这个例子表明，一个特定的模型可以通过服务业的需求来实现，并可在选址决策中用来确定出最重要的因素。

8.6 小结

这一章的重点是在供应链中寻找制造和销售地点。当然，物流这个词是更全面的范畴，在这章中不仅包括设计问题，还包括涉及供应链中货物移动的更全面的问题。

在这章中我们涉及设计供应链的一般技术。线性规划，特别是运输方法在解决这些物流设计问题时是一种非常有用的方法。这些问题可以使用 Excel Solver 很容易地解决，本章介绍了如何做到这一点。全球商业环境的急剧变化要求高度重视相关产品的采购和交付决策。这些决策必须根据实际费用迅速做出。使用电子表格建立成本模型，结合最优选择，对分析这些问题是一个强有力的工具。

本章还简要地介绍了使用回归分析来进行服务设施的选址，如餐馆和零售商店。这些问题都具有挑战性，而电子表格建模又是一个重要的分析工具。

关键术语

物流（logistics）：（1）在工业方面，获取、生产、在适当的地点和以适当的数量分发材料与产品的艺术和科学。（2）在军事意义上（有更多的使用），其含义也可包括人员的流动。

国际物流（international logistics）：与材料和成品在全球范围内运动有关的所有功能。

第三方物流公司（third-party logistics）：管理全部或部分其他公司产品交付运作的公司。

接驳式转运（cross-docking）：用于巩固仓库而不是制造更大的出货量，大批量的货物被分解成小的出货量以提供给一个地区的方法。

中心辐射系统（hub-and-spoke systems）：结合了巩固和接驳式转运理念的系统。

自由贸易区（free trade zone）在一个典型的自由贸易区（在海关的监督下），外国货物可以免付关税。

贸易共同体（trading bloc）：达成在成员国之间贸易的某种协定的一些国家，其公司可以在这些地区选址以获得新市场的优势。

因素评分法（factor-rating system）：一种将各种因素结合起来考虑的选址方法。每个因素都有一个打分范围，再将打分之和进行比较，然后选择得分最高的地址。

运输方式（transportation method）：一种特殊的线性规划方法，解决从几个生产地到几个目的地的运输问题。

重心法（centroid method）：一种为单个设施选址的技术，需要考虑现有工厂、它们之间的距离以及货物运输量等因素。

公式复习

重心：

$$C_x = \frac{\sum d_{ix}V_i}{\sum V_i} \qquad C_y = \frac{\sum d_{iy}V_i}{\sum V_i}$$

应用举例

劲浪，一家汽车空调制造商，目前在三个地点生产 XB－300 系列产品：工厂 A、工厂 B 和工厂 C。最近管理层决定在单独的工厂 D 生产所有的压缩机，这是汽车空调的一个主要部件。

运用重心法和在图表8—8 与图表8—9 中的信息，确定工厂 D 的最佳位置。假定运输量和运输费用（没有额外费用）之间呈线性关系。

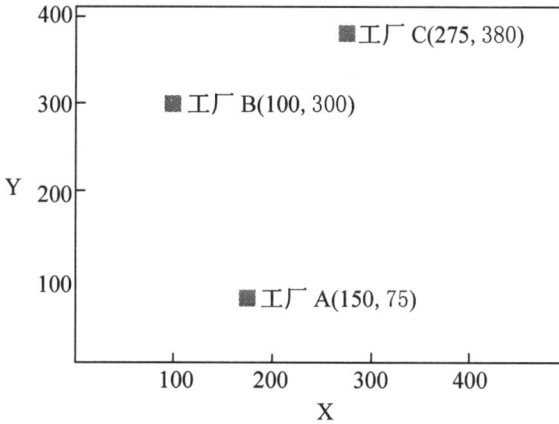

图表8—8　工厂选址矩阵

图表8—9　**每个工厂压缩机需求量**

工厂	压缩机每年需求量
A	6 000
B	8 200
C	7 000

解：

$$d_{1x} = 150 \quad d_{1y} = 75 \quad V_1 = 6\,000$$
$$d_{2x} = 100 \quad d_{2y} = 300 \quad V_2 = 8\,200$$
$$d_{3x} = 275 \quad d_{3y} = 380 \quad V_3 = 7\,000$$

$$C_x = \frac{\sum d_{ix}V_i}{\sum V_i} = \frac{150 \times 6\,000 + 100 \times 8\,200 + 275 \times 7\,000}{6\,000 + 8\,200 + 7\,000} = 172$$

$$C_y = \frac{\sum d_{iy} V_i}{\sum V_i} = \frac{75 \times 6\,000 + 300 \times 8\,200 + 380 \times 7\,000}{21\,200} = 262.7$$

$$工厂\ D[C_x, C_y] = D[172, 263]$$

复习与讨论题

1. 通常是什么原因促使公司开始选址或重新选址？
2. 列出一家新的电子元件制造公司要搬迁到你所在城市或城镇的五个主要原因。
3. 设施选址在服务业和制造业为什么不同？
4. 一个中小规模的制造公司（生产成品），在《北美自由贸易协定》生效后从美国搬迁到墨西哥，其优势和劣势分别是什么？
5. 如果你能将你新开的软件开发公司选在世界上任意一个位置，你会选择在哪里？为什么？

习题

1. 在"应用举例"中，假定管理层把 2 000 单位的产品从工厂 B 转移到工厂 A，这种变化是否会改变工厂 D 的选址？如果会的话，工厂 D 应该选在什么位置？

2. 一个小的制造工厂正计划为三个大的制造工厂供应零件，这三个大的制造工厂的坐标与所需的零件数见下表：

工厂地址	坐标（X, Y）	数量（每年）
派奥瑞亚	300, 320	4 000
笛卡特	375, 470	6 000
朱略特	470, 180	3 000

利用重心法确定这个小工厂的最佳位置。

3. 宾德利公司与生产洗衣机的云树有限公司签订了一份一年的合同，向这家公司所有洗衣机供应发动机。云树公司在全国有四个厂址：纽约、沃思堡、圣地亚哥和明尼阿波利斯。各工厂的计划生产量如下：

纽约	50 000
沃思堡	70 000
圣地亚哥	60 000
明尼阿波利斯	80 000

宾德利公司有三个工厂生产发动机。工厂与产能如下：

博尔德	100 000
梅肯	100 000
加里	150 000

由于生产和运输成本都是可变的，宾德利公司每生产 1000 个发动机的利润取决于它们在哪里生产以及运输到哪里。下表给出了会计部门估计的每单位的利润（以

1 000为单位运输）：

生产地	运输到			
	纽约	沃思堡	圣地亚哥	明尼阿波利斯
博尔德	7	11	8	13
梅肯	20	17	12	10
加里	8	18	13	16

以利润最大化为标准，宾德利公司需要决定每个工厂应该生产多少发动机，多少发动机分别从每个工厂运到每个目的地。

a. 为这个问题制定一个矩阵。

b. 利用 Microsoft Excel 求解最优解。

4. 租车人公司是一个多厂址的汽车租用公司，公司正在实施一项新政策——"将汽车送到你最方便的地点"，以提高服务质量。但是这意味着公司需要不断地把汽车在城市里移动以保证汽车的有效利用。对经济型汽车的供求，以及将这些车从一地移动到另一地的成本在下表中表示出来。

从 \ 至	D	E	F	G	供给
A	$9	$8	$6	$5	50
B	9	8	8	0	40
C	5	3	3	10	75
需求	50	60	25	30	165 / 165

a. 使用 Microsoft Excel 解出成本最优解。

b. 你会如何控制成本，以保证从 A 地向 D 地送车总是最优方案？

案例：艾普利化学公司的运输问题

艾普利化学公司管理层正面临着一个难题：如何为其顾客分配全世界范围的制造工厂的生产能力。管理层很早就意识到了他们的生产工厂效率差别很大，但是那些效率低的工厂很难提高效率。此时，管理层要做出如何在各工厂成本给定的条件下最优地利用产能。他们认识到这可能会使得某些工厂的产能急剧下降，甚至关闭一些工厂。

艾普利化学公司生产一种叫做易取剂的产品。塑料模具公司需要用这种化工产品。塑料部件是通过将热的塑料注入部件形状的模子生产出来的，模子可以再用做其他用途。易取剂是一种干燥的粉状物，是制造流程的物料之一，它可使塑料成形后易于脱离模子。

艾普利化学公司自 20 世纪 50 年代早期就开始生产这种产品了，需求一直很稳定。艾普利化学公司市场调查组最近的研究表明，对易取剂的需求在未来 5 年内将会十分稳定。尽管艾普利有一些竞争对手，尤其是在欧洲市场，但管理层仍然相信，只要他们公司能够以竞争成本制造出质量合格的产品，顾客还是会忠实于他们的产品的。易取剂的销售价现在是每磅 1 美元。

公司在下列城市拥有能够生产易取剂的工厂：印第安纳州的加里、加拿大安大略湖的温莎、德国的法兰克福、墨西哥的墨西哥城、委内瑞拉的加拉加斯和日本的大阪。尽管工厂主要是满足本地的需求，但还是有一些因素导致需要出口和进口。下表包含了过去一年如何满足需求的数据：

单位：100 000 磅

上年产品的生产和运输						
来自/去	墨西哥	加拿大	委内瑞拉	欧洲	美国	日本
墨西哥城	3.0		6.3			7.9
温莎		2.6				
加拉加斯			4.1			
法兰克福			5.6	20.0	12.4	
加里					14.0	
大阪						4.0

各工厂所用技术的不同，当地原材料和劳动成本的差异，导致各个工厂生产易取剂的成本也存在很大的差异。这些成本还会受到当地汇率以及劳动法的变化的影响，对墨西哥和委内瑞拉来说尤其如此。一个地区的各个工厂的生产能力也有所不同，管理层目前没有兴趣提高任何一家工厂的生产能力。下表给出了每个工厂的产能和生产成本。

工厂生产成本和产能		
工厂	生产成本（单位：美元/1 000 磅）	工厂产能（单位：100 000 磅）
墨西哥城	95.01	22.0
温莎	97.35	3.7
加拉加斯	116.34	4.5
法兰克福	76.69	47.0
加里	102.93	18.5
大阪	153.80	5.0

在考虑如何最好地利用工厂产能时，艾普利化学公司管理层需要考虑从一个顾客地运到另一个顾客地的运输成本。艾普利化学公司通常是散装运输，但是很贵。相关的成本不仅包括运输成本，在某些国家还有海关关税。艾普利化学公司致力于满足顾客需求，尽管有时候并不能盈利。

下表详细给出了各个国家需求的详细情况、货物的运输成本和征收的关税（当然不是目前的关税）。进口关税用生产厂家的生产成本和运输成本来计算（比如，如果 1 000 磅的易取剂的生产、运输成本加起来是 100 美元，那么进口关税就是 100 ×

0.5 = 50 美元）。

运输成本（每1 000磅）、进口关税和需求

工厂/国家	墨西哥	加拿大	委内瑞拉	欧洲	美国	日本
墨西哥城	0	11.40	7.00	11.00	11.00	14.00
温莎	11.00	0	9.00	11.50	6.00	13.00
加拉加斯	7.00	10.00	0	13.00	10.40	14.30
法兰克福	10.00	11.50	12.50	0	11.20	13.30
加里	10.00	6.00	11.00	10.00	0	12.50
大阪	14.00	13.00	12.50	14.20	13.00	0
总需求	3.0	2.6	16.0	20.0	26.4	11.9
进口关税	0.0%	0.0%	50.0	9.5%	4.5%	6.0%

问题：

鉴于所有这些数据，建立一个电子数据表格（艾普利.xls），为公司的管理层回答下列问题：

1. 评价艾普利工厂生产能力的使用情况及生产成本。

2. 使用 Excel Solver 解出工厂生产能力使用的最优解。

3. 你会建议艾普利化学公司管理层怎么办？为什么？

注释

M. E. Porter, "The Competitive Advantage of Nation," *Harvard Business Review*, March-April 1990.

参考文献

Ballou, R. H. *Business Logistics Management.* 4th ed. Upper Saddle River, NJ: Prentice Hall, 1998.

Drezner, Z., and H. Hamacher. *Facility Location: Applications and Theory.* Berlin: Springer Verlag, 2002.

Klamroth, K. *Single Facility Location Problems with Barriers.* Berlin: Springer-Verlag Telos, 2002.

9

精益生产

阅读了本章后，你将：

1. 知道产品推式系统怎样工作。
2. 理解丰田生产系统的理念。
3. 知道怎样利用价值链映射来识别浪费活动。
4. 知道如何利用看板卡来控制一个拉式系统。
5. 了解如何实现精益生产。
6. 熟悉精益理念应用于服务系统的例子。

本章概要

旭电公司的精益六西格玛

精益逻辑

精益生产的定义

丰田生产系统
消除浪费
尊重员工

价值链映射的定义
成组技术的定义
源头质量的定义
均衡生产负荷（均衡化）的定义
看板和看板拉式系统的定义

精益生产应用要求
精益规划及设计流程
流水线上精益生产的应用
加工车间精益生产的应用
六西格玛质量
一种稳定的计划
与供应商合作

预防性维修的定义
均衡计划的定义
冻结区间的定义
倒冲法的定义

精益服务

小结

案例：质量汽配有限公司

案例：价值链映射的方法

旭电公司的精益六西格玛

旭电公司是目前国内领先的电子制造商和集成供应链服务商。在旭电公司，精益六西格玛注重于减少浪费和供应链各个环节的变化，并强调公司的每个活动都要为客户增加价值。

精益生产，是基于丰田生产系统，并发展于旭电公司制定的五个重要原则：

价值——通过定义它作为客户想要支付的事物来理解工作的价值。

价值链——通过定义价值增值和努力减少额外浪费的步骤来反映整个供应链的工作流程。

拉式——减少废物的主要来源——过量生产——当客户想要时才生产。这句话的意思是：只有当客户"拉"时才生产。

流动性——除去浪费的其他主要来源——库存膨胀和等待时间——通过供应链保证货物的不断流动并且永不停止。

改善/不断改进——通过在生产过程中一系列小的、有目的的行动（改善）来减少废物的总量。

为了完善精益生产，六西格玛在旭电公司的运作中是众所周知的数据驱动质量标准。它需要深入的统计度量标准来分析各种级别供应链的质量，消除缺陷。六西格玛——当与精益结合时——可以更加容易识别和迅速解决质量问题，并且当里面对新的、更好的可能性事件迅速获得结果。

精益六西格玛是 EMS 行业分割的标志，也是旭电公司整体战略和未来成功的根本。它显著地提高了旭电公司产品的质量并减少了浪费。它改变了服务客户的方式。它授权每个员工帮助公司改善业绩。它通过供应链增强了主要供应商的伙伴关系。而且，它开辟了关于业务的新的思维方式。

过去 50 年最重要的生产管理方法是精益生产或准时（JIT）生产。在供应链背景下，精益生产指的是专注于尽可能地消除浪费。除去那些不需要、不必要的工作步骤和供应链中的过量库存是精益流程中的改进目标。一些行业顾问创造价值链这个词是为了强调为客户运输产品并提供服务的供应链过程中的每一个步骤应该创造价值。如果一个步骤不创造价值，它应该从这个过程中被消除。

精益生产这个词最初来源于日本丰田公司的 JIT 生产。20 世纪 70 年代，JIT 获得了世界广泛的认可，但它的一些理念可以追溯到 20 世纪初的美国。亨利·福特采用 JIT 理念来推动汽车装配流水线移动。例如，为了消除浪费，他使用包装箱的底部作为汽车座椅的地板。虽然最初的 JIT 早在 20 世纪 30 年代就被用于日本工业，但直到 20 世纪 70 年代，丰田汽车的大野耐一才开始运用 JIT 技术，将丰田汽车推上了准时交货和保证质量的最前沿，JIT 方法才得到完全的提炼。

20 世纪 90 年代，许多公司采用精益这个词代替 JIT 来强调通过供应链系统来减少浪费的目标。JIT 现在主要指生产调度方面，例如在精益理念下的拉式系统。

本章叙述精益生产的逻辑；该理念在日本丰田公司的发展；它是如何被执行的，以及其在制造工厂和服务公司中的应用，如在本章开篇描述的旭电公司。

9.1 精益哲理

精益生产是一组活动的集合，旨在利用最少量库存的原材料、在制品以及产成品实现大批量生产。零件"准时"到达下道工作站，并被迅速转移。精益生产的理念还基于以下逻辑：任何产品，只在需要时才进行生产。图表 9—1 展示了精益生产的实现过程。生产需要产生于对产品的实际需求。从理论上讲，当有一件产品卖出时，市场就从系统终端拉动一个产品，于是形成了对生产线的订货。接着总装线工人从物流的上游工作站拉动一个新产品补充被取走的产品。这个上游工位从更上游的工位拉动产品需求。这一过程不断循环，直到原材料投入流程。为了保证流程平稳工作，精益生产要求流程的各阶段都要具有高质量水平、与供应商具有良好的关系以及对最终产品需求有准确的预测。

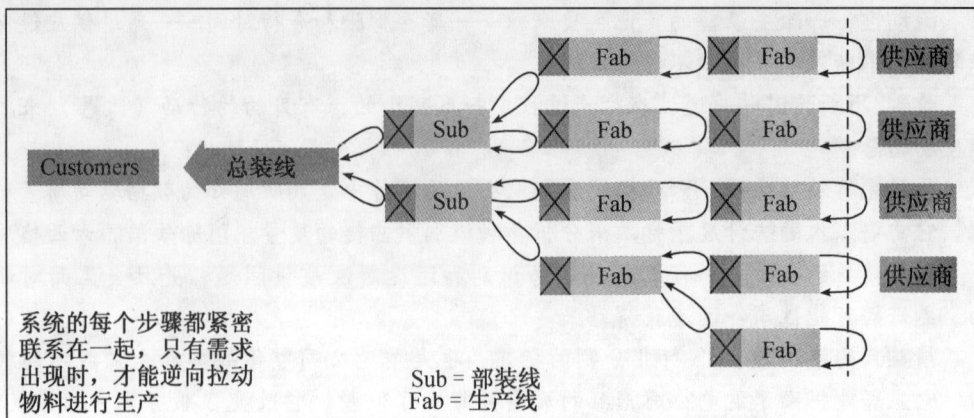

图表 9—1　精益生产拉式系统

9.2　丰田生产系统

在这一节我们研究精益生产的哲理和要素。精益生产源于日本，丰田生产系统就是其最好的体现——精益生产的基准。丰田生产系统就是为了提高质量和生产力而逐步发展起来的，以日本文化中消除浪费和尊重员工的思想为哲理。

9.2.1　消除浪费

就像丰田的总裁藤尾长定义的那样，浪费是"除生产不可缺少的最少量的设备、原材料、零部件和工人（工作时间）外的任何东西"。藤尾长在对精益生产的定义中阐述了供应链中可被消除的七种主要类型的浪费：（1）过量生产的浪费；（2）等待时间的浪费；（3）运输的浪费；（4）库存的浪费；（5）工序的浪费；（6）动作的浪费；（7）产品缺陷的浪费。

有一种方法被用来分析生产过程，以确定可以改进的步骤，叫做价值链映射。这个方法是建立一个能清晰显示那些能增加价值的活动、不能增加价值的活动和只是等待的步骤的详细过程图。看专栏中超级工厂学习中心的例子，通过画非价值增加活动的图表，我们可以知道什么改变能对精益过程产生巨大影响。

价值链映射对分析现有生产过程是一个很好的方式。以下原则指导精益供应链的设计：

1. 集中化的工厂网络。
2. 成组技术。
3. 源头质量控制。
4. JIT 生产。
5. 均衡生产负荷。

6. 看板生产控制系统。

7. 最小化准备时间。

集中化的工厂网络。相对于大型纵向一体化的制造工厂，日本人更喜欢建立小规模专业化工厂（丰田公司在丰田市区和周边及爱知县的其他地区设立了12家工厂）。他们认为大厂的经营运作和官僚作风很难管理，并且这种方式并不适合他们的管理风格。为了同一目标而设计的工厂可以更为经济地建造和运营。日本企业的绝大部分工厂，大约60 000家，其规模都在30 ~ 1 000人。

价值链映射

价值链映射在供应链流程中作为减少浪费的方法被广泛应用。价值链是一个从开始到结束为客户提供结果的网络（价值链映射的例子在本章最后给出）。

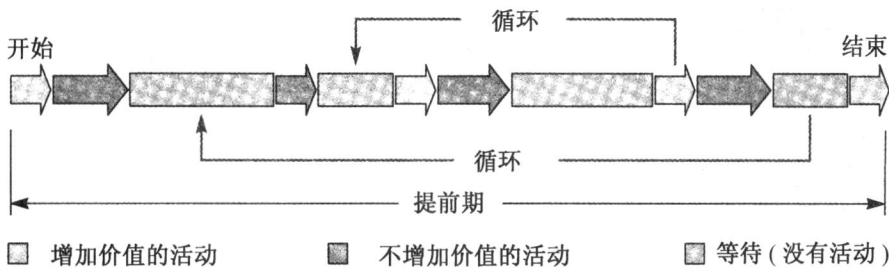

☐ 增加价值的活动　　☐ 不增加价值的活动　　☐ 等待（没有活动）

一些活动对结果增加价值，另外一些不增加价值，有时候工序停止并不伴随任何活动。

价值链的原则

1. 保持价值链的移动速度最大化。

2. 消除停止、减速或者转移价值链带来的浪费。

3. 集中在消除浪费而不是加快价值增值的运作。

4. 在工厂、办公室、物质、程序和技术操作上寻找浪费。

我们想的是……

我们实际是……

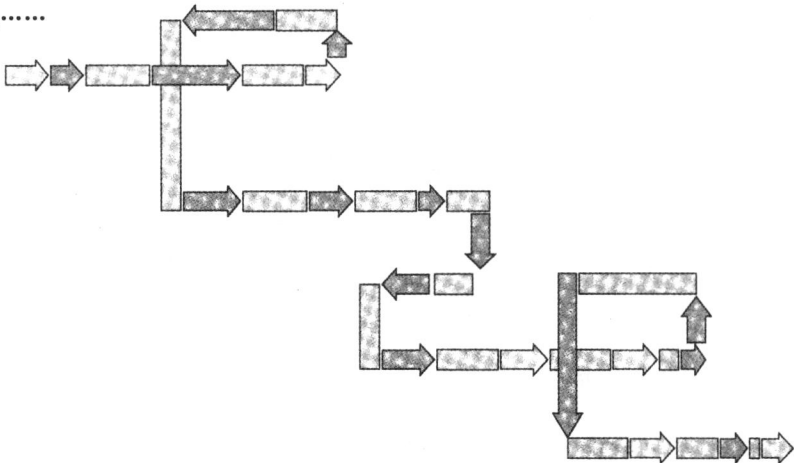

什么是可以达到的……

成组技术。成组技术（GT）是指将相似的零部件分成一组，生产这些零部件的工作由一个专门的工作单元负责。成组技术取代了将工作从一个部门转移到另外一个部门的专业员工操作的方式，考虑了制作一个零部件的所有操作，并将完成这些操作的机器组合在一起。图表9—2说明了两种布局方式的不同：一种是将生产一种零部件的各种机器组成一个工作中心；另一种是按部门进行布局。成组技术单元消除了不同操作之间的移动、等待时间，减少了库存和所需雇员的数量。然而，员工必须具有充分的灵活性以便能够操作几种不同的设备，完成工件的加工过程。由于工人们具有先进的技术水平，因此工作的安全性也得到了提高。

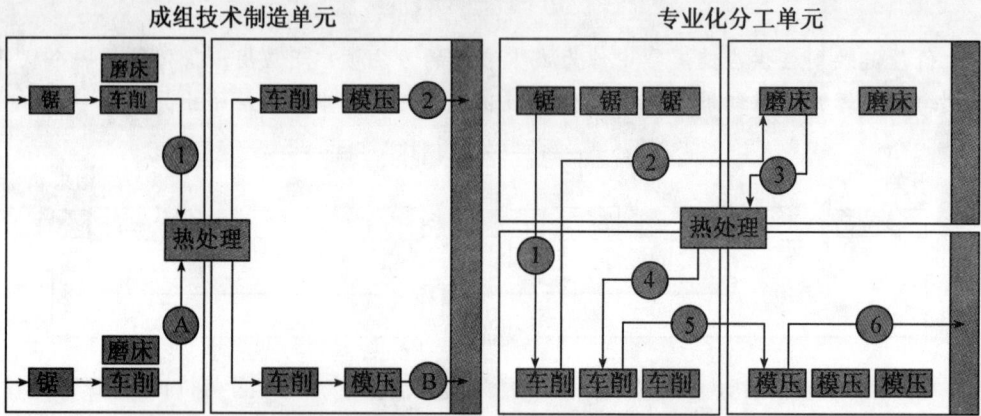

成组技术制造单元　　　　　　　　　　　专业化分工单元

图表9—2　成组技术与专业化分工的比较

　　源头质量控制。源头质量控制意味着必须一次性就把工作做好，而一旦出现错误，就立即停止该流程或装配线的工作。工厂的工人成为自己工作的检查者，人人都必须对自己的产品质量负责。由于工人一次只关心工作的一部分，因此就容易发现工作中存在的质量问题。如果工作节奏太快，或者工人发现了质量问题，再或者如果工人发现了安全性问题，他都必须按下按钮停止生产线的运行，同时发出一个可视信号。其他部门的人员对该报警和问题立即做出反应。此时，工人们被授权维修自己的机器和进行清理工作，直到问题被解决。

　　JIT生产。JIT意味着仅在需要的时候才生产必要的产品，绝不过量生产。超过最小需求的任何产品都将被看成浪费，因为在当前不需要的事物上投入的精力和原材料不能马上得到利用。这种思想与那种依靠额外物料投入以预防出现工作失误的做法形成鲜明的对比。

　　JIT通常用于重复性生产，即重复制造一个相同或相似的部件。JIT并不要求进行大批量生产，它可用于任何业务中具有重复性的部分，而不论它们出现在何处。在JIT的生产模式中，理想的批量规模是1个。尽管工作站可能比较分散，但日本人还是可以将运输时间缩短至最小，同时保持运送批量最小——通常是把日产量的1/10作为单位运送批量。供应商有时甚至要每天供应多次物料，以保持较少的批量规模和较低的库存。这样做的目标就是尽量把排队中的库存降低至零，实现库存投资的最小化，大大缩短从订货到交货的时间。

　　当库存水平较低时，质量问题就变得非常明显。图表9—3体现了这个观点，如果一个池里的水代表库存，石头代表企业中可能出现的问题。当水位较高时，就隐藏了问题（石头），同时管理层也会认为每件事都做得很好。但当水位在经济衰退中下降时，问题就出现了。如果特意让水位下降（特别是在经济繁荣期这样做），就能在引起更严重的问题之前，发现和解决这些问题。JIT 生产可以发现其他生产方式中由于过多库存和过多人员而隐藏的问题。

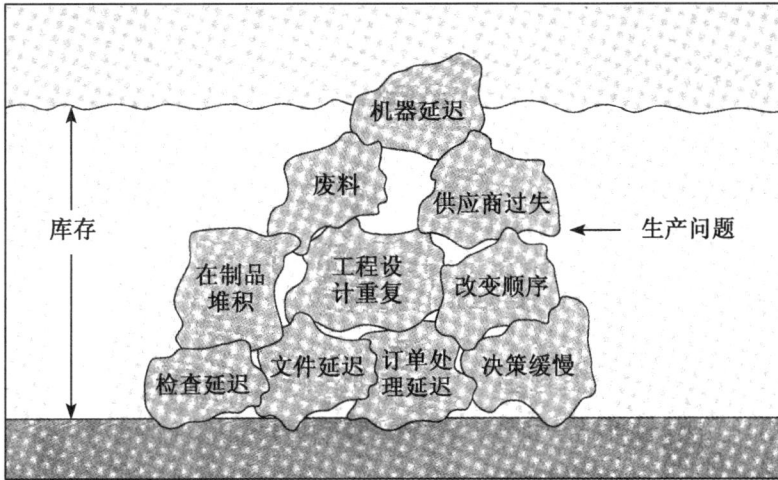

图表 9—3　库存隐藏问题

均衡生产负荷。平稳生产流程以抑制通常由于计划的变动所带来的波动反应，被称为均衡生产负荷。在总装配线上发生变化时，这种变化就在整条生产线上和供应链上放大了。解决该问题的唯一办法是建立企业月生产计划，使生产率固定在一个稳定的水平上，使调整尽可能小。

丰田公司发现可以通过每天建立相同的产品组合进行小批量生产的方式解决车间生产负荷不均衡的问题。因此，他们总是有一个总产品组合来适应需求的变化。图表 9—4 为丰田公司的一个例子。各车型汽车月产量被分解为日产量（假设每月 20 天），以便计算每一车型生产的周期时间（这里定义为生产线上两个相同单位产品之间的生产时间）。该周期时间用于调整资源，以精确地生产出所需数量的产品。设备或生产线的速度可供调整，以使每天的产量与需求相符。JIT 强调按计划、成本和质量进行生产。

图表 9—4　　　　　丰田公司在日本的一条装配线进行混合加工的例子

车型	月产量	日产量	该车型的周期时间（分钟）
轿车	5 000	250	2
顶篷车	2 500	125	4
货车	2 500	125	4

注：生产顺序按轿车、顶篷车、轿车、货车、顶篷车、轿车、货车进行（间隔为 1 分钟）。

看板生产控制系统。看板生产控制系统使用符号设备管理 JIT 的物流。在日本，看板在日语中的意思是"信号"或"指令卡"。在无纸传输信息的控制系统中，可以使用容器代替卡片。卡片或容器组成了看板拉动系统。增加生产或供应部件的职权来自下游操作。图表9—5画出了一条装配线，该装配线由一加工中心供应零件。该加工中心生产A和B两种零件，这两种零件储存在靠近装配线和加工中心的容器里。每个靠近装配线的容器中有个提领看板，每个靠近加工中心的容器中有个生产看板，这就是通常所说的两看板系统。

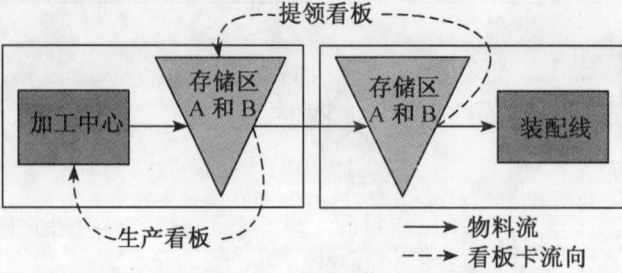

图表9—5　两看板系统图

当装配线从一个装满第一种零件A的容器中取走零件时，就有一个工人从容器中取走提领看板，把这个看板放到加工中心的储存区。在加工中心，工人发现了零件A的容器，从中取出生产看板，并放入提领看板。容器中放入提领看板就说明准许将该容器移送到装配线。取出的生产看板则放在加工中心的工具架上，说明现在准许另一批原料投入生产。零件B的生产流程也类似。这样工具架上的看板就成为加工中心的分配表。看板并不是发出生产请求的唯一途径，发出生产请求还可采用其他可行方法，就像图表9—6所显示的。

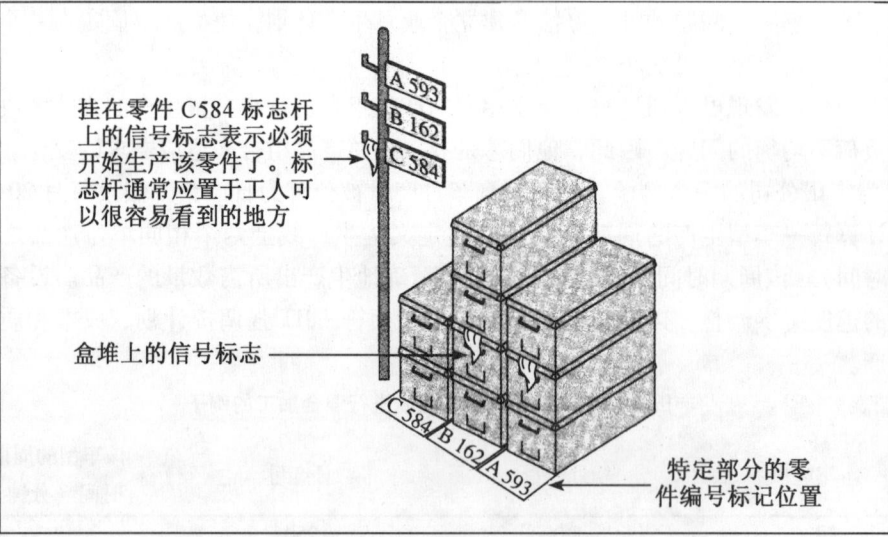

图表9—6　具有警告信号标志的输出存储地点图

以下列举了其他一些可能的途径：

1. 看板方块空间。有些公司使用画在地面上或桌面上的有标记的方格来标志应该存放原料的地方。当方格为空时，供应部门就被准许生产；当方格是满的时，就不需要进行生产。

2. 容器系统。有时容器本身也可以当做信号装置。这时，工厂地板上放着的空容器显然在发出把它装满的需求信号。库存数量可以简单地用增加或移走容器的方法来调节。

3. 彩色高尔夫球。在川崎公司引擎生产厂中，当一条子装配线上的零件数接近队列的最低点时，装配工人就放出一个彩色高尔夫球，通过管道滚到补充加工中心。这就可以告诉补充加工中心的工人下面应生产哪种零件。基于这种方法，已经发展出了很多变种。

看板拉式途径不仅可用于制造车间之内，也可用于制造车间之间（例如，拉动引擎和传动装置进入汽车装配车间），还可用于制造商和外部供应商之间。

确定看板卡的数量。建立一个看板控制系统需要确定看板卡（或容器）的数量。对于两看板系统，我们要确定提领看板和生产看板的数量。看板卡代表了装载用户与供应商间来回流动的物料的容器数。每个容器代表所需供应的最小生产批量，因此容器数量直接控制着系统中在制品的库存数。

准确地估计容器零件从订货到交货的时间是确定容器数量的关键所在。从订货到交货的时间是一个关于容器的加工时间、生产过程中的任何等待准备时间和将原料运送到客户手中所需运输时间的函数。所需看板的数量应该等于从订货到交货的这段时间内的期望需求量加上一些作为安全库存的额外数量。看板数量的计算公式如下：

$$k = \frac{\text{提前期的预期需求} + \text{安全库存}}{\text{容器的容量}} = \frac{DL(1+S)}{C} \qquad [9.1]$$

式中：

k——看板卡数量；

D——特定时间段内所需产品的平均数量（提前期与需求使用相同的时间单位）；

L——补充一个订单的提前期（用相同单位的需求表示）；

S——安全库存量，从订货到交货这段时间内用需求量的百分比表示（其数值基于第 12 章介绍的服务水平和偏差）；

C——容器容量。

由此可见，看板系统并不能实现零库存，但是，它能控制一次投入流程中的物料数量。看板系统可以方便地进行调整以适应系统当前的运行方式，因为卡片的数量可以十分容易地从系统中增加或减少。如果工人发现他们不能准时完成零件的加工，则可以增加一个新的物料容器，当然同时也加入一个新的看板卡。如果发现有多余的物料容器，则可以很容易地减少看板卡，即减少库存数量。

例9.1　确定看板卡的数量

阿尔文汽车配件公司是一家为三大公司生产消音器组件的企业。该公司应用看板拉动的方式控制物料在其生产单元中的移动。每个生产单元被设计用来装配一种特定的消音器。消音器组件的装配包括切断和弯曲多根管子，再焊接到消音器和汽车的催化式排气净化器上等多项工作。消音器和催化式排气净化器是基于当前需求而引入生产单元的。催化式排气净化器在特定的生产单元中生产。

催化式排气净化器以 10 个一批的方式进行生产，并用一种特殊的手推车运送到装配单元。催化式排气净化器单元的设计是为了实现在零准备时间损失的前提下生产多种催化式排气净化器。该单元可以大约每隔 4 小时对一批催化式排气净化器的需求做出反应。因为催化式排气净化器单元就位于消音器装配单元的旁边，因而运输时间实际上为零。

消音器装配组装单元平均每个小时大约装配 8 个组件，每个组件都使用同样的催化式排气净化器。由于流程中存在差异，管理层确定需求量的 10% 作为安全库存。

需要多少看板卡来管理催化式排气净化器的补货任务？

解：

本例中，从补充订货到交货的时间（L）是 4 小时，对催化式排气净化器的需求（D）是每小时 8 个，安全库存（S）是预期需求的 10%，容器容量（C）是 10 个单位。

$$k = \frac{8 \times 4 \times (1+0.1)}{10} = \frac{35.2}{10} = 3.52$$

本例中，我们需要 4 个看板卡，即我们需要在系统中设置 4 个装载净化器的容器。无论在何种情况下，我们计算 k 时，都应将计算出的看板数量进位取整，因为我们总是需要用装满了零件的容器来进行工作。

最小化准备时间。 由于精益生产以小批量生产为准则，故机器准备工作必须迅速完成，以实现在生产线上进行混合生产。下面是一个来自 20 世纪 70 年代末的实例，丰田公司的胶印工人小组为实现汽车车篷和保险杠的混合生产，能够在 10 分钟内完成 800 吨压力机的换模；而美国工人平均需要 6 个小时，德国工人平均需要 4 个小时（不过现在这种速度在美国的大部分汽车工厂也已相当普遍）。为实现准备时间的减少，在 JIT 系统中将准备工作划分为内部准备和外部准备。内部准备只能在停机后才能进行，而外部准备则可在机器的运行期间实现。其他节约时间的装置如备用的刀架等也可达到缩减准备时间这一目的。

9.2.2　尊重员工

尊重员工是丰田公司生产系统的一个关键因素。公司有着对永久职位实行终身雇佣的传统和在商业环境恶化的情况下维持一个稳定的工资水平的传统。归属于公司的长期员工（占日本总劳动力的 1/3）享有工作保障，而且会尽其所能地帮助公司实现其目标（不过日本最近的经济衰退已经使很多企业放弃了这种思想）。

丰田公司以及日本其他公司的工会组织与管理层建立了合作关系。在经济繁荣期，所有员工每年能获得两次红利。员工们知道如果公司业绩好，他们就能得到红利。这激励员工努力地提高生产效率。管理者们把员工看成财富，而不是人力机器。公司尽量使用自动设备和机器人完成枯燥的工作或常规的工作，这样可以使雇员解放出来去完成更重要的工作改进。

丰田公司严重依赖转包商网络。事实上，由小公司构成的供应商网络囊括了日本 90% 以上的公司。其中一些供应商是某个小领域的专家，他们通常会为多客户服务。

公司与供应商和客户建立长期合作关系，供应商也将自己看做客户大家庭中的一员。

一项由斯德哥尔摩经济学院的 Christer Karlsson 主持的研究指出，发源于这里的精益理念并不在日本制造业公司中普遍应用，相反它在合适的环境下才能发挥作用。然而，其减少浪费、尊重员工的基本思想仍然是大多数日本制造业公司拥有卓越生产力的根基。

9.3 精益实施的要求

本节围绕图表 9—7 中所示的模型探讨如何实现精益生产。这些建议都是针对重复性生产系统的，即那些重复生产相同产品的系统。另外，牢记各个要素是相互联系的：生产系统中的任何改变都会影响到系统的其他功能。

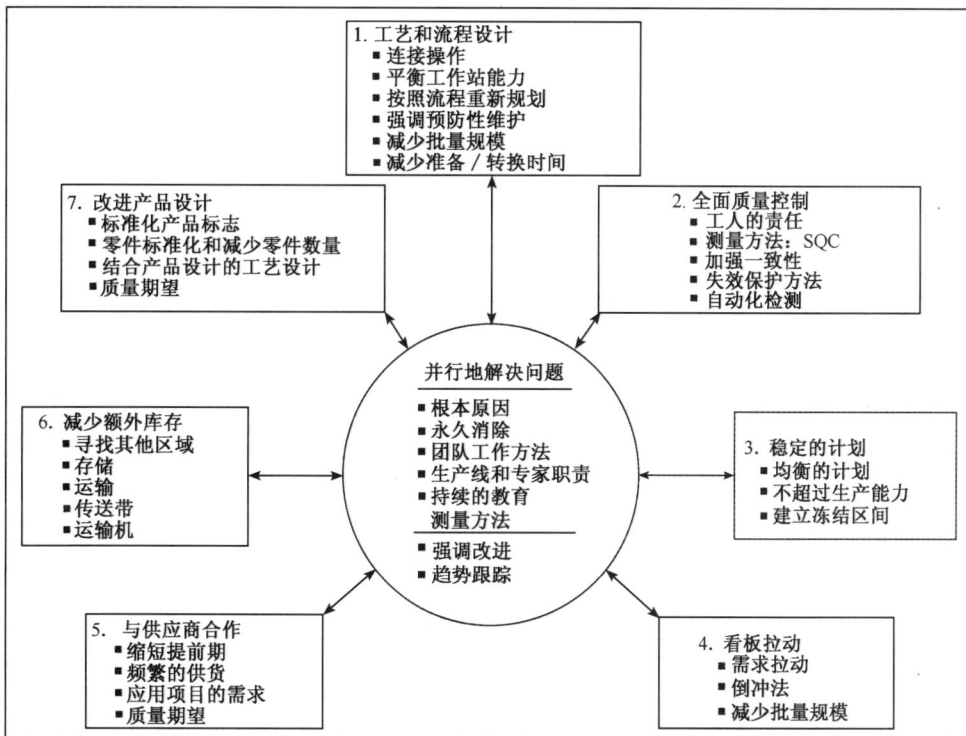

注：此图的模型来自 HP 公司 Boise 工厂为实行其精益生产计划所使用的框图。

图表 9—7 如何实现精益生产

9.3.1 精益规划及设计流量

精益生产要求车间的规划设计应能保证均衡工作流，使在制品库存最小化。不论生产线是否实际存在，每个工作站都是这个生产线的一部分。同样的逻辑也应用在装配线上，从而使生产能力得以平衡。通过拉式系统的构建，所有操作相互联系起来。另外，系统的设计者必须考虑到企业内外部后勤系统的各个方面如何受到规划的影响。

预防性维护重在确保工作流不会因为停工检修或是机器故障而中断。它是指专门为了保证机器可靠运行而定期进行的检查和维修。由于精益生产使用的是几个简单的机器而非单个大型的复杂机器，因此，操作人员对机器都比较熟悉，机器也更易于维修，所以操作人员理所当然会从事大量的维护性工作。

之前我们已经讨论过要使流程平稳化必须减少机器的准备和转换时间。图表9—8显示了生产的批量和机器准备成本的关系。在传统的方法下，机器准备成本被认为是常量，图表中显示是6。而实施看板生产后，机器准备成本是变量，最佳订货量减少。如图表所示，实施精益生产后，通过采取减少准备时间的工艺，订货量从6个下降到2个。公司将会不断追求，直至实现把批量降为1的最终目标。

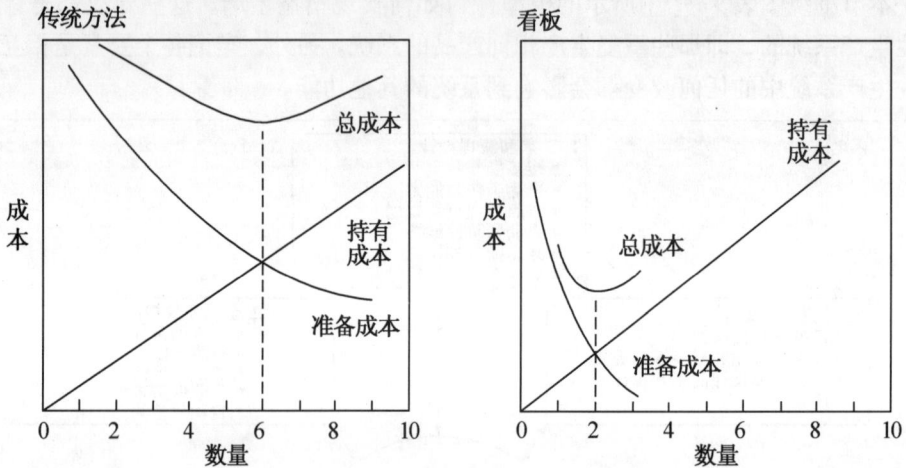

注：持有成本包括存货成本和存货占用资金的成本。机器准备成本包括支付给完成机器准备工作的工人的工资成本以及各种管理成本和供应成本（关于它们的总体介绍参见第12章"库存管理"）。

图表9—8　生产批量与机器准备成本的关系

9.3.2　流水线上精益生产的应用

图表9—9描述了一条简单的流水线的拉式系统。在纯精益生产环境中，员工只有当产品在生产线末端受到市场需求拉动时才开始工作，生产的产品可能是产成品，也可能是后续工序使用的零部件。当产品被拉动时，工人将从生产线上游工序获得补充产品。如图表所示，一件成品从成品库存F中取出。然后，存货清查员到E工作站取来替代产品填补该空位。这种步骤沿生产线向上追溯，直到工人A，他从原料库存中领取物料进行生产。工作流规划的规则就是要求员工在他们的工作站上保证成品的供应，如果有人取走了该成品，工人必须沿工作流向上游工序取来新的零部件并进行加工。

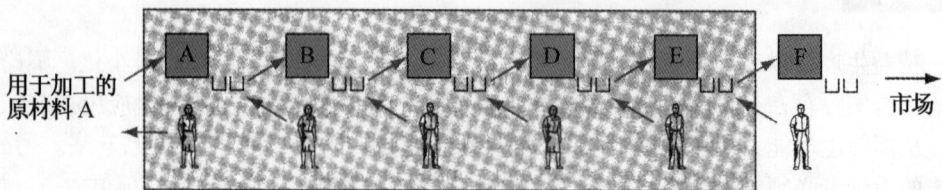

图表9—9　流水线的精益规划

9.3.3　加工车间精益生产的应用

尽管加工车间具有小批量、多品种的特点，但如果需求平稳并可进行重复生产的话，则加工车间也可以实施精益生产。当需求来自下游生产阶段而非最终客户时，更容易实现需求的平稳化（原理在于平衡内部客户的进货需求远比分销商或最终的个人购买者要容易得多）。

工厂加工中心、油漆车间以及衬衣制作车间都是加工车间的例子。这些车间的操作通常都是在零部件到达最终生产阶段之前对其进行加工。举例说明，如图表9—10中所示的生产系统，假设加工中心生产9种不同的零件，且这9种零件分别用于JIT方式下的几种不同产品的生产。而加工车间则存放盛满这9种零件完成品的容器以供不同的用户取用。操作工人可以每隔一段时间后到该加工中心各处（每隔1小时或更频繁）拿走空容器，将它们送到相应的上游加工中心并取走已装满的容器。在图表9—10中，自动引导小车拣选和输送零件 M_5 和 M_8 到生产线2和生产线3上完成后续加工。这些工作可以手工进行，也可以自动化完成，但无论采取何种方式，这些周期性的拣选操作都使得系统可以按照准时化的模式进行工作。

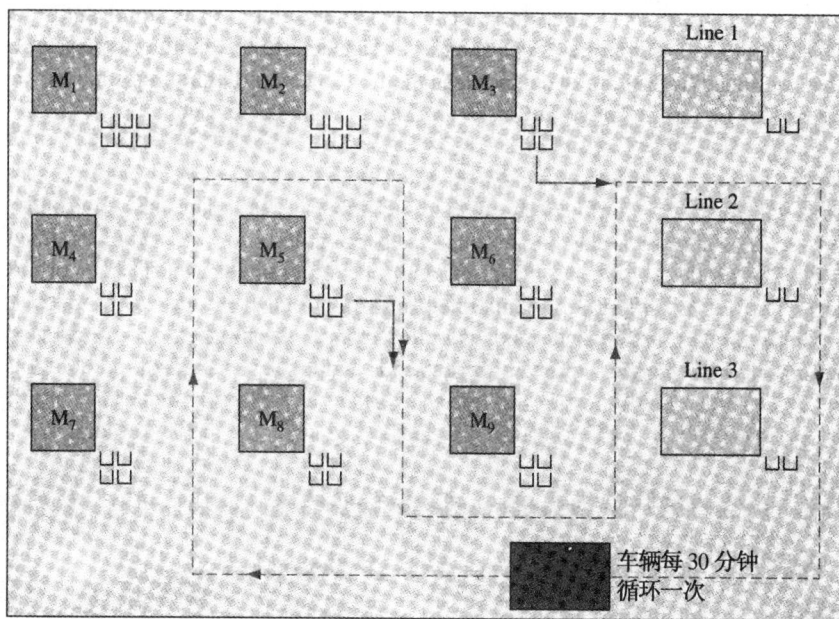

图表9—10　加工车间的精益规划显示物料搬运车的运动路线连接着加工中心和操作流程

9.3.4　六西格玛质量

精益生产和六西格玛质量已经在理论和实践中紧密地结合在一起。六西格玛质量是：制造过程中的每一步都要确保产品质量，而不是通过检验来确保质量。它也指员工为他们自己工作质量承担完全责任。当员工对其工作质量负责时，精益生产的运行状态最佳，因为在系统中流动的全部是高质量的产品。当所有产品的质量都能确保时，就不需要有额外库存的存在。这样，企业就能够获得产品的高质量和生产的高效率。通过使用统计质量控制方法和对员工的培训来保证，检验工作可以减少到只对第一个和最后一个生产环节进行。如果这两个环节的质量都非常好，则可推定这两个环节之间的其他产品质量也一样好。

产品质量的基础是改进产品的设计。产品布局的标准化、零部件数量的精简及标准化零件是精益生产系统中十分重要的因素。这些设计上的改变减少了产成品和进入生产的原材料的偏差。除了可以提高产品的生产效率外，产品的设计活动还可以加快工程转换的处理过程。

9.3.5　一个稳定的作业计划

正如前面提到的，实施精益生产需要有一个能在较长时间跨度内保持相对稳定的工作计划。这可以通过均衡计划、冻结区间和生产能力的留用等限制手段来实现。均衡计划是指：要求在从原材料直到总装线的拉动过程中尽量采用统一的模式，以保证生产的各个单元都能对拉动信号做出反应。这并不意味着生产线各部分都必须自始至终都处于使用中，它仅仅意味着现有的生产系统要能够灵活建立，以及上游生产线中要有固定数量的原材料对此做出反应。

冻结区间是指在一个时间段内计划是固定不变的，并且在该时间段中，也不可能对计划做任何改变。计划稳定所带来的优点可以从对拉动系统零部件的清点中看出。这里使用倒冲法的概念来表示，如果定期查看成品的物料单就可以计算出最终产品中每种零部件到底有多少，由此消除了工厂生产区大量数据的收集活动。而本来，如果最终产品在生产过程中都要进行追踪和计算的话，我们就必须耗费精力和资源进行这些清点活动。

生产能力没有充分利用和过度利用在精益生产中都是有争议的。在传统的生产方式中，常见的做法是用安全库存和提前移送作为预防质量偏差、机器故障、突发瓶颈等生产问题的手段。而精益生产中预防这些问题的手段是：过量的劳动力和机器设备或加班。过量的劳动力和设备要比过量库存的成本低得多。当需求超过预期，可以通过加班生产来满足。当需要额外生产能力时，通常会采用雇用临时工的做法。在生产淡季，多余员工可以去做其他工作，如参加特殊项目工作、参加工作小组活动，也可以参与工作站的日常维护工作等。

9.3.6　与供应商的合作

正如客户和员工是精益生产的重要组成部分一样，供应商也是很重要的。如果企业与其供应商共享其预计用料的需求信息，将使企业的供应商对其生产和分销系统的需求有一个长远的蓝图。有些供应商还可以通过互联网与顾客保持联系，共享生产计划和进货需求等数据，这就保证了供应商企业也可以建立起均衡化生产系统。对供应商或供货商的供货能力充满信心，企业就可以减少缓冲库存数量。把库存维持在精益生产的需求水平上，就要求每天必须频繁运送必要的零件。有些供应商甚至将产品运送到生产线中某个地点而不仅仅是送到接货料场。当供应商的产品质量可以完全保证时，对其供应产品的验收检查程序甚至可以取消。

9.3.7　建立精益供应链

正如我们在第8章中讨论的，供应链是一系列组织的集合，涉及的组织从提供原材料的多级供应商到原始设备制造商，再到最终产品配送和交付至顾客。Womack 和 Jones 在他们的重要著作《精益思想》中为实现精益供应链提出了以下建议：

- 产品价值的确定要结合其目标成本，并以最终顾客对价值的理解为基础。
- 价值流上的所有公司必须得到足够的相关投资收益。
- 供应链上的企业必须一起合作，鉴别并消除浪费，从而达到各自成本目标和投资收益目标。
- 当成本目标实现后，价值流上的企业将立即着手进行新的分析以发掘仍然存在的浪费，并设置新的目标。
- 供应链上的企业协作检查浪费，因此每个企业都有权核查与价值流相关的任何企业的任何活动。

总结：为了实现精益，供应链上的所有企业必须同心协力！

精益软件

基于速率的供应链规划和执行

精益供应链管理是规划、执行和设计多个供应链合作伙伴，在合适的时间、合适的地点和以正确的数量来运输产品。最近，软件供应商如 i2 技术公司（www. i2. com），将"基于速率规划"用来描述它们的精益作业计划方法。以下是一个基于速率相对于传统规划和执行的简单比较：

基于速率的规划和执行	传统的规划和执行
1. 能力适应需求的变化。需求的变化反映在系统流动速率的改变	1. 库存适应需求的变化。安全库存缓冲需求的变化
2. 预测是用于做规划的。流动的速率基于预测的需求	2. 使用预测和建立计划来产生预期需求
3. 速率是为结束的项目和部件而建立的。结束的项目和部件在这一速率下建立	3. 没有为最后的项目和部件建立速率。部件的制造是基于系统产生的零散订单
4. 速率通过供应链传播，因此供应商知道目前的生产水平	4. 零散订单用于在整个供应链中沟通需求

9.4　精益服务

许多精益生产技术已成功地应用于服务行业。跟制造行业一样，每种技术及相应的工作步骤的适应性取决于行业市场的特点、产品及设备的技术水平、员工的工艺技能水平和企业文化。在这点上服务行业也不例外。下面就是 10 个成功应用精益服务的企业实例。

建立问题协调小组。霍尼韦尔（Honeywell）公司正在促使其质量圈从生产部门向服务部门扩展。其他公司如达拉斯第一银行、标准肉联公司及米勒酿造公司也正在用同样的方法来提高各自的服务水平。英国航空公司把质量圈作为其实施新的服务战略的一个基础部分。

改进工作环境。保持良好的工作环境绝不仅仅意味着赢得清洁卫生奖。它的真谛是要使工作区域除必需的物品之外别无他物，而且所有物品要归位，并且要整洁，保持在随时可以使用的状态。每个员工清理自己的工作环境。

像麦当劳、迪斯尼乐园这样的服务企业已经认识到保持工作环境清洁的重要性，它们在这方面的投入意味着服务过程更加良好，不断改进的理念更容易深入人心，并且顾客也将感受到他们获得了更优质的服务。

提高质量。唯一有成本—效益的提高质量的方法就是建立可靠的生产处理能力。过程质量是源头质量——它在第一时间保证了产品和服务的一致性和统一性。

麦当劳由于将质量作为它的服务交付流程的组成部分而闻名。该公司正确地实现了服务交付系统的"工业化"，从而使世界上任何地方的麦当劳的员工（即使是临时工人）都能够提供同样的饮食服务。质量好并不是说要提供最好的产品和服务，它意味着要不断地提供给顾客与他们所付出的代价相符的产品或服务。

清晰的工作流程。在 JIT 理论下，清晰的物流可以显著地提高工作业绩。以下是这方面的一些例子。

第一个例子是联邦快递公司将原来始点—终点的空运方式改为始点—汇总分发站的方式，在汇总分发站里将不同的邮件转移到飞往相应目的地的飞机。这种方式引发了空运行业的革命。第二个例子是关于一家制造企业的，这家企业的下单系统一改以往按照职能划分子系统的方式，变为以顾客为中心的工作小组。由此，使订货到交货的时间从 8 天降为 2 天。第三个例子是某郡政府通过使用 JIT 方法将签订一项契约的时间减少了 50%。最后要说的例子是超级仆人公司。该公司派出一组房屋清理人员，每人负责一项特定的工作，他们并行地进行清扫，从而能迅速地完成清理房屋的工作。流程的改变可以确确实实地变革服务行业。

完善设备和工艺技术。完善设备和工艺技术是指对设备和工艺能力的不断修正以促使其能够符合工艺的需要，能够不断生产出在公差范围内的产品，并能够与工作小组的生产规模和能力相适应。

速度润滑油公司将其标准服务站转变为专业化润滑和检修中心。其方法是将服务区的工作方式由"开入"式变为"开过"式，同时取消了升降装置，代之以在汽车下面建立坑道，让员工可以完全接触到车辆的每一个需要润滑的区域。

某家医院减少了手术室的工作准备时间以便手术室有较大的柔性来承接更广泛的手术，而同时并不减少手术室的利用率。

均衡工作负荷。服务行业中生产与需求具有同步性。服务企业已经建立起独特的方法来均衡需求，以避免让顾客久等。麦当劳在早上提供特殊的食谱。零售商店使用记账系统。邮局对于要求第二天送达的邮件收费较高。以上都是服务行业建立均衡工作负荷的例子。

消除不必要的活动。一个不能带来价值增值的步骤就是一个可消除的步骤。就算是能带来价值增值的活动也可能会成为重新设计的对象，以提高工作的连续性或减少完成任务的时间。

医院发现在手术开始时如果有尚未准备好的仪器，那么会花费很长的等待时间。因此，该医院为每类手术所需设备建立了一个清单，以减少手术的等待时间。速度润滑油公司取消了服务过程中的某些步骤，但也增加了一些虽然不能改善润滑工艺但能让顾客对所做的工作感到更有保证的步骤。

物理结构重组。工作区域的布局在实施 JIT 期间通常都需要重组布置。一般来说，制造商通常采用的方法是建立小型加工单元以实现小批量生产，保持与需求同步。这些单元可看成是企业内部的"微型工厂"。

但大多数服务企业在该领域都远远落后于制造业。然而，在服务领域也确实有几个很有趣的例子。某些医院——不是指那种整个医院全是等着进行化验、检查、X 光透视和注射的普通病人的医院——对其服务机构进行了重组，根据问题类型，组成相应的工作小组。最常见的是专门处理外伤的小组，不过也建立了一些治疗慢性疾病的工作小组。每个小组都相当于医院内部的"微型治疗部门"。

引入需求拉动计划。根据服务行业的生产和消费特点，建立需求拉动（客户驱动）作业计划，对于经营一家服务企业而言是十分必要的。甚至，许多服务企业将其经营业务分为"后台业务"和"前台业务"（与顾客接触）两部分，这种方法又产生了协调各部分的服务计划的问题。温迪餐厅的布置能够让厨师看到进入停车场的汽车。这样，他们就可以为每辆车在烤炉上放上预先已经确定了数量的汉堡肉饼。该拉动系统的设计甚至能在客户下订单之前就将新鲜的汉堡肉饼放在烤炉上。

建立供应商网络。在精益生产环境下，供应商网络指的是供应商和企业为了长期互利而建立的协作关系。服务企业一般不重视原料的供应商网络，因为在这类企业中，服务成本中最重要的部分通常是劳动力成本。当然也有明显例外的服务组织，如麦当劳，是全球最大的食物产品购买者之一，一直以来都在实施精益服务方式。Manpower 和其他人力资源公司与临时雇员服务组织和相关职业学校建立了精益型伙伴关系，使它们成为提供受过正规训练的装配工人的可靠来源。

9.5　小结

精益生产在全球成千上万的公司中已证实其价值。精益的概念是利用最小的库存达到大批量。丰田公司开创性地将这个想法与精益生产和丰田生产系统相结合。精益生产的概念有七个要素：集中化的工厂网络、成组技术、源头质量控制、JIT 生产、均衡生产负荷、看板生产控制系统、最小化准备时间。精益概念是相同产品环境下最好的应用，是在相对较大的数量上重复生产。

关键术语

精益生产（lean production）：旨在维系原材料、在制品和成品最少库存的状态下进行大批量、高质量地生产。

价值流图（value chain mapping）：以绘图的方式分析物料在生产中增值和非增值的过程。

成组技术（group technology）：类似的零部件被分成一组，生产这些零部件的工作由一个专门的工作单元负责。

源头质量控制（quality at the source）：工人都必须有对其产品质量负责的理念。工人们必须一次性就生产出符合标准的产品，而一旦出现错误，就立即停止该道工序的工作。

均衡生产负荷（uniform plant loading）：平稳生产流来抑制计划变动带来的反应。

看板和看板拉式系统（kanban and kanban pull system）：利用符号设备来管理物流的库存或生产控制系统。

预防性维修（preventive maintenance）：定期检查和维修设备来保持设备的可靠运行。

均衡计划（level schedule）：一种以固定速度把原材料引入总装配线的计划。

冻结区间（freeze window）：在一个时间区间内计划是固定不变的，并且在该区间中，也不可能对计划做任何更改。

倒冲法（backflush）：通过计算得出最终产品中每种零部件到底使用了多少，并用此计算结果调整当前库存的平衡，从而消除生产中跟踪每一部件使用情况的大量活动。

公式复习

看板数量计算公式：

$$k = \frac{DL(1+S)}{C} \qquad [9.1]$$

应用举例

当地一家医院要建立一个看板系统来管理其取自当地血库的血液供给。每天，地区血库会将血液送往医院，但是从订货到交货需要 1 天时间（今天下午 6 时订货的话将等到明天下午送到）。医院采购小组每天下午 5 点下血液采购订单。血液以品脱来计量，送血的容器容量为 6 品脱。对某种血型，医院每天平均使用 12 品脱。因为血液短缺将导致严重的后果，医院希望能持有相当于 2 天的血液供应量的安全库存。该医院应持有多少个看板？

解：

该题是一个典型的关于看板系统如何应用的问题。根据已给出的数据，该问题涉及的变量如下：

D = 每天 12 品脱（平均需求量）；

L = 1 天（提前期）；

S = 200%（安全库存量，用分数表示的话是 2.0）；

C = 6 品脱（容器容量）。

$$k = \frac{DL(1+S)}{C} = \frac{12 \times (1+2)}{6} = 6$$

这表明我们需要准备 6 个看板卡。每次一个新的血液存储容器（装有 6 品脱血液）被打开，看板就被送至医院采购处，同时采购处发出另一个 6 品脱血液的订单。当血液送到医院时，卡片附着在新的容器上，并与容器一起送到血液储存区域。

复习与讨论题

1. 能够实现零库存吗？为什么能或为什么不能？

2. 消除浪费是精益生产的重要理念，使用价值流图识别你家或是宿舍有哪些浪费来源，并讨论如何消除这些浪费。

3. 为什么精益生产需要保持一个稳定的生产计划？

4. 在服务环境中应用精益生产的理念有效吗？为什么？如无效，又为什么？

5. 讨论如何运用精益生产的理念改善下列企业：比萨饼餐厅、医院和汽车经销商。

6. 市场营销经理可能对均衡生产负荷提出什么样的反对意见？

7. 精益生产的成本核算的含义是什么？

8. 在精益系统中供应商和企业各有什么作用？

9. 解释看板系统中看板卡是如何使用的。

10. 下面系统的哪些生产方式（如果有的话）与看板类似：将空瓶子送还超市再拿一瓶满的；在午餐时经营热狗的摊位；从支票账户上取钱；用耙子把树叶装进袋中。

11. 在现实中为什么精益生产很难实现？

12. 在精益生产理念下，解释质量和生产率的关系。

习题

1. 一家计量仪器组件供应商使用看板系统来控制其物流。计量仪器盒一次可运送 5 件仪器。生产中心每小时大约生产 10 件仪表，另外装上外壳还需要大约 2 小时的时间。由于生产过程的变动产生不确定性，管理人员决定持有所需存货的 20% 作为安全库存，那么需要多少看板卡？

2. 将汽车的变速器运送到加工车间需要 1 小时，每次的运输量为 4 个。工厂每小时大约可以生产 4 辆汽车，管理人员决定持有预计需求量 50% 的变速器作为安全库存，那么需要多少看板卡？

3. 一个瓶装车间每小时可以装满 2 400 个瓶子。从订货到交货的时间是 40 分钟，一个容器可以容纳 120 个瓶子。安全库存为预计需求量的 10%，那么需要多少看板卡？

4. 参考例 9.1 解决以下问题。Arvin Meritor 雇用了一个咨询小组。他们建议采取局部自动控制的方案，同时将安全库存比例提高至 0.125。Arvin 将此建议付诸实践后，成果斐然。消音器组件以及催化式排气净化器的装配效率都得到了提高。消音器组件装配单元平均每小时可以装配 16 个组件，并且每批催化式排气净化器（10 个）从订货到交货的时间降低到 2 小时。那么需要多少看板卡？

5. Arvin Meritor 对咨询小组先前提出的建议的实施效果非常满意，于是他再次请来该小组为公司提供咨询服务。现在该小组提出可以在消音器组件装配线上实行更完全的自动化方案，同时可以将容器缩小，其容量改为 8 个。Arvin Meritor 实施了以上建议后，消音器组件装配单元平均每小时可以装配 32 个组件，而每批催化式排气净化器从订货到交货的时间降低到 1 小时，安全库存仍是 0.125。那么需要多少看板卡？

案例：零件质量公司

零件质量公司为坐落在几英里远的电脑制造商提供零件。该公司生产两种不同型号的零件，数量为 100 ~ 300 单位。

X 和 Y 型号的生产流程显示在图表 9—11 中。Z 型号要求第一步是加工，但是其他遵循与 X 和 Y 相同的流程模式。平台上一次可加工 20 个零件。运营和安装时间显示在图表 9—12 中。

电脑公司每月零件的需求数量为 125 ~ 175 单位。平均分配到 X、Y、Z 中。月初建立预备库存来保证缓冲库存总是存在。原材料和外购零件的预备库存占到零件制造成本的 40%。两类零件拥有多种来源，大约有 80 个供应商，并随时发货（零件有 40 个不同的部分）。

每个工序的报废率是 10%，库存每年周转两次，员工工资每天支付，员工离职率是 25%，营业净利润稳定在每年 5%。维修只在需要时进行。

零件质量公司的经理已经考虑安装一个自动订购系统来帮助控制库存和"保持平台满载"（她感觉工作站的两天工作激励了工人以最快的速度生产）。她还计划加入 3 位检查员来清除质量问题。进一步说，她正考虑建立一个返工线来加速修理。尽管她对设备和员工的高利用率很高兴，但她关心的是铣床的理想时间。最后，她叫工业工程部门的人员用高层货架储存来自于 4 号机器的零件。

问题：

1. 零件质量公司正在考虑哪一种改变来反驳精益理论？

2. 在计划、布局、看板、成组任务和库存等方面为精益改进提供建议。用可能的定量数据；说明必要的假设。

3. 素描零件质量公司正在运行的拉式系统的操作程序。

4. 描述为零件质量公司引进精益的计划。

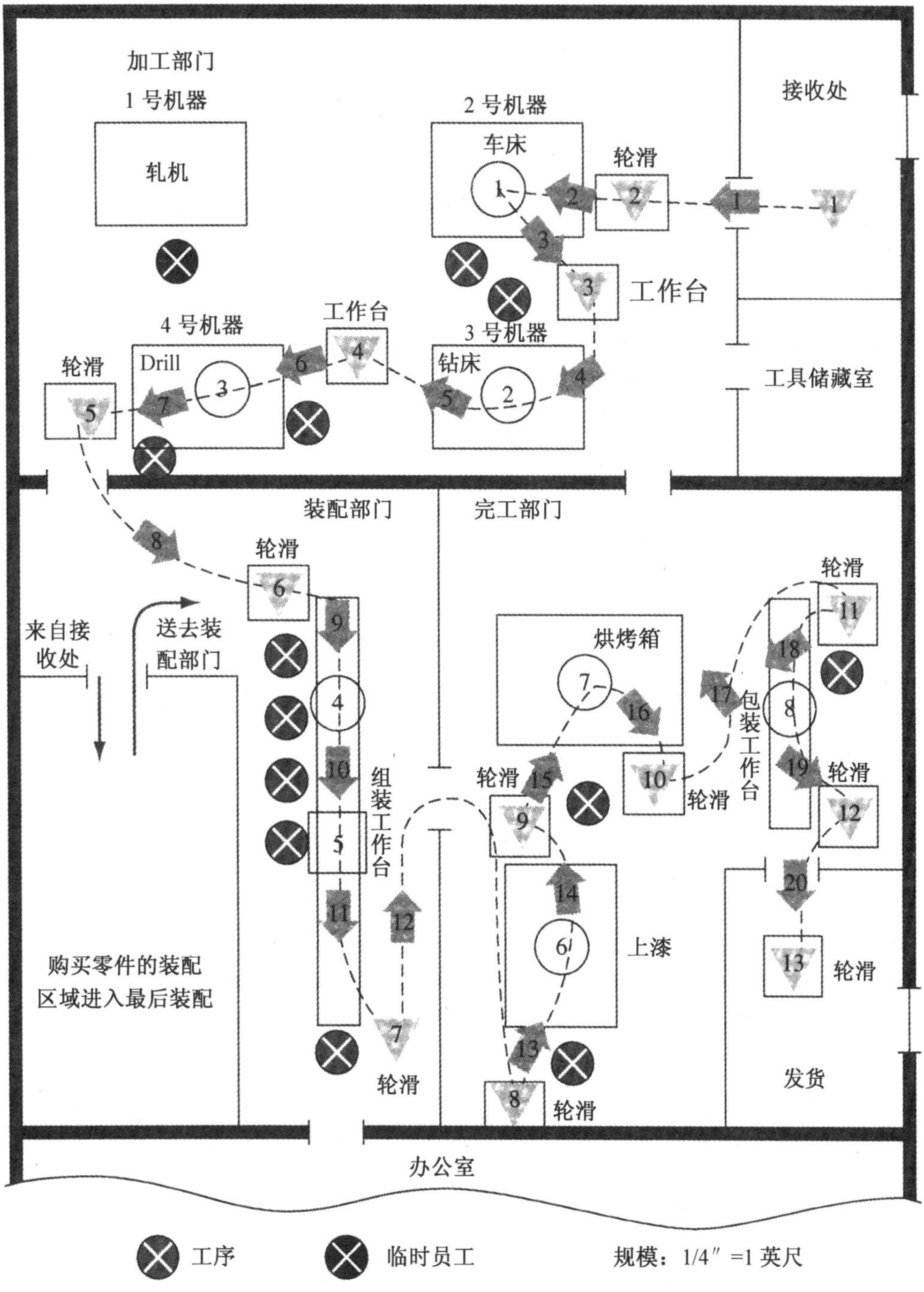

图表 9—11　零件生产流程

图表9—12	运营和安装时间	
运营编号和名称	运营时间（分钟）	安装时间（分钟）
模具 Z 的加工中心	20	60
1. 车床	50	30
2. 模具 14 钻床	15	5
3. 模具 14 钻床	40	5
4. 装配线 1	50	
装配线 2	45	
装配线 3	50	
5. 检测	30	
6. 涂料	30	20
7. 油漆	50	
8. 烘干	5	

案例：价值链映射方法

价值链映射包括首先开发公司外部或内部运营现状的基线图，然后运用精益理念，开发显示改进运营的未来状态图。例如，图表9—13 显示了一个产品提前期为 4.5 天的现状。这是一个导致长时间延迟和库存增加的批次/推进系统（用折线箭头表示）。图表9—14 展示了产品提前期为 0.25 天的未来状态。这是通过推动连续流程拉式系统和消除七处浪费来完成的。价值链映射使用一系列特殊图形、显示格式的"盒子"和流程线。更为完整的方法讨论，请参阅 Jared Lovelle。

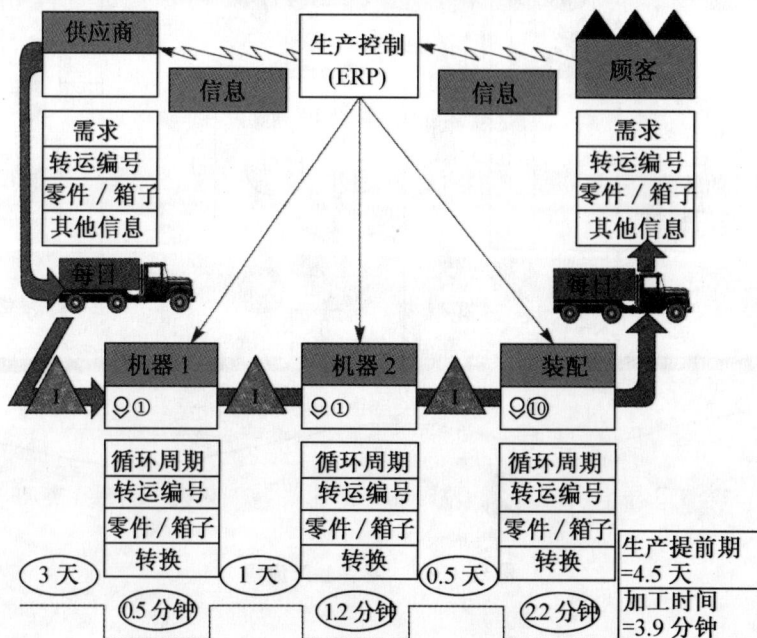

图表9—13　目前状态图

资料来源：Jared Lovelle，"Mapping the Value Stream，" IIE Solutions 33, No. 29, February 2001），p. 32.

供应商 生产控制 (ERP) 顾客

信息　　　　　　　　信息

需求
转运编号
零件/箱子
其他信息

需求
转运编号
零件/箱子
其他信息

每日　　　　　　　　每日

先进先出

机器 1　　将机器 1 和机器 2 组合成一个独立制造单元　　机器 2　　装配

① 　　　　　　　　　⑩

循环周期
转运编号
零件/箱子
转换

循环周期
转运编号
零件/箱子
转换

循环周期
转运编号
零件/箱子
转换

生产提前期 =0.25 天
加工时间 =3.9 分钟

0.25 天　　单件流动　　单件流动

0.5 分钟　　1.2 分钟　　2.2 分钟

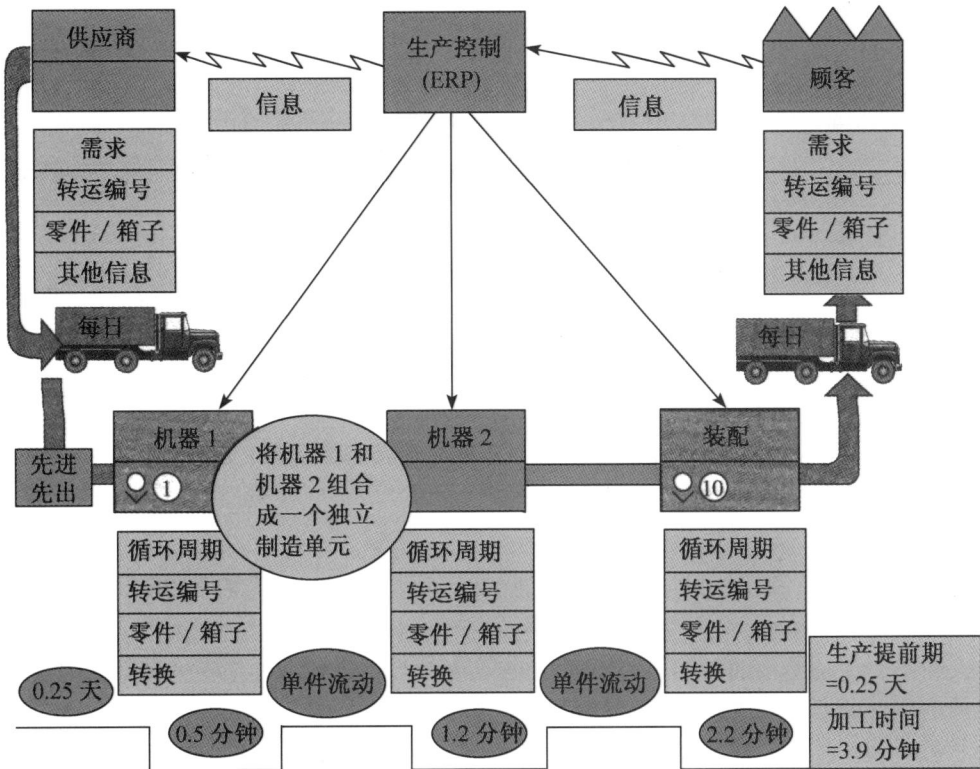

图表 9—14　未来状态图

资料来源: Jared Lovelle, "Mapping the Value Stream," IIE Solutions 33, No. 29, February 2001), p. 30.

问题:

1. 大量消除工作排队加速了零件通过系统的时间。消除这些排队有什么缺点?
2. 你认为机器操作员对待变化会有怎样的反应?
3. 为保证操作人员一直忙碌,你会怎么做?

注释

1. J. P. Womack, D. T. Jones, and D. Roos, *The Machine That Changed the World* (New York: R. A. Rawston Associates, 1990).

2. K. A. Wantuck, *The Japanese Approach to Productivity* (Southfield, MI: Bendix Corporation, 1983).

3. K. Suzaki, *The New Manufacturing Challenge: Techniques for Continuous Improvement* (New York: Free Press, 1987), pp. 7 – 25.

4. C. Karlsson, *Japanese Production Management in Sunrise or Sunset* (Stockholm, Sweden: Stockholm School of Economics, EFI/The Economic Research Institute. 1999).

5. R. H. Hall, *Zero Inventories* (Homewood, IL: Dow Jones – Irwin, 1983), p. 64.

6. J. P. Womack and D. T. Jones, *Lean Thinking* (New York: Simon & Shuster,

1996）, p. 277.

7. J. Lovelle, "Mapping the Value Stream," *IIE Solutions* 33, No. 2 (February 2001), pp. 26 – 33.

参考文献

Allen, M. "Picture-Perfect Manufacturing [Using Value Stream Mapping] ." *Modern Machine Shop Magazine Online*, August 2004.

George, M. L. *Lean Six Sigma.* New York: McGraw-Hill, 2002.

Gross, J. M., and K. R. McInnis. *Kanban Made Simple: Demystifying and Applying Toyota's Legendary Manufacturing Process.* New York: AMACOM, 2003.

Monden, Y. *Toyota Production System: An Integrated Approach to Just-in-Time.* Atlanta, GA: Institute of Industrial Engineers, 1998.

Phelps, T.; M. Smith; and T. Hoenes. "Building a Lean Supply Chain." *Manufacturing Engineering* 132, No. 5 (May 2004), pp. 107-13.

Womack, J. P., and D. T. Jones. *Lean Thinking: Banish Waste and Create Wealth in Your Corporation.* New York: Simon & Schuster, 1996.

Womack, J. P.; D. T. Jones; and D. Roos. *The Machine That Changed the World.* New York: R. A. Rawston Associates, 1990.

第4部分 库 存

企业经营中，电脑的作用不仅仅是文字处理和发送电子邮件

经营企业需要一个完善的计划制度。我们期望出售什么类型的产品？我们应该雇用多少人应对圣诞节的需求高峰？我们需要多少库存？我们今天应该生产什么？本部分对这些问题的解决方法进行了讨论。使用全面的软件包是较常见的做法，但重要的是要理解其中的基本规划概念，这样才能选择合适的软件并正确地配置。此外，只有对这些基本概念有了较深刻的理解，才能产生简单的生产计划表。

10

需求管理与预测

阅读了本章后，你将：

1. 理解作为供应链计划基础的需求预测的作用。

2. 了解独立需求和非独立需求的差别。

3. 了解独立需求的基本组成部分：平均需求、趋势性需求、季节性需求和随机性变量。

4. 熟悉常见的定量预测技术，如德尔菲法。

5. 了解如何通过使用移动平滑、指数平滑和回归分析进行时间序列预测。

6. 知道如何利用因特网改善预测。

本章概要

沃尔玛的数据仓库

需求管理

    非独立需求的定义
    独立需求的定义

预测类型
    时间序列分析
需求的构成
预测中的定量方法
    市场调研
    小组共识
    历史类比
    德尔菲法
时间序列分析
    简单移动平均   指数平滑的定义
    加权移动平均   平滑常数 α 的定义
    指数平滑   平滑常数 δ 的定义
    预测误差   平均绝对离差的定义
    误差来源   跟踪信号的定义
    误差测量   线性回归预测的定义
    线性回归分析
基于互联网的预测：联合计划、预测和补给
联合计划、预测和补给的定义
小结
案例：Altavox 电子

沃尔玛的数据仓库

沃尔玛在零售行业以其规模和实力享有盛誉，一直以来对数据库产业领域产生着巨大影响。沃尔玛以超过 35TB 的数据，管理着世界上最大的数据仓库。1TB 等于

1 024GB。普通电脑一般是 40~80GB。沃尔玛的成功法则是"将产品放在适当的货架，以最低价格出售"。这一点主要归功于沃尔玛投资数百万美元建立的数据仓库。与大多数竞争对手相比，沃尔玛的优势在于，它对于各种产品、各个零售店、每天的销售都有详细记录。

系统可以记录每一个零售店的销售业绩、库存状况、在运货物、市场数据、客户统计、财务状况、产品回报以及供应商绩效等。该数据用于三大决策支持领域：分析趋势、库存管理以及了解客户。这些数据能够显示出沃尔玛 3 000 多个零售店中每个店的个性特征，公司的管理者将以此为依据确定该商品的配比和货架陈列分布。

下一步就是进行数据分析。沃尔玛制定了一套需求预测的应用程序，用于计算每个零售店个别产品的季度销售情况。该系统存储了一年中 10 万种产品的销售数据，通过这一数据可以预测各零售店对该产品的需求量。

沃尔玛现在正在进行"市场篮子"分析。公司收集消费者每次购买的所有产品的数据，从而分析消费者的采购模式及其间的联系。这一数据库在网上由各零售店经理和供应商共享。

需求预测对每一个商业组织和重大管理决策都是至关重要的。需求预测是企业长期规划的基础。在财务和会计等职能部门，需求预测可以为制订预算计划和成本控制提供依据。营销部门通过销售预测来制订新产品计划、为销售人员支付工资以及做出其他重要决策。生产和经营人员使用需求预测做出周期性决策，包括供应商选择、工艺选择、能力规划和设施布局，也包括对采购、生产计划、调度和库存做长期决策。

值得注意的是，一个完美的预测几乎是不可能的，因为企业环境中有太多无法预知的因素。因此，重要的不是寻找完美的预测，而是对预测进行不断的评估，并学习如何应对不准确的预测。这并不是说，我们不应该设法改进固有的预测模式或方法，相反，我们应该努力找到并使用目前可能的最佳预测方法。

通常情况下，我们进行预测时，一个良好的策略是使用两到三种方法，并且一直对其进行关注。可预知的整体经济变化是否会影响到预测？工业和消费者行为是否有变化？某些重要商品的供应是否会出现短缺？根据新的数据不断评估和更新是成功预测的基本要素。本章我们学习定性和定量预测，主要集中在几种定量时间序列技术上面，同时涵盖深层移动平均、线性回归、趋势分析和聚焦预测等方法。此外，本章还将对预测误差的来源和测量方法进行讨论。

10.1 需求管理

需求管理的目的是协调和控制所有需求来源，确保供应链的高效运转和产品的按时交付。

公司的产品或服务需求来自哪里？公司应如何满足需求？需求有两种基本类型：非独立需求和独立需求。非独立需求就是一种产品或者服务的需求是由其他产品或服务的需求造成的。例如，如果一个公司销售 1 000 辆三轮车，那么就需要 1 000 个前轮和 2 000 个后轮。这种内部需求不需要预测，只需简单计算就可得出。至于该公司可能会出售多少三轮车，这就是所谓的独立需求，因为它不能根据其他产品的销售直接推算出来。我们将在第 12 章和第 13 章详细讨论产品需求的相关性和独立性。

对于非独立需求，企业只需要确保这一需求得到满足（尽管产品或服务可能是通过外购而不是内部生产而获得的）。然而，对于独立需求，企业如果愿意的话，还是有很多行之有效的方法可以使用的：

1. 发挥积极的作用来影响需求。 公司可以采取措施激励销售人员和刺激消费者，如增加工资、降低价格等。这些措施都可以拉动需求。相反，提升产品价格和减小销售力度都可能导致需求下滑。

2. 处于被动地位，只对现有需求做出反应。 有几个原因会导致公司不愿改变需求计划，而只是接受现有的需求现状。如果公司是在满负荷运行，它可能不希望做任何事情改变需求状况。还存在一些其他原因，例如：公司无法承担过高的广告费用而无力改变目前的需求现状；市场处于稳定和静止状态；需求无法控制（如只有唯一供应商）。此外，还有一些法律、环境、伦理和道德等方面的竞争因素导致公司对市场的需求只能被动接受。

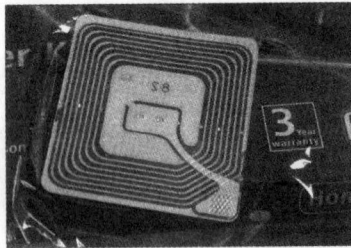

RFID 标签

为了更好地预测，可以通过给供应商提供更准确的实时需求信息，从而提高配送速度。

处理非独立需求、独立需求、积极需求和被动需求需要很好的协调能力。这些需求来自企业内部和外部，比如市场营销部门新产品的销售、售后服务部门对已销售产品的维修所需的部件、工厂仓库中的库存补充、用于加工的部件等。在本章中，我们主要研究对独立需求的预测。

10.2　预测类型

预测可分为四种基本类型：定性预测、时间序列分析预测、因果关系预测与模拟预测。

定性预测以估计和观点为基础，属于一种带有主观或判断色彩的预测方法。时间序列分析预测是本章讨论的重点，它基于这样一种观点：过去有关需求的数据可以用来预测未来的需求。过去的数据可能包括几个部分，如趋势、季节或周期等影响因素，这些会在后面部分具体讨论。因果关系预测假定需求与某些内在因素或环境因素有关，我们将使用线性回归法对此进行讨论。模拟预测中，预测者通过对预测条件进行一系列假设来运行。在这一章中，我们着重讨论定性预测和时间序列分析预测，因为这两种方法在供应链计划和控制中是最常用的。

10.3 需求的构成

在大多数情况下，产品或服务需求可分为六个部分：某个时期内的平均需求、趋势性需求、季节性需求、周期性需求、随机变量以及自相关性需求。图表 10—1 描述了 4 年的需求状况，通过平滑的需求曲线可以看出平均需求、趋势性需求、季节性需求和随机变量的变化。

周期性因素很难确定，因为时间跨度可能是未知的，或周期原因可能没有考虑进来。对需求的周期性影响可能来自政治选举、战争、经济条件或社会压力等。

随机变量由偶然事件所造成。从统计学角度来看，即使我们知道总需求减去已知因素（平均值、趋势性因素、季节性因素、周期性因素以及自相关性）引发的需求，所剩下的那部分需求是无法解释的。如果我们不能找出剩余需求部分的原因，那么该剩余需求部分完全是随机的。

自相关性表示事件发生的连贯性。更具体地说，某一数据的期望值与自身的过去价值密切相关。在队列理论中，队列长度就是高度自相关的。也就是说，如果一个队列在某个时期内相对较长，在接下来较短的一段时间内，该队列仍然是长队。

若需求是随机的，它可能每周都会不断变化，但如果存在高度的自相关性，需求就不会频繁变化。

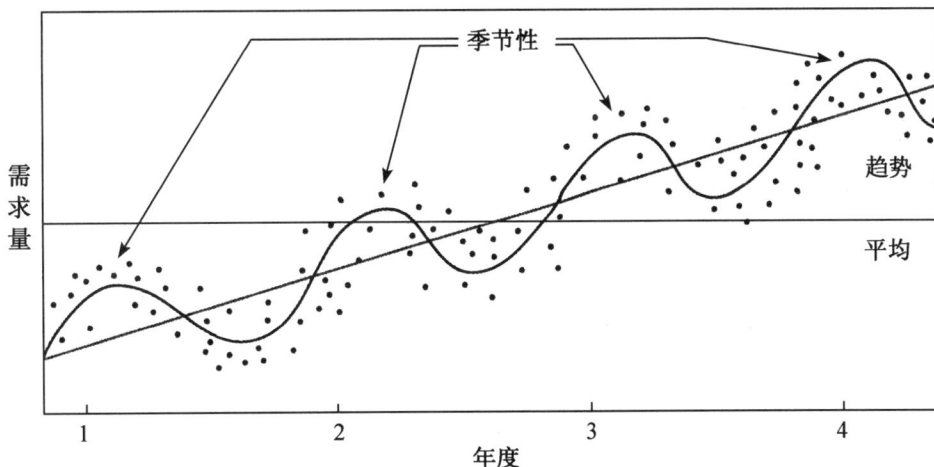

图表 10—1　历史产品需求的增长趋势和季节性需求

长期波动的趋势线是开展预测的起点。这些趋势线会根据季节因素、周期性因素以及其他可能对预测产生影响的事件进行调整。图表 10—2 列出了四种最常见的趋势类型。线性趋势反映了数据的连续直线关系。S 曲线是产品成长—成熟周期的典型曲线。S 曲线中最重要的点是变化趋势由缓慢增长到快速增长的转折点，或是由快速增长到缓慢增长的转折点。渐近的趋势曲线中，需求在起始点增长较快，然后逐渐减慢。在企业进入一个已经存在的市场，试图渗入市场并吞并大量市场份额时，会出现这种趋势。指数曲线是显示产品急速增长的常见曲线。指数曲线表明销售额将继续增长——虽然这一假设可能存在风险。

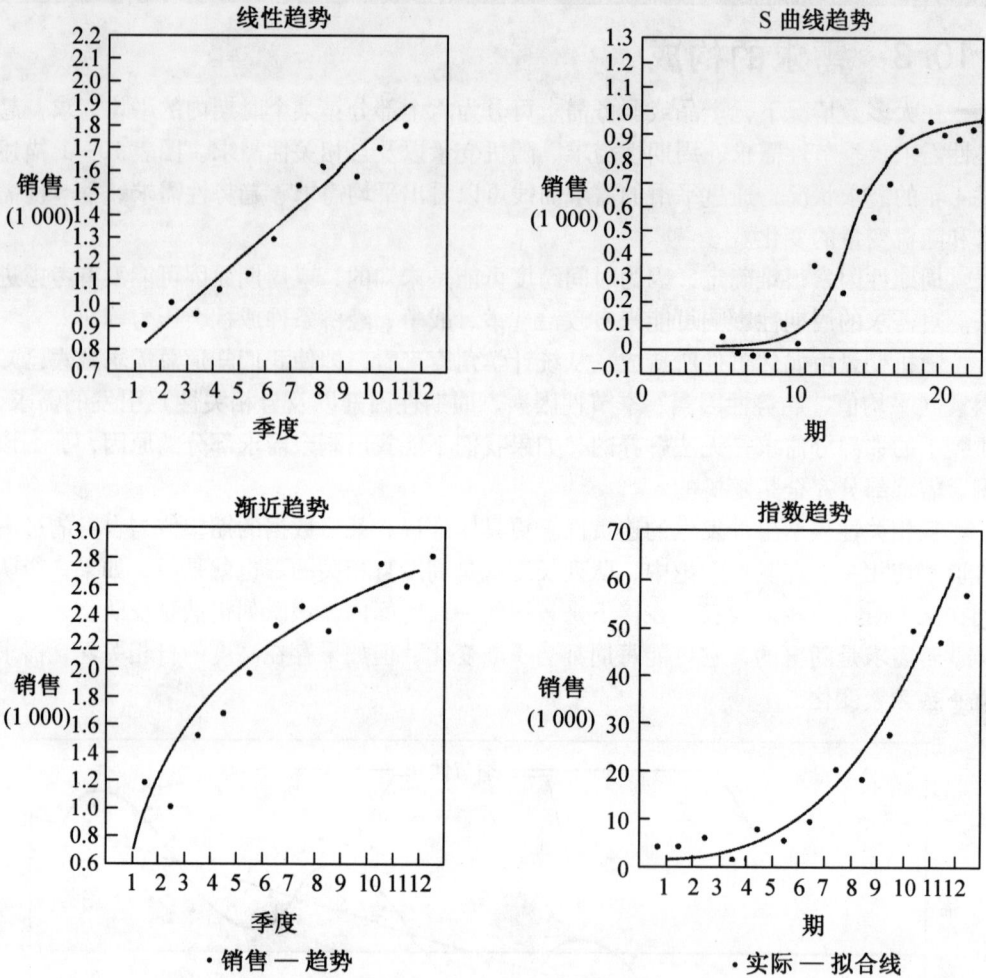

图表 10—2　常见的趋势类型

一种广泛使用的预测方法就是先绘出数据散点图，然后找到最佳的分布曲线（如线性曲线、S 曲线、渐近曲线或指数曲线）。这种曲线的优点在于，由于这种曲线的计算公式是已知的，所以我们很容易就能求出未来某个时间段的产品预期值。

有时候我们会发现数据似乎与上述的几种标准曲线并不匹配。这可能是由于几种原因在同一时间从几个方向严重影响了数据的趋势。在这种情况下，一个简单有效的预测方法就是描出数据散点图。

10.4　预测中的定性方法

10.4.1　市场调研

企业往往雇用专门从事市场调研的公司来进行这种类型的预测。你也许曾经在市场营销课上学习过这种市场调查。当然，你还可能接到过一些电话，询问你对有关产品的偏好、收入状况和生活习惯等。

市场调研大多用于产品研发，其目的是寻找新的产品创意，了解现有产品的优劣状态以及在某一特定层次较受欢迎的竞争产品有哪些。收集数据的主要方法是问卷调查和访谈。

事后聪明不
如先见之明

能认清自己的位置
固然是好事，但是
你能确定公司未来
的发展方向吗？能
承受失败吗

Cilmore 调研公司将
为您提供所需服务。
我们提供的绝非是
一堆积满灰尘的打
印报告，而是您所
需要的信息，来自
于真实的概率抽样
调查

40 年专业服务，
值得信赖

请拨打 726-5555，
联系 Sue Black 或
Pal Fullmer
您将获得美好的
明天

现在的许多公司
（包括 Cilmore
调研公司）为营
销工作者提供软
件和数据库，帮
助他们在各个细
分的市场领域和
产品领域进行更
准确的预测

10.4.2　小组共识

小组共识认为集思广益比孤军奋战好，与由来自同一职位、背景较窄的成员组成的小组相比，由来自不同职位、背景更为广泛的成员组成的小组能够做出更可靠的预测。小组预测就是通过各个管理层的人员和个人代表在公开会议上进行自由交流达成一致意见。这种公开会议的一个难点就是：级别低的雇员会被管理层人员的意见所左右，不敢大胆畅所欲言。例如，一个专门销售某一产品的销售员可能对未来产品的需求有一个良好的预测，但是他不会对营销副总裁提出的不同预测表示反对。德尔菲法（我们简单讨论过）试图纠正这种自由讨论会议的缺陷。

当预测决策（如引进新产品线或做出与产品有关的战略决策，如新的营销领域）是在更广、更高的水平进行时，我们普遍使用"高层决策"这一术语。顾名思义，即更高层次的管理者参与决策。

10.4.3 历史类比

在预测新产品需求时，一种理想的情况就是现有的产品或类似产品可以提供一种模式。这种类比法可以适用于很多产品类型，如互补产品、替代产品、竞争性产品以及收益产品。当你通过产品目录、互联网或者邮购购买了一种产品后，你将收到大量类似的产品目录和电子邮件广告。如果你想通过电子邮件购买一台 DVD，你将收到很多与新款 DVD 和 DVD 播放器相关的邮件。一个常见的因果关系就是 DVD 播放器的需求引起光盘的需求。通过对录像机的历史需求数据进行分析，我们可以用类比法预测数码影碟机的需求。同一大类中的任何产品都可能有类似的消费者购买率。较简单的例子是烤面包炉和咖啡壶。一个生产烤面包炉的厂家打算生产咖啡壶，那么预测人员就可以运用烤面包炉的历史需求作为增长模型进行类推。

10.4.4 德尔菲法

正如我们在小组共识中所提到的一样，高层人员的声明或意见可能会比低层人员的声明或意见更有分量。最坏的情况是低层人员受到威胁，甚至是不敢表达自己的想法。为了防止这类情况，德尔菲法通常不透露参加研究的各成员的身份。每个人都具有相同的说话权。仲裁人按照程序创建一个调查表，并分发给与会者。最后总结他们的意见，将结果以匿名方式和新一轮问卷一起反馈给小组各成员。

德尔菲法是由兰德公司在 20 世纪 50 年代创建的，其具体程序如下：

1. 邀请专家，主要为各个领域的学识渊博人士。

2. 通过问卷（或 e-mail），从所有参与者那里获得预测结果（或者是预测的条件和限制）。

3. 汇总调查结果，连同适当的新问题重新分配给与会者。

4. 再次汇总，提炼预测结果及条件，并再次制定新的问题。

5. 如有必要重复步骤4，并将最终结果反馈给所有参与者。

通过上述 3 轮预测，德尔菲法通常可以取得令人满意的结果。所需时间往往取决于参与人数、形成预测结果所需的工作量以及各专家的回应速度。

10.5　时间序列分析

时间序列分析模型是根据历史数据预测未来的需求数量。例如，可以用过去6个星期收集的销售数据来预测第7个星期的销售。过去几年各季度的销售数据可以用来预测未来某季度的销售。尽管这两个例子都与销售有关，但预测时使用的有可能是不同的时间序列模型。

图表10—3显示了本章讨论的时间序列模型以及它的一些特点。例如，短期、中期和长期这些术语与它们使用的具体情境有关。在商业预测中，短期通常是指3个月以下；中期指3个月至2年；长期则是指2年以上。一般而言，短期模型适用于随机性差异，并能较好地应对短期变化（如消费者对一种新产品的反应）。中期预测对季节性影响很有用，而长期预测模型主要是观测总趋势，尤其有助于了解重大转折点。

图表10—3　　　　　　　　　　　**选择适当的预测方法**

预测方法	历史数据量	数据模式	预测范围
简单移动平均法	使用周平均数据6到12个月	数据资料应固定（即没有趋势或季节性）	短期
加权移动平均法以及简单指数平滑法	至少5到10次观测	数据资料应固定	短期
趋势指数平滑法	需要5到10次观测	固定，有趋势	短期
线性回归法	10到20次观测。由于季节性，每个季节至少5次	固定，有趋势，季节性	短期到中期

企业可以根据以下方法选择预测模型：

1. 预测的时间范围。
2. 数据可用性。
3. 精度要求。
4. 预测预算规模。
5. 是否有合格的人员。

在选择预测模型时还有其他一些问题需要考虑，如公司的柔性程度（应对变化的能力越强，预测的准确性要求越低）和不良预测带来的后果。如果要基于某个预测做出大规模的投资决策，则该预测必须是良好的预测。

10.5.1　简单移动平均法

当产品的需求量既不快速增长，也不快速下滑，而且没有季节性因素时，移动平均法可有助于消除预测中的随机波动。尽管移动平均值通常是居中的，但直接运用历史数据预测下一阶段的情况更方便。例如，5个月（1月、2月、3月、4月、5月）的中心平均值位于中间的3月。前提是，5个月所有的数据必须已经存在。如果我们的目标是预测 6 月的情况，我们必须采用一些方法从 3 月的移动平均值推导出 6 月的值。如果平均值不是位于中心点，而是在前端，那么我们的预测会更容易，虽然预测可能会失去一些准确性。因此，如果我们要用 5 个月的移动平均值预测 6 月的情况，我们可以利用 1 月、2 月、3 月、4 月和 5 月的平均值。6 月结束后，7 月的预测将采用 2 月、3 月、4 月、5 月和 6 月的平均值。其计算方法如图表 10—4 和图表 10—5 所示。

图表 10—4　　　基于 3 周和 9 周的简单移动平均法推导出的需求预测

星期	需求	3 周	9 周	星期	需求	3 周	9 周
1	800			16	1 700	2 200	1 811
2	1 400			17	1 800	2 000	1 800
3	1 000			18	2 200	1 833	1 811
4	1 500	1 067		19	1 900	1 900	1 911
5	1 500	1 300		20	2 400	1 967	1 933
6	1 300	1 333		21	2 400	2 167	2 011
7	1 800	1 433		22	2 600	2 233	2 111
8	1 700	1 533		23	2 000	2 467	2 144
9	1 300	1 600		24	2 500	2 333	2 111
10	1 700	1 600	1 367	25	2 600	2 367	2 167
11	1 700	1 567	1 467	26	2 200	2 367	2 267
12	1 500	1 567	1 500	27	2 200	2 433	2 311
13	2 300	1 633	1 556	28	2 500	2 333	2 311
14	2 300	1 833	1 644	29	2 400	2 300	2 378
15	2 000	2 033	1 733	30	2 100	2 367	2 378

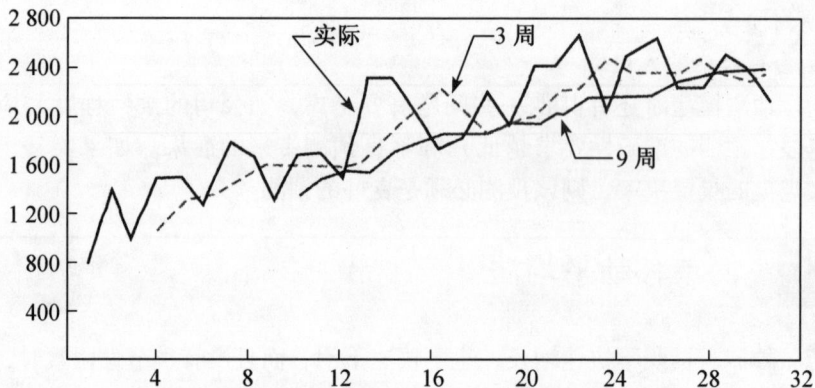

图表 10—5　3 周和 9 周的移动平均预测和实际需求

虽然选择最佳周期对移动平均法来说很重要，但是不同的周期长度存在一些相互矛盾的效果：移动平均周期越长，对随机扰动项的平滑就越好（很多情况下人们是这样期望的）。但是，如果数据中有增加或减少的趋势时，移动平均法得出的值往往滞后于这种趋势。因此，尽管较短的时间跨度会存在更大的波动性，但其结果能紧跟趋势。相反，较长的时间跨度可以做出更平滑的响应，但其结果将滞后于趋势。

简单移动平均法的公式是：

$$F_t = \frac{A_{t-1} + A_{t-2} + A_{t-3} + \cdots + A_{t-n}}{n} \qquad [10.1]$$

式中：

F_t——未来时期的预测；

n——取平均值的周期数；

A_{t-1}——过去时期的实际数据；

A_{t-2}，A_{t-3}，$\cdots$，A_{t-n}——分别代表两个周期、三个周期甚至是 n 个周期以前的实际情况。

图表 10—5 和图表 10—4 中的数据，表明了移动平均不同长度周期的影响。我们看到增长趋势大约在第 23 周呈平稳状态。尽管 3 周的移动平均比起 9 周的移动平均能更好地反映此变化，但总体来说，9 周的移动平均更为平滑。

计算移动平均的主要缺点是所有因素都必须作为数据处理，因为一个新的预测期会涉及新的数据并舍弃最早的数据。对于为期 3 年或 6 年的移动平均来说，这样做影响不算大，但是要为库存为 20 000 件商品的使用计算 60 天的移动平均数，就会涉及大量的重要数据。

10.5.2　加权移动平均法

比起简单移动平均法赋予移动平均数据库中每一个组成部分同样权重，加权移动平均法允许赋予不同部分不同权重，当然前提是，权重总和等于 1。例如，一家百货公司可能会发现，在 4 个月的期间内，最好的预测方法是使用最近 1 个月实际销售额的 40%，之前一个月的 30%，再之前一个月的 20%，再之前一个月的 10%。如果实际销售是：

1 月	2 月	3 月	4 月	5 月
100	90	105	95	?

那么第 5 个月预测的销售额为：

$$F_t = \frac{A_{t-1} + A_{t-2} + A_{t-3} + \cdots + A_{t-n}}{n}$$

$$F_5 = 0.40 \times 95 + 0.30 \times 105 + 0.20 \times 90 + 0.10 \times 100$$

$$= 38 + 31.5 + 18 + 10$$

$$= 97.5$$

加权移动平均法的计算公式是：

$$F_t = w_1 A_{t-1} + w_2 A_{t-2} + \cdots + w_n A_{t-n} \qquad [10.2]$$

式中：

w_1——第 $t-1$ 期实际数量的权重；

w_2——第 $t-2$ 期实际数量的权重；

w_n——第 $t-n$ 期实际数量的权重；

n——预测周期的总数。

尽管有的周期数可能被忽略了（也就是说其权重为0），权重分配计划可能有不同的方案（比如许多远期的数据可能比近期数据的权重更大），但是权重总和必须为1。

$$\sum_{i=1}^{n} w_i = 1$$

假设第5个月的实际销售额为110，那么第6个月的销售预测应该是：

$$F_6 = 0.40 \times 110 + 0.30 \times 95 + 0.20 \times 105 + 0.10 \times 90$$
$$= 44 + 28.5 + 21 + 9$$
$$= 102.5$$

选择权重。 经验和试误是选择权重最简单的方法。一般来说，最近的历史销售额是预测将来销售额最重要的指标，因此，应该赋予它更高的权重。例如，利用上月的收益或生产能力，比利用几个月前的月收益和生产能力可以更好地估计未来的销售额。

但是，如果数据具有季节性，就应该按情况分配相应的权重。比如在北半球，泳衣上年7月的销售额应该比刚过去的12月的销售额占有更大的权重。

加权移动平均法比简单移动平均法有一定的优势，即其能够灵活运用历史数据的不同影响。然而，比起我们下一步研究的指数平滑法，这种方法在使用时显得不太方便，且成本较高。

10.5.3　指数平滑法

前面的预测方法（简单和加权移动平均法）的主要缺点是必须不断收集大量的历史数据（对于我们马上要讨论的回归分析来说也是如此）。每个新数据都是通过这种方法添加的，如舍弃旧的数据，计算新的预测。在许多应用中（也许是大多数），比起较远的历史数据，最近的数据对于未来的预测更具有借鉴意义。如果这个前提是有效的，随着时间的推移，该数据的重要性逐渐被削弱，因此指数平滑法可能是最合理和最简单的预测方法。

之所以被称为指数平滑法，是因为历史数据的每个增量都以 $(1-\alpha)$ 的速度减少。例如，如果 α 为 0.05，各个时期的权重按照如下方法计算：

	以 $\alpha = 0.05$ 加权
最近一期的权重 $= \alpha (1-\alpha)^0$	0.0500
上一期的权重 $= \alpha (1-\alpha)^1$	0.0475
上两期的权重 $= \alpha (1-\alpha)^2$	0.0451
上三期的权重 $= \alpha (1-\alpha)^3$	0.0429

因此，式中出现了指数0，1，2，3等等，指数平滑法也由此得名。

指数平滑法是最常用的预测技术。它是所有的电脑预测程序的一个不可分割的部分，广泛应用于零售企业、批发企业和服务机构。

指数平滑法已被广泛接受的六大原因是：

1. 指数模型相当准确。

2. 建立指数模型相对容易。

3. 用户可以了解该模型的运作过程。

4. 使用该模型几乎不需要计算。

5. 由于只使用少量历史数据，所以对计算机存储空间要求低。

6. 该模型运作的准确性很容易计算。

在指数平滑法中，预测未来销售额只需要三个方面的数据：最近一期的预测、该预测期内的实际需求和平滑常数 α。平滑常数 α 决定了平滑程度以及对预测和实际数量之间差异的反应速度。常数值由产品的特性和经理对于响应率的认识来决定。例如，如果一个公司生产的产品是标准产品，且有相对稳定的需求，对于预测需求和实际数据之间的差异的响应率也往往很小，也许只有 5 ~ 10 个百分点。但是，如果公司正在经历增长，其响应率也许会达到 15 ~ 30 个百分点，这给了最近的增长数据更大的权重。增长速度越快，响应率越高。从使用简单移动平均法转为使用指数平滑法的用户更倾向于让两种预测方法的结果大致相同。在这种情况下，α 约为 2 ÷（n + 1），其中 n 为周期数。

简单指数平滑法的方程式为：

$$F_t = F_{t-1} + α (A_{t-1} - F_{t-1}) \hspace{2cm} [10.3]$$

式中：

F_t——t 周期的指数平滑预测；

F_{t-1}——t – 1 周期的指数平滑预测；

A_{t-1}——t – 1 周期的实际需求；

α ——预期的响应率或平滑常数。

该方程式表明，新的预测等于旧的预测加上部分误差（上一次的预测与实际发生数之间的差异）。

为了阐述该方法，假设进行研究的产品的长期需求相对稳定，并且平滑常数（α）为 0.05 是合理的。如果指数平滑法被用来作为一个长久的策略，那么预测应是为上一个月所做的。假设上个月的预测（F_{t-1}）是 1 050 个单位，但是实际需求是 1 000 个单位，那么本月的预测将是：

$$
\begin{aligned}
F_t &= F_{t-1} + α (A_{t-1} - F_{t-1}) \\
&= 1\ 050 + 0.05 × (1\ 000 - 1\ 050) \\
&= 1\ 050 + 0.05 × (-50) \\
&= 1\ 047.5
\end{aligned}
$$

由于平滑的协同效应较小，50 个单位的误差给新的预测结果带来的影响就是，下个月的预测量减少 2.5 个单位。

简单指数平滑法的缺点是其在需求方面有滞后性。图表 10—6 绘制的实际数据平滑曲线显示了指数预测的滞后影响。在增长或下降段中预测滞后了，但在该曲线发生变化时，预测又是超前的。请注意，α 的值越高，其预测就会越接近实际。为了与实际需求保持一致，应该考虑趋势因素的影响。调整 α 的取值也会有帮助，这被称为适应性预测。后面我们会对趋势效应和适应性预测做进一步介绍。

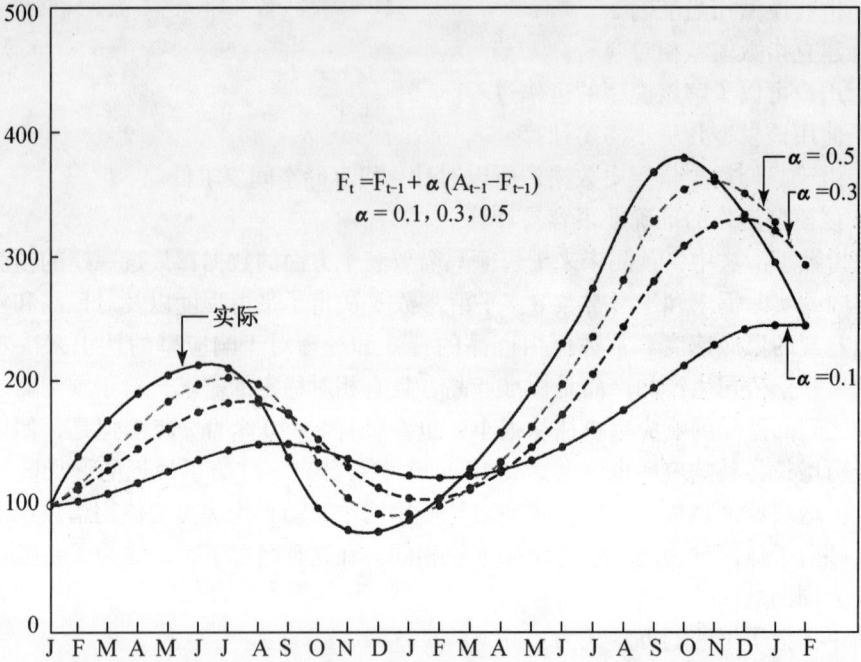

图表 10—6　单位产品的指数预测与实际需求，以显示预测的滞后性

指数平滑的趋势效应。需要注意的是，收集的一个时间序列内数据中上升或下降的趋势总会造成指数预测滞后（高于或低于）于实际发生数。指数平滑预测法可以通过添加趋势修正值改进预测结果。为了改进这一趋势，我们需要两个平滑常数。除了平滑常数 α，趋势方程中还采用平滑常数 δ。δ 可以减少实际发生数量与预测值之间的误差带来的影响。如果没有 α 和 δ，那么误差对趋势的影响会非常大。

为了保证趋势方程的可取性，第一次使用的趋势值必须由人工输入。初步的趋势值可以是符合实际情况的猜测值或是通过历史数据的计算得到的值。

计算包含趋势的预测公式为：

$$FIT_t = F_t + T_t \qquad\qquad [10.4]$$
$$F_t = FIT_{t-1} + \alpha\ (A_{t-1} - FIT_{t-1}) \qquad\qquad [10.5]$$
$$T_t = T_{t-1} + \delta\ (F_t - FIT_{t-1}) \qquad\qquad [10.6]$$

式中：

F_t——t 周期的指数平滑预测；

T_t——t 周期的指数平滑趋势；

FIT_t——对 t 周期包含趋势的预测；

FIT_{t-1}—— 对 t−1 周期包含趋势的预测；

A_{t-1}——t−1 周期的实际需求；

α ——平滑常数；

δ——平滑常数。

例 10.1　包含趋势的预测

假设初始 F_t 是 100 个单位，趋势是 10 个单位，α 为 0.20，δ 为 0.30。如果实际需求是 115，而不是所预测的 100，计算下个周期的预测销售额。

解：

将初始预测和趋势累加：

$$FIT_{t-1} = F_{t-1} + T_{t-1} = 100 + 10 = 110$$

实际给出的 A_{t-1} 为 150，因此：

$$F_t = FIT_{t-1} + \alpha\ (A_{t-1} - FIT_{t-1})$$
$$= 110 + 0.2 \times (115 - 110) = 111.0$$
$$T_t = T_{t-1} + \delta\ (F_t - FIT_{t-1})$$
$$= 10 + 0.3 \times (111 - 110) = 10.3$$
$$FIT_t = F_t + T_t = 111.0 + 10.3 = 121.3$$

如果实际销售额为 120，而不是 121.3，可以重复这一过程，那么下一周期的销售额为：

$$F_{t+1} = 121.3 + 0.2 \times (120 - 121.3) = 121.04$$
$$T_{t+1} = 10.3 + 0.3 \times (121.04 - 121.3) = 10.22$$
$$FIT_{t+1} = 121.04 + 10.22 = 131.26$$

选择适当的 α 值。指数平滑法要求平滑常数 α 值在 0 和 1 之间。如果实际需求是稳定的（如对电力或食品的需求），我们可以取一个小的 α 值以减少短期变化或随机变化的影响。如果实际需求正在迅速增加或者急剧减少（如时尚商品或新家电），α 应取较大值以应对各种变化。能够预测我们要使用的 α 值是一个非常理想的状态。不幸的是，有两件事情让我们事与愿违。首先，确定最适合我们实际数据的 α 值需要一些时间，这给更新和修订带来了麻烦。其次，由于需求不断变化，我们这周选择的 α 值可能很快需要修正。因此，我们需要一些自动跟踪和修正 α 值的方法。

有两种办法可以用来控制 α 值。一种是使用各种不同的 α 值，另一种就是使用跟踪信号。

1. 两个或两个以上的预设 α 值。预测与实际需求之间的误差是可以衡量的。根据误差的程度使用不同的 α 值。如果误差大，α 取 0.8；如果误差小，α 取 0.2。

2. 计算 α 的值。无论预测是否能与实际需求的波动保持一致，α 值都可以跟踪计算（而不是随机的变化）。在这种应用中，被跟踪的 α 采用指数平滑实际误差除以指数平滑绝对误差得出的值。α 值在各个周期的变化范围为 0~1。

10.5.4　预测误差

这里使用的误差是指预测值与实际发生值之间的差异。在统计学中，这种误差被称为残差。只要预测值在置信区间之内，那么这就不能算做一个真正的误差，我们将在后面的"误差测定"中对此进行讨论。但是,我们通常将偏差当成误差。

产品的需求是通过若干复杂且无法准确地用某种模型描述的因素相互作用产生的。因此,所有预测都会有误差。在讨论误差测定时,为了方便起见,最好区分误差来源和误差测量。

误差可能有不同的来源。一种常见来源是运用过去的趋势预测未来的发展,但是许多预测者没有意识到这一点。例如,我们在回归分析法中讨论的统计误差是指观测值偏离了回归线。在回归线上建立置信区间(也就是统计控制限制)是一种减少误差的常用方法。当我们运用这种回归线当做预测工具来进行预测时,预测误差不一定能被同样经过外推的置信区间所正确界定。这是因为置信区间建立在历史数据上,它可能不适用于外推后数据点,因此不能使用同样的置信度。实际上,经验表明实际误差比通过预测模型预测的误差要大得多。

误差可以分为偏移误差和随机误差两种类型。偏移误差指连续产生的误差,其来源包括:未包含正确的变量;变量之间的关系运用错误;趋势曲线不正确;季节需求偏离正常轨迹;存在一些未被发现的长期趋势等。随机误差可以定义为不能被预测模型解释的误差项。

10.5.6 误差测量

用来描述误差程度的术语有标准误差、均方差以及平均绝对离差。另外,跟踪信号可能被用来显示预测中偏移误差的正负。

标准误差会在本章线性回归法中进行讨论。因为标准误差是一个函数的平方根,所以运用这个函数也很方便。标准误差被称为均方差或方差。

平均绝对离差一度很受欢迎,但是现在逐渐被标准误差和方差所代替。近些年,平均绝对离差因其能够简单有效地获取跟踪信号而再次兴起。平均绝对离差指预测中的平均误差值,用于计算绝对值。平均绝对离差很有价值,因为它像标准误差那样能够测量期望值与观测值的离差。

平均绝对离差不考虑符号因素,而是运用实际需求和预测需求之间的差量来计算。平均绝对离差等于绝对离差除以数据点的总数,用方程式表示为:

$$\text{MAD} = \frac{\sum_{i=1}^{n} |A_t - F_t|}{n} \qquad [10.7]$$

式中:

t —— 周期数;

A —— 该周期的实际需求;

F —— 该周期的预测需求;

n —— 总周期数;

| | —— 表示绝对值的符号（不考虑正负）。

预测中的误差呈正态分布时（通常情况），平均绝对离差与标准离差的关系可以表示为：

$$1\ 标准离差 = \sqrt{\frac{\pi}{2}} \times \text{MAD}，或者约等于 1.25\ \text{MAD}$$

反过来：

$$1\ 平均绝对离差 = 0.8\ 标准离差$$

标准离差的测量值相对较大。如果一组数据的平均绝对离差是 60 个单位，那么标准离差的值就是 75 个单位。在统计学中，如果控制范围设为正负 3 个标准误差或者是 ±3.75MAD，那么 99.7% 的数据点都会落在这个范围之内。

跟踪信号是一种测量方法，它可以显示预测平均值是否和真实需求的波动保持一致。和在预测中使用时一样，跟踪信号就是预测值高于或低于实际发生数值的平均绝对离差的数量。图表 10—7 显示了平均值为 0，MAD 为 1 的正态分布图。因此，如果我们计算跟踪信号并且发现其为 - 2，我们就可以得出预测模型中的预测值要远远高于实际发生的平均值。

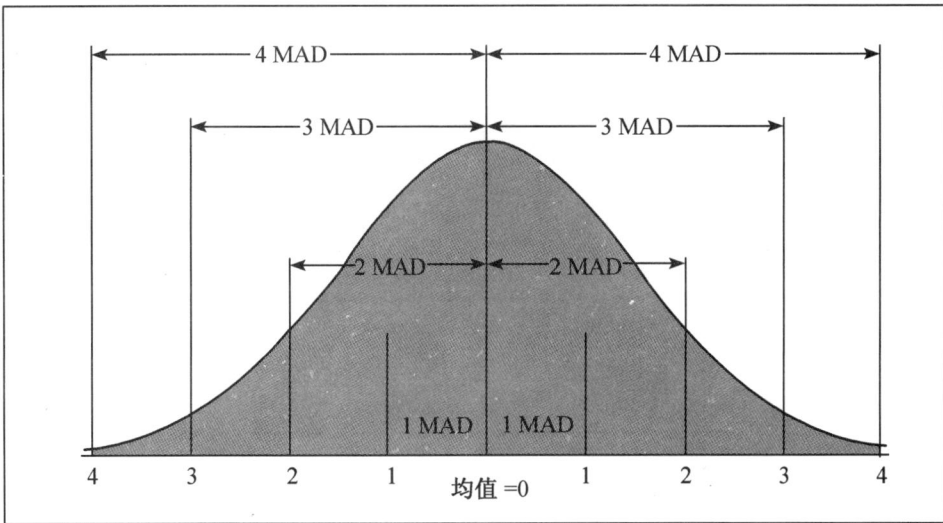

图表 10—7　正态分布图（均值 = 0；平均绝对离差 = 1）

跟踪信号可以预测误差的连续总和除以平均绝对离差来计算：

$$\text{TS} = \text{RSFE}/\text{MAD} \qquad\qquad [10.8]$$

式中：

RSFE —— 预测误差的连续总和，考虑误差性质（比如负误差抵消正误差，反之亦然）；

MAD—— 所有预测误差的平均值（不考虑其误差正负与否）它是绝对偏差的平均值。

图表 10—8 显示了计算平均绝对离差的步骤和 6 个月的跟踪信号，其中预测常值设定为 1 000，实际需求也显示在图中。在这个例子中，预测结果偏离了 66.7 个单位，跟踪信号等于 3.3 倍的平均绝对离差。

我们可以通过绘制散点图来更直观地理解平均绝对离差和跟踪信号。尽管从样本容量的角度来看，这么做不是很合适，但是我们在图表 10—9 中绘制了每一个月的数据散点来显示跟踪信号的移动。注意跟踪信号从 -1 MAD 变化到了 +3.3 MAD。发生这种现象的主要原因是 6 个时间段中有 4 个时间段内的实际需求比预测的大很多。如果实际需求没有降低到预测水平之下以抵消连续出现的正 RSFE，那么跟踪信号就会不断上升，因此我们断定 1 000 的需求预测也是一个较差的预测。

图表 10—8　使用预测和实际数据计算平均绝对离差（MAD）、预测误差连续总和（RSFE）以及跟踪信号（TS）

月份	需求预测	实际差	离差	RSFE	ABS. DEV.	SUM OF ABS. DEV.	MAD*	TS = $\dfrac{\text{RSFE}^+}{\text{MAD}}$
1	1 000	950	-50	-50	50	50	50	-1
2	1 000	1 070	+70	+20	70	120	60	0.33
3	1 000	1 100	+100	+120	100	220	73.3	1.64
4	1 000	960	-40	+80	40	260	65	1.2
5	1 000	1 090	+90	+170	90	350	70	2.4
6	1 000	1 050	+50	+220	50	400	66.7	3.3

注：* 对于 6 月份，MAD = 400 ÷ 6 = 66.7。

　　　+ 对于 6 月份，TS = FSFE/MAD = 220 ÷ 66.7 = 3.3MAD。

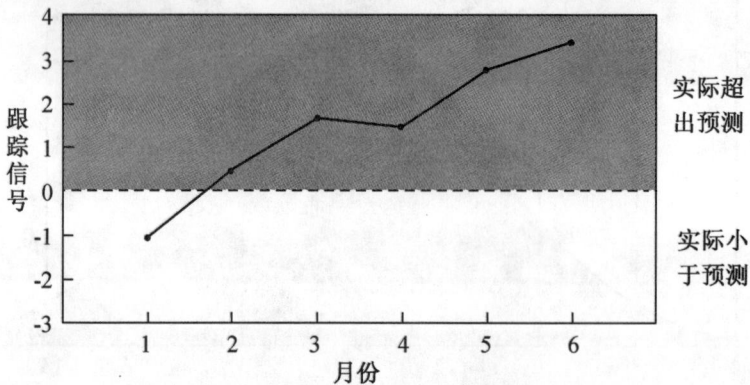

图表 10—9　图表 10—8 中跟踪信号曲线图

10.5.7　线性回归分析

回归可以定义为两个或以上的相互关联的变量之间的函数关系。它根据一个已知变量推测另一个变量。我们通常通过观察的数据找出这种关系，先描出这些数据的散点图，看它们是否呈线性结构，或者至少一部分数据呈线性结构。线性回归就是指变量关系成直线的一种特殊回归形式。

一条线性回归直线的函数是 Y = a + bX，其中 Y 是我们需要求出的相关变量的值，a 是 Y 的截距，b 是斜率，X 是自变量（实际中这样的变量很多）。在时间序列分析法中，X 是时间单位。

线性回归法对于重大事件和规划的长期预测是很有用的。例如，线性回归法在预测产品系列的需求时很有用。尽管一个系列中的单个产品需求在一定时期内会有很大变化，但是整个产品系列的需求却是相当稳定的。

顾名思义，线性回归法的主要局限就是历史数据和未来的预测都必须假定为一条直线。尽管线性回归法在应用时会有所限制，但是在对短期规划进行预测时，我们还是会运用此方法。例如，在一个较长的时段内可能有某些短的时段近似线性。

线性回归法适用于时间序列预测和因果关系预测。随着时间推移（图中通常表示为水平轴），相关变量（图中通常表示为纵轴）会发生变化，这就是所谓的时间序列分析法。如果一个变量随着另一个变量变化，这就是因果关系（例如，肺癌死亡率随着抽烟人数的增加而增加）。

我们运用下列例子说明线性回归分析最小二乘法。

例 10.2　最小二乘法

一个公司某一产品线在过去 3 年中 12 个季度的销售额如下：

季度	销售额	季度	销售额
1	600	7	2 600
2	1 550	8	2 900
3	1 500	9	3 800
4	1 500	10	4 500
5	2 400	11	4 000
6	3 100	12	4 900

该公司希望预测第 4 年每个季度的销售额（13、14、15 和 16 季度）。

解：

线性回归分析最小二乘法公式是：

$$Y = a + bx \qquad [10.9]$$

式中：

Y —— 由该公式计算的相关变量；

a —— Y 的截距；

b —— 斜率；

x —— 时间周期。

最小二乘法试图根据数据点调整直线，使每一个数据点和直线上相应数据的垂直距离的平方的总和达到最小。如果直线是通过平常的数据区域来绘制的，那么点与线之间的距离就是 y － Y 实际相关变量的数据点。图表 10—10 就显示了这种距离。描出的数据点和直线上的数据点之间的距离的平方的总和就是：

$$(y_1 - Y_1)^2 + (y_2 - Y_2)^2 + \cdots + (y_{12} - Y_{12})^2$$

最佳的直线应能够最大限度地减小总和。

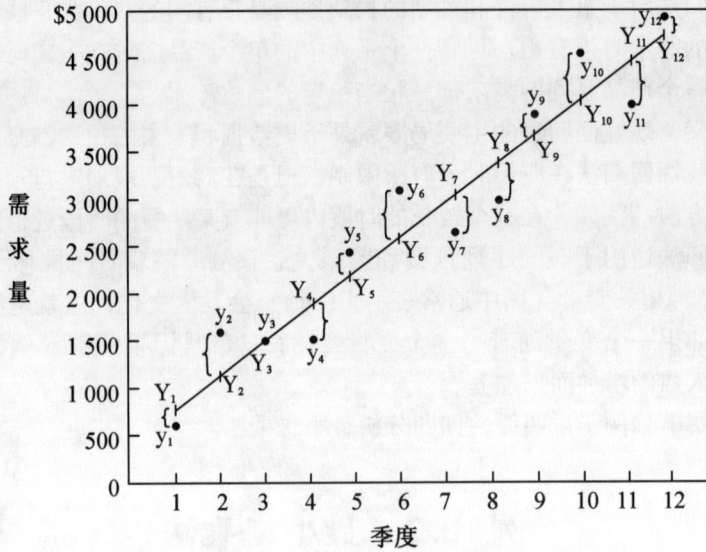

图表 10—10　最小二乘回归直线

如前面所示，直线方程是：

$$Y = a + bx$$

之前我们根据图确定 a 和 b 。在最小二乘法中，a 和 b 的方程式分别为：

$$a = \bar{y} - b\,\bar{x} \qquad\qquad [10.10]$$

$$b = \frac{\sum xy - n\bar{x}\cdot\bar{y}}{\sum x^2 - n\,\bar{x}^2} \qquad\qquad [10.11]$$

式中：

a—— Y 的截距；

b—— 斜率；

$\bar{y}$—— 所有 y 的平均值；

$\bar{x}$—— 所有 x 的平均值；

x—— 每一个数据点的 x 值；

y—— 每一个数据点的 y 值；

n—— 数据点总数；

Y—— 回归法方程中的相关变量值。

图表 10—11 显示了问题中 12 个数据点的计算结果。注意，Y 的截距为 441.6，斜率为 359.6。这一斜率表示 X 每变化 1 个单位，Y 就随着变化 359.6 个单位。

図表10—11　　　　　　　　　　　最小二乗法回归分析

(1) x	(2) y	(3) xy	(4) x²	(5) y²	(6) Y
1	600	600	1	360 000	801.3
2	1 550	3 100	4	2 402 500	1 160.9
3	1 500	4 500	9	2 250 000	1 520.5
4	1 500	6 000	16	2 250 000	1 880.1
5	2 400	12 000	25	5 760 000	2 239.7
6	3 100	18 600	36	9 610 000	2 599.4
7	2 600	18 200	49	6 760 000	2 959.0
8	2 900	23 200	64	8 410 000	3 318.6
9	3 800	34 200	81	14 440 000	3 678.2
10	4 500	45 000	100	20 250 000	4 037.8
11	4 000	44 000	121	16 000 000	4 397.4
12	4 900	58 800	144	24 010 000	4 757.1
78	33 350	268 200	650	112 502 500	

$\bar{x}=6.5$　　　　b = 359.6153

$\bar{y}=2\,779.17$　　a = 441.6666

因此 Y = 441.66 + 359.6x

$S_{yx}=363.9$

严格参照方程，周期 13 到 16 的预测值为：

$$Y_{13}=441.6+359.6\times13=5\,116.4$$
$$Y_{14}=441.6+359.6\times14=5\,476.0$$
$$Y_{15}=441.6+359.6\times15=5\,835.6$$
$$Y_{16}=441.6+359.6\times16=6\,195.2$$

预测的标准误差或直线与数据的拟合程度为：

$$S_{yx}=\sqrt{\frac{\sum_{i=1}^{n}(y_i-Y_i)^2}{n-2}}\qquad [10.12]$$

预测的标准误差就是通过图表10—11的第二列和最后一列计算的：

$$S_{yx}=\sqrt{\frac{(600-801.3)^2+(1\,500-1\,160.9)^2+(1\,500-1\,520.5)^2+\cdots+(4\,900-4\,757.1)^2}{10}}=363.9$$

Excel 有一个强大的计算工具来进行回归法计算。运用这种工具，需要建立一张包含相关数据的表格（见图表10—12）。该工具是处理工具菜单中的数据分析工具中的一部分，可以从工具菜单中进入（你也可以在工具下面的添加这一栏选择你需要添加的工具）。

使用这种工具，首先要在表格中输入两栏数据，然后从工具菜单下的数据分析子菜单中进入回归选项。接着在我们的示例中选定 Y 的范围，即 B2：B13，以及 X 的范围，即 A2：A13。最后，一个输出结果会被详细列出，显示在选定的地方。在示例中，选定的地方为 A16。例子中给出的一些信息超出了我们的范围，但是我们要找的是与线性方程中的截距和斜率匹配的截距和 X 变量的系数。这些在图表10—12的第32和33行中显示。

	Qtr	Demand
1		
2	1	600
3	2	1550
4	3	1500
5	4	1500
6	5	2400
7	6	3100
8	7	2600
9	8	2900
10	9	3800
11	10	4500
12	11	4000
13	12	4900

Regression

Input
Input Y Range:
Input X Range: $A$2:$A$13
☐ Labels　☐ Constant is Zero
☐ Confidence Level: 95 %

Output options
⦿ Output Range: $A$16
○ New Worksheet Ply:
○ New Workbook

Residuals
☐ Residuals　☐ Residual Plots
☐ Standardized Residuals　☐ Line Fit Plots

Normal Probability
☐ Normal Probability Plots

OK　Cancel　Help

SUMMARY OUTPUT

Regression Statistics

Multiple R	0.96601558
R Square	0.933186102
Adjusted R Square	0.926504712
Standard Error	363.8777972
Observations	12

ANOVA

	df	SS	MS	F	Significance F
Regression	1	18493221.15	18493221	139.6695	3.37202E-07
Residual	10	1324070.513	132407.1		
Total	11	19817291.67			

	Coefficients	Standard Error	t Stat	P-value	Lower 95%	Upper 95%	Lower 95.0%	Upper 95.0%
Intercept	441.6666667	223.9513029	1.972155	0.076869	-57.3279302	940.661264	-57.3279302	940.6612636
X Variable 1	359.6153846	30.42899005	11.81818	3.37E-07	291.8153699	427.415399	291.81537	427.4153993

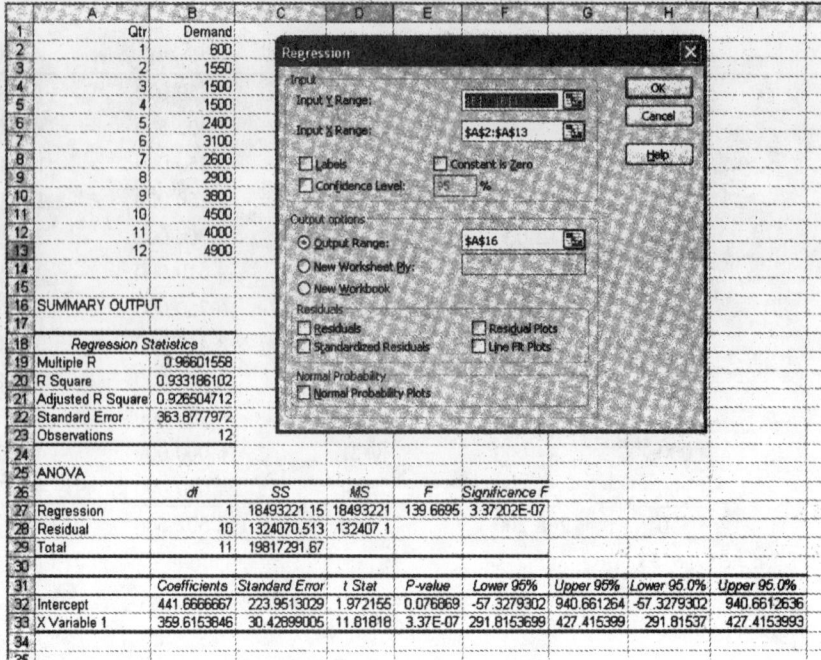

图表 10—12　Excel 回归工具

10.6　基于网络的预测：协作计划、预测和补给

协作计划、预测和补给（CPFR）于 1995 年提出，现在已经转化成为一个基于网络的工具，用于调整需求预测、生产和购买计划、供应链和经销人员之间库存补给。协作计划、预测和补给主要用于整合 n 层供应链的所有成员，包括制造商、分销商和零售商。正如图表 10—13 所示，运用协作计划、预测和补给的最佳协作点是零售商水平的需求预测，它沿着供应链逆流而上，用来同步实施预测、生产和补给计划。

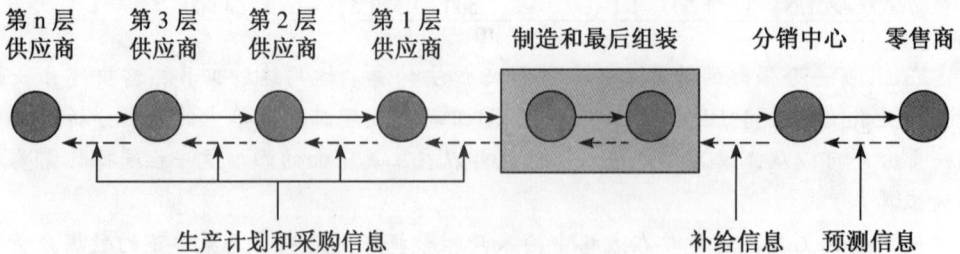

第 n 层供应商	第 3 层供应商	第 2 层供应商	第 1 层供应商	制造和最后组装	分销中心	零售商

生产计划和采购信息　　　　　补给信息　预测信息

注：实箭头表示物料流；虚箭头表示信息流。

图表 10—13　包含零售行为的 n 层供应链

尽管 CPFR 方法适合于任何行业，但是 CPFR 的运用目前主要集中在食品、服装和通用机械行业。在任何供应链中，为了提高计划可视性的信息分享具有相当大的益处。改进供应链协调能够节约成本，类似的估算也有很多，仅在食品行业每年节约的成本就达到了 300 亿美元。

CPFR 的目标是为网络中的供应商提供经过选择的内部信息，以确保供应链中可靠的、长期的需求预测。CPFR 运用循环和迭代的方式获得一致的供应链预测结果，主要分为以下五个步骤：

第一步，从头至尾确保成员意见统一。该协议规定：（1）通过协作确定目标（比如减少库存、改进不良销售、减少废品率等）；（2）协作所必需的资源（比如硬件、软件、绩效标准等）要求；（3）在分享公司机密信息时，所必需的先决条件是信任，而这一点也是执行过程中的主要障碍。

第二步，制订联合营业计划。一般来说，成员之间会建立协作战略，设计合作安排，以此确定生产计划活动的顺序和频率。这影响了产品流程，并细化了处理交易伙伴之间由于对需求预测不同而产生的计划分歧的预期标准。

第三步，计算需求预测。预测计算可以遵循公司已有的程序。零售商在零售点共享数据中扮演着至关重要的角色，这些数据可以为更多的零售商和厂家提供准确适时的预测。当进行预测的频率固定以及大规模生产的潜力需要预测准备时，一种简单的预测方法如移动平均法通常会在 CPFR 中使用。我们将简单的方法与促销或定价的专业知识结合起来，从而修改相应的预测值。

第四步，分享预测。零售商（订单预测）和厂家（销售预测）都会在共享的专用服务器上自动公布一系列产品的最新预测数据。服务器对相应的预测数据进行检测。若差值超过之前预设的安全边界（如 5%），服务器就会对这些数据发出警告。如果超过安全边界，各公司的策划者就应该自觉联合起来确定一致的预测量。

第五步，库存补给。一旦预测量达成一致，订单计划就会成为实际的订单，补给过程也相应开始了。每一个步骤都以不同的次数不断地循环，这一过程根据协作伙伴之间的日程安排进行。比如，协作伙伴可能每年会对前期的协议做一次审核；每季度对合作商业计划书进行一次评估；将预测从每周一次延长到每月一次；每日进行库存补给等等。

商务协作者之间的早期信息交流为供应链中的未来需求提供了长期的、可靠的预测参考。建立在信息共享基础之上的前期可见性给供应链的协作关系带来了许多益处。很多刚刚参与协作的公司对于变化总是持有怀疑和抵制态度。妨碍协作的最大障碍就是供应链协作者对于完整共享信息缺乏足够的信任。卖方利润最大化和买方成本最小化之间的冲突会加速供应链成员对立关系的恶化。同样的，实施过程中的另一障碍是数据失去控制。对于将财务报告、生产计划和库存价值等战略数据公布在共享网络上，有些公司比较谨慎，而有些公司则将自己暴露在安全缺口前。前期的合作协议、保密协定和信息通道权限的限制可能有助于各成员克服这些恐惧。

10.7 小结

建立预测系统并不容易，但是我们必须这样做，因为预测是一切计划的基础。从短期来看，我们需要用预测应对物料、产品、服务或其他与需求相关的资源需求。预测允许调整计划，改变劳动力和物料。从长期来看，预测可看做是战略变革的基础，比如开发新市场、新产品或服务，扩大或建立新工厂等。

简单的模式如带有适应性特征或是趋势指数的指数平滑模式可以满足短中期的预测（比如库存控制要求、员工需求以及物料计划要求）。在这些实际应用中，成千上万个项目需要预测。预测程序应尽量做到简洁，并且能在计算机上快速运行。这些程序应能忽略偶尔的伪需求，同时能快速检测和应对需求中的具体短期变化。在管理人员来控制 α 值时，指数平滑法效果十分明显。

基于网络的协作预测系统由多种预测方法组成，在未来的很多领域将得到广泛应用。通过与其他公司的 EPR 系统连接来实现交易伙伴之间的信息共享，能保证低价、快速、无误的信息流通。

总而言之，预测是艰难的。一个完美的预测就像高尔夫球的一杆进洞：如果做到了，那最好不过了，但是我们应该满足于接近洞口，或者仅仅只是落到了草地上。理想的哲学思想就是让你做出最好的预测，然后通过保持系统的柔性来减少损失。

关键术语

非独立需求（dependent demand）：由一些产品项目或服务的需求引起的某一产品或服务的需求。这种内部需求类型不需要预测，可以通过其他产品或服务的需求进行推算。

独立需求（independent demand）：不能直接从其他产品需求来推算的需求。

时间序列分析法（time series analysis）：一种预测方法，用历史需求数据预测未来需求。

指数平滑法（exponential smoothing）：一种时间序列预测方法，其中历史需求数据的增加会以（1 − α）的速度递减。

平滑常数 α（exponential constant alpha）：指数平滑方程式中的一个参数，可以控制预测和实际需求之间的差异的反应速度。

平滑常数 δ（exponential constant delta）：指数平滑方程式中的另一个参数，包括对趋势的调整。

平均绝对离差（MAD）：预测误差的平均值，使用每次预测误差的绝对值。

跟踪信号（tracking signal）：一种显示预测平均值是否与需求中的真实波动保持一致的方法。

线性回归预测（linear regression forecasting）：一种假设历史数据和未来估测数据落在同一条直线上的预测方法。

协作计划、预测和补给（collaborative planning, forecasting, and replenishment, CPFR）：一种协调公司供应链中预测、生产和采购的网络工具。

公式复习

简单移动平均

$$F_t = (A_{t-1} + A_{t-2} + A_{t-3} + \cdots + A_{t-n})/n \qquad [10.1]$$

加权移动平均

$$F_t = w_1 A_{t-1} + w_2 A_{t-2} + \cdots + w_n A_{t-n} \qquad [10.2]$$

简单指数平滑

$$F_t = F_{t-1} + \alpha (A_{t-1} - F_{t-1}) \qquad [10.3]$$

趋势指数平滑

$$FIT_t = F_t + T_t \qquad [10.4]$$

$$F_t = FIT_{t-1} + \alpha (A_{t-1} - FIT_{t-1}) \qquad [10.5]$$

$$T_t = T_{t-1} + \delta (F_t - FIT_{t-1}) \qquad [10.6]$$

平均绝对离差

$$MAD = \frac{\sum_{i=1}^{n} | A_t - F_t |}{n} \qquad [10.7]$$

跟踪信号

$$TS = RSFE / MAD \qquad [10.8]$$

最小二乘回归

$$Y = a + bx \qquad [10.9]$$

$$a = \bar{y} - b \bar{x} \qquad [10.10]$$

$$b = \frac{\sum xy - n\bar{x} \cdot \bar{y}}{\sum x^2 - n\bar{x}^2} \qquad [10.11]$$

标准预测误差

$$S_{yx} = \sqrt{\frac{\sum_{i=1}^{n} (y_i - Y_i)^2}{n - 2}} \qquad [10.12]$$

应用举例

例1

日升烘焙公司通过食品连锁店销售多福饼。由于预测误差,它面临着生产过剩和生产不足的状况。以下数据是多福饼在过去4周的需求量。公司主要生产次日销售的多福饼,比如周日的多福饼生产量是为周一的销售准备的;周一的生产是为周二的销售准备的;以此类推。周六烤房关闭,所以周五的生产量必须满足周六和周日的销售。

	4周以前	3周以前	2周以前	上周
周一	2 200	2 400	2 300	2 400
周二	2 000	2 100	2 200	2 200
周三	2 300	2 400	2 300	2 500
周四	1 800	1 900	1 800	2 000
周五	1 900	1 800	2 100	2 000
周六				
周日	2 800	2 700	3 000	2 900

根据下列要求对本周做出预测：

a. 运用 4 周的简单移动平均计算每天的需求量。

b. 使用加权平均预测每天的需求量，过去 4 周的权重分别为 0.40、0.30、0.20 和 0.10。

c. 日升公司也在对其生产面包的原料制订需求计划。如果上周需求预测是 22 000 条，实际需求是 21 000 条，那么使用指数平滑（$\alpha = 0.10$），日升公司本周的预测量将是多少？

d. 假设我们使用 c 中的预测量，而本周的实际需求是 22 500 条，那么下周的预测量应该是多少？

解：

a. 4 周的简单移动平均：

周一 = （2 400 + 2 300 + 2 400 + 2 200）÷4 = 9 300 ÷4 = 2 325（打）

周二 = （2 200 + 2 200 + 2 100 + 2 000）÷4 = 8 500 ÷4 = 2 125（打）

周三 = （2 500 + 2 300 + 2 400 + 2 300）÷4 = 9 500 ÷4 = 2 375（打）

周四 = （2 000 + 1 800 + 1 900 + 1 800）÷4 = 7 500 ÷4 = 1 875（打）

周五 = 7 800 ÷4 = 1 950（打）

周六和周日 = 11 400 ÷4 = 2 850（打）

b. 权重为 0.40、0.30、0.20 和 0.10 时的加权平均：

	(0.10)		(0.20)		(0.30)		(0.40)		
周一	220	+	480	+	690	+	960	=	2 350
周二	200	+	420	+	660	+	880	=	2 160
周三	230	+	480	+	690	+	1 000	=	2 400
周四	180	+	380	+	540	+	800	=	1 900
周五	190	+	360	+	630	+	800	=	1 980
周六和周日	280	+	540	+	900	+	1 160	=	2 880
	1 300	+	2 660	+	4 110	+	5 600	=	13 670

c. 面包需求的指数平滑预测：

$$F_t = F_{t-1} + \alpha (A_{t-1} - F_{t-1})$$
$$= 22\,000 + 0.10 \times (21\,000 - 22\,000)$$
$$= 22\,000 - 100 = 21\,900（条）$$

d. 指数平滑预测：

$$F_{t+1} = 21\,900 + 0.10 \times (22\,500 - 21\,900)$$
$$= 21\,900 + 0.10 \times 600 = 21\,960（条）$$

例 2

在某种产品需求的具体预测模型中，预测和相应的需求如下表所示。运用平均绝对离差和跟踪信号检测预测模型的准确性。

	实际	预测		实际	预测
10 月	700	660	1 月	790	835
11 月	760	840	2 月	850	910
12 月	780	750	3 月	950	890

解：

运用平均绝对离差和跟踪信号检测预测模型。

	实际需求	预测需求	实际离差	累积离差（PSFE）	绝对离差
10 月	700	660	40	40	40
11 月	760	840	− 80	− 40	80
12 月	780	750	30	− 10	30
1 月	790	835	− 45	− 55	45
2 月	850	910	− 60	− 115	60
3 月	950	890	60	− 55	60
					总离差 = 315

$$MAD = 315 \div 6 = 52.5$$
$$跟踪信号 = (−55) \div 52.5 = −1.05$$

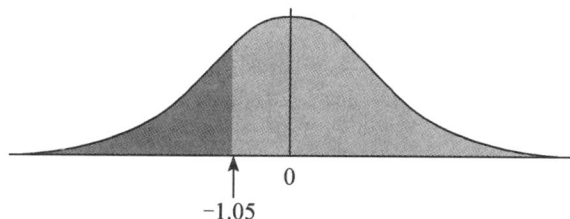

由于没有足够的证据否认该预测模型，所以我们就采取这一模型。

复习与讨论题

1. 非独立需求和独立需求之间的差别是什么？

2. 仔细查看图表 10—3，并指出对下列情况应采取何种预测模式：（a）泳衣需求；（b）新房子需求；（c）电力用量；（d）新工厂扩展计划。

3. 给出管理公司产品需求的简单原则（例如，减少产品库存）。

4. 超市、航空公司、医院、银行、燕麦生产商分别采取何种战略拉动需求？

5. 所有运用指数平滑法、修正平滑法、趋势指数平滑法的预测方法都需要初始值来保证方程的运算。你怎样选择初始值，如 F_{t-1}？

6. 在简单移动平均法、加权移动平均法、指数平滑法和线性回归分析法中，你认为哪种预测方法最为准确？

7. 预测中使用修正指数平滑法的主要问题是什么？

8. 讨论标准误差和平均绝对离差之间的本质差别。

9. 预测误差对于研究复杂的统计预测模式有何意义？

习题

1. 慢跑者对立体声耳机和 CD 机的需求使得 Nina 公司上年销售增长了将近50%。慢跑者的数量不断增加，Nina 公司预计耳机的需求也会增加，因为到目前为止没有安全法规禁止慢跑者跑步时戴耳机。上年耳机需求如下：

月份	需求	月份	需求
1	4 200	7	5 300
2	4 300	8	4 900
3	4 000	9	5 400
4	4 400	10	5 700
5	5 000	11	6 300
6	4 700	12	6 000

a. 运用最小二乘回归分析，你预测今年每个月的需求会是多少？运用图表 10—11 的通用格式，用电子表格计算。比较你自己预测的结果和运用预测表格函数得到的结果。

b. 为了满足需求，确保安全性，Nina 公司决定采用 3 个标准误差进行测量。应该采用多少额外单位满足这一置信水平？

2. 某产品的历史需求如下：

月份	1	2	3	4	5	6
需求	12	11	15	12	16	15

a. 权重为 0.60、0.30 和 0.10，使用加权移动平均法对 7 月份的需求进行预测。

b. 运用 3 个月的简单移动平均法对 7 月份的需求进行预测。

c. 使用指数平滑法对 7 月份的需求进行预测，其中 $\alpha = 0.2$，6 月份预测需求是 13。做出你能想到的假设。

d. 使用简单线性回归分析法计算先前需求数据的回归方程。

e. 运用 d 中的线性回归分析法，计算 7 月份的预测需求。

3. 下表是 6 个月的实际销售量和 1 月份的最初预测。

	实际	预测
1 月	100	80
2 月	94	
3 月	106	
4 月	80	
5 月	68	
6 月	94	

a. 运用简单指数平滑法预测剩下 5 个月的需求，其中 $\alpha = 0.2$。

b. 计算预测中需求的平均绝对离差。

4. 两年的销售数据如下，每个时期的数据都是两个月销售的和。

月份	销售额	月份	销售额
1—2 月	109	1—2 月	115
3—4 月	104	3—4 月	112
5—6 月	150	5—6 月	159
7—8 月	170	7—8 月	182
9—10 月	120	9—10 月	126
11—12 月	100	11—12 月	106

a. 绘制数据图。

b. 选择适合该销售数据的简单线性回归模式。

5. 使用 3 种产品的历史需求数据计算得出的跟踪信号如下。每种产品都使用相同的预测方法。

	TS1	TS2	TS3
1	−2.70	1.54	0.10
2	−2.32	−0.64	0.43
3	−1.70	2.05	1.08
4	−1.1	2.58	1.74
5	−0.87	−0.95	1.94
6	−0.05	−1.23	2.24
7	0.10	0.75	2.96
8	0.40	−1.59	3.02
9	1.50	0.47	3.54
10	2.20	2.74	3.75

讨论每一种跟踪信号的含义。

6. 就需求来说，并不是工厂的供应仓库中的每一件物品都能被平均分销出去，所以你应该预测需求来拟订库存计划。8 月份的数据如下所示：

第 1 周	300	第 3 周	600
第 2 周	400	第 4 周	700

a. 运用 3 周移动平均法，你预测下周的销售会是多少？

b. 运用指数平滑法，其中 $\alpha = 0.20$，如果第 3 周的指数预测就是前两周指数预测的平均值，即（300 + 400）÷2 = 350，那么第 5 周的预测量会是多少？

7. 下表显示的是某项目 9 个月的真实需求（1 月到 9 月），你的上司希望你对两种预测方法进行一下测试，看哪种预测方法在这个时期内更合适。

月份	实际	月份	实际
1	110	6	180
2	130	7	140
3	150	8	130
4	170	9	140
5	160		

a. 运用 3 个月移动平均法预测 4 月到 9 月的需求。

b. 运用简单指数平滑法预测 4 月到 9 月的需求，其中 $\alpha = 0.30$。根据 1 月、3 月和 4 月需求的平均值进行预测。

c. 运用平均绝对离差法决定 4 月到 9 月这一期间使用哪种方法更好。

8. 一种特殊的预测模式被用来预测 6 个月的销售。以下是预测量和实际需求：

月份	预测	实际
4	250	200
5	325	250
6	400	325
7	350	300
8	375	325
9	450	400

找出跟踪信号并回答你认为该模式是否可以给出合理的答案。

9. Harlen 公司使用简单预测模型：以去年同月的实际销售量除以该月的星期数，得出该月的平均周需求量。该平均周需求量可以用来作为今年同月的周预测量。这种方法被用来预测今年 8 周的销售量。

以下就是 8 周的预测量（基于去年的数据）以及实际的需求量：

周	预测需求	实际需求	周	预测需求	实际需求
1	140	137	5	140	180
2	140	133	6	150	170
3	140	150	7	150	185
4	140	160	8	150	205

a. 计算预测误差的 MAD。

b. 用预测误差的连续总和计算跟踪信号。

c. 根据 a 和 b 的答案，对 Harlen 公司的预测模型做出评价。

10. 以下是过去 10 个月的需求量：

月份	实际需求	月份	实际需求
1	31	6	36
2	34	7	38
3	33	8	40
4	35	9	40
5	37	10	41

a. 使用指数平滑法进行预测，其中 $\alpha = 0.30$，初始值 $F_1 = 31$。

b. 使用指数平滑法进行预测，其中 $\alpha = 0.30$，$\delta = 0.30$，趋势预测初始值 $T_1 = 1$，指数平滑预测初始值 $F_1 = 30$。

c. 计算每个预测的平均绝对离差，看哪个方法更好？

11. 在这个问题中，你要检测预测模型的有效性。下面就是你所使用的预测模型和实际销量。

周	1	2	3	4	5	6
预测销量	800	850	950	950	1 000	975
实际销量	900	1 000	950	900	900	1100

运用上述模型计算 MAD 和 TS，然后判断你使用的模型是否能给出合理的预测。

12. 假设你的库存是根据预测需求进行确定的。如果分销商的销售人员于每个月的第一天来取货，用如下要求的三种预测模型计算你的预测量。

月份	实际
6	140
7	180
8	170

a. 运用 3 个月简单移动平均，计算 9 月份的预测量。

b. 运用加权移动平均法计算 9 月份的预测量，其中 6、7、8 月份的权重分别为 0.20、0.30、0.50。

c. 运用单一指数平滑法计算 9 月份的预测量，假设 6 月份的预测量是 130，平滑常数 $\alpha = 0.30$。

13. 某产品的历史需求如下：

月份	4	5	6	7	8	9
需求量	60	55	75	60	80	75

a. 运用 4 个月简单移动平均，计算 10 月份的预测量。

b. 运用单一指数平滑法计算 10 月份的预测量，其中 $\alpha = 0.2$，9 月份的预测量是 65。

c. 运用简单线性回归法，绘出历史数据的趋势线。在 X 轴上，4 月份对应 1，5 月份对应 2，依此类推，Y 轴为需求量。

d. 计算 10 月份的预测量。

14. 下表显示了产品预测需求量，根据实际需求，你自己选择预测模型。

预测	1 500	1 400	1 700	1 750	1 800
实际	1 550	1 500	1 600	1 650	1 700

a. 利用平均绝对离差和预测误差的连续总和计算跟踪信号。

b. 讨论你的预测模型是否能给出好的预测。

15. 你的经理正在寻找最合适的预测模型。根据下列历史数据，计算以下预测，并且给出运算程序。

月份	实际需求	月份	实际需求
1	62	7	76
2	65	8	78
3	67	9	78
4	68	10	80
5	71	11	84
6	73	12	85

a. 计算 4 月份到 12 月份的 3 个月简单移动平均预测量。

b. 计算 4 月份到 12 月份的 3 个月加权移动平均预测量，其中权重为 0.50、0.30 和 0.20。

c. 计算 2 月份到 12 月份的单一指数平滑预测量，其中初始值 $F_1 = 61$，$\alpha = 0.30$。

d. 计算 2 月份到 12 月份的趋势指数平滑预测量，初始趋势预测值 $T_1 = 1.8$，初始指数平滑值 $F_1 = 60$，$\alpha = 0.30$，$\delta = 0.30$。

e. 计算每一种预测方法 4 月份到 12 月份得出的预测量的平均绝对离差。你更倾向于哪种预测方法？

16. 某种产品过去 3 个月的实际需求如下：

3 个月前	400 个单位
2 个月前	350 个单位
上月	325 个单位

a. 运用 3 个月简单移动平均法计算这个月的预测量。

b. 如果这个月的实际需求为 300 个单位，那么下个月的预测量是多少？

c. 运用简单指数平滑法计算这个月的预测量，假设 3 个月前的预测量为 450 个单位，平滑常数是 0.20。

17. 使用某预测模型 6 个月后，你决定运用 MAD 和 TS 检测该预测模型是否可取。以下是 6 个月的实际与预测需求量：

月份	预测	实际
5	450	500
6	500	550
7	550	400
8	600	500
9	650	675
10	700	600

a. 找出跟踪信号。

b. 决定你的预测方法是否可取。

18. 假设初始值 $F_1 = 300$ 个单位，初始趋势预测值 = 8 个单位，$\alpha = 0.30$，$\delta = 0.40$。如果实际需求是 288，计算下个时期的预测值。

案例：Altavox 电子公司

Altavox 电子公司是一家电子产品生产供应商，经营的产品包括数字和模拟多功能计量器、功能发电机、示波器、测频器以及其他测试/测量设备。

Altavox 还销售一系列测试计量器，颇受专业电子专家喜爱。在美国，VC202 型号计量器通过 6 个配送中心分发到各零售店。这些配送中心分别位于亚特兰大、波士顿、芝加哥、达拉斯和洛杉矶，主要负责向不同的地区配送。

VC202 型号计量器因其可靠性和构造备受消费者喜爱。Altavox 公司并不认为这种产品是季节性产品，但是其需求一直在变化，过去 13 周的产品需求量如下表所示。

周	1	2	3	4	5	6	7	8	9	10	11	12	13	均值
亚特兰大	33	45	37	38	55	30	18	58	47	37	23	55	40	40
波士顿	26	35	41	40	46	48	55	18	62	44	30	45	50	42
芝加哥	44	34	22	55	48	72	62	28	27	95	35	45	47	47
达拉斯	27	42	35	40	51	64	70	65	55	43	38	47	42	48
洛杉矶	32	43	54	40	46	74	40	35	45	38	48	56	50	46
总计	162	199	189	213	246	288	245	204	236	257	174	248	229	222

这些数据都包含在文件名为 Altavox Data 的 Excel 数据表里，附在书中的 DVD 里面。各地区的平均周需求在亚特兰大达到 40 台，在达拉斯达到 48 台。该季度的销售和上年同期销售状况很接近。

管理方需要你对一些预测方法进行试验，为新系统找出最好的预测模型。有两种预测模型供选择：简单移动平均和指数平滑。

问题：

1. 考虑使用简单移动平均模型。运用过去 5 周和 3 周的数据进行模型试验。过去每个地区的数据如下表所示。运用平均绝对离差和跟踪信号评价过去 13 周的预测。

周	前 5 周	前 4 周	前 3 周	前 2 周	上周
亚特兰大	45	38	30	58	37
波士顿	62	18	48	40	35
芝加哥	63	22	72	44	48
达拉斯	42	35	40	64	43
洛杉矶	43	40	54	46	35
总计	254	153	244	252	198

2. 接下来，使用简单指数平滑模型。在你的分析测试中使用两种 α 值，分别为 0.2 和 0.4。用同样的标准评价此模型。假设此模型之前使用的 α 值为 0.2，为过去 3 周的平均值；使用的 α 值为 0.4 时，为过去 5 周的平均值。

3. Altavox 正在考虑使用新的配送模式销售 VC202 型号计量器，用 1 个零售中心来替代过去的 5 个零售点。在所有地区总需求之和的基础上，分析该预测方法的准确性，评价该预测模式。

通过问题 1 和问题 2 中的分析，找出你认为最好的模型。运用新的标准，也就是通过 MAD 除以平均需求的方法计算。这种标准叫做绝对均值百分点误差（MAPE），并且精确估计预测误差占平均需求的百分比。从预测角度来看，综合需求的优缺点是什么？将多个配送点转为单个配送点是否还要考虑其他因素？

注释

1. 除了非独立需求和独立需求，还有其他的需求关系，包括产品互补以及一种产品需求拉动其他产品需求的因果关系。

2. 有的学者喜欢称 F_t 为平滑均值。

3. 首次使用指数平滑法时，可以使用简单估测值或者是前期平均值，比如前 2 个时期或 3 个时期的均值，作为初始预测值或预测起点。

4. 标准误差相对容易的一个计算公式是 $S_{yx} = \sqrt{\dfrac{\sum y^2 - a \sum y - b \sum xy}{n-2}}$

5. 特别感谢 Gene Fliedner 对本部分写作的帮助。Gene Fliedner，"Hierarchical Forecasting: Issues and Use Guidelines," *Industrial Management & Data Systems* 101, No. 1 (2001), pp. 5 – 12.

6. Marshall L. Fisher, "What Is the Right Supply Chain for Your Product?" *Harvard Business Review*, March-April 1997, pp. 105 – 16.

参考文献

De Lurgio, S. *Forecasting Principles and Applications.* New York: Irwin/McGraw-Hill, 1998.

Diebold, F. X. *Elements of Forecasting.* 2nd ed. Cincinnati, OH: South Western College Publishing, 2000.

Hanke, J. E.; A. G. Reitsch; and D. W. Wichem. *Business Forecasting.* 7th ed. Upper Saddle River, NJ: Prentice Hall, 2001.

Makridakis, S.; S. C. Wheelwright; and R. J. Hyndman. *Forecasting: Methods for Management.* New York: John Wiley & Sons, 1998.

11

综合销售和运营计划

让我们看一段在 Acme Widge 公司里开会的行政人员的谈话。与会者都显得不太高兴。

总裁：这种短缺状况很糟糕。什么时候我们的行动能够一致？当经营状况良好时，我们的产品却出现短缺，我们的客户服务也变得很差。

运营副总：我来告诉你什么时候吧，那就是当我们从销售部门得到合适的销售预测时。

销售副总（插嘴）：等一下，我们预测到了这次销售额上涨的趋势。

运营副总：赶紧采取一些措施。是的，我们得到了修正后的预测，但是是在本月的第 4 天，那时候已经太迟了。

销售副总：要是你问我的话，我几个月前就可以告诉你，你所要做的就是询问。

财务副总：我想说两句。我们已经不止一次因为建立库存而陷入困境，因为预测到的上涨趋势根本没有发生。然后我们被成吨的库存困住，耗尽了现金。

这种冲突仍然在继续。订单退回、顾客投诉、高库存量、延期交付、相互指责、财务问题、供需不平衡以及商业计划的缺失，这是许多公司都面临的问题。

然而，这并非是不可避免的。如今，许多公司都在使用被称为销售和运营计划的业务流程（S&OP）来帮助避免类似问题。接下来我们将要讨论它是什么，以及如何使用。

资料来源：Thomas F. Wallace，Sales and Operations Planning：The How-To Handbook（Cincinnati，OH：T. F. Wallace&Co.，2000），p. 3. Copyright © 2000 Thomas Wallace.

在这一章中，我们将讨论综合运营计划，它把年度和季度的业务计划转化为中期（3～18个月）的劳动力和产出计划。在这个时期，综合运营计划的目标是降低所需的资源成本来满足当期的需求。

11.1 什么是销售和运营计划

销售和运营计划是一个过程，能帮助企业更好地服务客户、降低库存、缩短交货时间、稳定生产率，并帮助高层管理人员管理业务流程。设计这个过程是为了协调在这一领域中用于满足需求的生产和服务活动。在这种情况下，这些活动一般包括为仓储配送中心、零售网点或直接销售渠道的货物补给。这一过程的设计是用来帮助公司得到供需平衡，并维持这一平衡状态。这个过程需要销售、分销和物流、运营、财务以及产品开发部门进行团队合作。

销售和运营计划的过程是由一系列的会议组成的，最后以一个高层会议结束。在这个高层会议中，关键中期决定得到确定。它的目标是在各个部门之间达成协议，实现供需之间的最优平衡，主要的思想是使运营计划与业务计划相符合。

在总体层次以及具体的独立产品层次都要达到供给与需求之间的平衡。在总体层次上，我们指的是主要产品组合的水平。随着时间的推移，我们需要确保我们有足够的运营能力。因为需求是不断变化的，最重要的是，我们需要监控3～18个月或者更长一些时间的期望需求。在这么长的时期内进行规划，我们很难准确地知道到底我们需要有多少某一特定的产品，但是我们应该知道大概可以销售多少相似产品的组合。术语"综合"指的就是这类产品组合。假设我们有足够的运营能力，我们的单件产品调度程序就能够处理每天和每周单个产品的订单来满足短期内的需求。该程序受总能力的限制。

11.2 销售和运营计划行为概览

图表11—1显示了销售和运营计划与其他主要运营计划之间的联系，"销售和运营计划"这个术语是由公司创造出来的，指的是帮助企业保持供求平衡的流程。在运营管理过程中，我们称这个传统的流程为综合计划。新的术语意味着人们需要把握多功能工作的重要性。一般来说，这种活动主要包括销售、分销和物流、运营、财务

以及产品开发等。

在销售和运营计划里，营销部门制订了第 3 至第 18 个月的市场销售计划。通常，该公司的销售计划是以综合产品组合为单位，并且经常与销售激励计划和其他营销活动紧密相连。在运营方面则开发出了一个运营计划作为流程的输出结果，在本章中我们将深入讨论这个计划。围绕综合产量和销量，销售和运营部门能够联合制订运营计划来满足需求。当需求随着市场趋势或其他因素而产生重大变化时，这就成为一项相当困难的任务。

"综合"在供应方面表现为产品系列，而在需求方面则是消费者组合。在销售和运营计划过程中，个别产品的生产进度和满足客户需求的订单可以作为销售运营计划流程的结果得到处理。通常，销售和运营计划以月为周期。销售和运营计划把一个公司的战略计划和业务计划与其具体运营和供应流程相联系。这些详细的流程包括制造、物流和服务活动，如图表 11—1 所示。

在图表 11—1 中，时间上的跨度表现为长期、中期和短期。长期计划通常每年制订，其关注的时间长于 1 年。中期计划通常为 3 ～ 18 个月，以周、月或季度为单位。短期计划为 1 天到 6 个月，以日或周为单位。

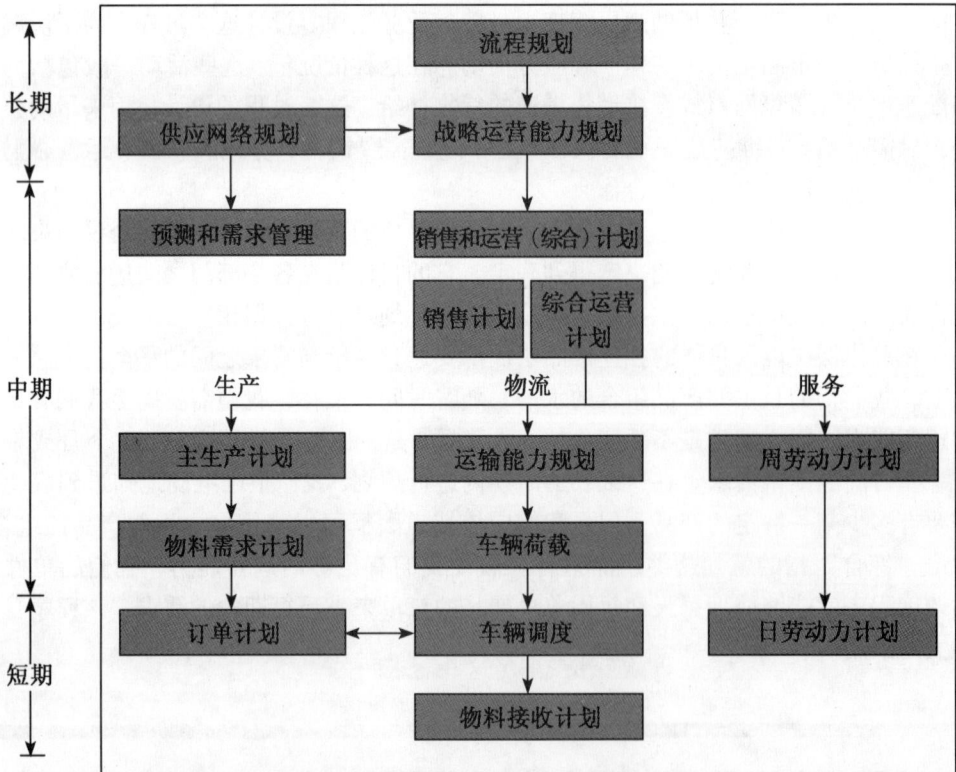

图表 11—1　主要运营和供应计划活动概览

长期运营计划在两个主要领域里开展。一个是制造产品的生产和服务流程规划，另一个是提供产品给客户的物流活动规划。流程规划主要涉及确定生产产品或提供服务所需的具体技术和程序。战略运营能力规划涉及确定生产体系的运营能力（如大小、范围）。同样，从物流的观点来看，供应网络规划涉及确定产品如何对外分销给客户，以及仓库地点和运输系统类型的选择。在内部，供应网络规划主要涉及生产外包、选择部件和组件供应商以及其他相关的决策。

中期规划包括预测和需求管理以及销售和运营计划。未来需求的确定集中在预测和需求管理方面。从这些数据来看，详细销售和运营计划已经制作出来，以满足这些要求。确定销售活动的销售计划通常是市场营销图书的重点。运营计划为公司提供生产、物流以及服务规划活动等。主生产计划和物料需求计划是为了生成详细的计划，以显示生产活动中何时需要何种部件。与这些计划相协调的物流计划需要通过整个供应链运输部件并完成产品生产。

短期计划的重点大多放在生产计划和订单运输上。这些订单需要通过供应链与实际运输的车辆相协调。在服务方面，需要进行短期的员工计划，以保证满足顾客的需求并维持合适的人员计划。

11.3　综合运营计划

综合运营计划根据产品组合或更广泛的分类确定中期（3～18 个月）的生产率。如图表 11—1 所示，综合计划在主生产计划之前制订。综合计划的主要目的是说明现有生产率、劳动力水平和持有库存的最优组合。生产率是指单位时间（例如每小时或者每天）里的单位产品产量。劳动力水平指的是完成某一生产产量所需要的工人数量（产量 = 生产率 × 劳动力水平）。现有的库存是指前期所留存下来的未使用的库存。

下面是关于综合计划问题的一项正式描述：在计划期 T 中，第 t 期的需求预测为 F_t，确定生产水平为 P_t，库存水平为 I_t，劳动力水平为 W_t（t = 1，2，…，T），使计划期内的相关成本达到最小化。

不同企业的综合计划形式不尽相同。在某些企业，它是一种标准化的报告，包含了运营规划目标和计划所基于的前提假设。在另外一些企业，特别是规模较小的企业，管理者往往采用反映总员工策略的简单劳动力需求计算。

综合计划所形成的过程也不尽相同。通常的做法是根据公司的年度计划来安排，如图表 11—1 所示。典型的公司运营计划包含了生产环节，这一环节详细描述了接下来的 12 个月各主要生产线需要多少单位才能满足预测销售量。计划制订者收集这些信息并试图确定如何利用可用资源来满足这些需求。另一种方法是，企业把产出所需的资源换算到同一单位中，以此作为综合计划的基础。例如，通用汽车的生产部门可以在某一特定的工厂生产一定数量的所有小汽车车型。生产计划制订者就可以将所有车型需要的平均劳动时间作为整个综合计划的基础。计划的优化，具体到将要生产的汽车车型，将会反映在短期的生产计划里。

另一种制订综合运营计划的方法是模拟各主生产计划，并计算相应的运营能力需求，来检测每个工作中心是否拥有充足的劳动力和设备。如果运营能力不足，额外的需求，如加班、外包或雇用额外的工人等，将被细分到每个生产线并且组成一个粗略的运营计划。经过试算或数学方法的推导，这个计划（如人们希望的那样）成为一个成本较低的最终计划。

NUCOR 钢铁公司，美国最大的钢铁生产商，2005 年的净销售额为 12.7 亿美元，同时回收了大约 20 万吨废钢。

如今，NUCOR 的运营设施遍布美国 17 个州，雇员达到 11 500 人。NUCOR 回收废钢为库存时，保持"绿色"操作和较低成本。其战略行动包括四个部分：优化现有运营结构、追求战略性收购、凭借新技术的商业化达到绿色领域的持续增长以及与全球合资公司共同增长。

11.3.1 生产计划环境

图表 11—2 显示了构成生产计划环境的内部和外部因素。一般来说，外部环境是超出计划制订者直接控制范围的，但在一些公司，对产品的需求可以得到有效管理。在销售淡季，通过营销和运营部门之间的密切协作，利用促销活动和降价可以刺激需求。相反，当需求旺盛的时候，可以减少促销活动或提高价格，使那些有运营能力来提供产品或服务的公司收入最大化。我们将在后面"收益管理"部分中讨论当前为管理需求而实施的一些实践活动。

补充产品可以为面临着周期性需求波动的公司服务。举例来说，在春季和夏季，割草机制造商面临着强劲的产品需求，但在秋季和冬季，产品需求却很低。通过生产在秋冬季需求量高，而在春夏季需求量很低的补充产品（例如，铲雪机、扫雪机或落叶清扫机），生产商可以使生产系统得到平滑。在服务业中，周期常常以小时而不是月来计算。午餐和晚餐时间需求量很大的餐厅通常在早餐供应时间丰富早餐菜单，用以增加需求。

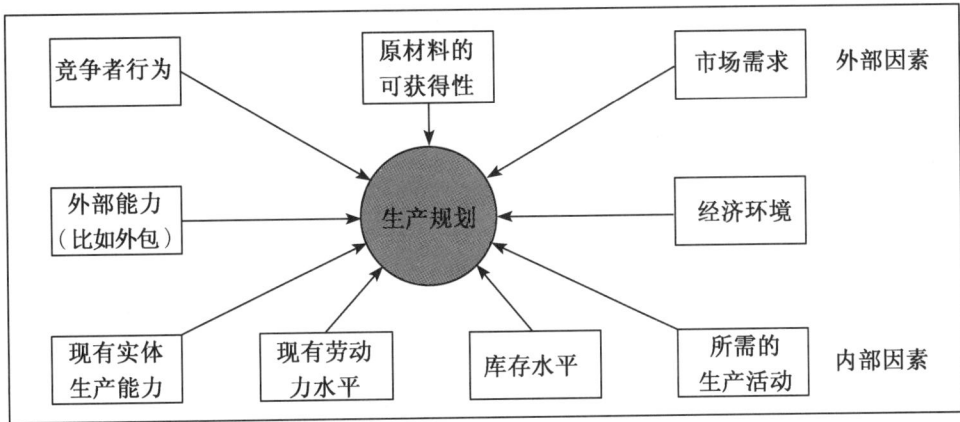

图表 11—2　生产计划系统所需要的输入

　　然而尽管如此，我们对需求的控制仍然受到限制。首先，计划制订者必须服从市场营销部门的销售计划和签订的订单，只能把内部因素作为制订生产计划中可控制的变量。一种用来促进这些内部因素管理的新方法是"精确反应"。这就意味着需要对历史需求模式进行精确测量以及对何时开始生产某一特定产品进行专业判断。这种方法的关键在于清楚地鉴别那些需求可预测以及需求相对不可预测的产品。

　　内部因素在可控性上也有差异。当前的实体生产能力（厂房或设备）通常在短期内是固定不变的；工会协议常常限制企业采取措施改变劳动力；实体生产能力不能一直增加；高层管理人员可能会限制库存所占用的资金数量。尽管如此，管理这些因素仍然具有一定的柔性，并且计划制订者可以运用一种或者几种我们在此提到的生产计划策略。

　　生产计划策略。本质上，有三个生产计划策略，涉及劳动力规模、工作时间、库存以及未完成订单之间的平衡。

　　1. 追赶策略。生产率和订单数量相匹配，根据订单数量的变化雇用或解雇员工，该策略的成功取决于在订单增加时候是否有训练有素的雇员储备可供使用。很明显，这种策略会对感情造成冲击。当未完成的订单较少时，雇员可能不得不减慢速度，因为他们害怕在现有订单完成后被解雇。

　　2. 稳定的劳动力水平——可变的工作时间。通过柔性生产时间安排或加班来改变工作小时数，从而改变产出量。通过改变的工作小时数，我们可以使生产数量与订单相符。这个策略提供了劳动力持续不断的供给，从而可以避免许多使用追赶策略时因为雇用和解雇而带来的情感上的或实际上的成本。

　　3. 平准策略。在稳定的产出率下保持稳定的劳动力水平。库存水平、未完成订单以及销售量流失的波动可以消除多余或者短缺的劳动力。尽管雇员能从稳定的工作时间中受益，但是潜在的客户服务水平下降了，库存成本也增加了。另一个需要考虑的问题是库存的产品可能会被荒废。

　　当我们选择其中的一种策略用来应对需求波动时，称为单一策略；当我们使用两个或者多个策略时，称为混合策略。你可能已经想到了，混合策略在工业中应用更为广泛。

外包。 除了这些策略，管理者也可以选择部分产品外包。这个策略与追逐策略相似，唯一的区别是雇用和解雇转化成了是否外包。某种程度上，外包能够调节需求的波动。然而，除非与供应商的关系相当密切，否则制造商可能会失去对产品质量和生产时间的控制。

11.3.2 相关的成本

综合生产计划涉及四项成本。它们主要与生产成本以及维持库存的成本和未完成订单的成本相关。更确切地说，它们是：

1. 基本生产成本，指在某一特定时期内，制造一个特定产品类型所需的固定和可变成本，包括直接或间接的劳动力成本，以及常规的或加班的补偿成本。

2. 与生产率相关的成本，包括招聘、培训以及解雇员工所需的成本。雇用临时工是避开这些费用的途径之一。

3. 库存成本，其主要"成分"是库存所占用的资金，其他部分是储存成本、保险成本、税收成本、损坏成本和折旧成本。

4. 延期交货成本，这种成本通常很难测量，包括支出的成本、客户信誉下降带来的成本和延期交货导致的销售损失。

预算。 为了获得资金，运营经理通常要求提交年度甚至是季度的预算需求。综合计划是预算过程成功的关键。综合计划的目标是要通过确定劳动力水平和库存水平的最优组合来实现与生产相关的成本的最小化。因此，综合计划为预算金额提供了依据。精确的中期计划增加了接受预算计划要求和在预算限制范围内运营的可能性。

在接下来的内容中，我们将提供一个例子说明生产规划中的中期运营计划。这个例子说明了不同的生产运营计划之间的权衡。

全部都在计划中

总经理突然召集员工会议，你忐忑不安地坐在会议室内，气氛很紧张。最近公司都传开了，这个月又有一名员工会被解雇，而上次"清洗"中的幸存者都是些狡猾的家伙。会议开始了。在三色图片与3D电子表格中显示的还是一些旧信息，经理们对这些信息已经产生了怀疑。在这场没有尽头的信息获取竞争中，经理们努力想获得"官方"的准确回应。

这个场景存在于世界各地的许多企业中。但有趣的是，像高级光学元件（Finisar的一个分公司，原为VCSEL）这类公司已经学会了如何正确地匹配供给与需求。高级光学元件公司已经开发出一种新的半导体激光器，适用于计算机、网络以及遥感设备。这家公司计划将一系列创新产品投入市场，这样一来，生产能力的预测和管理成为一项独特的挑战。高级光学元件公司使用以月为单位的销售和运营计划，短期和长期的预测精度能够达到60%～95%甚至更好。在计划中的各具体步骤中，执行小组主要关注：（1）现有产品以及新产品的需求机会；（2）公司生产产品以满足这些需求的限制有哪些。这个计划在每月的运营计划和销售行政会议上提出，它能确保需求与供给同步，使顾客得到他们想要的产品，而库存和成本也被控制在最小。

高级光学元件公司的经理指出：一个重要的步骤是获得总经理的支持。第二步是让团队成员充分理解需要做什么，包括：承诺实施均衡和同步的需求/供应计划；负责实施绩效标准；开放和诚实的沟通；不做无法实现的承诺；做出决策来帮助认清所面临的机会和所受到的限制。

资料来源：http://www.themanufacturer.com.

11.4 综合运营计划技术

公司通常运用表格和图形进行试算来制订综合运营计划，包括计算各运营计划的成本并选择最优运营计划。详尽的电子表格被开发出来，给决策过程带来了便利。一些复杂的方法包括线性规划和仿真在电子表格中经常被用到。接下来，我们用一个电子表格程序来阐述用于满足 JC 公司需求的四种策略。稍后我们将要讨论运用线性规划的更加复杂的方法（参见附录 F）。

11.4.1 应用试算法举例：JC 公司

一个需求具有显著季节性变化的公司通常制订全年的运营计划以适应最忙与最闲的月份。我们可以在一个较短的计划期内说明试算法的普遍原则。假设我们希望为 JC 公司接下来的 6 个月建立生产计划，我们了解到如下信息：

需求和工作时间							
	1 月	2 月	3 月	4 月	5 月	6 月	总计
需求预测	1 800	1 500	1 100	900	1 100	1 600	8 000
工作时间（日）	22	19	21	21	22	20	125

成 本	
原材料成本	100 美元/单位
库存成本	1.50 美元/单位/月
缺货成本	5 美元/单位/月
分包边际成本	20 美元/单位（120 美元的分包费用，少于 100 美元的材料储备费用）
招聘和培训成本	200 美元/工人
解聘成本	250 美元/工人
所需的劳动力时间	5 小时/单位
正常劳动力成本（每天 8 小时）	4 美元/小时
加班成本（随时间增加减半）	6 美元/小时

库 存	
初始库存	400 单位
安全库存	每月需求的 25%

为了解决这个问题，我们可以把原材料成本排除在外。在我们的计算中，我们已经把 100 美元的成本计算在内，但是我们如果假设这一成本对需求中的每个产品来说都是相同的，那么我们仅仅需要关注边际成本。因为外包成本是 120 美元，我们实际的外包成本则是 20 美元，这是因为我们节省了原材料成本。

注意：公司的许多成本以不同的形式表现出来，这些形式与会计记账是不一样的。因此，不要期望能直接从会计的记账中得出成本费用，相反，应间接地从可以帮助得出数据的管理人员那里获得结果。

第一阶段初始库存为 400 单位，因为需求预测是有误差的，JC 公司决定建立安全库存（缓冲库存）降低缺货的可能性。在这里，我们假定安全库存是需求预测的 1/4（在第 12 章我们将作深入讨论）。

图表 11—3   综合运营计划需求

	1 月	2 月	3 月	4 月	5 月	6 月
初始库存	400	450	375	275	225	275
需求预测	1 800	1 500	1 100	900	1 100	1 600
安全库存（0.25×需求预测）	450	375	275	225	275	400
生产需求量（需求预测＋安全库存－初始库存）	1 850	1 425	1 000	850	1 150	1 725
期末库存（初始库存＋生产需求量－需求预测）	450	375	275	225	275	400

在研究可选的生产计划之前，把需求预测转变成将安全库存估算都考虑在内的生产需求量是非常有用的。在图表 11—3 中，我们注意到这些需求是假定安全库存永远不会被使用的前提下给出的，因此，每月的期末库存等于每月的安全库存。例如，1 月的安全库存 450（1 800 的 25%）变成了 1 月末的库存。1 月的生产需求量就是需求预测加上安全库存减去初始库存（1 800 ＋ 450 － 400 = 1 850）。

现在我们必须为 JC 公司制订备选的生产运营计划。我们使用电子表格来研究四种不同的计划方案，目标是寻找总成本最低的那个方案。

计划 1　改变劳动力规模，使用常规的 8 小时工作制，生产每月所需的精确产品数量。

计划 2　在接下来的 6 个月内保持劳动力水平不变以满足预计的平均需求。通过不断记录平均每天所需的工人数量来计算这一稳定的劳动力水平。用总生产需求量乘以每个单位所需要的时间，然后除以总工作时间与每个工人每天的工作时间的积（（8 000 单位×5 小时/单位）÷（125 天×8 小时/天）= 40 个工人）。存货是允许累加的，本月的短缺可以靠下个月的生产来满足，负初始库存表明需求出现了缺货现象。在某些情况下，如果需求得不到满足，公司的销售量将会下降。失去的销售量通过负的期末库存表现出来，而下期初始库存为零。注意，在这个计划里，我们在 1、2、3 和 6 月用安全库存来满足预期的需求。

计划 3　保持劳动力水平不变，在正常的工作时间内生产符合最低预期需求（4 月）的产品数量。用外包满足额外的产量需求。确定每月生产需求量的最低值，计算当月需要的工人数量（（850 单位×5 小时/单位）÷（21 天×8 小时/天）= 25 个工人），将生产需求量和产量之间的差额外包出去。

计划 4　保持劳动力水平不变，在正常的工作时间内，生产能够满足前 2 个月所有预期需求的产量。采用加班的方法来满足额外的产出需求。在这个计划中，计算所需员工人数变得更加困难，但是这个计划的目标是使6月的期末库存尽可能接近本月的安全库存。通过反复的试算，我们得出38个工人是最合适的劳动力水平。

下一步是计算每个计划的成本。这就要求进行一系列简单的计算，如图表11—4所示。需要注意的是，每个计划中每一排的标题是不同的，因为每个都是一个单独的问题，需要的数据和算法也不同。

图表11—4　　　　　　　　　　　**四种生产计划的成本**

生产计划1：精确生产；改变劳动力水平

	1月	2月	3月	4月	5月	6月	总计
生产需求量（如图表11—3所示）	1 850	1 425	1 000	850	1 150	1 725	
生产所需的时间（生产需求量×5小时/单位）	9 250	7 125	5 000	4 250	5 750	8 625	
每月工作天数	22	19	21	21	22	20	
每个工人每月工作时间（工作天数×8小时/天）	176	152	168	168	176	160	
工人需求量（生产所需的时间/每个工人每月工作时间）	53	47	30	25	33	54	
雇用新工人（假设第一个月的初始劳动力水平为53个工人）	0	0	0	0	8	21	
招聘成本（雇用人数×200美元）	0	0	0	0	1 600	4 200	5 800
解雇人数	0	6	17	5	0	0	
解雇成本（解雇人数×250美元）	0	1 500	4 250	1 250	0	0	7 000
直接时间成本（生产所需的时间×4美元）	37 000	28 500	20 000	17 000	23 000	34 500	160 000

总成本　172 800美元

生产计划2：劳动力水平不变；改变库存和缺货

	1月	2月	3月	4月	5月	6月	总计
初始库存	400	8	−276	−32	412	720	
每月工作天数	22	19	21	21	22	20	
可用生产时间（每月工作天数×8小时/天×40人）*	7 040	6 080	6 720	6 720	7 040	6 400	
实际产量（可用生产时间/5小时/单位）	1 408	1 216	1 344	1 344	1 408	1 280	
需求预测（如图表11—3所示）	1 800	1 500	1 100	900	1 100	1 600	
期末库存（初始库存+实际产量−需求预测）	8	−276	−32	412	720	400	
缺货成本（短缺单位数×5美元）	0	1 380	160	0	0	0	1 540
安全库存（如图表11—3所示）	450	375	275	225	275	400	
过剩单位数（期末库存−安全库存，为正数）	0	0	0	187	445	0	

	1月	2月	3月	4月	5月	6月	总计
库存成本（过剩单位数×1.5美元）	0	0	0	281	668	0	948
直接时间成本（可用生产时间×4美元）	28 160	24 320	26 880	26 880	28 160	25 600	160 000

总成本　162 488 美元

注：*（图表11—3中生产需求量总和×5小时/单位）/（可用生产时间总和×8小时/天）=（8 000×5）÷（125×8）=40。

生产计划3：劳动力水平不变；外包

	1月	2月	3月	4月	5月	6月	总计
生产需求量（如图表11—3所示）	1 850	1 425	1 000	850	1 150	1 725	
每月工作天数	22	19	21	21	22	20	
可用生产时间（工作时间×8小时/天×25人）*	4 400	3 800	4 200	4 200	4 400	4 000	
实际产量（生产时间×5小时/单位）	880	760	840	840	880	800	
外包数量（生产需求量－实际产量）	970	665	160	10	270	925	
外包成本（外包数量×20美元）	19 400	13 300	3 200	200	5 400	18 500	60 000
直接时间成本（可用生产时间×4美元）	17 600	15 200	16 800	16 800	17 600	16 000	100 000

总成本　160 000 美元

注：*最低生产的需求，在这个例子中，4月为850个单位，需要工人的数量是（850×5）÷（21×8）=25。

生产计划4：劳动力水平不变；加班

	1月	2月	3月	4月	5月	6月	总计
初始库存	400	0	0	177	554	792	
每月工作天数	22	19	21	21	22	20	
可用生产时间（每月工作天数×8小时/天×38人）*	6 688	5 776	6 384	6 384	6 688	6 080	
常规轮班产量（可用生产时间×5小时/单位）	1 338	1 155	1 277	1 277	1 338	1 216	
需求预测（如图表11—3所示）	1 800	1 500	1 100	900	1 100	1 600	
加班前的可用单位数量（初始库存+常规轮班产量－需求预测，四舍五入取整数）	−62	−345	177	554	792	408	
加班产量	62	375	0	0	0	0	
加班成本（加班产量×5小时/单位×6美元/小时）	1 860	10 350	0	0	0	0	12 210
安全库存（见图表11—3）	450	375	275	225	275	400	
过剩单位数（加班前的可用单位数量－安全库存，为正数）	0	0	0	329	517	8	

	1月	2月	3月	4月	5月	6月	总计
库存成本（过剩单位数×1.5美元）	0	0	0	494	776	12	1 281
直接时间成本（可用生产时间×4美元）	26 752	23 104	25 536	25 536	26 752	24 320	152 000

总成本　165 491 美元

注：＊通过反复试算决定的工人数量。见正文说明。

最后一步就是要把每一个计划用图表表示出来并且比较成本。从图表11—5中我们可以看出，使用外包可使总成本最低（计划3）。图表11—6显示了这四个计划的效果。这是一种累积图表，表明了在总生产需求上产生的预期效果。

注意，在这个例子中，我们做了另一个假设：这个计划可以使用的员工数量是任意的，且无雇用或解雇的成本。人们通常这样做，主要是由于综合计划一般利用现有人员，我们也可以以这种方式开始计划。然而，在实际应用中，可使用的现有人员可能来自公司其他部门，那么这个假设可能产生变化。

图表11—5　　　　　　　　　　　　四个计划的比较

成本类型	计划1：精确生产；改变劳动力水平	计划2：劳动力水平不变；改变库存和缺货	计划3：劳动力水平不变；外包	计划4：劳动力水平不变；加班
雇用	5 800	0	0	0
解雇	7 000	0	0	0
超额库存	0	948	0	1 281
库存短缺	0	1 540	0	0
外包	0	0	60 000	0
加班	0	0	0	12 210
直接时间	160 000	160 000	100 000	152 000
总计	172 800	162 488	160 000	165 491

这四个计划中的每一种都各自关注一个特定的成本，前三个采用的是单一策略。显然，还有许多其他可行的计划，其中一些会综合利用劳动力规模变化、加班以及外包等方式。本章结尾处的问题也包含许多诸如此类的混合策略的例子。在实践中，最终方案是从各种备选方案和未来规划中选择出来的，这些备选方案和规划超出了我们使用的6个月的计划期。

要记住，这种试算方法并不能保证找到成本最低的方案。然而，Microsoft Excel电子表格可以在几秒内试算成本，并将这种假设分析变为了一种艺术。如试算法一样，许多更复杂的程序能帮助用户快捷地生成更好的解决方案。

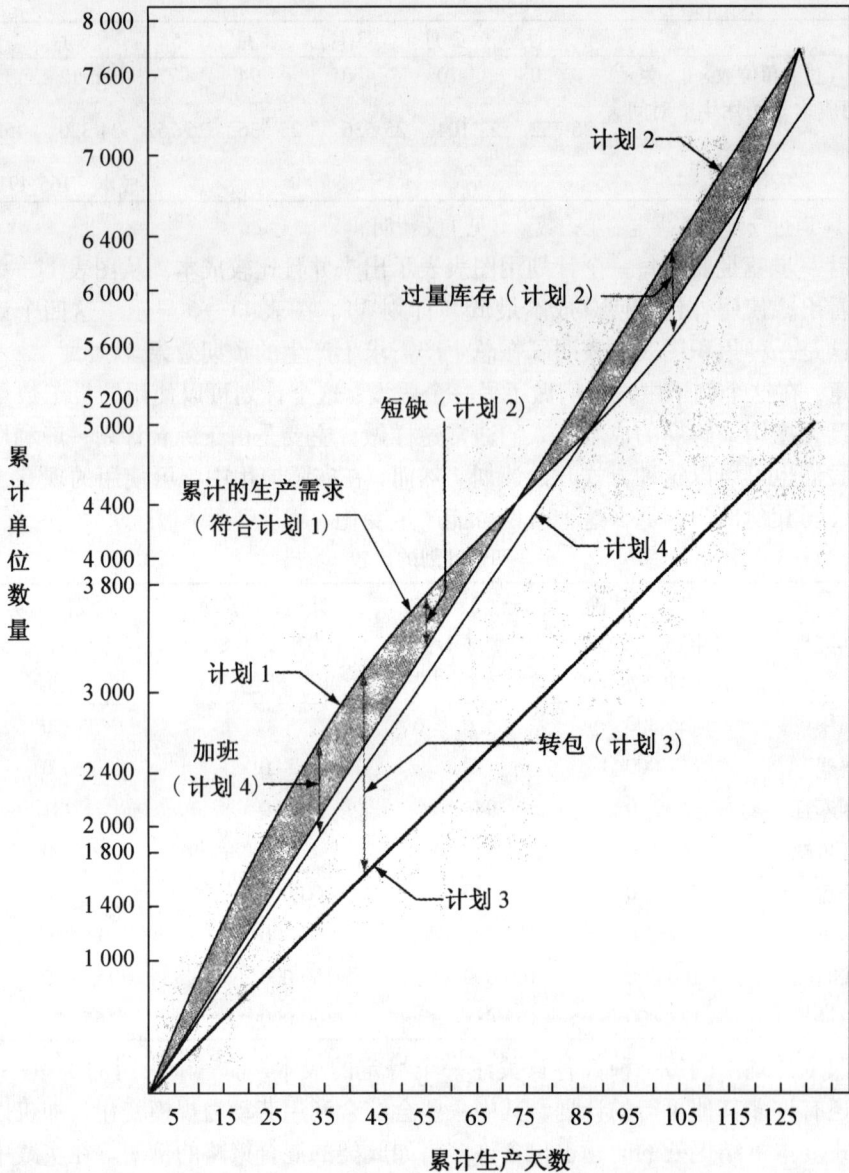

图表 11—6 可用生产天数内满足生产需求的四个计划

11.4.2 均衡计划

在本章中,我们讨论了生产计划的四个基本策略:改变劳动力规模以满足需求、加班或雇用临时工、改变过剩和短缺库存以及外包。

均衡计划能保持产量在一定时期内处于稳定状态。这是一种我们曾经提到过的混合策略。在各个时期,它保持员工总数不变及少量的库存,并依据需求来进行生产。均衡生产有如下几个优势,使它成为 JIT 的核心。

1. 整个系统可以减少库存和生产过程。

2. 因为生产过程中的程序性工作较少，生产能获得最快的改进。

3. 整个生产系统的流程比较顺畅。

4. 从供应商处购买的部件可以在需要的时候运到，而且通常是直接送到流水线上。

例如，丰田汽车公司创造了一个年度生产计划，显示了制造和销售汽车的总数量。综合生产计划用均衡计划来建立生产这一总数量的系统需求。日本的均衡计划成功的秘诀是均衡生产。通过生产系统排序，综合计划被转化为月或日均衡计划。这个过程实质上就是：提前 2 个月建立需要的汽车类型及数量。这个问题提前 1 个月被转化为一个详细的计划。这些数量被提供给分包商和供应商，以便他们制订出能满足丰田需求的生产计划，然后将不同汽车类型的需求转化成日生产计划。例如，某月需要生产 8 000 辆 A 型、6 000 辆 B 型、4 000 辆 C 型和 2 000 辆 D 型汽车。如果我们假设流水线每月生产 20 天，那么这些需求将被转化为日产量，分别为 400 辆、300 辆、200 辆和 100 辆。进一步分解，按一天两班工作轮班制（960 分钟），每 9.6 分钟的产量为 4 辆 A 型、3 辆 B 型、2 辆 C 型和 1 辆 D 型。

每个工人操作一定数量的机器，生产一系列产品。使用这项均衡计划，必须做到如下几点：

1. 生产必须是重复的（装配线形式）。

2. 该系统必须有多余的产能。

3. 在一段时间内（最好是 1 个月）系统的输出必须是不变的。

4. 采购、市场营销和生产之间有密切的联系。

5. 库存成本很高。

6. 设备成本很低。

7. 工人必须具备多种技能。

关于更多的均衡计划，请参见第 9 章精益制造系统中工厂进行生产负荷均衡的例子，还可以参见第 4 章中有关混合型装配线平衡的讨论。

11.5　收益管理

为什么飞机上坐在你旁边的这个家伙仅花了一半的价格就买了一张票？为什么你提前 6 个月预订的旅馆房间比你直接登记入住要贵一些（反之亦然）？答案就在于被称为收益管理的实践活动。收益管理可定义为以合适的价格在合适的时间把正确的生产能力分配到正确的客户，使收入或者收益最大化。收益管理是一种可以使得预测更加容易的有效方法之一，这对于综合计划来说是至关重要的。

收益管理主要用于应对当对顾客的服务能力有限时的情况。然而，其在科学上的广泛应用开始于 20 世纪 80 年代中期美国航空公司的电脑预订系统（SABRE）。作为需求预测的一项功能，这一系统使得航空公司能够快速地改变航线的机票价格。大众航空是一家不提供不必要服务的、低成本运营的航空公司，是美国收益管理系统"最著名的牺牲者"之一。基本上，这个系统使得美国航空公司在竞争航线上的价格每小时更新一次，以至于它能与大众航空公司在任何航线上进行竞争。大众航空公司总裁意识到，当他的母亲因大众航空公司不能提供低价格而改乘美国航空公司的客机抵达大众航空公司基站的时候，他们已经输掉了这场竞争。

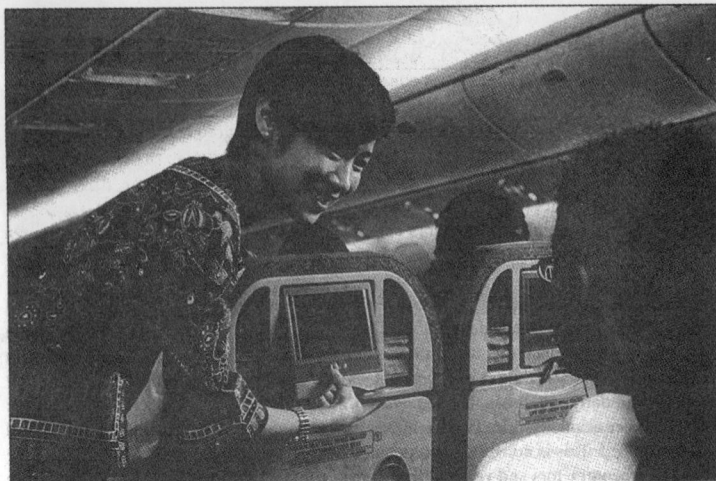

航空公司如新加坡航空公司使用收益管理策略来使公司能力所带来的收益最大化。

从运营的角度看，当下列情况出现时，收益管理是最有效的：

1. 用户可以细分需求。
2. 固定成本很高但可变成本很低。
3. 存货容易变质。
4. 产品可以提前出售。
5. 需求波动很大。

酒店基本上具备了这五个特征。在工作日，它们为商务旅行者提供一套定价，在周末，它们为度假者提供另一套定价。与增加旅馆房间相比，每个房间的可变成本（如清洁）是很低的，可用的旅馆房间不能从这一晚转到另一晚。而多个旅馆房间可以提供给旅游者或者常客。最后，潜在的客人可能缩短他们的居住时间或者干脆选择不住。

大多数机构（如航空公司、汽车租赁机构、游轮公司以及酒店）通过建立初始和最终费率类别方面的决策进行收益管理，来管理预期需求和可用供给。有关这个问题的方法论可能会很复杂。一个常用的方法是预测计划期内的需求，确定需求是高于还是低于预测方法中设置的控制限制，然后运用边际分析决定这个可控制的费率。

11.6 小结

销售和运营管理以及综合计划将公司战略和产能计划转化成几个广义的范畴，即劳动力规模、库存数量和生产水平。

需求的波动是客观存在的，因此计划系统必须包含足够的柔性以应对这些波动。柔性可通过若干措施取得，如开发可替代的能源供给、对人员进行多项培训使他们能够处理各种各样的订单或在需求高峰期频繁地更新计划。

为生产规划而做出的决策规则一旦被选中，就应一直坚持使用。然而，在实施前它们要经过仔细的分析。分析者通过对历史数据的分析来检查若这种决策规则在以前被使用，会产生什么样的效果。

收益管理是一项重要的工具，可以用来建立需求模式，使公司的运作更有效率。

关键术语

综合运营计划（aggregateo perations plan）：综合运营计划把每年和每季度的商业计划转变成为中期的劳动力和生产产量计划。这样做的目的是减少用来满足需求所需的资源成本。

销售和运营计划（sales and operations planning）：销售和运营计划这个术语指的是帮助公司保持供求平衡的一个过程。这个术语意味着跨部门工作的重要性。

长期计划（long-range planning）：长期计划活动比较典型，每年进行一次，关注于1年或更长的时间。

中期计划（intermediate-range planning）：中期计划通常为3~18个月，按照周、月或季度增加时间。

短期计划（short-range planning）：短期计划的周期小于6个月，时间通常是以天或周来增加的。

生产率（production rate）：单位时间内生产的单位数量。

劳动力水平（workforce level）：每个时期需要的生产工人的数量。

现有库存（inventory on hand）：前一段时期未使用完的库存。

生产计划策略（production planning strategies）：生产计划策略指在劳动力规模、劳动时间、库存和订货之间进行平衡的计划。

单一策略（pure strategy）：单一策略指仅使用一种可选择的方案来满足需求。典型的选择包括追赶需求，使用稳定的劳动力水平进行加班或聘用兼职员工，以及生产稳定的数量而用库存来平滑产品的短缺和过剩。

混合策略（mixed strategy）：混合策略指采用多种可选择的方案，将其组合起来使用以满足需求。

收益管理（yield management）：收益管理可定义为以合适的价格在合适的时间把正确的生产能力分配到正确类型的客户，从而使收入或者收益最大化。

应用举例

杰森企业（JE）在国内市场生产可视电话。此时，该公司生产的产品质量还没有达到最优水平，但是销售价格很低。此外，杰森企业可以学习市场需求反应，而不是在研发上花更多的时间。在花费大量时间进行研发的同时，杰森公司还可以对市场趋势进行观察。

在这个阶段，JE需要为1至6月建立一个综合生产计划。你已经被委派去制订这个计划。下列资料可能对你有所帮助：

需求和工作天数

	1月	2月	3月	4月	5月	6月	总计
需求预测	500	600	650	800	900	800	4 250
月工作天数	22	19	21	21	22	20	125

成　本

原材料	100 美元/单位
库存持有成本	10 美元/单位/月
缺货的边际成本	20 美元/单位/月
外包的边际成本	100 美元/单位（200 美元的外包成本；节省少于 100 美元的原材料）
招聘和培训成本	50 美元/人
解雇工人的成本	100 美元/人
劳动力时间需求	4 美元/单位
直接时间成本（每天 8 个小时）	12.50 美元/小时
加班成本	18.75 美元/小时

库　存

初始库存	200 单位
所需的安全库存	月需求的 0

下列生产策略的成本分别是多少？

a. 生产恰好满足需求；改变劳动力水平（假设初始劳动力为第 1 个月的需求）。

b. 稳定的劳动力；改变库存；允许库存短缺（假设初始劳动力水平为 10 人）。

c. 稳定为 10 人的劳动力水平；使用外包。

解：

综合生产计划需求

	1月	2月	3月	4月	5月	6月	总计
初始库存	200	0	0	0	0	0	
需求预测	500	600	650	800	900	800	
安全库存（0 × 需求预测）	0	0	0	0	0	0	
生产需求（需求预测 + 安全库存 – 初始库存）	300	600	650	800	900	800	
期末库存（初始库存 + 生产需求 – 需求预测）	0	0	0	0	0	0	

生产计划 1：精确生产；变化的劳动力水平

	1月	2月	3月	4月	5月	6月	总计
初始库存	300	600	650	800	900	800	
生产时间需求（生产需求 × 每单位 4 小时）	1 200	2 400	2 600	3 200	3 600	3 200	
每月工作日	22	19	21	21	22	20	

	1月	2月	3月	4月	5月	6月	总计
每个工人每月工作时间（工作时间×每天8小时）	176	152	168	168	176	160	
工人需求（生产时间需求/每个工人每月工作时间）	7	16	15	19	20	20	
雇用新工人数量（假设初始劳动力为7个工人，等于第1个月的需求）	0	9	0	4	1	0	
雇用成本（雇用人数×50美元）	0	450	0	200	50	0	700
下岗工人	0	0	1	0	0	0	
解雇成本（解雇人数×100美元）	0	0	100	0	0	0	100
直接时间成本（生产时间需求×12.50美元）	15 000	30 000	32 500	40 000	45 000	40 000	202 500

成本总计　203 300 美元

生产计划2：不变的劳动力水平；改变库存和缺货

	1月	2月	3月	4月	5月	6月	总计
初始库存	200	140	−80	−310	−690	−1 150	
每月工作日	22	19	21	21	22	20	
可用生产时间（每月工作时间×每天8小时×10个工人）	1 760	1 520	1 680	1 680	1 760	1 600	
实际产量（可用生产时间/4小时/单位）	440	380	420	420	440	400	
需求预测	500	600	650	800	900	800	
期末库存（初始库存+实际产量−需求预测）	140	−80	−310	−690	−1 150	−1 550	
缺货成本（单位短缺×20美元）	0	1 600	6 200	13 800	23 000	31 000	75 600
安全库存	0	0	0	0	0	0	
超出的单位（期末库存−安全库存）（仅为正数）	140	0	0	0	0	0	
库存成本（超出的单位×10美元）	1 400	0	0	0	0	0	1 400
直接时间成本（可用生产时间×12.50美元）	22 000	19 000	21 000	21 000	22 000	20 000	125 000

成本总计　202 000 美元

生产计划3：不变的劳动力；外包

	1月	2月	3月	4月	5月	6月	总计
生产需求	300	460[+]	650	800	900	800	
每个月的工作天数	22	19	21	21	22	20	
可用生产小时（工作时间×每天8小时×10个工人）*	1 760	1 520	1 680	1 680	1 760	1 600	
实际产量（可用生产时间/4小时/单位）	440	380	420	420	440	400	
外包数量（生产需求−实际产量）	0	80	230	380	460	400	

	1 月	2 月	3 月	4 月	5 月	6 月	总计
外包成本（外包数量×100 美元）	0	8 000	23 000	38 000	46 000	40 000	155 000
直接时间成本（可用生产时间×12.50 美元）	22 000	19 000	21 000	21 000	22 000	20 000	125 000
						成本总计	280 000 美元

注：*假设不变的劳动力水平为 10 个工人。

⁺2 月的初始库存为 600 - 140 单位。

总　结

单位：美元

计划描述	雇用	解雇	外包	直接时间成本	短缺	超额库存	成本总计
1. 精确生产；改变劳动力水平	700	100		202 500			203 300
2. 稳定的劳动力水平；改变存货和缺货				125 000	75 600	1 400	202 000
3. 稳定的劳动力水平；外包			155 000	125 000			280 000

复习与讨论题

1. 制造行业的综合生产计划和服务行业的综合生产计划的主要区别是什么？
2. 生产计划问题的主要可控变量是什么？四种主要成本是什么？
3. 在生产计划中，单一策略和混合策略的区别是什么？
4. 定义均衡计划。它与生产计划中的单一策略有何区别？
5. 总的来说，预测精度与本章中的综合计划的实际应用是如何联系的？
6. 综合计划的时间范围是如何决定它是否是公司的最佳计划？
7. 回顾本章开篇，销售和运营计划是怎样帮助解决生产短缺问题的？
8. 你怎样把收益管理的概念应用到理发店以及软饮料自动售货机？

习题

1. 针对我们在应用举例中提到的案例，找出成本最低的计划。你可以自己确定一个初始劳动力水平。

2. 制订生产计划并计算公司的年度成本，公司的需求预测是秋季为 10 000，冬季为 8 000，春季为 7 000，夏季为 12 000。秋季的初始库存是 500。在秋初，公司有 30 个员工，但是公司计划在夏初招聘临时工人并且在夏季结束的时候解雇他们。除此之外，公司还可以同工会谈判，如果必须用加班来防止冬季和夏季季末缺货，那么在冬季和夏季使用常规工人进行加班。在秋季，加班是不必要的。相关费用如下：招聘每个临时工成本为 100 美元；解雇成本为 200 美元；库存成本为每季度 5 美元/单位；缺货成本为每单位 10 美元；标准工作时间成本为每小时 5 美元；加班成本为每小时 8 美元。假定生产率是每员工每小时 0.5，每天 8 小时，每季度 60 个工作日。

3. 4 个月的计划生产：从 2 月到 5 月。2 月和 3 月应该使生产恰好符合需求预测。4 月和 5 月应该使用稳定的劳动力进行加班并储存库存；稳定意味着 3 月到 5 月的员工需求量应该保持不变。然而，政府规定在 4 月和 5 月（2 月和 3 月是零加班）每月劳动力使用上最多为 5 000 小时。如果供不应求，缺货就会发生。在 1 月 31 日有 100 个工人。接下来将给出需求预测：2 月为 80 000；3 月为 64 000；4 月为 100 000；5 月为 40 000。生产率是每个工人每工时 4 个单位；工作时间为每天 8 小时，每月 20 天。假设 2 月 1 日为零库存。雇用成本为每个新员工 50 美元；解聘成本为每个员工 70 美元；库存成本为每个单位月 10 美元；标准工作时间的劳动力成本为每小时 10 美元；加班成本为每小时 15 美元；缺货成本为每个单位 20 美元。试计算这个计划的总成本。

4. 为下一年度计划生产。需求预测如下：春季 20 000；夏季 10 000；秋季 15 000；冬季 18 000。春初有 70 个工人和 1 000 单位的库存。与工会签订的合同规定企业每年可以在夏初的时候解雇一次工人。同样的，企业只能在夏末的时候雇用新员工，让他们在秋季开始常规生产。在夏初解雇工人的数量和夏末雇用员工的数量应根据计划生产水平得出，使得夏季和秋季的产出量能与各自的需求预测持平。如果供不应求，仅在春季加班，这意味着缺货将会出现在冬季。具体成本如下：招聘成本为每个新职工 100 美元；解聘成本为每个员工 200 美元；存货成本为每季度每单位 20 美元；缺货成本为每个单位 8 美元；标准时间劳动力成本为每位工人每小时 10 美元；加班成本为每小时 15 美元。生产率为每个工人每小时 0.5 个单位；工作时间为每天 8 小时，每个季度 50 天。试计算这个计划的总成本。

5. DAT 股份有限公司需要为其产品线制订一个综合计划，相关数据如下：

生产时间	每单位 1 小时	初始库存	500 单位
平均劳动力成本	每小时 10 美元	安全库存	1 个半月
每周工作时间	每天 8 小时，5 天	缺货成本	每月每单位 20 美元
每月的天数	假设每月 20 个工作日	存货成本	每月每单位 5 美元

下一年的预测是：

1 月	2 月	3 月	4 月	5 月	6 月	7 月	8 月	9 月	10 月	11 月	12 月
2 500	3 000	4 000	3 500	3 500	3 000	3 000	4 000	4 000	4 000	3 000	3 000

管理层倾向于保持稳定的劳动力水平和生产水平，通过超额库存和短缺来平滑需求中的波动。未满足的需求可以延期至下月满足。

请制订一个能满足需求和问题中其他条件的综合计划。不要试图找出最优解；找到一个好的方案即可，并阐明你寻找最佳解决方案时可能使用的程序。可以做出必要的假设。

6. Old Pueblo 工程承包商创造了一种 6 个月的"循环"计划，并且每月进行验算。处于竞争的原因（可能会泄露专有的设计标准、方法等），Old Pueblo 公司并不外包。因此，唯一能满足顾客需求的方法是：（1）在标准时间内工作；（2）加班，最多为标准时间的 30%；（3）尽早做顾客的工作，这会花费额外的 5 美元/小时/月；（4）较晚做客户工作，这将花费额外的 10 美元/小时/月，这些是其合同所规定的。

Old Pueblo 拥有 25 名工程师，每小时工资为 30 美元，加班工资为每小时 45 美元。从 1 月到 6 月顾客每小时的需求量为：

1 月	2 月	3 月	4 月	5 月	6 月
5 000	4 000	6 000	6 000	5 000	4 000

用一个程序表格来设计综合计划，假设每月有 20 个工作日。

7. Alan 工厂扩展生产线，用以生产新型产品：A 型、B 型和 C 型。这些都是在相同的生产装备上生产的，并且其目标是在必要的时候进行加班来满足三种产品的需求。未来 4 个月的需求预测如下所示：

产品	4 月	5 月	6 月	7 月
A	800	600	800	1 200
B	600	700	900	1 100
C	700	500	700	850

因为产品老化速度快，所以在质量上会有很大的损失，因此，存货的成本很高。每小时的产出成本（能保存至未来月份）如下：A 型为 3 美元；B 型为 4 美元；C 型为 5 美元。在标准工作时间或者加班时间都可以进行生产，标准时间的劳动力成本分别为 A 型 4 美元，B 型 5 美元，C 型 6 美元。加班费为 50%。

标准时间和加班可使用的生产能力如下：

	4 月	5 月	6 月	7 月
标准时间	1 500	1 300	1 800	1 700
加班	700	650	900	850

a. 以矩阵的形式设置这个问题并且显示适当的成本。

b. 找出可行的解决方案。

8. Shoney 音像公司生产了一系列影碟机，爱好者可以把光盘连接到个人电脑进行视频游戏。光盘比录像带的速度更快。使用这样一种电脑/视频连接，游戏则变成了现实的体验。例如，在一个简单的驾驶游戏中，玩家用操纵杆驾驭车辆，他们所看到的屏幕上的画面非常逼真，给人身临其境的感觉。根据玩家的行动（例如，撞击人行道护栏），画面几乎瞬间切换到这一画面，玩家控制的汽车仿佛就变成了真实车祸的参与者（当然是模拟的）。

Shoney 正试图确定未来 12 个月的生产计划。这个计划的主要标准是劳动力水平在一段时间内保持不变。Shoney 继续努力研发新的应用程序，并且不愿意让当地的劳动力产生任何不良情绪。基于同样的原因，所有的雇员应该整周工作，即使这不是成本最低的方案。未来 12 个月的预测如下：

月份	需求预测	月份	需求预测
1 月	600	7 月	200
2 月	800	8 月	200
3 月	900	9 月	300
4 月	600	10 月	700
5 月	400	11 月	800
6 月	300	12 月	900

生产成本是 200 美元/台，材料和劳动力各占一半。库存缺货成本是每月 5 美元。

由于短缺导致的销售损失和总计成本估计为每单位 20 美元。

计划开始阶段库存是 200 台。生产一台光盘视频播放器需要 10 个劳动力。每天工作时间为 8 小时。

用稳定的劳动力水平制定一年的综合生产进度表。简单来说，假设除了 7 月（工厂 7 月停止生产，有 3 周的假期，只剩下 7 个工作日），每个月有 22 个工作日。假设总生产能力大于或等于总需求。

9. 通过改变劳动力水平来制定生产进度，精确生产以满足产品需求。使用本章给出的例子作为指南（计划 1）。

对于产品 X 的月预测为：1 月、2 月和 3 月分别为 1 000、1 500 和 1 200。安全库存政策建议使用每月预测量的一半作为安全库存。1 月有 22 个工作日，2 月有 19 个工作日，3 月有 21 个工作日，初始库存是 500 个单位。

生产成本是每单位 200 美元，存储成本仅为每月 3 美元，标准时间的成本是 6 美元，加班工资是每小时 9 美元，缺货成本是每月每单位 10 美元，外包的边际成本是每单位 10 美元，雇用和培训的成本是每个工人 200 美元，解聘成本是每个工人 300 美元，生产率是每个工人每小时 0.1 个单位，假设初始劳动力水平为 50 名员工，并且每天工作时间为 8 小时。

10. Helter 公司生产一系列女式泳装，其雇用临时工来进行生产以应对夏季的产品需求。当前的 4 个月的循环计划中，有 3 个临时员工和 12 个全职员工。在需要的时候可以雇用临时工，全职员工则任何时候都应支付工资。每一名全职员工每月可以生产 205 套，然而每个兼职工人每月只能生产 165 套。

接下来 4 个月的泳装需求为：

5 月	6 月	7 月	8 月
3 200	2 800	3 100	3 000

5 月初始库存为 403 套（完整的两件式套装，包括上衣和裤子）。泳装生产成本为 40 美元/套，每年的存货成本为 24%。

请使用电子表格制订一项综合计划。

案例：Bradford 制造——计划生产

背景

假设你是生产布丁食品的制造工厂的运营经理。你的一个最重要的职责是为工厂的综合计划做准备。这个计划是年度预算过程的一个重要输入信息。这个计划主要提供生产率、生产所需的劳动力规模以及为来年计划的库存水平等方面的信息。

工厂的包装线上生产小盒的混合布丁。一条包装线由一定数量的机器组成，这些机器由传送带连接。在生产线的开始，布丁还是混合的，然后被放在小包装里。接下来，这些包装被放入布丁盒子里，这些装满布丁的小盒子就会被收集并且置放到能容纳 48 盒布丁的箱子里。最后，160 箱布丁会被收集起来并放到集装箱里。这些集装箱被送往装船区域，然后被分配到 4 个物流配送中心。在过去的几年里，流水线包装生产的技术已经得到改进，以便所有不同口味的布丁可以进行相对的小批量生产，这样就省去了进行口味转换的时间。工厂拥有 15 条装配线，但目前只有 10 条被使用。每条生产线上需要 6 名员工。

生产需求逐月波动。此外，还有季节性波动，每年在感恩节、圣诞节和复活节之前会出现销售高峰。在每年第一季度末，市场营销部门为大量购买交易而进行一次促销活动。生意会变好，该公司已经经历了销售增长。

工厂向国内的 4 个仓库发送产品。卡车每天运送产品。装船量基于维护库存的目标水平。这个目标水平是根据每个仓库每周的预测供应量计算出来的，目前设定为 2 周的供应量。

在过去，公司的政策规定，由于存储成品的能力有限，生产量应非常接近预计销售额。生产能力已经足以支持这项政策。

季节需求预测 (1 000 箱)

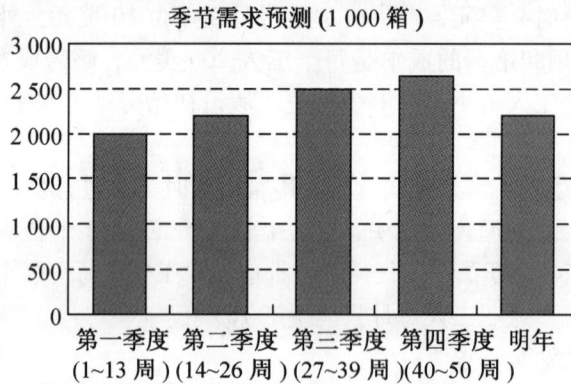

第一季度　第二季度　第三季度　第四季度　明年
(1~13 周) (14~26 周) (27~39 周)(40~50 周)

明年的销售预测已经由市场部门制作完成。这个预测是基于季度销售配额而制定的，这是一个激励销售人员的方法。销售主要面向美国的大中型零售店。根据销售人员取得的订单，布丁从分销仓库被配送到各个零售店。

你的任务是为来年制定一个综合规划。技术和经济方面的因素必须考虑在该方案里，具体如下：

技术和经济信息

1. 目前公司正在运行的生产线为 10 条。每一条生产线都没有加班计划。出于计划目的，生产一个轮班运行 7.5 小时。当然，支付雇员 8 小时的工作工资。每天有可能加班 2 个小时，但是在一定时间内它必须持续一个星期，而且所有的生产线都要按照预订时间加班运营。在常规工作中，支付工人 20 美元/小时。在加班时，支付工人 30 美元/小时。每条生产线的标准生产率均为 450 台/小时。

2. 市场销售部门的预测需求如下：Q1：2 000；Q2：2 200；Q3：2 500；Q4：2 650；Q1（次年）：2 200。这些数字都以千为单位。每个数字代表 13 周的预测。

3. 管理层已经指示生产部门维持能满足 2 周需求的布丁库存。2 周的供应量应该建立在未来的预期销售上。以下是每个季度的期末库存水平：Q1：338；Q2：385；Q3：408；Q4：338。

4. 库存运营成本为每年 1 美元/箱，这意味着，如果一个布丁在仓库存放整整一年，那么在这个例子中，库存成本就是1美元/箱。如果只存放一个星期，成本则是1.00/52美元，或者0.01923美元。成本与库存时间成正比。在Q1初期，库存为200 000箱。

5. 如果发生缺货，那么就要延期交货并推迟装船日期。缺货成本是每箱2.40美元，主要由信誉丧失以及加急运输所导致。

6. 人力资源小组估计，用于招聘和培训一名新员工的成本为5 000美元。解聘工人则需要3 000美元的成本。

问题：

1. 假定销售预测是准确的，请为来年制订一个综合规划。请使用本书所附的DVD光盘里给出的文件名为"Bradford Manufacturing"的电子表格。该表格中的某个区域已被指定出来，用来解决综合计划的相关问题。给出要用的包装线数量以及每个季度的加班时间。接下来，你就可以在电子表格中进行计算了。

若运用Excel求解，你必须先撤销对工作表的保护（工具>保护>撤销工作表保护）。你还需要在"选项"区域勾选"假定非负"选项。记住，在最终结果中，包装线数量以及每个季度的加班时间均为整数（8.9134条包装线和1.256个小时的加班时间都是不可行的）。

2. 仔细检查你的解答过程，并做好准备进行阐述。如果你有笔记本电脑的话，请把你完成表格的附件带进课堂。你的指导老师会使用你的解决方案在课堂上进行模拟运行。

注释

1. M. L. Fisher, J. H. Hammond, W. R. Obermeyer, and A. Raman, "Making Supply Meet Demand in an Uncertain World," *Harvard Business Review* 72, No. 3 (May-June 1994), p. 84.

2. 如果对非营利的人道主义组织的综合计划的应用感兴趣，请参见：C. Sheu and J. G. Wacker, "A Planning and Control Framework for Nonprofit Humanitarian Organizations," *International Journal of Operations and Production Management* 14, No. 4 (1994), pp. 64-77.

参考文献

Brandimarte, P., and A. Villa (eds.). *Modeling Manufacturing Systems: From Aggregate Planning to Real-Time Control.* New York: Springer, 1999.

Fisher, M. L.; J. H. Hammond; W. R. Obermeyer; and A. Raman. "Making Supply Meet Demand in an Uncertain World." *Harvard Business Review* 72, No. 3 (May-June 1994), pp. 83-93.

Narasimhan, S.; D. W. McLeavey; and P. J. Billington. *Production Planning and*

Inventory Control. Englewood Cliffs, NJ: Prentice Hall, 1995.

Silver, E. A.; D. F. Pyke; and R. Peterson. *Inventory Management and Production Planning and Scheduling*. New York: Wiley, 1998.

Vollmann, T. E.; W. L. Berry; D. C. Whybark; and F. R. Jacobs. *Manufacturing Planning and Control for Supply Chain Management*. 5th ed. New York: Irwin/McGraw-Hill, 2004.

Wallace, T. F. *Sales and Operations Planning: The How-To Handbook*. Cincinnati, OH: T. F. Wallace & Company, 2000.

12

库存控制

阅读了本章后，你将：

1. 理解保持库存的不同目的。
2. 理解适合某种产品的库存系统逻辑主要取决于该产品的需求类型。
3. 知道订购时如何计算最佳批量。
4. 理解经济订货批量，并且知道如何计算。
5. 理解定量订货模型和定期订货模型，以及在遇到需求波动时确定安全库存的方法。
6. 知道为什么库存周转和订购量以及安全库存直接相关。

本章概要

医院希望通过供应管理节约成本

库存的定义

库存的定义

库存的目的
库存的成本
独立需求和非独立需求

独立需求和非独立需求

库存系统
单周期库存模型　　　　　　　　定量订货模型
多周期库存系统　　　　　　　　单周期库存模型
定量订货模型
建立安全库存水平　　　　　　　库存水平
安全库存的定量订货模型　　　　安全库存
定期订货模型
安全库存的定期订货模型
库存控制和供应链管理
ABC 库存计划
库存精度和周期盘点
周期盘点
小结
案例：惠普——在欧洲供应喷墨打印机

医院希望通过供应管理节约成本

　　Lahey 医院希望在管理医疗事业方面（如医疗供应）能达到大宗零售商和自动生产商那样的效率，从而达到 5 年时间里节省 1 700 万美元的目标。马萨诸塞州的柏林顿两年前就曾告诉医院的管理层：他们需要减少医院繁重的订单，消除库存囤积以及供应链之外的资金滥用。他们学习沃尔玛和丰田汽车公司部署的系统。

　　现在他们研发出一种系统，使用安全供应橱柜、条形码和电脑对所有的抗生

素、注射器、静脉输液袋、外科手术的消毒面具、工作服和乳胶手套进行信息追踪。每个橱柜就像自动零售机，每个病房设置一个，护士必须使用指纹安全技术打开橱柜。

电脑可以记录库存数量，并自动向供货商仓库再订货。而且该系统将物资使用与每一个病人联系起来，所以医院能够准确了解每一种疾病的成本以及手术程序。

在紧急情况时，护士和医生可以打破规定，打开整个供应橱柜，尽快拿到他们需要的物质。然而，库尔茨医生，Lahey 医院手术室主治医生，强调医院每日的目标就是最大限度地减少浪费和供应链的过度消费。

他说道："医院所体现的是一个非常混乱的供应环境。现在只要供应消息发布，所有的成本和供应信息就会进入购买系统，我们便可以生成报告。最大的挑战之一就是培训医生和护士改变原有的操作方法。"库尔茨还说："我们需要使用学习曲线，这是一个最主要的改变。"

库尔茨指出 Lahey 医院所节省的成本也将是相当可观的。不仅仅限于消除浪费和闲置库存，该系统还可以让管理者分析医院员工（从手术室到门诊室）使用昂贵的药品给病人治疗的实际情况。他说："查看不同的医生运用不同的药物治疗具有相同症状的病人是非常重要的，因为这给了我们实行标准化的机会。"

该系统是由俄亥俄州都柏林市卡地纳健康集团根据签订了五年的合同提供的，该公司是国家三大药物批发公司之一。卡地纳健康集团指出，这一先进的供应系统在五年合同期内能为 Lahey 医院节省 2 900 万美元的医疗物资成本以及 1 700 万美元的供应成本。

资料来源：节选自 Christopher Rowland，"Hospitals Hope to Save by Supply Management"，Boston Globe，April 10，2006.

你可以将库存形象地比喻为堆在叉式升降机、货架、卡车和飞机上的一袋袋现金。库存其实就是金钱。对于很多企业，任何时候库存都会是资产负债表上最大的资产，尽管这笔资产通常不是流动性的。一个好的办法就是尽可能对库存做记录。

很多年前，荷兰的啤酒公司 Heineken 就指出，如果能够缩短预测周期，就可以从在运库存中节省一笔不小的资金。他们期待发生两件事情。第一，他们希望减少在运库存的数量，从而减少库存的投资。第二，预测周期越短，预测就会越精确，还可以减少风险和浪费。Heineken 公司的系统称为 HOPS，公司将该系统的 16 至 18 周的周期消减为 4 至 6 周，时间周期剧减，收入剧增。预测越精确，公司获得的益处也越多。

Heineken 公司突然发现其销售人员越来越富有效率。这是因为他们再也不需要花时间去处理那些需要检测库存的电话，解决预测不准导致的问题，以及调换正在运输的突变订单；相反，他们可以专注于提供良好的客服，更好地协助分销商的工作。这是一个多"赢"的策略。

这里的关键就是要缩短库存订货周期并提高预测精确性。找到利用自动化系统和电子通讯的方法，也就是用快速的"电子运动"代替繁琐的"原子运动"。

减少库存所带来的经济效益可以很明显地从以下数据看出来：美国的库存平均成本是其总价值的 30% 到 35%。比如，一个公司的库存价值是 2 000 万美元，那么每年就会产生 600 万美元的库存成本。这些成本主要为报废成本、保险和机会成本等。例如，如果库存价值能减少到 1 000 万美元，那么公司就可以节约 300 多万美元，这样可以影响到公司的最终收益情况。也就是说，库存价值的节省可以导致利润的增长。

本章和第 13 章给出了不同供应链环境中使用库存管理的办法。本章重点是希望保持按客户的需求及时配送的库存环境。本章所描述的几种模型就是很好的例子，这些模型适用于零售店、杂货店、批发代理商、医疗用品供应及进行设备快速修复或维护所需的维修部件等。在这类情况下，很有必要利用"库存"中的产品作为本章所描述模型的理想典范。

图表 12—1 描述了不同类型的供应链库存，如原材料、制造工厂以及仓库存货。在供应链上层，供应点靠近顾客，通常要保持一定的库存，当顾客需要时，货物可以

被快速送达。

1. 单周期模型。这个模型在对某种产品进行一次性购买时使用。一个很好的例子就是购买 T 恤以在一次体育比赛时出售。

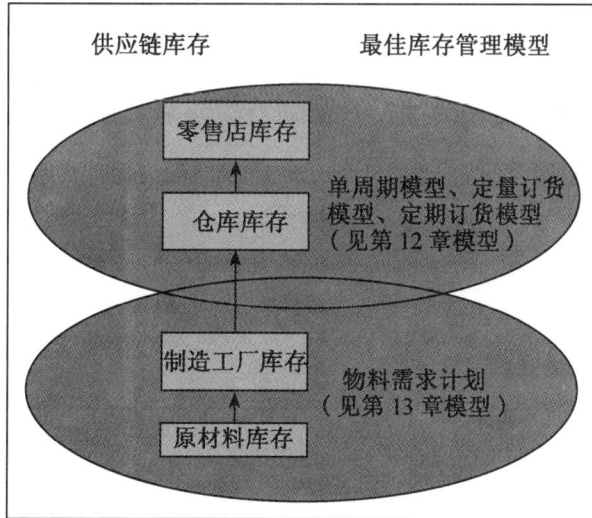

图表 12—1　供应链库存

2. 定量订货模型。这个模型在我们想保持某个产品的库存时使用，当我们补充产品库存时，每次都需要预定一定数量的产品。产品的存货量一直受到监测，直到达到某个水平，也就是库存中断风险很大，这时我们就必须订货。

3. 定期订货模型。这与定量订货模型很类似，适用于需要保持某种产品的库存以备使用这类情况。在这种模型中，我们不是通过监测库存水平，在其降到某个关键数量时进行订货，而是按照一定的时间间隔进行订货，如每星期五上午。这一模型在成组订购某种货物时较适用。一个例子是给一家杂货店提供各种面包。面包的供应商可能有 10 种或更多的产品摆放在商店里，而不是每次单独提供一种产品。这种情况下，一次提供 10 种面包就是最有效率的方式。

在本章中，我们不仅将学习与大型库存控制相关的数学问题，同时还要学习管理库存的艺术。确保库存记录的精确性对于高效的库存管理过程至关重要。由于管理层较注重高附加值产品，并确保影响库存跟踪的交易质量，所以如 ABC 分析法和周期盘点方法在实际的系统管理中是必不可少的。

12.1　库存的定义

库存就是一个组织中任何产品和资源的存储量。库存系统就是在补给库存时用于检测库存水平、决定保持何种库存水平以及所需订单大小的一套方法和控制机制。

按惯例，制造库存通常是指对公司产出的产品有贡献或变为产出品的一部分物品。生产库存通常分为原材料、成品、零部件、供货和在制品等库存。在服务行业，库存通常指出售的无形产品以及管理服务所必需的供给。

生产和库存服务中的库存分析的基本目的是为了明确：（1）何时预定产品；（2）产品订单的大小。很多公司致力于与供货商建立长期合作关系，可能会是一整年。这时的"何时预定"和"预定多少"就变成了"何时送货"和"一次送货多少"。

12.2　库存的目的

所有公司（包括 JIT 系统）保持库存都是出于以下原因：

1. 保持运营的独立性。工作中心的物资供应能保持运营该中心的运营柔性。比如说，确定每个新的生产准备都需要成本，库存就可以让管理方减少生产设置的数量。

在装配线上也需要工作站的独立性。即使是相同的操作，在不同零件上所花的时间也不同。因此，在一个工作站内保持一定的零部件作为缓冲库存，较短的操作时间可以弥补较长的操作时间。这种方法可以保证平均产出的稳定性。

2. 满足产品需求的变化。如果产品需求量很精确，那就可以生产正好满足需求数量的产品（尽管不一定经济）。但是，通常是不可能完全准确地把握需求的，因此必须保留安全库存和缓冲存货来应对各种变化。

3. 增强生产计划的柔性。库存可以缓解生产系统产出货物的压力。这会导致提前期延长，从而使生产计划可以通过平稳流量或更大批量的生产来降低运营成本。比如，若生产准备成本较高，企业就希望确保一旦准备工作完成就可以进行大规模的生产。

4. 为原材料交货时间变动提供保障。从生产厂家那里预定材料，可能因为各种原因发生交货延迟：运送时间的正常变化、生产厂家原料的紧缺导致的订单积压、不可预知的厂家或者是某货运公司内部的停工、订单丢失、发送错误或原材料不合格。

5. 充分利用经济订购量。下订单也需要成本：劳动力、电话费、打印费以及邮寄费等。因此，每次订购的数量越大，需要的订购量就会越少。同时，考虑到货运成本，企业也偏好大宗订货，货运量越多，单位产品的运输成本就越小。

由于以上种种原因（尤其是第 3、4、5 条），我们可以看出，库存需要大量的成本，并且过大的库存也是不可取的。大量库存导致循环周期较长，是不可取的。

12.3　库存的成本

做出任何影响库存规模的决策时，必须考虑下列成本：

1. 储存成本。这个广义的分类包括仓储设施成本、管理成本、保险成本、失窃成本、破损成本、过期作废成本、贬值成本、税收以及资金占用的机会成本等。很显然，高额的储存成本使企业更倾向于保持较低的库存水平和频繁的补给。

2. 准备（或生产调整）成本。 为了保证每个不同的产品能获得必要原料，需要安装特定设备，填写所要求的资料，适当更换时间和原料，移出之前储存的原料。

如果从一种产品更换到另一种产品的时候，没产生任何成本或是时间耗损，那么可以进行许多小批量生产。这一方法可以在节约成本的基础上减少库存水平。当今一个主要挑战就是在小规模生产中尽量降低这些准备成本（这也是 JIT 系统的目标）。

3. 订货成本。 该成本是指准备采购或生产订单时所产生的管理成本和人工成本。

订货成本包括所有的细节，如盘点产品和计算订购量。保持系统运作需要对订单进行跟踪，这一成本也包括在订货成本之中。

丰田汽车、普锐斯和其他机动车辆金属外壳已被装箱，在 Long Beach, CA 港口等待被运送到美国的各零售商。

公司库存总量价值大约是 16 200 亿元人民币。

销售货物成本 157 300 亿元人民币。

因此丰田公司的库存周转每年约 9.7 次，即每次持有库存大约为 38 天的需求量。

4. 缺货成本。 当某种产品的库存已经用完，那么该产品订单要么等补给库存，要么取消。管理者需要权衡持有库存以满足需求的成本和缺货导致的成本。这种平衡有时是难以达到的，因为很难预测损失、顾客流失的影响或者对未来产生的影响。尽管可以确定缺货成本的范围，但是一般理论上的缺货成本比预测值要高。

确定从厂家订购的合适数量或是确定企业生产线的正确批量大小需要寻求总成本最小化，该成本源于四个独立成本：储存成本、准备成本、订货成本和缺货成本。当然这些订单的时间安排也是影响库存成本的一个关键因素。

12.4　独立需求与非独立需求

在库存管理中，了解非独立需求和独立需求之间的差异是至关重要的。因为要对整个库存系统进行预测，我们要明确需求是源于最终产品还是和这个产品本身有关。

简单的说，非独立需求与独立需求的区别即是独立需求内部的产品都是相互独立的，比如，一个生产站可能生产很多没有关联的部件，用于满足外部需求。非独立需求中，某个产品的需求是由其他产品的需求直接引起的，该产品通常是其上一层产品的一个组成部件。

理论上，非独立需求是一个相对直观的计算问题。根据其使用的每一个上层产品，需要的大量非独立需求产品的数量可以简单地计算出来。比如，如果一个汽车公司计划生产 500 辆汽车，那么很明显每天需要 2 000 个车轮和轮胎（加上零部件）。车轮和轮胎的数量依赖于生产水平，而不是单独获得的。另外，汽车的需求却是独立的。这个产品的需求由汽车公司的外部因素决定，也不是由其他产品的部件决定，也与其他产品需求无关。

为了确定必须生产的独立产品的数量，公司通常依赖他们的销售和市场研发部门。他们使用我们在第 10 章预测中讨论的各种不同的方法，包括客户调查、预测方法以及对经济和社会发展趋势作评估等。由于独立需求是不确定的，额外的货物必须进行存货。本章所讨论的模型，用以决定需要多少订货以及需要多少库存来降低缺货的风险。

12.5　库存系统

库存系统提供了维护和控制存货的组织结构和经营政策。该系统负责订购和收货：安排订货时间，跟踪所定的货物、价格和厂家。该系统还必须回答以下问题：比如说供货商是否收到订单？订货是否已发运？发货日期是否正确？是否建立了再订货和召回不合格产品的程序？

本节将系统分为单周期系统和多周期系统。分类是基于是否是一次性购买决策。设计这种采购的目的是为了满足一个固定周期的需求并保证该产品不会重复订购，或者用于那些定期购买且保存足够库存以满足需求的产品。我们首先看看一次性购买决策和单周期库存模型。

12.5.1 单周期库存模型

一个很容易想到的例子就是典型的单周期"卖报"问题。例如,卖报纸的人每天早上考虑要在酒店大堂外面的报刊亭摆放多少报纸。如果卖报人没有在报刊亭中放足够的报纸,一些客户将无法购买到报纸,买报纸的人将失去这些销售带来的利润。另外,如果在报刊亭摆放太多的报纸,卖报纸的人将承担没有售出的报纸成本,从而会降低当天的利润。

其实,这是一个非常常见的问题。想一想卖 T 恤的人赞助篮球或足球锦标赛。这是相当困难的,因为这个人必须花时间去了解哪一个小组将可以上场比赛,然后才可以决定球服上应该印制何种合适的标志。当然,这个人必须估计会有多少人真正想要这个 T 恤。比赛之前可能是以高价钱出售该 T 恤,而在比赛结束后则需要大幅打折出售。

思考这个问题的简单方法就是考虑我们愿意承担多大的缺货风险。我们假设报刊亭的卖报人几个月之前就搜集的一些数据表明每个周一的平均销量是 90 份,标准差是 10 份(假设在这个期间特意多存储了一些报纸以防缺货,这样他们就可以知道真正的需求是多少)。通过这些数据,卖报人可以简单地确定一个可接受的服务水平。比如说,卖报人有 80% 的把握周一不会缺货。

从你对统计数据的研究开始,假定报纸销售服从正态的概率分布,那么,如果我们每个星期一早上正好准备 90 份报纸,那么缺货的风险将是 50%,因为我们预测有 50% 的时间销售量低于 90 份,还有 50% 的时间的销售量高于 90 份。为了达到 80% 的不缺货水平,我们应该多准备一些报纸。从附录 E 中的"累积标准正态分布概率表"我们看到,我们需要多进约 0.85 份报纸的标准差才有 80% 的把握不缺货。一个快速找到对给定缺货概率的确切标准差的方法是运用在 Microsoft Excel 中的 NORMSINV(概率)函数(NORMSINV (0.8) = 0.84162)。从这个 Excel 中得到的结果会比我们从表中得到的结果更准确,需要的额外报纸数量是 0.84162 × 10 = 8.4162,即 9 份报纸(0.4162 份报纸是不可能的)。

为了充分利用这些数据,最好是考虑一切与报刊亭报纸过多或者过少的库存相关的潜在利润和损失。假设我们的卖报人每天每份报纸进价是 0.20 美元,售出价格是每份 0.50 美元。在这种情况下,与低估需求相关的边际成本是 0.30 美元,也就是损失的利润。同样,高估需求的边际成本是 0.20 美元,即购买过多报纸的成本。利用边际分析法,当持有下一产品销售的预期收益小于预期成本时为最佳的库存水平。请记住,具体利润和成本取决于实际问题。

用符号的形式,定义:C_o——高估需求的单位成本;C_u——低估需求的单位成本。

引入概率之后,期望边际成本的方程式是:

$$P(C_o) \leq (1-P) C_u$$

式中:

P——不能售出产品的单位概率;

1 - P——售出产品的概率。因为两种情况总有一种会发生（该单位的产品被售出或是不售出）。

然后求出 P，我们可以得到：

$$P \leqslant C_u / (C_o + C_u) \qquad [12.1]$$

售出产品概率小于或等于 $C_u / (C_o + C_u)$，这个等式表明我们应该不断增加订购量。

回到我们的卖报问题，高估需求的成本（C_o）是每份 0.20 美元，低估需求预测（C_u）的成本是每份 0.30 美元。那么其概率就是 0.3/（0.2 + 0.3）= 0.6。现在我们需要找到与累积概率 0.6 相对应的需求分布的点。运用 NORMSINV 函数求出额外报纸的标准差（通常被称为 Z 值），得到的结果是 0.253，也就意味着我们需要的储存的额外报纸数量为 0.253（10）= 2.53 份，即是 3 份。所以每个星期一早上的总报纸进货量就是 93 份。

正如我们接下来将看到的应用举例，这种模式非常有用，可以用于许多服务部门，如航班部门能接受的多少超额预定或酒店客满时能接受多少数量的预定。

例 12.1　酒店预定

足球比赛前夜大学附近的旅馆总是满的。历史表明，当旅馆客满时，最后取消预定的平均值为 5，标准差为 3。平均房价是 80 美元。当旅馆的预订超额时，一种解决方法就是在附近的旅馆找到房间，并且为客户支付房费。由于预定时间过晚，房间收费很高，所以旅馆通常成本会接近 200 美元。那么旅馆可以接受多少超额预订呢？

解：

过低估计预定取消数量的成本是 80 美元，而过高估计的成本则是 200 美元。

$$P \leqslant C_u / C_o + C_u = 80 \div (200 + 80) = 0.2857 （美元）$$

Excel 中的 NORMSINV（0.2857）给出的 Z 值是 -0.56599。负值表示我们应该设置少于 5 单位的超额预订。实际值应该是 -0.56599（3）= -1.69797，即是 2 个预订房间，该数值小于 5。在足球比赛前夜超额预订数量可以是 3。

另外一个用来分析这类问题的常用方法就是使用离散型概率分布，使用真实数据和边际分析。对于该问题，考虑一下我们已经收集的数据以及放弃预订房间的客人的分布，其结果如下：

未入住的顾客人数	概率	累计概率
0	0.05	0.05
1	0.08	0.13
2	0.10	0.23
3	0.15	0.38
4	0.20	0.58

未入住的顾客人数	概率	累计概率
5	0.15	0.73
6	0.11	0.84
7	0.06	0.90
8	0.05	0.95
9	0.04	0.99
10	0.01	1.00

使用这些数据，我们使用一张表格就可以显示超额预订带来的影响。通过将每个可能的结果与其概率相乘，并计算总加权成本，计算出每种超额预订方案的预期总成本。成本最低的就是最佳超额预定方案。

未出现人数	概率	超额预定的数量										
		0	1	2	3	4	5	6	7	8	9	10
0	0.05	0	200	400	600	800	1 000	1 200	1 400	1 600	1 800	2 000
1	0.08	80	0	200	400	600	800	1 000	1 200	1 400	1 600	1 800
2	0.1	160	80	0	200	400	600	800	1 000	1 200	1 400	1 600
3	0.15	240	160	80	0	200	400	600	800	1 000	1 200	1 400
4	0.2	320	240	160	80	0	200	400	600	800	1 000	1 200
5	0.15	400	320	240	160	80	0	200	400	600	800	1 000
6	0.11	480	400	320	240	160	80	0	200	400	600	800
7	0.06	560	480	400	320	240	160	80	0	200	400	600
8	0.05	640	560	480	400	320	240	160	80	0	200	400
9	0.04	720	640	560	480	400	320	240	160	80	0	200
10	0.01	800	720	640	560	480	400	320	240	160	80	0
总成本		337.6	271.6	228	212.4	238.8	321.2	445.6	600.8	772.8	958.8	1 156

从以上表格可以看出，最小总成本在只有 3 个超额房间被预订时出现。当有效的历史数据可以获得时，这种离散型概率分布的方法是很有用的。

单周期库存模型对于各种服务行业和制造应用行业都是适用的。

1. 航班超额预订。 乘客因各种原因取消预订的航班是很普遍的。低估取消航班数量的成本就是因空座导致的收入损失。过高估计航班取消数量的成本就是赔偿金，比如让不能登机的乘客免费搭乘班机或者是退还现金。

2. 预订流行物品。 对于销售流行物品的零售商来说，其问题就是往往整个季度只能下一个订单。这是因为提前期长及商品寿命有限导致的。低估需求的成本就是因供货不足导致的利润损失。高估需求造成的成本就是打折带来的成本。

3. 一次性订货类型。 比如，为某个运动比赛预定 T 恤或者是印制地图，这些东西在一段特定时期后就过时了。

12.5.2　多周期库存系统

多周期库存系统一般有两种类型：定量订货模型（也称为经济批量 EOQ 和 Q 模型）和定期订货模型（也称为定期系统、定期盘点系统、固定订货间隔系统或 P 模型）。多周期存货系统的设计目的就是确保一个产品持续全年有货。该产品通常是一年预定多次，该系统中的逻辑数据表明实际订购量和订货时间。

两者之间的基本区别是：定量订货模型是"事件驱动"的，而定期订货模型是"时间驱动"的。也就是说定量订货模型就是在达到规定的再订货水平时才发生的事件。该事件可能任何时间发生，这主要取决于该产品的需求。相比较而言，定期订货模型则仅限于在预定时间内发出订单，只有时间的变化驱动该模型。

图表 12—2　　　　　　　　**定量订货模型与定期订货模型的差异**

特征	Q 模型	P 模型
	定量订货模型	定期订货模型
订购量	Q——常数（预定的相同数量）	Q——变量（使用每次变化订单）
何时发出订单	R——当库存水平低于订货点	T——当到达订货间隔期
保持纪录情况	每次进出货都记录	在订货间隔期进行盘点
库存水平	低于定期订货模型	高于定量订货模型
维持所需时间	较长，因为连续检查	
物品类型	价格高；关键或重要的物品	

使用定量订货模型（如果库存下降到之前设定的某个订货点 R，就需要订货），对剩余的库存必须不断加以控制和监视。因此，定量订货模型是一个连续的系统，这就要求每一次提取库存或补充库存时都必须更新记录，以反映是否达到订货点。在定期订货模型中，只需要在订货间隔期盘点库存。（我们将讨论几个将这两个特点结合起来的系统）

有些其他的差异也会影响系统的选择（参见图表 12—2）。

•定期订货模型拥有更高的平均存货量，因为它必须防止在订货间隔期间（T）缺货，而定量订货模型没有订货间隔期。

•定量存货模型更适合于昂贵的产品，因为平均存货量很少。

•定量订货模型更适合于贵重物品，如关键的维修部件。因为对该模型有更加严密的监视，因此可以快速应对潜在缺货。

•定量订货模型要求更多的时间来管理，因为每一次增加库存和提取库存都要登记。

图表 12—3 显示了两种模型在使用时分别会发生什么。正如我们所看见的，定量订货系统侧重于订购量和订货点。按程序来说，每一次提取库存时，提取的物品都需要记录，将库存的剩余数量与订货点作比较。如果它已经下降至订货点以下，就应该发出数量为 Q 的订单。如果没有，则直到下一次提货时该系统仍处于闲置状态。

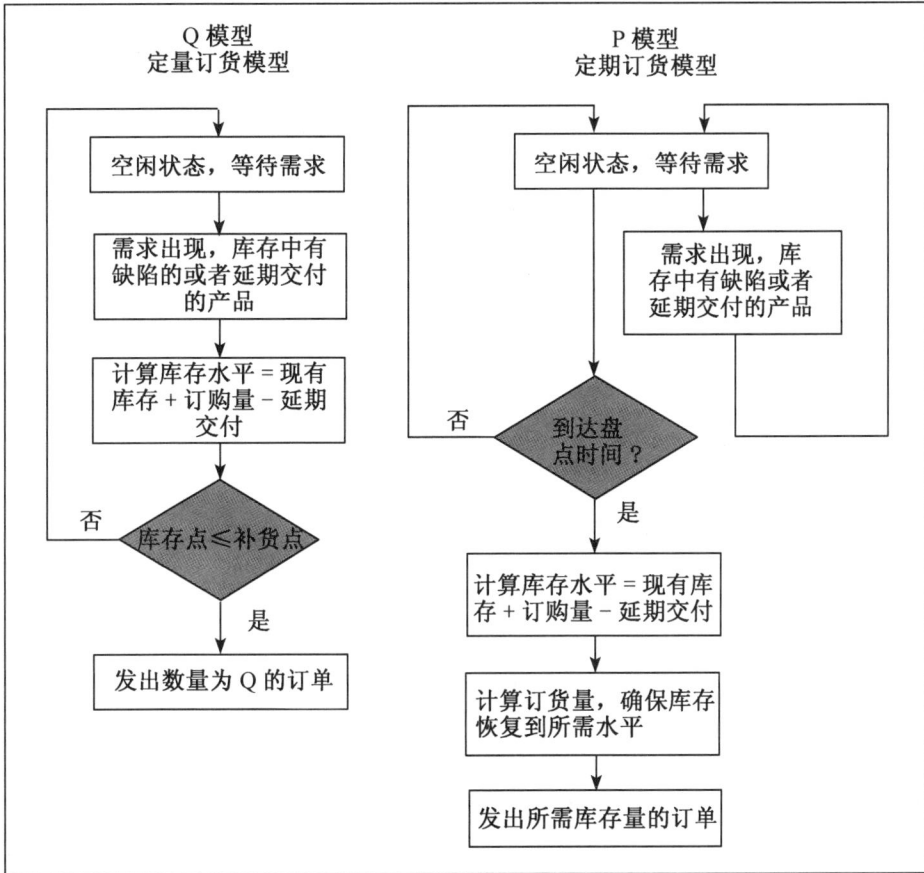

图表 12—3　定量订货和定期订货库存系统比较

在定期订货系统中，先盘点库存或是检查库存，然后再决定下订单。是否真正下订单取决于当时的库存水平。

12.6　定量订货模型

定量订货模型目的是要确定具体订货点 R 和订单大小 Q。订货点 R 是一个固定的具体单位数字。当现有的库存（存货量或在途量）达到 R 点时，企业将发出数量为 Q 的订单。

库存水平的定义就是存货量加上在途量再减去缺货量。定量模型的答案可以表示如下：库存水平降至 36 单位时，发出数量不小于 57 单位的订单。

当已知情况的各个方面得到确定时，就会用到这种分类里面的最简单的模型。假设对某产品的年需求量是 1 000 单位，而不是 1 000 再加减正负 10%。调整成本和持有成本也是一样。虽然完全确定的假设几乎没有，但是它还是为库存模型的范围奠定了一个良好的基础。

图表 12—4 和确定最佳订购量的讨论都是基于该模型的以下特点之上的。这些假设都是不现实的，但是它们代表了一个起点，并允许我们使用简单的例子：

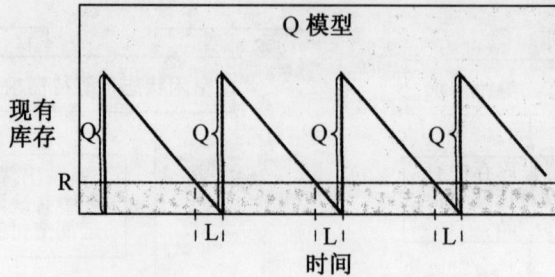

图表 12—4　基本定量订货模型

- 某产品的需求在一个周期内是固定不变的。
- 提前期不变（就是从订单到收货的时间段）。
- 产品的单位定价不变。
- 库存持有成本由平均库存决定。
- 订货成本或调整成本是固定的。
- 产品所有需求都可以满足（不允许延迟交货）。

图表 12—4 中与 Q 和 R 相关的"锯齿效应"表明库存水平降到 R 点，就需要再订货。在提前期 L 末就会收到该货物，并且在这种模型中提前期是不变的。

建立任何库存模型，第一步就是建立利润变量和效益指标之间的函数关系。这种情况下，因为我们关注的是成本，所以以下列方程为：

$$年总成本 = 年采购成本 + 年订货成本 + 年持有成本$$

或者

$$TC = DC + (D/Q)S + (Q/2)H \qquad [12.2]$$

模型中：

TC——年总成本；

D——年需求；

C——单位成本；

Q——订购量（最佳数量定义为经济批量—EOQ 或 Q_{opt}）；

S——调整成本或者订货成本；

R——订货点；

L——提前期；

H——平均库存的年单位持有成本和保管成本（持有成本通常是该产品成本的百分比，如 H = iC，其中 i 是持有成本百分比）。

在下面方程的右边：DC 是产品的年采购成本，（D/Q）S 是年订购成本（实际订货次数 D/Q 乘以每次的订货费用 S），（Q/2）H 是年持有成本（平均存货 Q/2 乘以单位持有成本 H）。图表 12—5 对这些成本之间的关系进行了描述。

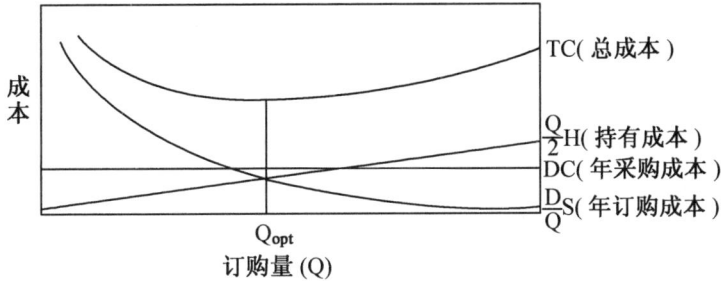

成本

TC(总成本)

$\dfrac{Q}{2}H$(持有成本)

DC(年采购成本)

$\dfrac{D}{Q}S$(年订购成本)

Q_{opt}

订购量(Q)

图表 12—5　基于不同订单的年生产成本

建立模型的第二步是确定使总成本最低的订购量 Q_{opt}。在图表 12—5 中，曲线倾斜度为 0 的时候总成本才为最小。利用微积分，我们求出关于 Q 的总成本的导数并设置其等于零。该基本模型的计算公式如下：

$$TC = DC + \frac{D}{Q}S + \frac{Q}{2}H$$

$$\frac{dTC}{dQ} = 0 + \left(\frac{-DS}{Q^2}\right) + \frac{H}{2} = 0$$

$$Q_{opt} = \sqrt{\frac{2DS}{H}} \qquad\qquad [12.3]$$

因为这个简单模型中假设需求和提前期是不变的，所以安全库存和缺货库存的成本都是不需要的，订货点 R 则为：

$$R = \bar{d}L \qquad\qquad [12.4]$$

式中：

$\bar{d}$——每日平均需求（不变）；

L——备货天数（不变）。

例12.2　经济批量和订货点

计算经济批量和订货点，已知条件如下：年需求（D）= 1 000 单位，平均日需求（$\bar{d}$）= 1 000/365，订货成本（S）= 5 美元/次，持有成本（H）= 1.25 美元/年/单位，提前期（L）= 5 天，单位成本（C）= 12.50 美元。订购量为多少？

解：

最佳订购量为：

$$Q_{opt} = \sqrt{\frac{2DS}{H}} = \sqrt{\frac{2 \times 1\,000 \times 5}{1.25}} = \sqrt{8\,000} = 89.4 \text{（单位）}$$

订货点为：

$$R = \bar{d}L = \frac{1\,000}{365} \times 5 = 13.7 \text{（单位）}$$

取最接近的整数单位，库存策略如下：库存水平降到 14 单位时，订购量至少为 89 单位。

总年度成本为：

$$TC = DC + \frac{D}{Q}S + \frac{Q}{2}H$$

$$= 1\,000 \times 12.50 + \frac{1\,000}{89} \times 5 + \frac{89}{2} \times 1.25$$

$$= 12\,611.81 \text{（美元）}$$

从这个例子中我们可以看出，产品采购成本在决定订购量和订货点的过程中并不起作用，因为采购成本是不变的，并且与订购量无关。

12.6.1　设置安全库存水平

前面的模型都假定需求已知并且是不变的。但是大多数例子中，需求不是稳定的，而是每天都在变化。因此，必须保持达到一定水平的安全库存防止缺货。安全库存可以定义为超过预期需求的库存数量。在正态分布下，它指的就是平均值。比如，如果月需求平均值为 100 单位，我们预计下个月的不变，如果需求量为 120 单位，那么我们就会有 20 单位的安全库存。

安全库存的确定建立在不同的标准之上。公司建立安全库存的通用方法就是简单地将数周的供应量设置为安全库存。但是采用能够反映需求变化特征的方法则更好。

比如，建立一个类似这样的目标"确定安全库存水平，如果需求超出 300 单位时，缺货的风险仅仅只有 5%"。我们称这种确定安全库存的方法为概率法。

12.6.2　概率法

利用概率标准确定安全库存很简单。在本章描述的模型中，我们假设需求在一段时间内为正态分布，并有均值和标准差。再次强调下，请记住这种方法只考虑缺货的概率，而不是缺货的数量。确定某个时间内的缺货概率，我们可以简单地为预期需求描绘正态分布图，并在该曲线上标出现有的存货量。

我们可以用一些简单的例子说明这个问题。假设我们下个月的预测需求是 100 单位，并且我们知道标准差是 20 单位。如果我们这个月只持有 100 单位，那么缺货概率就是 50%。

我们预计有一半月份的需求大于 100 单位，另外一半月份的需求小于 100 单位。进一步考虑，如果我们某个时期的订单相当于 100 单位的存货量，并且在月初收到货物，从长远来看，我们预计一年中有 6 个月会缺货。

如果缺货情况严重，这往往是不能接受的，那么我们要购买额外的存货，以减少缺货的风险。一种方法是储备额外的 20 单位。在这种情况下，我们仍然按月订货，但我们的库存中有 20 单位剩余的存货，我们可以调整到货时间。这种安全库存的缓冲会减少缺货的概率。如果需求的标准差是 20 单位，我们将保持与标准差相等的安全库存。查看累积标准正态分布概率表（附录 E），将平均值往右移动一个标准差，得到的概率为 0.8413。所以大约有 84% 的时间我们将不会遇到缺货的情况。现在，如果我们还是每个月订货，预计每年会有 2 个月的缺货期（0.16 × 12 ＝ 1.92）。如果使用 Excel，给定一个 z 值，就可运用 NORMSDIST 函数计算概率。

企业经常使用这种方法来确定不缺货概率为 95% 的安全库存。这意味着我们的例子中将选择约 1.64 标准差的安全库存，或 33 单位（1.64 × 20 = 32.8）。请记住，这并不意味着我们每个月多订 33 单位；相反，它意味着我们将仍然每次订购一个月的使用量，同时保持 33 单位的货物作为安全库存。但我们需要计划接收时间，以确保我们在订货到达时还有 33 单位的预期库存。在这种情况下，我们可能每年有 0.6个月缺货，也就是每 20 个月会发生 1 次缺货。

12.6.3　安全库存定量订货模型

定量订货系统对库存水平进行连续监控，且当库存量降至某一水平 R 时就再进行新的订购。这个模型中的缺货只发生在提前期内，也就是订单发出至收货这段时期。如图表 12—6 所示，存货水平降到订货点 R 时需要发出新的订单。在提前期 L内时，该时间长度要么通过过去需求数据的分析得出，要么通过预测（如果无法取得历史数据）得出。

正如前面所讨论的，安全存货量取决于期望的服务水平。计算订购量 Q 通常要考虑下列因素，如需求、缺货成本、订货成本、持有成本等。定量订货模型可用于计算 Q，如前面讨论的简单 Q_{opt} 模型。然后，确定订货点以满足提前期的预期需求以及由所期望的服务水平确定的安全库存量。因此，需求已知和需求未知的定量订货模型的关键区别在于订货点的计算。在这两种情况下，订购数量是相同的。安全库存考虑了不确定性因素。

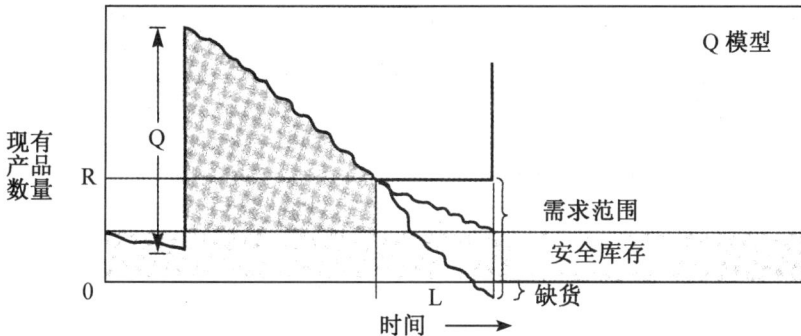

图表 12—6　定量订货模型

订货点为：

$$R = \bar{d}L + z\sigma_L \qquad\qquad [12.5]$$

式中：

R ——订货点（单位）；

$\bar{d}$—— 平均日需求；

L——提前期（天）（订货至收货的期间）；

z ——特定服务概率的标准差；

σ_L——提前期中每天需求的标准差。

术语 $z\sigma_L$ 就是安全库存量。请注意，如果安全库存是正值，其影响在于要快速再订货。也就是说，没有安全库存的 R 仅仅就是提前期的平均需求。例如，如果提前期的预计用量是 20 单位，计算的安全库存为 5 单位。那么，在还有 25 单位的存货时就要尽快订货。安全库存越大，订货就会越早。

计算 $\bar{d}$、σ_L 和 z

提前期内的需求确实是从订货到收货期间库存用量的估计值或预测值。这可能是一个简单的数字（例如，如果提前期是一个月，需求可以采用前一年的需求除以 12），或者可能是提前期需求量的总和（如 30 天的提前期的日需求之和）。对于日需求 d，我们可以运用第 10 章的任何一个模型进行预测。例如，用 30 天来计算 d，然后简单平均数就是：

$$\bar{d} = \frac{\sum_{i=1}^{n} d_i}{n} = \frac{\sum_{i=1}^{30} d_i}{30} \qquad [12.6]$$

式中：

n——天数。

日需求标准差是：

$$\sigma_d = \sqrt{\frac{\sum_{i=1}^{n} (d_i - \bar{d})^2}{n}} = \sqrt{\frac{\sum_{i=1}^{30} (d_i - \bar{d})^2}{30}} \qquad [12.7]$$

由于 σ_d 指一天的标准差，如果提前期延长数天，我们可以使用统计学，前提是一系列独立事件的标准差等于所有方差和的平方根。也就说，通常情况下：

$$\sigma_L = \sqrt{\sigma_1^2 + \sigma_2^2 + \cdots + \sigma_L^2} \qquad [12.8]$$

例如，假设我们计算的需求标准差是每天 10 单位。如果我们收到订货的提前期是 5 天，就可以计算这 5 天的标准差，因为每一天都可以看做是独立的，那么：

$$\sigma_5 = \sqrt{(10)^2 + (10)^2 + (10)^2 + (10)^2 + (10)^2} = 22.36$$

下一步我们需要找到 z 值，即安全库存的标准差。

假设我们希望在提前期内不缺货概率为 0.95，那么不缺货概率 95% 对应的 z 值就是 1.64（见附录 E 或使用 Excel NORMSINV 函数计算）。鉴于此，安全库存的计算方法如下：

$$\begin{aligned} SS &= z\sigma_L \qquad [12.9] \\ &= 1.64 \times 22.36 = 36.67 \end{aligned}$$

我们现在比较这两个例子。它们之间的区别是，第一个例子中，需求变化是用整个提前期的标准差表示的，而在第二例子中，需求变化是用每天的标准差表示的。

例 12.3　经济批量订购

考虑一个经济批量订购的情况，年需求量 D = 1 000 单位，经济批量 Q = 200 单位，所期望的不缺货概率 P = 0.95，提前期内的需求标准差 σ_L = 25 单位，提前期 L = 15 天。求出订货点。假定需求基于一年 250 个工作日的情况。

解：

在我们的例子中，$\bar{d} = 1\,000 \div 250 = 4$，提前期是 15 天。我们使用等式：

$$R = \bar{d}L + z\sigma_L = 4 \times 15 + z \times 25$$

这个案例中，z 为 1.64。

完成 R 的求解，如下：

$$R = 4 \times 15 + 1.64 \times 25 = 60 + 41 = 101 \quad (单位)$$

这就是说，在库存达到 101 单位时，就要再订货 200 单位。

例12.4　订购量和订货点

某产品的日需求通常呈正态分布，其均值为 60，标准差为 7。供货源是可靠的，提前期为六天。订货成本是 10 美元，单位年持有成本为 0.50 美元。没有缺货成本，未完成的订单在订单到达后尽快补齐。假设销售发生在一年 365 天。求出在提前期内不缺货概率为 95% 的订购量和订货点。

解：

在这个问题中，我们需要计算出订购量 Q 和订货点 R。

$$\bar{d} = 60 \qquad S = 10 \text{ 美元}$$
$$\sigma_d = 7 \qquad H = 0.50 \text{ 美元}$$
$$D = 60 \times 365 \quad L = 6$$

最佳订购量为：

$$Q_{opt} = \sqrt{\frac{2DS}{H}} = \sqrt{\frac{2 \times 60 \times 365 \times 10}{0.50}} = \sqrt{876\,000} = 936 \quad (单位)$$

为了计算订货点，我们需要计算提前期内的产品的使用数量并将其加到安全库存中。

6 天的提前期内标准差通过每天的方差计算出来。因为每天的需求是独立的，所以：

$$\sigma_L = \sqrt{\sum_{i=1}^{L} \sigma_d^2} = \sqrt{6 \times 7^2} = 17.15$$

此例中，z 为 1.64。

$$R = \bar{d}L + z\sigma_L = 60 \times 6 + 1.64 \times 17.15 = 388 \quad (单位)$$

总结这个例子中的方法：在存货量降到 388 单位时，要发出订购量为 936 单位的订单。

12.7　定期订货模型

在定期订货系统中，库存盘点仅在特定的时间进行，如每周或每月。定期盘点库存并发出订单适用于下列情况：当卖方进行例行访问时，顺便提取产品订单，或是买方将订单合并在一起发出以节省运输成本。其他公司为了方便库存盘点计划而采用定期盘点，比如，分销商 X 每两个星期订一次货，那么员工就知道需要按时盘点分销商 X 的所有产品。

定期订货模型中产生的订购量根据使用率在不同的时期内都在变化。比起定量订货系统，这通常需要更高的安全库存水平。定量订货系统需要不断跟踪记录现有库存，一旦达到订货点就要立即订货。相比之下，定期订货模型只需要定期对库存进行盘点。一笔大的需求在下完订单后库存有可能会降至零。这种情况直到下一次盘点时才会被发现。我们订的新货需要一定的时间才可以到达，因此在这个盘点间隔期 T 和订货提前期 L 内都可能发生缺货。因此，安全库存必须防止在盘点间隔期内或者是从订货到收货的提前期内发生缺货。

设置安全库存的定期订货模型

在定期系统中，在订货间隔期 T 发出订单，需要预定的安全库存是：

$$安全库存 = z\sigma_{T+L} \qquad [12.10]$$

图表 12—7 显示了订货间隔期 T 和不变提前期 L。在这种情况下，需求是随机分布的，其均值为 d。订购量 q 为：

$$订购量 = 保管期的平均需求量 + 安全库存 - 现有库存量 \qquad [12.11]$$
$$q = \bar{d}(T+L) + z\sigma_{T+L} - I$$

式中：

q——订购量；

T——盘点间隔期天数；

L——提前期天数（订货与收货之间的时段）；

$\bar{d}$——预测的平均日需求量；

z——特定服务概率的标准差数；

σ_{T+L}——盘点间隔期和提前期内的需求标准差；

I——当前库存水平（包括在运订购量）。

注意：需求、提前期、订货间隔期等可以以任意时间为单位，比如天、周、年。只要是整个等式中的时间单位一致就可以。

在这个模型中，需求（$\bar{d}$）可以预测，如果需要可以在每一个盘点间隔期加以修改，如果合适的话还可以使用年平均量。我们假设需求是正态分布的。z 值取决于缺货概率，运用附表 E 中 Excel 的 NORMSINV 函数可以计算出来。

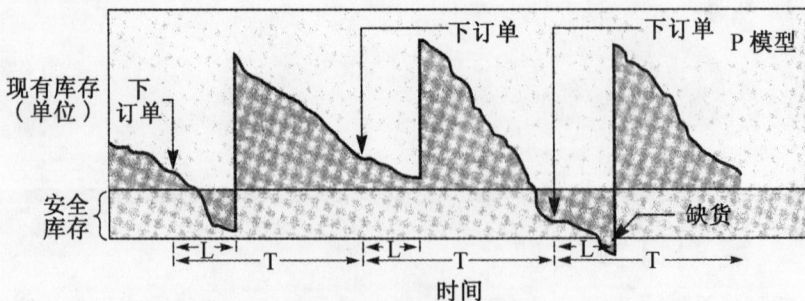

图表 12—7 定期存货模型

例 12.5 订购量

某产品的日需求是 10 单位，其标准差为 3 单位。盘点期为 30 天，提前期为 14 天。管理部门已经制定相关政策要求在库存货量能满足 98% 的需求。在盘点间隔期初期，存货量为 150 单位。那么应该订多少货呢？

解：

订购量为：

$$q = \bar{d}(T+L) + z\sigma_{T+L} - I$$
$$= 10(30+14) + z\sigma_{T+L} - 150$$

在完成这个解答之前，我们需要找出 σ_{T+L} 和 z 的值。为了找到 σ_{T+L}，我们运用和前面一样的方法，也就是一系列独立随机变量的标准差等于各自方差和的平方根。因此，时间 T + L 内的标准差为每天方差总和的平方根：

$$\sigma_{T+L} = \sqrt{\sum_{i=1}^{T+L} \sigma_d^2} \qquad [12.12]$$

由于每天都是独立的，σ_d 也是不变的，所以：

$$\sigma_{T+L} = \sqrt{(T+L)\sigma_d^2} = \sqrt{(30+14)\times 3^2} = 19.90$$

对应于 P = 0.98 的 z 值为 2.05。

那么订购量就是：

$$q = \bar{d}(T+L) + z\sigma_{T+L} - I = 10\times(30+14) + 2.05\times 19.90 - 150 = 331（单位）$$

为了保证 98% 的不缺货概率，我们在该盘点间隔期内需要订购 331 单位的产品。

12.8 库存控制和供应链管理

对于经理而言，知道如何使用与公司经济利益直接相关的库存控制方法来经营产品销售，是相当重要的。与公司业绩相关的一个关键指标就是看库存周转率。库存周转率的计算方法如下：

库存周转率 = 售出货物成本/平均库存值

因此，我们如何管理产品和这个产品库存周转率之间的关系呢？它们之间又是什么关系呢？在这里，让我们把问题简化，只考虑单个产品或者是一组产品的库存周转率。首先，如果我们只看分子，单个产品的售出成本与该产品预期的年需求量（D）有直接关系。如果该产品的单位成本是（C），那么售出货物的成本就是 D 乘以 C。这个等式和我们讨论过的经济批量等式是一致的。其次，再考虑平均库存总价值。如果我们假定需求是不变的，那么经济批量模型中的平均库存就为 Q/2，当我们把不确定因素引入方程式中，就需要设置安全库存来避免因需求变化造成的风险。定量订货模型和定期订货模型都有计算安全库存的公式，其中都要求给出缺货概率。在这两种模式中，我们均假定整个订货周期内，有一半的时间我们需要使用安全库存，而另一半的时间则不需要使用安全库存。因此，平均而言，我们可以将现有的库存当做安全库存（SS）。给出这个条件，那么就可以运用下列方法计算平均库存：

$$平均库存总价值 = (Q/2 + SS) C \qquad [12.13]$$

$$库存周转率 = \frac{DC}{(Q/2 + SS) \ C} = \frac{D}{Q/2 + SS} \qquad [12.14]$$

NETFLIX 公司是世界最大的在线电影租赁服务公司，为 400 多万用户提供 4 200 多万部 DVD。任意一天，60 000 部可用的电影中有 35 000 部可供分配。NETFLIX 公司经营着 39 个货运中心，遍布美国，超过 90% 的用户能在订购当日收到货物。平均而言，NETFLIX 公司每天发运 140 万美元的 DVD，每年约 17 000 吨 DVD。

例 12.6　平均库存计算——定量订货模型

假设下列物品运用安全库存的定量订货模型来管理。

年需求（D）= 1 000 单位，订购量（Q）= 300 单位，安全库存（SS）= 40 单位。那么该产品的平均库存水平和库存周转率是多少？

解：

$$平均库存 = Q/2 + SS = 300 \div 2 + 40 = 190 \ (单位)$$

$$库存周转 = \frac{D}{Q/2 + SS} = \frac{1\ 000}{190} = 5.263 \ (次/年)$$

例 12.7　平均库存计算——定期订货模型

假设下列物品运用安全库存的定期订货模型来管理。

周需求（d）= 50 单位，盘点期（T）= 3 周，安全库存（SS）= 30 单位。那么该产品的平均库存水平和库存周转率是多少？

解：

这里我们需要确定每个周期内需要订购多少单位产品？如果我们假定需求是相当稳定的，我们就可以在盘点时按预期需求订货。如果我们假定需求模式中没有任何趋势或季节性，该预期需求就等于 dT。假设一年有 52 周。

$$平均库存 = dT/2 + SS = 50 \times 3 \div 2 + 30 = 105 \ (单位)$$

$$库存周转率 = \frac{52d}{dT/2 + SS} = 50 \times 52 \div 105 = 24.8 \ (次/年)$$

12.9　ABC 库存计划

通过盘点、发出订单、接收订货等方式来维持库存，都需要花费时间和成本。当这些资源受到限制时，合理的行为就是尝试使用最佳途径，即利用现有资源来控制库存。换言之，将重点放在最重要的产品上。

19 世纪，Villefredo Pareto 在一个关于米兰财富的分配的研究中发现，20% 的人控制着 80% 的财富。这种少数人占据重要位置和多数人占有不重要位置的逻辑已经扩展到许多领域，被称为帕累托法则。[3] 这在我们的日常生活中是真实存在的（我们大多数的决定相对不重要，但少数决定却可以影响我们的未来）。这一原理在库存系统中也同样适用（少数产品占据大部分投资）。

任何库存系统都应确定什么时候订货，订购量为多少。大多数情况下库存控制涉及多个产品，但是，为每个产品建立特定的模式并给出特定的处理方法是不实际的。要解决这个问题，ABC 分类计划将库存产品分为三个组别：（A）高占用资金类；（B）中等占用资金类；（C）低占用资金类。占用资金量是重要性的一种衡量标准，一个量大成本低的产品可能比量少成本高的产品更重要。

ABC 分类法　如果每年库存中使用的物品根据占用资金量来进行排列，一般情况下，我们会发现少数产品占用了大部分资金，而其余多数的产品只占了一小部分资金。图表 12—8 就给出了这种关系。

ABC 方法根据价值将这个清单分成三个组：A 类产品大约占据前 15% 的份额，B 类产品占接下来的 35%，C 类产品占剩余的 50%。通过观察，图表 12—8 中的清单中 A 类产品占 20%、B 类占 30%、C 类占 50% 的划分似乎更有意义。这些数字清楚地显示了各部分之间的区别。这种划分的结果在图表 12—9 中显示出来，并且在图表 12—10 中描绘出来。

分类不一定总是如此平稳。不过目标就是尽量将重要的和不重要的区分开来。划分界线的位置主要取决于特定的库存类型以及可利用的工作时间。（若有更多的时间，公司可以扩大的 A 类或 B 类的比例）

图表 12—8　**根据价值排列的库存的年使用量**

产品编号	年资金占用量（美元）	占总价值的百分比（%）
22	95 000	40.69
68	75 000	32.13
27	25 000	10.71
03	15 000	6.43
82	13 000	5.57
54	7 500	3.21
36	1 500	0.64
19	800	0.34
23	425	0.18
41	225	0.10
	233450	100

　　　　　　　　　　　ABC 库存产品组分类

类别	产品编号	年资金占用量（美元）	占总量的百分比（％）
A	22，68	170 000	72.9
B	27，03，82	53 000	22.7
C	54，36，19，23，41	10 450	44
		233 450	100

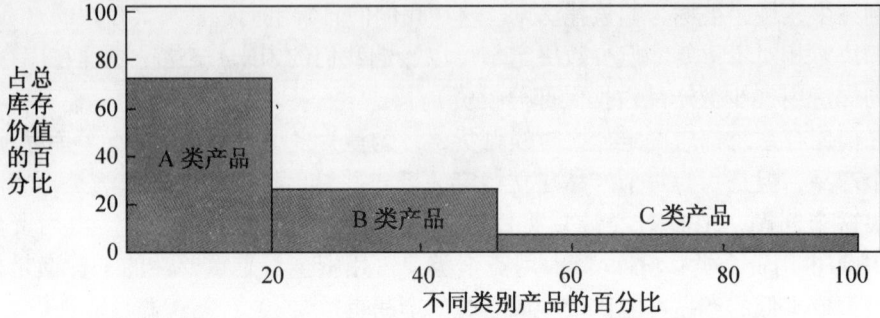

图表 12—10　ABC 库存分类法（各组库存价值和各组相应的百分比）

　　将产品分组的目的就是建立该产品的合适控制度。例如，在周期的基础之上，A类产品采取每周订货可能更便于控制，B 类产品可以每两周订货，C 类产品可以每月订货或者每两个月订一次货。请注意，产品的单位成本与其分类是不相关的。一个 A类产品可能通过结合低成本高使用量的产品或高成本低使用量的产品而获得很高的占用资金量。同样地，C 类产品可能由于低需求或者是低成本获得较低的占用资金量。在汽车服务站，汽油将被纳入 A 类产品，需要每日或每周补充库存；轮胎、电池、润滑油和变速器油被纳入 B 类产品，可以两到四周订货一次；C 类产品将包括汽门杆、雨刷片、散热器盖、软管、风扇皮带、燃料添加剂、汽车蜡等，可以每两个月或三个月订货一次，甚至可以允许缺货，因为该类产品缺货的成本并不高。

　　有时候一个产品可能会导致大量的损失，那么该产品对整个系统是至关重要的。在这种情况下，不论该产品的分类如何，都应该保持手头有足够的库存来防止缺货。当将产品纳入 A 或是 B 类时，一个更好的控制方法就是将产品硬性划入一个类别，即使是其占用资金量没有达到这一水平。

12.10　库存精度和周期盘点

　　存货记录通常与实际盘点不同，库存精度就是指这两者的一致程度，如沃尔玛这样的公司很清楚库存精度的重要性，并且花费相当大的精力来确保其库存精度。现在的问题是，其偏差在多少范围内可以接受？如果记录显示 X 的剩余库存量为 683，实际盘点却为 652，这个差距在允许范围之内吗？假设实际盘点为 750，比库存记录多了 67，这种情况是不是更好呢？

　　每一个生产系统必须保持库存记录和库存实际数量的一致性，即两者之间的差距在指定的范围内。记录和实际库存不一致的原因有很多。例如，一个开放的仓库使得产品可能被正当使用，也可能有人未经授权使用。正当提取库存时可能由于紧急情况而未来得及进行记录。有时候零件放错位置，几个月之后又突然出现。零件通常是在几个位置放置的，但是记录可能丢失或者是地址记录不正确。有时候，库存补给订单是在收到时做记录，而事实上以前从来没有这样做。有时，一组零件在提出仓库时做了记录，但是顾客取消了该订单，而零件放回仓库之后却没有取消之前的记录。为了保证生产系统顺利运行，没有缺货现象，同时保证生产系统没有过剩，记录必须要精确。

一个公司如何才能保持最新的精确记录？使用条形码和 RFID 标签对于减少系统中的数据输入错误是很重要的。同样保持库房关闭也很重要。如果只有仓库管理人员可以进入，并将库存精度作为业绩评价和增长的衡量标准之一，那么工作人员就会有强烈的动机来遵守该规定。每个库存地点，无论是在上锁的仓库或生产车间，都应该有一个记录机制。

另外的方法就是向全体工作人员传达准确记录的重要性，依靠他们的协助提高精度。（这一切都可以简化成这样：将存货区域用延伸至天花板的栅栏围起来，以至于所有的工人都无法进去拿走零件；门上上锁，只给一个人钥匙。未经授权和登记没有人可以提取零件）

还有一种确保精确性的方法就是定期盘点库存，并且核对记录。一个被广泛采用的方法是周期盘点。

周期盘点就是实际检查库存的一种方法，频繁盘点库存，而不是每年盘点一次或两次。有效的周期盘点和准确记录的关键在于决定何时由谁来盘点何种产品。

现在几乎所有库存系统都已经计算机化了。计算机可以进行编程，在下列情况下发出周期盘点提示：

1. 当显示的在库库存很低或为零时（这是比较容易的，盘点极少数产品）。
2. 记录显示库存为正，但是已经出现了延期交货记录时（说明存在差异）。
3. 在某些特定的活动之后。
4. 根据产品的重要性（如在 ABC 系统）提示检查，如下表：

年使用量（美元）	盘点周期
≥10 000	≤30
3 000 ~ 10 000	≤45
250 ~ 3 000	≤90
≤250	≤180

最容易盘点库存的时间就是在仓库或生产车间没有任何活动时。这就意味着在周末或在第二次或第三次交班时，因为那时设备不是很繁忙。如果这样不可行，就必须在进行生产或者交易时更小心地盘点库存、记录和分隔产品。

盘点周期取决于可用的劳力。有些公司定期安排仓库人员在正常工作日的休息时间进行盘点，也有些公司聘请私人公司来盘点库存，还有一些公司使用全职周期盘点员，这些人专门负责盘点库存并解决库存和记录之间的差异。虽然最后这个方法听起来成本很高，但许多企业认为，与每年假期停止营业两周或三周来进行繁忙的库存盘点相比，该方法实际上成本是较低的。

实际盘点和记录之间存在多少误差是可以接受的这一问题一直在争论之中。一些企业力求百分之百的精确性，而其他一些企业则接受1%、2%或3%的误差。专家建议的精确水平往往是A产品为±0.2%、B产品为±1%、C产品为±5%。不管具体的精度水平如何，关键在于该水平应该是可靠的，那样才能正确地设置安全库存作为缓冲。精确性对于流畅的生产过程是非常重要的，有助于客户订单按计划进行处理，而不会因为某些部件缺货受到影响。

12.11　小结

本章介绍了两种主要的需求类型：（1）独立需求，指对某个公司最终产品的外部需求；（2）非独立需求，通常指公司内部的需求，即由于某些更复杂的产品的需求而导致的其他零部件的需求，该零部件是复杂产品的一部分。多数行业都存在这两个产品类别。在制造业中，独立需求多见于成品、服务、维修配件以及生产供应品；非独立需求多用于生产最终产品所需要的部件和材料。在消费品的批发和零售中，大部分需求是独立需求，每个产品都是最终产品，批发商或零售商不需要做任何进一步的组装或加工。

本章重点讨论的独立需求是建立在统计资料的基础之上的。在定量订货和定期订货的模型中，服务水平的影响体现在安全库存和订货点的确定中。一个特殊用途模型，即单周期模型也在本章中谈到。

ABC法提供了进行分析和控制的产品类别区分方法。同样也讨论了库存精度的重要性，此外，还介绍了周期盘点。

在这一章中，我们还指出，降低库存需要了解运营系统。这不是简单地挑选一个模型，货架上减少了，再补充一些上去。第一，这种模式可能不会是合适的。第二，这些数字可能是存在大量偏差，有些甚至是在错误数据的基础之上得到的。确定订购量通常是一个权衡的问题，也就是说，权衡储存成本和准备成本。请注意，公司一般想同时减少这两种成本。

简单的事实是公司在库存方面有非常大的投资，保管这些库存的成本往往占企业年库存总价值的25%到35%。因此，现在大多数公司的一个主要目标是减少库存。

订货是一个谨慎的问题。本章介绍的公式就是用来尽量减少成本。记住，公司的目标自始至终就是"赚钱"，因此我们可以肯定，降低库存成本实际上就可以做到这一点。通常情况下，正确地减少库存会降低成本，提高质量和绩效，并提高利润。

关键术语

库存（inventory）：一个组织中的任何产品或资源的存货。
独立需求（independent demand）：各种不相关的产品的需求。
非独立需求（dependent demand）：一个产品的需求是由其他产品需求引起的，

该产品通常是其他产品的一部分。

定量订货模型（Q 模型）（fix-order quantity model，Q-model）：一种库存控制模型，其中订购量是固定的，实际订单在库存降到某个水平时发出。

定期库存模型（P 模型）（fix-time period model，P-model）：一种库存控制模型，就是在预期订货时间的末期开始订货。订货之间的时间是固定的，但是订购量会变化。

库存水平（inventory position）：在库库存加上订货量减去延期交货数量。当库存按特殊用途分配出去时，库存水平因这些分配数量相应地减少。

安全库存（safe stock）：企业持有的超出预期需求之外的库存数量。

周期盘点（cycle counting）：一种库存检查方法，在频繁的周期性的基础上盘点，而不是一两年才盘点一次。

公式复习

单周期模型，最后未售出产品的累积概率，低估需求的边际成本和高估需求的边际成本的比率。

$$P \leqslant \frac{C_u}{C_0 + C_u} \qquad [12.1]$$

Q 模型中，订单 Q 的年度总成本，单位成本 C，准备成本 S，单位持有成本 H。

$$TC = DC + \frac{D}{Q}S + \frac{Q}{2}H \qquad [12.2]$$

Q 模型中，最佳或经济批量：

$$Q_{opt} = \sqrt{\frac{2DS}{H}} \qquad [12.3]$$

Q 模型中，平均日需求 d 与提前期 L 基础之上的订货点 R：

$$R = \bar{d}L \qquad [12.4]$$

Q 模型中，考虑安全库存 $z\sigma_L$ 的订货点：

$$R = \bar{d}L + z\sigma_L \qquad [12.5]$$

周期为 n 天的平均日需求：

$$\bar{d} = \frac{\sum_{i=1}^{n} d_i}{n} \qquad [12.6]$$

周期为 n 天的需求标准差：

$$\sigma_d = \sqrt{\frac{\sum_{i=1}^{n}(d_i - \bar{d})^2}{n}} \qquad [12.7]$$

一系列独立需求的标准差：

$$\sigma_s = \sqrt{\sigma_1^2 + \sigma_2^2 + \cdots + \sigma_i^2} \qquad [12.8]$$

Q 模型中，安全库存的计算公式：

$$SS = z\sigma_L \qquad [12.9]$$

P 模型中，安全库存的计算公式：

$$SS = z\sigma_{T+L} \tag{12.10}$$

P 模型中,盘点期为 T 天,提前期为 L 天的定期订货系统的最佳批量:

$$q = \bar{d}(T + L) + z\sigma_{T+L} - I \tag{12.11}$$

P 模型中,盘点期为 T 天,提前期为 L 天的一系列独立需求的标准差:

$$\sigma_{T+L} = \sqrt{\sum_{i=1}^{T+L} \sigma_{d_i}^2} \tag{12.12}$$

$$平均库存总值 = (Q/2 + SS)C \tag{12.13}$$

$$库存周转率 = \frac{DC}{(Q/2 + SS)C} = \frac{D}{Q/2 + SS} \tag{12.14}$$

应用举例

例1

某产品的定价为每单位 100 美元,单位成本为 70 美元保持不变。未销售出去的商品每单位残值为 20 美元。该周期内的预期需求在 35 单位到 40 单位之间,也就是至少可以销售 35 单位,最多可销售 40 单位。这种情形下的需求概率和相关的累积概率分布(P)如下所示:

需求数量	需求概率	累积概率
35	0.10	0.10
36	0.15	0.25
37	0.25	0.50
38	0.25	0.75
39	0.15	0.90
40	0.10	1.00

应该订货多少?

解:

低估需求的成本就是利润损失,即 $C_u = 100 - 70 = 30$ 美元/单位。高估需求的成本就是产品需要以残余价值出售造成的损失,即 $C_o = 70 - 20 = 50$ 美元/单位。

未售出产品的最佳概率为 $P \leqslant C_u / (C_o + C_u) = 30 / (50 + 30) = 0.375$

从以上分布数据可以看出,这个数据和第 37 单位相对应。

以下就是对该问题的完整的边际分析。注意最小成本出现在订购 37 单位时。

需求数量	概率	采购的数量					
		35	36	37	38	39	40
35	0.10	0	50	100	150	200	250
36	0.15	30	0	50	100	150	200
37	0.25	60	30	0	50	100	150
38	0.25	90	60	30	0	50	100
39	0.15	120	90	60	30	0	50
40	0.10	150	120	90	60	30	0
总成本		75	53	43	53	83	125

例2

从厂家那里购买单位产品的成本是每个 20 美元，下一年的预期需求是 1 000 单位。如果每次发出订单的成本为 5 美元，库存成本为每年每单位 4 美元，那么每次订购量应为多少？

a. 年订货成本为多少？

b. 年库存成本为多少？

解：

每次订购量为：

$$Q = \sqrt{\frac{2DS}{H}} = \sqrt{\frac{2 \times 1\ 000 \times 5}{4}} = 50\ (单位)$$

a. 每年总订货成本为：

$$\frac{D}{Q}S = \frac{1\ 000}{50} \times 5 = 100\ (美元)$$

b. 每年库存总成本为：

$$\frac{Q}{2}H = \frac{50}{2} \times 4 = 100\ (美元)$$

例3

某产品的日需求是 120 单位，标准差为 30 单位。盘点期为 14 天，提前期为 7 天。盘点时，库存量为 130 单位。如果可以接受的缺货率为 1%，应该订货多少？

解：

$$\sigma_{T+L} = \sqrt{(14+7) \times 30^2} = \sqrt{18\ 900} = 137.5$$
$$z = 2.33$$
$$q = \bar{d}\ (T+L)\ + z\sigma_{T+L} - I$$
$$= 120 \times\ (14+7)\ + 2.33 \times 137.5 - 130$$
$$= 2\ 710\ (单位)$$

例4

公司目前拥有 200 单位的产品库存，销售人员每两周来访一次，企业就在此时订货。该产品平均日需求是 20 单位，标准差为 5 单位。产品提前期是 7 天。管理的目标是保证该产品的不缺货概率为 95%。

销售人员预计今天下午到达，此时库存为 180 单位（假设今天已经销售了 20 单位）。那么应该订货多少单位？

解：
$$I = 180,\ T = 14,\ L = 7,\ \bar{d} = 20$$
$$\sigma_{T+L} = \sqrt{21 \times 5^2} = 23$$
$$z = 1.64$$
$$q = \bar{d}\ (T+L)\ + z\sigma_{T+L} - I$$
$$= 20 \times\ (14+7)\ + 1.64 \times 23 - 180$$
$$= 278\ (单位)$$

复习与讨论题

1. 试区别麦当劳餐厅、个人复印机厂家以及药品供应仓库中的非独立需求和独立需求。

2. 试区分在制品库存、安全库存以及季节性库存。

3. 讨论影响库存规模的成本性质。

4. 在何种条件下，工厂经理选择使用定量订货模型而不是定期订货模型？使用定期订货系统有哪些缺点？

5. 库存控制决策中必须解决的两个基本问题是什么？

6. 讨论生产准备成本、订货成本与库存持有成本之间内在的前提条件。它们的有效性如何？

7. "库存模型最大的好处就是，你可以从一个现成的货架上取货并使用，只要你的成本估计是准确的。" 试对这种说法作出评价。

8. 在下列情况下，应使用哪种库存系统类型？

a. 供应厨房的新鲜食品。

b. 订购报纸。

c. 为汽车购买汽油。

这些产品中，哪种的缺货成本最高？

9. 为什么将产品按 ABC 分类法等那样分组是可行的？

习题

1. 当地超市每天购买生菜，以确保真正的新鲜农产品。每天早晨，前一天未卖完的生菜都会卖给经销商，经销商又转售给农民用来饲养动物。这个星期，超市可以以 4.00 美元每箱的价格购买到新鲜的生菜，生菜售出价格为 10 美元每箱，此外，经销商愿意花 1.50 美元每箱的价格购买剩下的生菜。历史数据表明明天的需求量为 250 箱，标准差为 34 箱。那么超市明天应该订购多少箱生菜？

2. 超级折扣航空公司下周有从纽约到洛杉矶的航班，将最大限量地接受预订。根据以往的经验，该航空公司知道平均有 25 个乘客（标准差为 15）将会取消预订航班或未来乘坐。机票的收入为每张 125 美元。如果航班超额预定，航空公司有相应政策，可以让客户乘坐下一班飞行，并给予其一张今后航班的免费往返机票。该免费往返机票的平均成本是每张 250 美元。超级折扣航空公司认为从纽约到洛杉矶的飞行成本为沉淀成本。那么超级折扣航空公司最多可超额预订多少座位？

3. Ray 卫星百货商场希望确定最畅销的卫星天线（型号 TS111）的最佳订购量。估计这种型号的卫星天线年需求为 1 000 台。库存成本每年每单位为 100 美元，每次的订货成本为 25 美元。请运用经济批量模型确定 Ray 每次的最佳订购量。

4. Dunstreet 百货商店要制定订货政策，要求不缺货概率为 95%。详细说明你的方案，可以用白棉布床单的订货政策作为例子。

338　运营与供应管理：基础教程

白棉布床单每年的需求量为 5 000。这家商店一年 365 天营业。每两个星期（14 天）盘点库存和下新订单。提前期为 10 天，日需求标准差为 5。目前的库存为 150。那么应该预订多少床单？

5. 查理比萨店直接从意大利订购胡椒、橄榄油、凤尾鱼和意大利干酪。美国分销商每四个星期来取一次订单。因为这些订货直接从意大利发出，需要 3 周的时间到达。

查理比萨店每星期平均使用 150 磅胡椒，标准差为 30 磅。查理比萨店以本店最优质的原料和高水平的服务著称，因此他希望保证胡椒不缺货的概率为 98%。

假设分销商正好来了，且目前小型冷库里面有 500 磅胡椒。请问还需要预定多少磅胡椒？

6. 根据以下信息，制定一个库存管理系统。该产品每年有 50 周的需求。

产品成本	10 美元	周需求标准差	25 单位/周
订货成本	250 美元		
年库存成本	产品成本的 33%	提前期	1 星期
年需求量	25 750 单位	服务概率	95%
平均需求	515 单位/周		

a. 计算订购量和订货点。

b. 确定年库存成本和年订货成本。

c. 如果存在价格分界，购买量超过 2 000 时，订货成本为 50 美元，那么你将如何利用这一点？每年能节省多少成本？

7. 海军少校数据公司计划去伽玛海卓市取回等线性晶片，时间为 30 天。旅途时间为 2 天。出发前，公司向 GHC 供应商店发出订单。该公司平均每天使用 5 个芯片（每星期 7 天），日需求标准差为 1 个。需要的服务概率为 98%。如果目前有存货 35 个，那么还应预定多少芯片？最大订购量是多少？

8. Jill 的车间从两个不同的供应商那里购买两种部件（Tegdiws 和 Widgets）用于其生产系统。部件在整年中有 52 周的需求。Tegdiws 的使用概率相对稳定，只要剩余的数量降到订货水平就需要再订货。Widgets 从另一个供应商那里预定，每三周来访一次，并提取订单。两种产品的数据如下：

产品	Tegdiws	Widgets
年需求总量	10 000	5 000
持有成本（占产品成本的百分比）	20%	20%
准备或订购成本	150 美元	25 美元
提前期	4 周	1 周
安全库存	55 单位	5 单位
产品成本	10 美元	2 美元

a. Tegdiws 的库存控制系统模型是什么样的？也就是说，其订购量和订货点分别

是什么?

b. Widgets 的库存控制系统模型是什么样的?

9. 某产品的年需求是 1 000 单位。每个订单的成本为 10 美元;每年单位保管成本为 2 美元。那么该产品的订购量应该是多少?

10. 某产品的年需求量为 15 600 单位。每周的需求量是 300 单位,标准差为 90 单位。订货成本是 31. 20 美元,从订货到收货的时间为 4 周。每单位年库存保管成本为 0. 10 美元。求出保证 98% 的服务概率所需要的订货点?

假设生产部经理被要求将某产品的安全库存减少 50%。如果她这样做,服务概率是多少?

11. 某产品的日需求量为 100 单位,标准差为 25 单位。盘点期为 10 天,提前期为 6 天。盘点时的库存为 50 单位。如果理想的服务概率是 98%,那么应该订货多少单位?

12. 产品 X 是公司组件库存中的标准库存产品。每年该公司在随机的基础上,使用产品 X 大约 2 000 单位,单位成本为 25 美元。存储成本(包括保险和资金占用成本)平均每单位为 5 美元。每次产品 X 的订货成本是 10 美元。

a. 每次预定产品 X 的订购量应为多少?

b. 每年订购产品 X 的成本是多少?

c. 产品 X 的年库存成本是多少?

13. 某产品的年度需求是 13 000 单位,每周需求是 250 单位,标准差为 40 单位。订购产品的成本是 100 美元,从订货到收货的时间是四周。每单位的年度保管成本是 0. 65 美元。为了保证 98% 的服务概率,订货点应该是多少?

假设生产部经理要求减少 100 单位的该产品安全库存。如果这样做,那么新的服务概率是多少?

14. 在过去,泰勒工业使用定期库存系统,每月对所有库存产品进行全面盘点。然而,越来越多的劳动力成本迫使泰勒工业寻找其他的替代方法。泰勒工业希望在不增加其他成本如缺货成本的情况下减少库存仓库的劳动力数量。以下是泰勒工业 20 个产品的随机抽样:

产品编号	年度使用量(美元)	产品编号	年度使用量(美元)
1	1 500	11	13 000
2	12 000	12	600
3	2 200	13	42 000
4	50 000	14	9 900
5	9 600	15	1 200
6	750	16	10 200
7	2 000	17	4 000
8	11 000	18	61 000
9	800	19	3 500
10	15 000	20	2 900

a. 你会建议泰勒工业使用什么方法削减其劳动力成本?(试运用 ABC 法进行说明)

b. 产品 15 对于连续生产是至关重要的,你会建议将其归为哪一类?

15. Gentle Ben 的酒吧餐馆每年使用 5 000 夸脱的进口葡萄酒。泡腾葡萄酒的成本为每瓶 3 美元，而且该酒是整瓶出售的，因为其气泡会迅速消失。每次的订货成本是 10 美元，库存成本为购买价格的 20%。订货到达的时间需要三个星期。每周需求是 100 瓶（每年停止营业时间为两周），标准差为 30 瓶。

Gentle Ben 想采用一种库存系统来减少库存成本，并保证 95% 的服务概率。

a. Gentle Ben 应该使用多大的经济订购量？

b. 达到什么样的库存水平时发出订单？

16. 零售商仓库（RW）是一个为百货公司提供家居用品的独立供应商。RW 试图库存足够的产品以保证 98% 的服务概率。

不锈钢套刀是它库存的一个产品。整年需求相对稳定（每年 2 400 套）。每当下新订单时，买家必须保证手头上的库存数据是正确的，然后通过电话订货。订货的总成本为 5 美元。RW 计算出，存货成本、支付借款利息的成本、保险成本等加起来，每年每单位产品的库存成本约 4 美元。历史数据分析表明，零售商的日需求标准差约为 4 单位（一年 365 天）。提前期为 7 天。

a. 经济订购量是多少？

b. 订货点是多少？

17. 某产品的日需求量为 60 单位，标准差为 10 单位。盘点期是 10 天，提前期为 2 天。盘点时的存货为 100 单位。如果服务概率是 98%，那么应该订购多少单位？

18. 某大学药房每两周（14 天）订购一次抗生素（也就是在制药公司的销售人员来访时）。四环素是用量最大的处方抗生素之一，平均每天需求为 2 000 胶囊。通过检测过去 3 个月的处方，日需求的标准差为 800 胶囊。从订货到到货的时间为 5 天。大学药房希望满足 99% 的处方。销售人员刚好抵达，库存为 25 000 胶囊，那么需要订购多少胶囊？

19. Sally 的丝印店专门为特别活动生产 T 恤。她试图为即将到来的活动确定生产多少 T 恤，该活动仅持续一天，Sally 可以以每件 T 恤 20 美元的价格出售。然而，当活动结束后，未售出的 T 恤只能以每件 4 美元的价格出售。Sally 生产 T 恤的成本是每件 8 美元。按照下面的需求预测，她应该为即将到来的活动生产多少件 T 恤？

需求量	300	400	500	600	700	800
需求的概率	0.05	0.10	0.40	0.30	0.10	0.05

20. Famous Albert 被称为"西方曲奇王"，新鲜出炉的小曲奇饼是他店里的特色产品。Albert 希望你帮助他确定每天生产多少曲奇。从过去的需求数据来看，他估计曲奇的需求是：

需求量	1 800	2 000	2 200	2 400	2 600	2 800	3 000
需求的概率	0.05	0.10	0.20	0.30	0.20	0.10	0.05

每打曲奇的售价为 0.69 美元，成本为 0.49 美元，其中包括生产和运输成本。当天未售出的曲奇就会在第二天当成处理产品，以每打 0.29 美元的价格出售。

a. 生成一个表格，显示每一种可能数量的利润或损失。

b. 生产多少曲奇才是最佳的？

c. 利用边际分析法解决这一问题。

21. Sarah 的消声器店有一个标准的消声器，适用于许多型号的汽车。Sarah 打算建立一个订货系统来管理这一标准消声器的库存。试使用下表中的信息来确定最佳订货量和订货点：

年需求	3 500 单位	订货成本	50 美元/次
日需求标准差	6 个/工作日	服务概率	90%
产品成本	30 美元/单位	提前期	2 个工作日
年库存成本	产品价值的 25%	工作天数	300 天/年

22. 阿尔法产品公司现在正努力控制库存，但是没有足够的时间对所有产品同样重视。下表是一些库存产品的抽样以及每个产品的年资金占用量。

产品	年资金占用量（美元）	产品	年资金占用量（美元）
A	7 000	K	80 000
B	1 000	L	400
C	14 000	M	1 100
D	2 000	N	30 000
E	24 000	O	1 900
F	68 000	P	800
G	17 000	Q	90 000
H	900	R	12 000
I	1 700	S	3 000
J	2 300	T	32 000

a. 你能推荐分配控制时间的系统吗？

b. 规定清单中的指定的每个产品订货点。

23. 毕业后，你决定与已经经营了多年的办公用品商店成为合作伙伴。参观商店和仓库之后，你会发现服务水平有很大的差异。一些空间和储存箱完全是空的，另一些则布满灰尘，显然有很长一段时间没有用过了。你决定建立一致的库存水平来满足客户的需求。大部分的商品从几个分销商那里购买，他们每两周才来一次。

你选择计算机打印纸作为第一次供研究的产品。你检查销售记录和采购订单，发现过去 12 个月的需求是 5 000 箱。通过使用计算机，你抽取几天的需求作为样本，并且预测到日需求标准差为 10 箱。此外，你还得到了如下的信息：

每盒纸的成本：11 美元
要求的服务概率：98%
商店每天营业
销售人员每两周来一次
运送时间为 3 天

销售人员来访那天的库存为 60 箱，运用你的方法计算应该预定多少箱打印纸？

24. 大型家电的分销商需要确定各种产品的订购量和订货点。下表是一个生产线上的某种冰箱的相关数据：

订购成本	保管成本	电冰箱成本	年需求	提前期的标准差	提前期
100 美元	年产品成本的 20%	500 美元/台	500 台	10 台	7 天

假设每天需求是平均的，一年为 365 天。

a. 经济批量是多少？

b. 如果经销商想保持 97% 的服务概率，那么订货点是多少？

25. 作为尼古拉斯汽车公司的新主任，您的责任就是确保正确设定各种产品的订购量。你决定要检测一个产品，并选择了米其林轮胎，XW 规格为 185 × 14 BSW。该公司已使用的库存模型为永续存货系统，你检查这个系统以及其他记录，并得出下列资料：

订购成本	保管成本	轮胎成本	年需求	日需求标准差	提前期
20 美元/次	轮胎年成本的 20%	35 美元	1 000	3 个	4 天

因为客户一般不会等待轮胎，但是会去别处，你决定一个 98% 的服务概率。假定一年 365 天都有需求。

a. 确定订购数量。

b. 确定订货点。

26. UA 汉堡店（UAHH）每天订购大量的产品（汉堡馅饼、面包、牛奶等）。UAHH 每天盘点库存并订货，订货后 24 小时到货。根据下列情况确定 UAHH 应该预定多少汉堡包：

平均日需求	需求标准差	要求的服务概率	汉堡库存
600	100	99%	800

27. DAT 公司生产数字录音带。DAT 公司库存供应部缺乏足够的人员对每种储备产品进行密切管理。因此，请你使用 ABC 分类法来对物质进行管理。库存记录数据如下：

产品	平均月需求	单位价格（美元）	产品	平均月需求	单位价格（美元）
1	700	6	6	100	10
2	200	4	7	3 000	2
3	2 000	12	8	2 500	1
4	1 100	20	9	500	10
5	4 000	21	10	1 000	2

使用 ABC 分类法为这 10 个产品进行分类。

28. 当地加油站每周营业 7 天，一年 365 天。10W40 级优质石油平均每天的销售为 20 罐。库存成本为每年每罐 0.50 美元。每次订购成本为 10 美元。提前期是两个星期。不会产生退货，因为购买产品后车辆就开走了。

a. 根据这些数据，选择适当的库存模型，并计算出经济批量和订货点。用一句话描述如何实现该计划（提示：假设需求是确定的）。

b. 老板很关注这种模式，因为真正的需求不断变化。需求的标准差是根据数据样本确定的，即为每天 6.15 罐。经理希望保持 99.5% 的服务概率。根据 a 中的这些信息和数据确定一个新的库存计划。使用 a 中的 Q_{opt}。

29. 戴夫的汽车供应公司为客户定制混合涂料。公司对混合涂料的主要颜料每周进行一次盘点。运用下列信息来确定需要订购的白色涂料。

平均周需求量	需求标准差	期望服务概率	现有库存	提前期
20 加仑	5 加仑/周	98%	25 加仑	1 周

案例：惠普公司——在欧洲供应喷墨打印机

喷墨打印机在 1988 年问世，并已经成为惠普公司最成功的产品。销售稳步增长，现已超过 60 万台。不幸的是，库存也紧随销售增长而增长。惠普公司的分销中心装满了大量的 DeskJet 喷墨打印机。更糟糕的是，设在欧洲的公司提出，要进一步提高库存水平以保持令人满意的产品可用度。

喷墨打印机的供应链

供应商、生产基地、分销中心、经销商以及客户之间的网络构成了喷墨打印机的供应链（见图表 12—11）。惠普的生产基地在温哥华。生产过程有两个关键阶段：(1) 印刷电路板的组装和测试（PCAT）；(2) 最终的组装和测试（FAT）。PCAT 涉及电子元件的组装和测试（如集成电路、只读内存和原电路印刷板），用于制造打印机的主板。FAT 涉及用来生产打印机的其他组件的组装（如电机、电缆、按键、塑料底盘、齿轮以及 PCAT 中组装好的印刷电路组件），以及最后的打印机测试。PCAT 和 FAT 所需的元件来源于惠普其他部门以及世界各地的外部供应商。

在欧洲销售的喷墨打印机需要定制，以满足当地国家的语言和电源要求，这个过程被称为"本土化"。具体来说，不同国家的喷墨打印机本土化涉及装配适当的电源供应组件，这需要适应电压要求（110 或 220 伏特）和电源线插头的要求，然后将打印机以及用合适语言编写的使用手册包装在一起。目前，最终测试都是使用实际的电源供应组件。因此，运往不同国家的成品打印机都是用"本土化"的版本。欧洲市场就有六个不同的版本，如图表 12—12 中材料清单所示，分为 A、AA、AB、AQ、AU 和 AY。

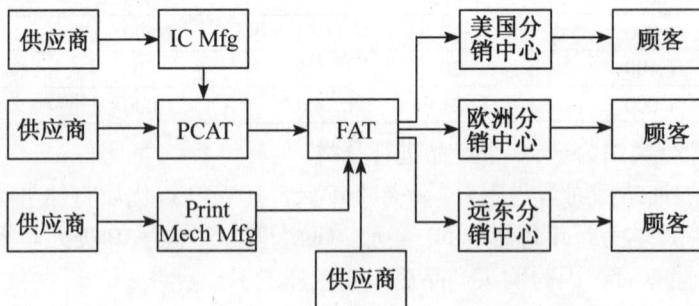

图表 12—11　惠普喷墨打印机供应链

关键词：

注：IC Mfg——集成线路生产；PCAT——印刷电路装配和测试；FAT——最终组装和测试；Print Mech Mfg——打印机装置生产。

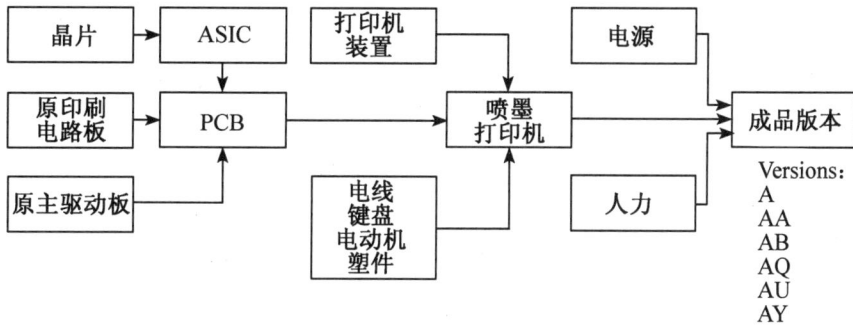

图表 12—12 惠普喷墨打印机的物料清单

图表 12—13 欧洲喷墨打印机的需求数据

欧洲类型	11 月	12 月	1 月	2 月	3 月	4 月
A	80	–	60	90	21	48
AB	20 572	20 895	19 252	11 052	19 864	20 316
AU	4 564	3 207	7 485	4 908	5 295	90
AA	400	255	408	645	210	87
AQ	4 008	2 196	4 761	1 953	1 008	2 358
AY	248	450	378	306	219	204
总计	29 872	27 003	32 344	18 954	26 617	23 103
欧洲类型	5 月	6 月	7 月	8 月	9 月	10 月
A	–	9	20	54	84	42
AB	13 336	10 578	6 095	14 496	23 712	9 792
AU	–	5 004	4 385	5 103	4 302	6 153
AA	432	816	430	630	456	273
AQ	1 676	540	2 310	2 046	1 797	2 961
AY	248	484	164	363	384	234
总计	15 692	17 431	13 405	22 692	30 735	19 455

工厂在 PCAT 和 FAT 阶段所需的总时间大约为一周。从温哥华到欧洲的分销中心运输时间是 5 个星期。到欧洲的货运时间较长，主要包括远洋转运、进入港口办理清关手续和交关税所花的时间。工厂每周发送一批打印机给欧洲的分销中心。

打印机行业竞争相当激烈。分销商想保持尽可能小的库存。在提高分销中心的库存水平方面，惠普公司作为一个制造商的压力越来越大。对此，管理部门已决定增加分销中心，以便保持较高的可用性。

存货服务危机

对于温哥华的管理方来说，限制喷墨打印机供应链的存货数量，同时提供高水平的服务是相当有挑战性的。生产部门十分成功地减少了把货物运到欧洲分销中心所造成的不确定因素。但是对欧洲的需求进行预测是一个重大的问题。一些国家需求的产品型号出现缺货，而其他型号的库存却不断上升的现象十分普遍。在过去，分销中心目标库存水平是基于安全库存的，而安全库存是经过粗略计算得出的。具体来说，目标库存水平等于 1 个月的平均销量，根据各自的模型设定。然而，现在看来，越来越难以得到准确的预测意味着安全库存的制定法则似乎有待修改。

惠普公司已建立了一个团队，以帮助实施一项以科学为基础的安全库存制度，对预测误差和补给提前期作出反应。他们为运往欧洲分销中心的各式喷墨打印机提供了一套合适的关于安全库存水平的计算方法。该团队有一份良好的需求样本数据，可用于研究安全库存的方法（见图表12—13）。惠普希望这种新的方法可以解决库存和服务问题。

一个不断出现的问题是确定用于安全库存分析的库存成本。该公司的估计范围是12%（惠普公司的借贷成本加上一定的仓储成本）到60%（基于新产品开发的预期投资回报率）。管理部门决定在此研究中采用25%。假定所有打印机生产成本加上运往欧洲的运费平均大约为每台250美元。另一个问题就是为该模型选择安全库存概率。该公司已决定使用的概率为98%，而这一数字营销部门也认为是合适的。

配送过程

分销中心一直认为他们的配送过程是一个简单的、直线式的、标准化的过程。该过程有四个步骤：

1. 接收（完成）并储存来自不同供应商的产品。
2. 根据客户订单选择所需的各种产品。
3. 用伸缩性包装纸进行包装并贴上标签。
4. 通过适当的运输装置进行运输。

该喷墨打印机很适合这个标准的过程。相比之下，其他产品，如个人电脑和显示器，则需要特殊处理，即所谓的"整合"，包括装上另外一些配件，如适当的键盘和目标国家的使用手册。虽然这额外的处理并不需要多少额外的劳动力，但是它不适用于标准化过程并且打乱了物料流动。对于组装过程，分销中心在管理方有相当大的阻碍。一般情况下，分销中心管理方强调其作为分销中心的作用并继续他们最擅长的配送工作。

然而，高层管理人员认为仓库里的产品整合是极其有价值的，因为它使得通用产品送往分销中心后，能在发送给顾客之前完成最后的组装。生产通用产品并运往欧洲，而不是专门针对一个国家生产某种产品。管理层对研究这种方法的价值非常感兴趣，因为它可用于喷墨打印机。

问题：

1. 假设温哥华工厂继续生产的在欧洲销售的6种型号的打印机，试建立管理欧洲喷墨打印机的库存模型。运用图表12—13中的数据以及你自己设计的模型，计算在欧洲喷墨打印机库存上的预计年投资。

2. 比较从问题1得到的结果与分销中心现行的持有一个月平均库存的政策。

3. 评估为欧洲分销中心提供通用的打印机并在运往欧洲分销商之前通过包装电源和使用手册进行产品整合的想法。在分析中，注意其对分销中心库存投资的影响。

4. 你对惠普有什么建议？

资料来源：摘自 L. Kopczak 和 H. Lee 编写的"惠普——喷墨打印机供应链"，版权 © 1994 斯坦福大学董事会。版权所有，使用经斯坦福商学院允许。注意：本案例中的数据修改过，并不代表惠普喷墨打印机的真实情况。

注释

1. P 实际就是累积概率，由于第 n 个单位的销售不仅取决于需求 n 的值，同时还取决于任何比 n 大的需求值。

2. 如前面所讨论的，一系列独立变量的标准差等于这些变量方差总和的平方根。

3. 帕累托原理通过使用帕累托图广泛应用于质量问题（见第 6 章）。

参考文献

Brooks，R. B. ，and L. W. Wilson. *Inventiory Record Accuracy*：*Unleashing the Power of Cycle Counting*. Essex Junction. VT：Oliver Wight. 1993.

Silver，E. ；D. Pyke；and R. Peterson. *Decision Systems for Inventory Management and Production Planning and Control*. 3rd ed. New York：Wiley, 1998.

Sipper，D. ，and R. L. Bulfin Jr. *Production Planning*，*Control*，*and Integration*. New York：McGraw-Hill, 1997.

Tersine，R. J. *Principles of Inventory and Materials Management*. 4th ed. New York：North-Holland, 1994.

Vollmann，T. E. ；W. L. Berry；D. C. Whybark；and F. R. Jacobs. *Manufacturing Planning and Control Systems for Supply Chain Management*. 5th ed. New York：McGraw-Hill, 2004.

Wild，T. *Best Practices in Inventory Management*. New York：Wiley, 1998.

Zipkin，P. H. *Foundations of Inventory Management*. New York：Irwin/ McGraw-Hill, 2000.

13

物料需求计划

从推动到拉动

    20 世纪 80 年代，制造业引领美国经济从批量导向的数据系统向在线交易处理系统发展。其焦点就是 MRP（从最初的材料需求计划逐步发展到制造资源计划），再后来发展到企业资源计划（ERP）。这是一个长期的过程，经历了这样的一个阶段的人都认为该休息一下了。

    然而，随着一个新的范例的出现，变革的春风再度吹遍了整个制造业。尤其值得一提的是，从存货生产模式到订单生产模式的转变。

    库存管理是存货生产中的薄弱环节，由此还可以顺藤摸瓜，找出更薄弱的环节，即企业对销售预测的依赖。实际上，订单生产模式中生产由订单决定，而不是预测。协调零部件的采购、产品生产与产品运输的老问题依然存在。

目前，人们使用"流程管理"这一术语来描述新的混合式的生产计划系统，该系统把 MRP 的信息集成及计划能力与 JIT 看板系统的快速反应结合在一起。ERP 软件的主要供应商如 Oracle、SAP 以及 i2Technologies 都出售这种新系统。

流程管理的基本理念就是基于目前的订单，运用准时供应的一系列零部件生产出不断变化的产品组合。值得注意的是，不要误以为所有的这些新词代表的都是新事物。实际上，流程制作只是集成了一些使用多年的东西。该集成包含了 JIT 看板逻辑、计划物料需求的 MRP 逻辑以及客户/服务商 ERP 系统。

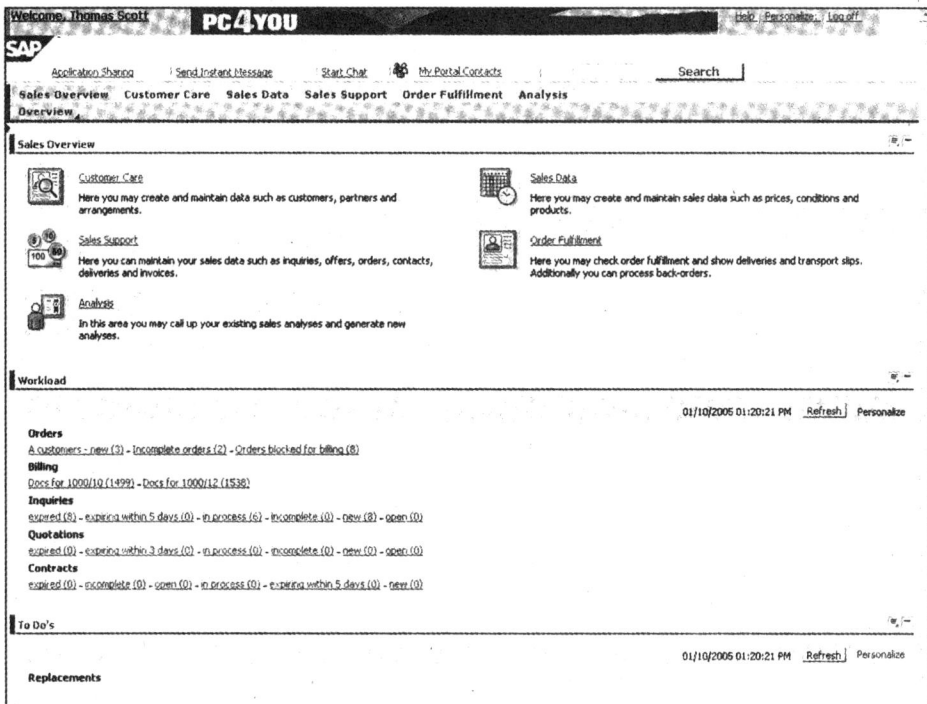

正如弗吉尼亚的 Slims 公司的广告语所写："好样的，你已经走了很长一段路了（You've come a long way, baby）"，物料需求计划（MRP）已经经历了很长的发展历程。以计算物料需求的进度与数量为起点，MRP 已经变成了一个完全集成的、互动的、实时的系统，可用于全球多厂址的管理。在本章中，我们将回过头去介绍 MRP 系统的基础，便于读者了解物料订购与计划的原理与计算方法。

无论规模大小，全球几乎所有的制造企业都采用了 MRP 系统。原因在于 MRP 是一个逻辑性强、容易理解的途径，可以用于确定生产各种成品所需要的零部件、成分与原材料的数量。MRP 还可以提供进度表，来确定这些材料、零部件和成分的订购时间与生产时间。

MRP 是基于非独立需求的。非独立需求是由更高层次的产品需求引起的。轮胎、车轮和发动机都属于汽车需求的非独立需求产品。

确定非独立需求产品的数量，实际上是一个简单的乘法计算过程。例如，如果生产零件 A 需要 5 个单位零件 B，那么生产 5 个零件 A 就需要 25 个零件 B。前面的章节我们介绍了独立需求，本章我们将介绍非独立需求，这两种需求的差异如下：如果零件 A 出售到公司外部，则我们售出的数量是不确定的，我们需要使用历史数据进行预测，或者做市场调查。零件 A 是独立需求产品，然而，零件 B 是非独立需求产品，其使用取决于零件 A。所需的零件的数量就是将零件 A 的数量乘以 5。这样相乘会出现以下结果：随着我们按产品制造的顺序不断深入计算，其他非独立需求产品的需求会变成多块状。块状分布是由制造方式引起的，意味着需求不是均匀分布，而是呈块状或束状。进行批量生产时，生产该批量产品所需的成分不是大批量（一次性）的从仓库中提取，而是多次单个提取。

制药公司持有的存货数量通常很少，产品的生产需遵照严格的规例及准则，这些准则涉及产品保质期、批次追踪和产品召回等。企业通常使用资源规划系统（ERP）提高反应速度。

13.1 MRP 能够被用在什么地方？

在那些使用同样的生产设备进行批量生产的行业，MRP 能够发挥最大的作用。图表 13—1 就列出了不同行业类型能从 MRP 中获得的预期收益。我们可以看到，MRP 对那些使用装配线进行生产的工厂来说，最具使用价值，而对于那些加工企业来说是最没有价值的。另外一点值得注意的是，MRP 不适用于年产量较小的企业，尤其是那些生产较复杂、昂贵并需要进行先进研究与设计的产品的企业。经验表明，这类产品的提前期太长，难以确定，而且产品组合太复杂。这些公司需要了解网络规划技术的各种控制特征。这类项目管理方法在本书第 2 章已经作出了阐述。

图表 13—1　　　　　　不同行业类型能从 MRP 中获得的预期收益

行业类型	例　子	期望收益
按存货装配	将各种元件组装成成品，然后使用库存存放，以满足顾客需求，如手表、工具、家电等	高
按存货加工	产品由机器制造而不是由部件组装而成。将这些标准产品储存起来，以备顾客的预期需求，如活塞环、电子手表等	低
按订单装配	根据顾客选择的标准完成最后的组装工序，如卡车、发电机、马达等	高

行业类型	例　子	期望收益
按订单加工	根据顾客的订单（通常是工业订单）用机器生产产品，如轴承、车轮、闭锁器等	低
按订单制造	完全根据顾客的要求加工或组装产品，如水轮发电机、重机械工具等	高
流程作业	包括玻璃、橡胶、塑料、特殊纸张、化学品、油漆、药品、食物加工等	中

13.2　物料需求计划系统结构

制造活动中的物料需求计划（MRP）与主生产计划、物料清单以及产出报告紧密相连，互相影响。（如图表13—2所示）

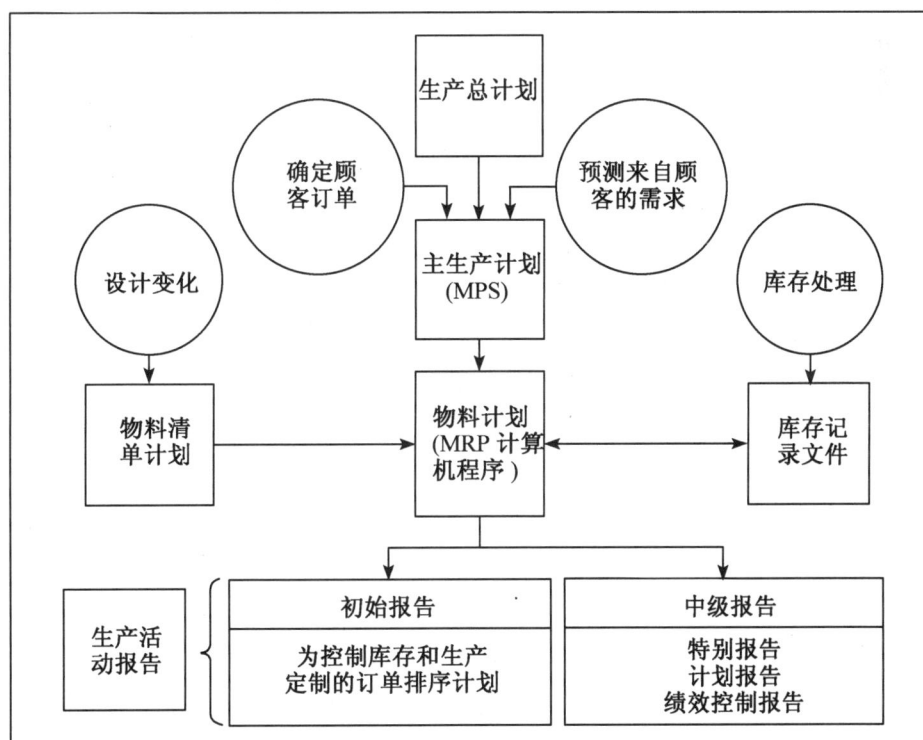

图表13—2　标准物料需求计划程序的输入与输出报告全局图

图表13—2所示的每个方块的内容都将在后面的章节进行详细阐述。大体上，MRP系统运行过程如下：根据产品订单制定主生产计划，确定特定时期计划生产的产品数量。物料清单用于确定生产每种产品所需的材料及其准确数量。库存记录包含如现有的及已订购的产品数量这类信息。这三个数据源——主生产计划、物料清单和库存记录都成为了物料需求计划的数据来源，进而将生产计划细化为整个生产期内的订单明细进度计划。

13.2.1　产品需求

最终产品的需求主要有两个来源。第一种来源就是那些发出具体订单的顾客，如销售人员获得的订单或内部部门的订单，这些订单通常有约定的交货日期。此种类型的订单不需要预测，只简单地将其累加就可以得出结果。第二种来源就是预测需求。这类订单通常是普通的非独立需求订单，需求数量可以通过第 10 章所述的预测模型进行计算。已知顾客的需求和预测得出的需求一起成为了主需求计划的输入来源。

除了最终产品，顾客还会订购一些额外的零部件，作为备用零件或用于服务和维修。这些需求通常不是主需求计划的一部分，而是在适当水平上直接输入物料需求计划程序，也就是说，他们累加得出的结果就是零部件或配件的总需求。

13.2.2　物料清单（BOM）

物料清单（BOM）包含完整的产品说明、物料、零件、配件以及产品的生产顺序。BOM 是 MRP 程序的三个主要输入来源之一（其余两个分别为主生产计划和库存记录文件）。

BOM 文件通常被称为产品结构文件或产品树，因为它显示了产品的组装过程。它包含了每种产品的信息以及每单位产品所需的零件数量。为了说明这一点，请参照图表13—3 产品 A 的物料清单。制造产品 A 需要使用 2 个零件 B 和 3 个零件 C。零件 B 由 1个零件 D 和 4 个零件 E 组成。零件 C 由 2 个零件 F、5 和零件 G 和 4 个零件 H 组成。

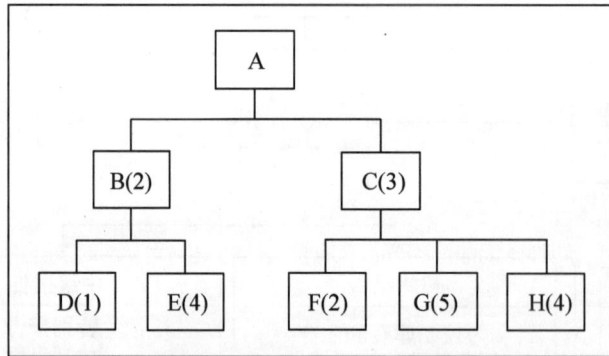

图表 13—3　产品 A 的物料清单

物料清单通常采用缩排式结构显示零部件。这样能很清楚地显示每种产品及其装配方式，每次缩进都代表产品的组成部件。将图表 13—4 的缩进零部件清单与图表13—3 的产品结构进行比较，可以看出两种方式的清楚程度。从计算机的角度来看，存储零部件缩进清单里的最终产品是没有效率的。为了计算位于下一层所需零部件的数量，需要不断扩展并求和。一种较为有效的途径就是使用单层零件表储存零部件数据。这就是说，清单上所列的每个产品和部件只显示其母产品及生产单个母产品所需的该零件数量。由于每次装配只显示一次，从而避免了重复计算。图表 13—4 给出了产品 A 的缩排式零部件清单和单层零部件清单。

模块化物料清单适用于那些可生产并作为组件储存的产品。在模块内部，这一产品是不可以替代的标准件。许多既庞大又贵重的最终产品都是采用了较好的模块（组件）化计划与控制。当同样的组件出现在不同的最终产品生产中时，其优势格外明显。例如，起重机生产商能以不同的方式将悬臂、传动装置和发动机进行组装，以满足客户的不同需求。采用模块化物料清单简化了计划与控制过程，并使得对不同模块的需求预测变得容易。使用模块化物料清单的另外一个好处是，如果很多产品都使用同一个部件，那么总库存投资可以实现最小化。

缩排式零部件清单			单层零部件清单		
A			A		
	B (2)				B (2)
		D (1)			C (3)
		E (4)	B		
	C (3)				D (1)
		F (2)			E (4)
		G (5)	C		
		H (4)			F (2)
					G (5)
					H (4)

图表 13—4　缩排式与单层零部件清单

高级物料清单包括了有少量变化的产品（例如，使用高级清单能显示 0.3 的零件使用率，这意味着生产的产品有 30% 包含该零件，而 70% 不包含）。由于模块化物料清单与高级物料清单简化了计划过程，他们通常都被统称为物料计划清单。

13.2.3　低层编码

如果每一种最终产品对所有同一零部件的需求都只是发生在某一水平上，生产该产品所需的零件和物料总量就很容易算出。请看如图表 13—5 所示的产品 L。请注意，产品 N 既是产品 L 的组成部分又是产品 M 的组成部分。如果所有相同的部件都存放在同一水平上，则我们就能够简单地使用计算机每一次都进行扫描，计算每个产品所需的组件数量。

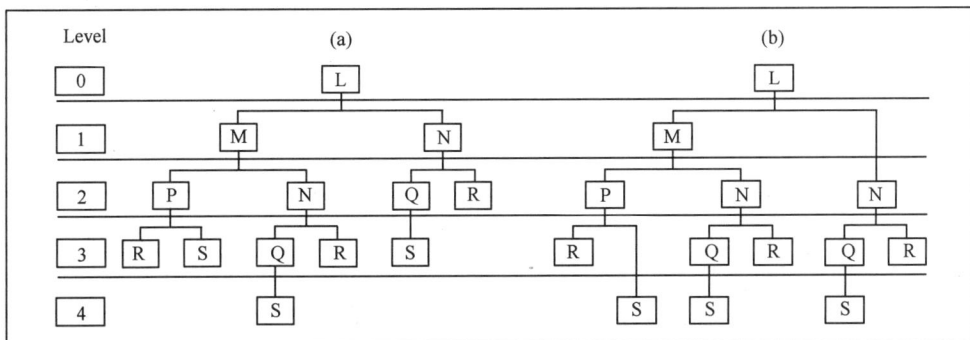

图表 13—5　　（a）中产品 L 的级层扩展到（b）中每个产品的最低级层

13.2.4 库存记录

库存记录十分冗长，图表 13—6 显示了库存记录中所包含的各种信息。MRP 程序根据具体的、特定的时期（MRP 术语中称为时间段）选取库存记录中的不同状态段。这些记录是程序运行所必需的。

正如我们看到的那样，MRP 程序的分析是从产品结构顶端开始往下进行的。然而，有些产品在需要确定母产品时才产生物料需求。MRP 程序允许我们沿着产品结构向上逐层追踪，从而确定产生需求的每一个母产品。

图表 13—6　　　　　　　　　　　某产品的库存状态记录

产品主要数据部分											
	零件编号	生产描述			提前期			标准成本		安全库存	
	订购数量		调试		周期		上年使用成本			类别	
	允许的残料范围		切割数据			指针			其他		

库存状态部分					周期						总和
	位置		控制平衡								
	毛需求										
	计划收获										
	现有										
	计划订单发出										

附加数据部分		
	订单详细情况	
	待处理	
	盘点人员	
	跟踪	

13.2.5 库存交易文件

库存状态文件与交易进行同步更新，这些更新主要源于存货接收、过期作废产品、折旧损失、错误零件、订单取消等。

13.2.6 MRP 计算机程序

物料需求计划程序使用库存记录、主生产计划和物料清单中的信息来运行。使用这一程序来计算每个产品的精确需求的过程被称为"展开"过程。从物料清单的顶部从上往下计算，母产品的需求被用于计算组成部件的需求。将现有的库存与计划将要收到的订单考虑进来。

以下是对 MRP "展开"过程的大体描述：

（1）0 级产品通常被称为"最终产品"，其需求是从主计划中得到的。这些需求被称为"毛需求"，通常是按一周的时间段进行计划。

（2）接下来，MRP 程序使用现有库存与即将收到的订货计划来计算"净需求"。净需求是未来一周的需求量扣除可用库存量和已分配或计划好的订购数量。

（3）根据净需求，使用程序计算出何时应收到货物以满足需求。计算过程可以很简单，只用精确的净需求安排到货时间；也可以较复杂，这时则要考虑到多个时期的需求。对货物到达时间进行安排的行为被称为"计划订单收料"。

（4）由于每份订单的到货时间通常有一个提前期，下一步就是生成计划订单，可以通过"计划订单收料"加上需要的提前期得出。该计划被称为"计划订单发出"。

（5）所有 0 级产品完成上面 4 个步骤以后，程序就转到 1 级产品进行计算。

（6）每个 1 级产品的毛需求都由这一级各个产品的母产品的计划订单发出时间计算得出。所有额外的独立需求也应包含在毛需求中。

（7）毛需求确定后，按照上述步骤（2）至（4）计算净需求、计划订单收料和计划订单发出时间。

（8）物料清单中的每一层都重复此计算。

在接下来的例子中你将看到，这些计算过程比描述的简单得多。展开计算通常每星期进行一次，或是在主生产计划变化后进行。一些 MRP 程序可以生成调度计划，也称净变化计划。净变化计划由"事件"驱动，每当交易对产品产生影响时，需求和计划都随之更新。净变化使得系统能实时反映系统中每个产品的精确状况。

13.3 MRP 应用实例

安培公司主要生产电表卖给电力公司安装在住宅建筑中测量用电量。用于单户家庭的电表按电压或电流分为两种基本类型。除了生产电表成品，该公司也单独出售附件，用于电表的维修或电压与电力的负荷转换。MRP 系统的问题就是要确定生产计划，以识别每一种产品及其需求期与合适的数量，然后检查计划的可行性，并作出必要的改进。

13.3.1 需求预测

电表及其配件的需求有两个来源：老顾客定期发出的订单与未知顾客对该产品产生的正态随机需求。随机需求可以通过第 10 章所述的方法进行预测。图表 13—7 给出了 A 型和 B 型电表两种型号的需求量以及 D 型零件 3 个月的需求量。生产电表还需要一些其他零件，但是为了使例子易于控制，我们在此不作考虑。

　根据具体的顾客订单和随机需求确定的 A 型、
B 型电表以及 D 型零件的未来需求量

月份	电表 A		电表 B		零件 D	
	已知	随机	已知	随机	已知	随机
3	1 000	250	410	60	200	70
4	600	250	300	60	180	70
5	300	250	500	60	250	70

13.3.2　生成主生产计划

对于图表 13—7 给出的电表和零件需求，假设用于满足已知需求和随机需求的产品数量必须在这个月的第一个星期获得。这一假设是合理的，因为管理层（在本例中）希望每月生产的电表是单一批量的，而不是同时生产多批量的电表。

根据第 3、4、5 月每月第一个星期（或第 9、13、17 周）列出的需求，图表 13—8 给出了主生产计划。为了简洁，我们计算第 9 周的需求量。我们制订的计划将接受检测，以考察资源的可获得性、能力的可获得性等，然后修改并重新运行。然而，我们对这一例子的讨论只进行到这一计划的结尾。

图表 13—8　　满足图表 13—7 所示需求计划的主生产计划

	星　　期								
	9	10	11	12	13	14	15	16	17
电表 A	1 250				850				550
电表 B	470				360				560
零件 D	270				250				320

13.3.3　物料清单（产品结构）

如图表 13—9 所示，A 型与 B 型电表的产品结构通常采用底层编码方式，所有的产品都被置于其出现的产品结构的最底层。A 型与 B 型电表由通用组件 C 以及包含有 D 型零件的部件组成。为了使过程简单化，我们只集中讨论零件 D——变压器。

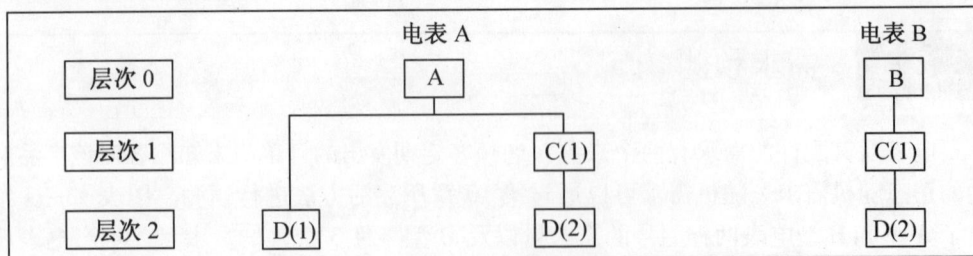

图表 13—9　A 型与 B 型电表的产品结构图

注：图表 13—9 显示了组成各电表的组件和零部件，在括号中标出了各母产品需要的组件与零件数量。

从产品结构图中我们可以看出，零件 D（变压器）用于组件 C 的生产（该产品用于 A 型与 B 型电表的生产）。在 A 型电表的生产中，额外的零件 D 也是需要的。用于制造组件 C 的零件 D 旁边括号中的"2"表示生产一个组件 C 需要 2 个零件 D。产品结构图与图表 13—10 所示的缩排式零部件清单都显示了电表的实际制造过程。首先完成组件 C 的生产，然后作为库存进行保管。在最后的组装工序中，装配电表 A 与 B，如果是电表 A 就需要一个零件 D。

电表 A	电表 B
A	B
D（1）	
C（1）	C（1）
D（2）	D（2）

图表 13—10　A 型与 B 型电表的缩排式零部件清单

13.3.4　库存记录

库存记录数据与图表 13—6 所示的数据类似。我们在本章的前面论述过的卖方管理、成本与提前期等额外数据也包含在这些数据中。在本例中，相关数据主要包括程序运行初期的现有库存、安全库存需求以及已发出的订单状态（见图表 13—11）。安全库存就是保持的现有产品库存最小量。例如，对于组件 C，我们从不希望其库存量低于 5 个。我们还可以看出，我们有一个数量为 10 的 B 型电表的订单要完成，计划到货时间为第 5 周周一。还有一个数量为 100 的零件 D（变压器）的订单要完成，计划到货时间为第 4 周周一。

图表 13—11　　库存记录文件中的现有产品数量与提前期数据

产品	现有库存	提前期（周）	安全库存	已订
A	50	2	0	
B	60	2	0	10（第 5 周）
C	40	1	5	
D	200	1	20	100（第 4 周）

13.3.5　进行 MRP 计算

进行 MRP 计算的条件设置如下：最终产品需求在主计划生产中已经给出，库存与订单提前期的状态也已做出了描述，此外，相关的产品结构资料也已提供。根据库存数据以及主计划生产给出的数据，将 MRP 计算（通常指展开计算）一层一层的进行下去。

图表 13—12 给出了计算的具体细节，接下来的分析也详细地解释了其运算逻辑。我们将分析限制在满足第 9 周的毛需求上，毛需求量如下：A 型电表为 1 250 个、B 型电表为 470 个、变压器 D 为 270 个。

图表 13—12　　　　　　电表 A 与 B 和组件 C 与零件 D 的物料需求计划表

产品		星期					
		4	5	6	7	8	9
A 提前期 =2 周 现有 =50 单位 安全库存 =0 订单数量 = 按需定量	毛需求 计划收料 可行平衡 净需求 计划订单收料 计划订单发出	50	50	50	50	50	1 250 50 1 200 1 200
	(计划订单发出)				1 200		
B 提前期 =2 周 现有 =60 单位 安全库存 =0 订单数量 = 按需定量	毛需求 计划收料 可行平衡 净需求 计划订单收料 计划订单发出	60	10 60	70	70	70	470 70 400 400
	(计划订单发出)				400		
C 提前期 =1 周 现有 =40 单位 安全库存 =5 订单数量 =2 000	毛需求 计划收料 可行平衡 净需求 计划订单收料 计划订单发出	35	35	35	400+ 1 200 35 1565 2 000	435	435
	(计划订单发出)			2 000			
D 提前期 =1 周 现有 =200 单位 安全库存 =20 订单数量 =5 000	毛需求 计划收料 可行平衡 净需求 计划订单收料 计划订单发出	100 180	280	4 000 280 3 720 5 000	1 200 1 280	80	270 80 190 5 000
	(计划收料) (计划订单发出)		5 000			5 000	

系统管理的每个产品都保持着各自的 MRP 记录，其包括该产品的毛需求、计划接收量、预计可用库存、净需求、计划订单收料与计划订单发出等方面的数据。毛需求是对某一特定产品总的需求量，这些需求可能来自外部顾客需求，也可能来自于内部生产需求。计划接收量指已经发出的订单数量和在该时段初期即将收到的货物量。书面订单一旦发出，之前的计划订单就变成了计划接收量。预计可用库存指阶段初期预计的库存数量，其计算过程如下：

预计可用库存$_t$ = 预计可用库存$_{t-1}$ － 毛需求$_{t-1}$ + 计划接收量$_{t-1}$ + 计划订单收料$_{t-1}$ － 安全库存

净需求是在一段时间内预计可用库存加上计划接收量低于毛需求的数量。计划订单收料是满足该时期净需求的订单数量。此外，计划订单发出是指计划订单收料扣除提前期。

以 A 型电表为例，预计可用库存为 50 个，第 9 周之前都没有净需求。在第 9 周，需要额外的 1 200 个 A 型电表以满足主生产计划中 1 250 个单位产品的需求。订购数量可以采用"逐批订购法"，这意味着我们能订购用于满足净需求的精确数量。因此，第 9 周周一计划接收量为 1 200 单位。由于提前期为 2 周，该订单必须在第 7 周周一发出。

B 型电表与 A 型电表相似，尽管其第 5 周的计划订单为 10 个单位。我们预计第 6 周的可用库存为 70 单位。为了满足第 9 周 470 个单位的毛需求，需要额外的 400 单位的净需求。为了满足该需求，400 单位的订单必须在第 7 周周一发出。

组件 C 在 A、B 两种型号的电表的生产中都必须使用。只有当 A 或者 B 开始进行生产时，才需要组件 C。我们对 A 型电表的分析表明数量为 1 200 单位的订单在第 7 周发出。400 个 B 型电表的订单也必须在第 7 周发出，所以第 7 周 C 的总需求应为 1 600 个。计划可用库存等于现有的 40 单位减去已经经过确定的 5 单位的安全库存，即为 35 单位。在第 7 周，净需求为 1 565 单位。C 的订购策略要求订购 2 000 单位，因此第 7 周的计划接收量为 2 000 单位。由于提前期为一个星期，则订单必须在第 6 周发出。假设以后的实际操作中还会遇到此类订单，则第 8 周和第 9 周的预计可用库存为 435 单位。

零件 D（变压器）有 3 个不同的需求来源。第 6 周的需求源于组件 C 时对零件 D 的需求量。在此案例中，生产一个组件 C 需要使用 2 个零件 D，也就是 4 000 单位的零件 D（产品结构图给出了这种 2：1 的关系比例）。在第 7 周，要完成将发出的 1 200 个 A 产品订单，需要 1 200 个零件 D。此外，第 9 周还需要 270 单位，以满足主生产计划确定的独立需求。第 4 周的计划可用库存为 180 单位（现有的 200 单位减去 20 单位的安全库存）；第 2 周和第 3 周为 280 单位。第 6 周的净需求为 3 720，因此我们计划接收 5 000 单位的订购量。这使得第 7 周的预计可用库存为 1 280 单位，其中 1 200 单位用于满足 A 产品的需求。第 8 周和第 9 周的可用库存则为 80 单位。由于第 9 周的需求为 270 单位，净需求为 190 单位，从而我们得出第 9 周的计划接收量为 5 000 单位。

13.4 MRP 系统中批量的确定

确定 MRP 系统中的批量大小是一个十分复杂的问题。批量大小是指在 MRP 计划中计划订购收料与计划订购发出部门所给出的零部件数量。对于内部生产的零件，批量大小就是生产批量的数量。对于外购的零件而言，批量大小则是指从供应商那里订购的数量。批量大小通常必须满足某一阶段或多个阶段的零件需求。

大多数确定批量大小的方法都是用于平衡调整成本或订单成本与保管成本的，这些成本与满足 MRP 计划的净需求相关。许多 MRP 系统会选择较常用的方法来计算批量大小。采用这类方法计算批量大小会增加工厂 MRP 计划的复杂性。为了节省调整成本，工厂需要储存批量较大的库存，这样使得物流过程更为复杂。

接下来我们将结合一个常见的案例，分析 4 种确定批量的方法。这 4 种批量确定技术分别为：逐批订购法（L4L）、经济批量法（EOQ）、最小总成本法（LTC）与最小单位成本法（LUC）。

考虑下面的 MRP 批量确定问题。下表中给出了计划期为 8 周的净需求：

单位成本	10.00 美元
订购或调整成本	47.00 美元
库存保管成本	0.5%

周净需求：

1	2	3	4	5	6	7	8
50	60	70	60	95	75	60	55

13.4.1 逐批订购法（L4L）

逐批订购法是最为常见的技术，其特点如下：

1. 按照净需求量确定精确的订购量。

2. 正好生产每周所需的数量，没有用于满足未来时期的多余库存。

3. 保管成本达到最小化。

4. 不考虑调整成本和能力局限。

图表 13—13 给出了逐批订购法的计算过程。表格第 2 列为净需求。因为根据逐批订购法的运算逻辑，生产量（第 3 列）应当与净需求量（第 2 列）匹配，所以末期库存将为 0（第 4 列）。由于没有任何库存用于下个星期，因此保管成本为 0（第 5 列）。然而，逐批订购法每周都会产生调整成本（第 6 列）。如果一个工作中心每周生产各种不同的产品，则其每周都会产生调整成本。一般而言，我们不规定一个工作中心只能生产一种产品，完成该产品生产时就必须处于闲置状态（在这种情况下，只需要进行一次调整）。逐批订购法会带来高额的调整成本。

图表 13—13　　　　使用逐批订购法确定 MRP 计划的批量大小

（1） 周	（2） 净需求	（3） 生产量	（4） 末期库存	（5） 保管成本 （美元）	（6） 调整成本 （美元）	（7） 总成本 （美元）
1	50	50	0	0	47.00	47.00
2	60	60	0	0	47.00	94.00
3	70	70	0	0	47.00	141.00
4	60	60	0	0	47.00	188.00
5	95	95	0	0	47.00	235.00
6	75	75	0	0	47.00	282.00
7	60	60	0	0	47.00	329.00
8	55	55	0	0	47.00	376.00

13.4.2 经济批量法（EOQ）

我们在第 12 章中已经讨论过 EOQ 模型，它能平衡调整成本与保管成本之间的差距。在 EOQ 模型中，不一定需要存在相当固定的需求，也不一定需要安全库存以应对需求的波动。EOQ 模型使用年度总需求、调整成本、订购成本和年保管成本等预测数据。EOQ 不是为周期零散的系统如 MRP 而设计的。MRP 使用的逐批订购法在最开始就假设零件需求能被满足，保管费用只有本周期的零件使用完之前才存在，而不是像 EOQ 模型那样必须支付平均库存的保管费用。EOQ 假设零件在此阶段中被连续使用，其确定的批量大小不一定正好为周期的整数倍。比如，EOQ 可能满足 4.6 个周期的需求。使用前文中逐批订购法的数据，计算经济订购量：

$$基于这 8 周的年度总需求量 = D = \frac{252}{8} \times 52 = 3\,412.5\,（单位）$$

$$年度保管成本 = H = 0.5\% \times 10 \times 52 = 2.60\,（美元/单位）$$

$$调整成本 = S = 47\,（美元）（已知）$$

$$\therefore\ EOQ = \sqrt{\frac{2DS}{H}} = \sqrt{\frac{2 \times 3\,412.5 \times 47}{2.60}} = 351\,（单位）$$

图表 13—14 给出的 MRP 计划其经济批量为 351 单位。第 1 周的经济批量大小足以满足从第 1 周到第 5 周的需求，有可能还可以满足第 6 周的部分需求。接下来，在第 6 周又需要进行经济批量计划，以满足第 6 周到第 8 周的需求。必须注意的是，EOQ 计划在第 8 周末期还剩余一些库存，可以在第 9 周使用。

图表 13—14　　**使用经济批量法确定 MRP 计划的批量大小**

周	净需求	生产量	末期库存（美元）	保管成本（美元）	调整成本（美元）	总成本（美元）
1	50	351	301	15.05	47.00	62.05
2	60	0	241	12.05	0.00	74.10
3	70	0	171	8.55	0.00	82.65
4	60	0	111	5.55	0.00	88.20
5	95	0	16	0.80	0.00	89.00
6	75	351	292	14.60	47.00	150.60
7	60	0	232	11.60	0.00	162.20
8	55	0	177	8.85	0.00	171.05

13.4.3 最小总成本法（LTC）

最小总成本法是一个用于确定批量大小的动态的方法，它通过对不同批量的库存成本和调整成本（或订购成本）进行比较，计算订购数量并选择成本最接近的批量。

图表 13—15　　　　**使用最小总成本法确定 MRP 计划的批量大小**

周	订购数量 （美元）	保管成本 （美元）	订购成本 （美元）	总成本 （美元）	
1	50	0.00	47.00	47.00	
1~2	110	3.00	47.00	50.00	
1~3	180	10.00	47.00	57.00	
1~4	240	19.00	47.00	66.00	
1~5	335	38.00	47.00	85.00	←第一批订购量的
1~6	410	56.75	47.00	103.75	最低总成本
1~7	470	74.75	47.00	121.75	
1~8	525	94.00	47.00	141.00	
6	75	0.00	47.00	47.00	
6~7	135	3.00	47.00	50.00	第二批订购量的
6~8	190	8.50	47.00	55.50	←最低总成本

周	净需求	生产数量	末期库存	保管成本 （美元）	调整成本 （美元）	总成本 （美元）
1	50	335	285	14.25	47.00	61.25
2	60	0	225	11.25	0.00	72.50
3	70	0	155	7.75	0.00	80.25
4	60	0	95	4.75	0.00	85.00
5	95	0	0	0.00	0.00	85.00
6	75	190	115	5.75	47.00	137.75
7	60	0	55	2.75	0.00	140.50
8	55	0	0	0.00	0.00	140.05

　　图表 13—15 的上半部分给出了最小成本的批量大小。计算总成本最低的批量的方法就是将各星期不同数量的订购成本与保管成本进行比较。比如，将第 1 周的订购成本与保管成本进行比较，确定生产数量以满足第 1 周的需求；第 1 周生产量满足第 1 周与第 2 周的需求；第 1 周生产满足第 1、2、3 周的需求……最佳批量大小就是当订购成本与保管成本最为接近时候的批量。在图表 13—15 中，最佳批量就是 335 个单位，因为保管成本为 37 美元，订购成本为 47 美元，两者的差距小于 56.75 美元的保管成本与 47 美元的订购成本之间的差距（9 美元 VS 9.75 美元）。这一批量能满足第 1 周到第 5 周的需求，与 EOQ 不同，该批量只满足整数倍的周期。

　　由于第一周决定发出能满足 5 个星期需求的订购数量，我们现在开始从第 6 周计算，我们的问题就是确定从这一周开始我们能满足接下来多少周的需求。图表 13—15 显示，当数量可以满足第 6 周到第 8 周的需求时，保管成本和订购成本最接近。必须注意的是，由于此案例只进行到第 8 周，目前的保管成本与订购成本差距较大。

　　如果计划期延长，第 6 周的计划批量也许能满足第 8 周以后的更多周。这就引出了 LTC 与 LUC 的一个局限性（下面进行讨论），即这两种技术都受计划时期长短的影响。图表 13—15 给出了最终的运行批量与总成本。

13.4.4　最小单位成本法（LUC）

最小单位成本法是一个动态的批量确定技术，它将每一批量的订购与库存保管成本加总，然后除以每一批量的单位数量，以此来选择单位成本最低的批量。图表13—16上半部分计算出了用于满足第1周到第8周需求的订购批量的单位成本。我们注意到，第1周当数量为410时，能满足第1周到第6周的需求，此时的单位成本最小。第7周的计划批量大小需要满足从第7周至计划期末期的需求。

图表13—16下半部分给出了最小单位成本的运营批量和总成本。

图表13—16　　**使用最小单位成本法确定MRP计划的批量大小**

周	订购数量（美元）	保管成本（美元）	订购成本（美元）	总成本（美元）	单位成本（美元）	
1	50	0.00	47.00	47.00	0.9400	
1~2	110	3.00	47.00	50.00	0.4545	
1~3	180	10.00	47.00	57.00	0.3167	
1~4	240	19.00	47.00	66.00	0.2750	
1~5	335	38.00	47.00	85.00	0.2537	
1~6	410	56.75	47.00	103.75	0.2530	←第一批订购量的最低总成本
1~7	470	74.75	47.00	121.75	0.2590	
1~8	525	94.00	47.00	141.00	0.2686	
7	60	0.00	47.00	47.00	0.7833	第二批订购
7~8	115	2.75	47.00	50.00	0.4326	←量的最低总成本

周	净需求	生产数量	末期库存（美元）	保管成本（美元）	调整成本（美元）	总成本（美元）
1	50	410	360	18.00	47.00	65.00
2	60	0	300	15.00	0.00	80.00
3	70	0	230	11.50	0.00	91.50
4	60	0	170	8.50	0.00	100.00
5	95	0	75	3.75	0.00	103.75
6	75	0	0	0.00	0.00	103.75
7	60	115	55	2.75	47.00	153.50
8	55	0	0	0.00	0.00	153.50

13.4.5　选择最佳批量

使用逐批订购法时，八周的总成本为376美元；使用EOQ时总成本为171.05美元；使用最小总成本法时总成本为140.50美元；使用最小单位成本法时总成本为153.50美元。如果计划周期大于8个星期，那么最低成本将会有变化。

最小单位成本法的优势在于它的分析比较全面，它将订购量增加可能带来的订购成本与调整成本的变化也作为考虑因素。如果订购或调整成本保持不变，最低总成本法则是最好的方法，因为其比较简单，便于计算，但是只有在该前提下计算才比较精确。

13.5　小结

20 世纪 70 年代以来，MRP 发展迅速。最初人们使用它只是为了确定生产与物料的时间进度表，而现在它作为一个企业资源计划的集成单位，将企业所有的职能整合到了一起。MRP 已被证明是一个灵活的平台，适用于各种场合，也包括使用即时系统的重复制造企业。

在本章中，我们已经对有助于理解 MRP 的各种基本概念作出了阐述。MRP 引擎从主生产计划，即未来生产的详细计划中获得信息。根据公司的需要，主生产计划可以从个别产品、通用产品、模块和组件这几个方面进行。主进度表是销售和运营计划的一部分，对成功执行公司的业务战略起着关键作用。

主生产计划中的物料清单精确地描述了公司制造产品的流程。物料清单"结构"（有时简称为"产品结构"）阐述了原材料和外购零部件是如何被组装成新的组件，而这些新的组件又是如何被组装成主生产计划里的产品的。

物料需求计划的"展开"过程是该系统的核心部分。根据主生产计划、材料清单以及物料清单中各种部件的现有库存状况（现有和订购金额），计算出详细的计划表，用以显示今后需要部件的确切时间。对于许多公司来说，这一过程可能需要大量的计算工作，涉及数以千计的详细时间表。

在本章中，重点问题在于如何处理与库存相关的费用。本章中给出了使用物料需求计划确定批量大小时的一些常用准则，考虑固定成本和可变成本，对二者加以权衡，有助于达到库存成本的最小化。

关键术语

物料需求计划（material requirements planning）：确定生产某一产品所需的零部件、组件、原材料数量的逻辑流程。MRP 也提供计划表，确定这些原材料、零部件和组件何时订购或投入生产。

主生产计划（master production schedule）：一个分时段计划，用于确定公司计划生产每个产品的具体数量和时间。

物料清单（bill of materials）：包含完整的产品描述的电脑文件，列出了原材料、零部件、组件以及产品的生产顺序。

净变化系统（net change system）：一个 MRP 系统，用于即时计算 MRP 数据（包括库存状况、物料清单或主生产计划）变化产生的影响。这是现有系统一个普遍的特征。

应用举例

例 1

生产一个产品 X 需要 2 个组件 Y 和 3 个组件 Z。Y 由 1 个组件 A 和 2 个组件 B 制成。Z由2个组件A和4个组件C制成。

提前期如下：X为1周；Y为2周；Z为3周；A为2周；B为1周；C为3周。

a. 画出物料清单图（产品结构树）。

b. 如果第10周需要100个X，请制定一个进度表，用以确定每种组件的订购时间与数量。

解：

a. 物料清单图如下：

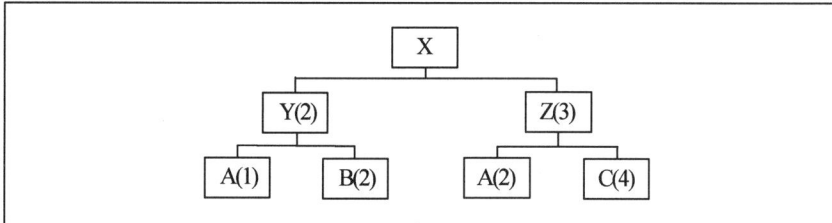

b. 进度表如下：

		3	4	5	6	7	8	9	10
X	LT=1							100	100
Y	LT=2					200		200	
Z	LT=3				300			300	
A	LT=2			600	200 600	200			
B	LT=1					400	400		
C	LT=3	1 200			1 200				

例2

产品M由2个N和3个P制成。N由2个R和4个S制成。R由1个S和3个T制成。P由2个T和4个U制成。

a. 画出物料清单图（产品结构树）。

b. 如果要生产100个产品M，每种组件各需要多少个？

c. 画出单层与缩排式部件清单。

解：

a. 物料清单图如下：

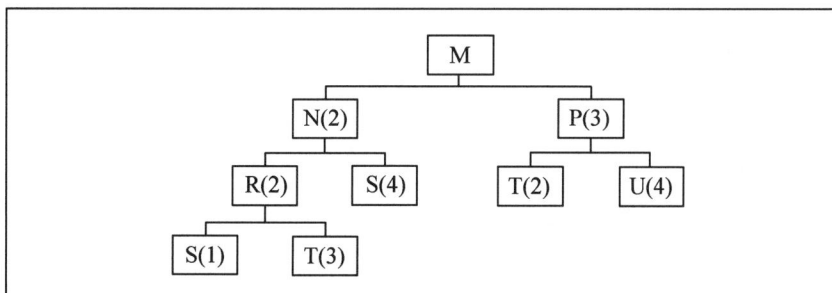

b.

M = 100	S = 800 + 400 = 1 200
N = 200	T = 600 + 1 200 = 1 800
P = 300	U = 1 200
R = 400	

c. 单层式与缩排式部件清单如下：

单层式零件清单	缩排式零件清单
M	M
N (2)	N (2)
P (3)	R (2)
N	S (1)
R (2)	T (3)
S (4)	S (4)
R	P (3)
S (1)	T (2)
T (3)	U (4)
P	
T (2)	
U (4)	

复习与讨论题

1. 讨论 MRP 相关术语的含义，如计划订单发出、计划订单收料。

2. 目前，许多使用者每周或每两周更新一次 MRP，如果每天更新一次，是否更有效？请讨论。

3. MRP 系统中安全库存扮演的是什么角色？

4. 传统 EOQ 和 MRP 背景下提前期的意义有何区别？

5. 讨论 MRP 系统中主生产计划的重要性。

6. "MRP 只提供采购清单，不负责采购或生产。"试对这句话加以评论。

7. MRP 系统中需求的来源有哪些？这些需求来源是相关的还是独立的？它们是如何被输入系统的？

8. 物料清单文件与库存记录文件中记录的数据类型有哪些？

习题

1. Semans 是一个生产组装支架的制造商。组装支架 X 的需求为 130 个。物料清单如下：

产品	说明	用量
X	组装支架	1
A	大型显示墙板	4
B	吊钩	2
D	吊钩铸件	3
E	陶瓷把手	1
C	圆头螺丝	3
F	金属钳	4
G	塑料帽	2

现有库存如下：

产品	X	A	B	C	D	E	F	G
库存	25	16	60	20	180	160	1 000	100

a. 使用 Excel 生成 MRP 产品结构树。

b. MPS 里每种产品的净需求量是多少？

2. 下列产品 J 的 MRP 计划表给出了相应的净需求量、计划订单收料与计划订单发出。提前期为 1 周。

产品 J	周　　数					
	0	1	2	3	4	5
毛需求			75		50	70
现有	40					
净需求						
计划订单收料						
计划订单发出						

3. 假设现有库存为 20X、40Y、30Z、50A、100B、900C，重新解答第 1 题。

4. 假设产品 Z 由 2 个 A 和 4 个 B 制成，A 由 3 个 C 和 4 个 D 制成，D 由 2 个 E 制成。

最终组装每种产品的采购和生产的提前期如下：Z 为 2 个星期，A、B、C 和 D 各为 1 个星期，E 为 3 个星期。

在第 10 阶段需要 50 个产品。（假设现在所有产品与组件的现有库存为 0）

a. 画出物料清单（产品结构树）。

b. 生成 MRP 计划表，确定毛需求、净需求、计划订单发出与收料日期。

5. 注意：为了简化数据处理，包括前几期发出的订单计划收料，习题 5 到 10 都将采用以下 6 行框架。（现实中会使用许多不同的技术，但关键问题在于对现有库存、到达时间、需求类型、发出的订购量的及时跟踪）。计算这些的一种方法如下：

	周						
毛需求							
计划接收量							
前期剩余库存							
净需求							
计划订单收料							
计划订单发出							

一个单位产品 A 由 3 个 B、1 个 C 和 2 个 D 制成，B 由 2 个 E 和 1 个 D 制成，C 由 1 个 B 和 2 个 E 制成，E 由 1 个 F 制成。

组件 B、C、E 和 F 的提前期都为 1 周，A 和 D 为 2 周。

假设对组件 A、B、F 使用批量订购法，组件 C、D、E 的批量分别为 50、50、200。组件 C、E、F 的现有（初始）库存为 10、50、150，而其他组件的初始库存都为 0。我们计划在第 2 周接收 10 个 A 产品，第 1 周接收 50 个 E 组件。除此以外没有其他的计划接收量。如果第 8 周需要 30 个 A 产品，请使用低层编码物料清单确定各组件的计划订单发出日期。

6. 组件 A 由 2 个组件 B、3 个组件 C 和 2 个组件 D 制成。B 由 1 个 E 组件和 2 个 F 组件制成。C 由 2 个组件 F 和 1 个组件 D 制成。E 由 2 个组件 D 组成。组件 A、C、D 和 F 的提前期都为 1 周，组件 E 和 F 的批量大小分别为 50 和 180。组件 C 的现有（初始）库存为 15，组件 D 的现有库存为 50，其他所有组件的初始库存都为 0。我们计划在第 2 周接收 20 个组件 E，除此以外没有任何其他的接收计划。

建立简单的低层编码物料清单（产品结构树）、缩排式和单层式物料清单。

如果第 8 周需要 20 个组件 A，请使用低层编码物料清单确定所有组件的计划订单发出日期。（参见第 5 题的备注）

7. 1 个组件 A 由 1 个组件 B 和 1 个组件 C 制成。B 由 4 个 C、1 个 E 和 1 个 F 制成。C 由 2 个 D 和 1 个 E 制成。E 由 3 个 F 制成。C 的提前期为 1 个星期，组件 A、B、E、F 的提前期都为 2 个星期；组件 D 的提前期为 3 个星期。对组件 A、D 和 E 都使用逐批订购法，组件 B、C 和 F 的批量分别为 50、100、50。组件 A、C、D、E 的现有（初始）库存分别为 20、50、100、10，其他所有组件的初始库存为 0。我们计划在第 1 周接收 10 个 A、100 个 C，第 3 周接收 100 个 D，除此以外，没有任何其他的接收量。假设第 10 周需要 50 个 A，请使用低层编码物料清单（产品结构树）确定所有组件的计划订单发出日期。（参见第 5 题备注）

8. 1 个组件 A 由 2 个 B 和 1 个 C 制成。B 由 3 个 D 和 1 个 F 制成。C 由 3 个 B、1 个 D 和 4 个 E 制成。D 由 1 个 E 制成。组件 C 的提前期为 1 个星期，组件 A、B、E、F 的提前期均为 2 个星期，组件 D 的提前期为 3 个星期。对组件 C、E、F 使用逐批订购法确定批量大小，组件 A、B、D 的批量分别为 20、40、160。组件 A、B、D、E 的现有（初始）库存分别为 5、10、100、100，其他所有组件的初始库存为 0。计划在第 3 周接收 10 个组件 A，第 7 周接收 20 个组件 B，第 5 周接收 40 个组件 F，第 2 周接收 60 个组件 E，此外不存在任何其他计划接收量。假设第 10 周的需求量为 20 个组件 A，请使用低层编码物料清单（产品结构树）确定所有组件的计划订单发

出日期。（参见第 5 题备注）

9. 1 个组件 A 由 2 个 B 和 3 个 C 制成。1 个组件 B 由 1 个 F 制成。组件 C 由 1 个 D、1 个 E 和 2 个 F 制成。组件 A、B、C、D 的现有（初始）库存分别为 20、50、60、25。使用批量订购法来确定组件 A、B、C 的批量大小。组件 D、E、F 需要的采购量分别为 50、100、100。组件 B 在第 1 个星期的计划接收量为 30，除此以外不存在任何其他接收量。组件 A、B、D 的提前期为 1 个周期，组件 C、E、F 的提前期为 2 个周期。组件 A 的毛需求第 1 个周期为 20 个，第 2 个周期为 20 个，第 6 个周期为 60 个，第 8 个周期为 50 个。试计算所有组件的计划订单发出日期。

10. 1 个组件 A 由 1 个组件 B、2 个组件 C 和 1 个组件 D 制成。C 由 2 个 D、3 个 E 制成。组件 A、C、D、E 的现有库存分别为 20、10、20、10。组件 B 在第 1 周期的计划接收量为 10；组件 C 在第 1 周期的计划接收量为 50。对组件 A 和 B 采取逐批订购法。组件 C 的最小批量为 50。D 和 E 的订购需求量分别为 100 和 50。组件 A、B、C 的提前期均为 1 个周期。组件 D 和 E 的提前期为 2 个周期。组件 A 的毛需求在第 2 和第 5 周期均为 30；在第 8 周期为 40。试计算所有组件的计划订单发出日期。

11. MRP 计划中组件 A 在第 10 周的毛需求如下图所示。组件 A 的提前期为 3 周，调整成本为 10 美元。单位产品每周的保管成本为 0.01 美元，初始库存为 90 个。

	周									
	1	2	3	4	5	6	7	8	9	10
毛需求	30	50	10	20	70	80	20	60	200	50

使用最小总成本和最小单位总成本法确定第一批订单发出的时间与数量。

12. 产品 A 是最终产品，由 2 个组件 B 和 4 个组件 C 制成，B 由 3 个 D 和 2 个 E 制成，C 由 2 个 F 和 2 个 E 制成。

产品 A 的提前期为 1 周，组件 B、C 和 E 的提前期为 2 周，组件 D 和 F 的提前期为 3 周。

a. 给出物料清单（产品结构树）。

b. 若第 10 周需要 100 个组件 A，请生成 MRP 计划表，确定组件订单发出和接收的日期。目前的现有库存量为 0。

13. 产品 A 由 2 个组件 B、3 个组件 C 及 1 个组件 D 制成，组件 B 由 4 个 E 和 3 个 F 制成，组件 C 由 2 个组件 H 和 3 个组件 D 制成，组件 H 则由 5 个 E 和 2 个 G 制成。

a. 生成一个简单的物料清单（产品结构树）。

b. 使用低层编码技术构建产品结构树。

c. 列出缩排式零部件清单。

d. 若要生产 100 个组件 A，试确定组件 B、C、D、E、F、G、H 的需求量分别为多少？

14. MRP 计划中组件 X 未来 10 周的毛需求如下所示。组件 A 的提前期为 2 周，调整成本为 9 美元。单位产品每周的保管成本为 0.02 美元。初始库存为 70 个。

	周									
	1	2	3	4	5	6	7	8	9	10
毛需求	20	10	15	45	10	30	100	20	40	150

使用最小总成本和最小单位总成本法确定第一批订单发出的时间与数量。

15. 一家音响制造公司主要生产两种类型的汽车专用 AM/FM/CD 播放器。收音机 CD 的元件是一样的，但是底板与装饰附件不一样。标准型号适用于中型和大型汽车，运动型号适用于小型运动汽车。

音像制品公司按照以下方式进行生产。主板（收音机 CD 元件）在墨西哥完成装配，生产提前期为 2 周。底板从一个钢板公司购买，提前期为 3 周。装饰附件是一个包括把手和各种装饰品的包装组合，从台湾一家电子公司在洛杉矶的办事处购买。装饰组合的提前期为 2 周。由于添加装饰包和底板这两道工序是由顾客自己完成，所以组装的最后工序时间可以忽略不计。

音像制品公司向分销商和零售商提供产品，这些分销商和零售商通常提前 8 周下达 2 种产品的订单。这些订购产品通常附有额外的组件，以满足小批量的个性化销售。产品需求计划表如下图所示：

型号	周							
	1	2	3	4	5	6	7	8
标准型				300				400
运动型					200			100

收音机 CD 组件的现有库存为 50 个，而装饰组合与底板的现有库存为 0。

生成能恰好满足计划需求的物料需求计划。确定收音机 CD 主板、标准型附件与运动型附件、标准型产品与运动型产品底板的毛需求、现有库存量、计划订单发出与收料日期。

案例：Brunswick 汽车公司——MRP 介绍性案例

最近，Brunswick 汽车公司的生产控制主管 Phil Harris 读了一篇关于阶段性需求计划的文章。他很好奇，一直在思考这项技术若被 Brunswick 采用，将会对公司的发动机装配运营计划产生什么影响。他决定编写一个案例来说明阶段性需求计划的使用过程。

第一步，Phil Harris 选择 Brunswick 公司的其中一种汽车类型——1000 型发动机，制订了主生产计划。这个计划给出了 1000 型发动机在过去 12 个星期每周的生产数量，如下图所示。第二步，为了简化这一需求计划案例，Phil Harris 决定从生产 1000 型发动机所需的众多组件中选择两种组件进行考虑。这两种组件，即齿轮箱和输入轴，将会在产品结构图里显示。Phil Harris 注意到齿轮箱是在子装配部门完成组装，然后被送往发动机总组装线。输入轴是 Brunswick 公司生产的用于制造齿轮箱的组件之一。在结构树中使用 0、1、2 级层次来表示发动机的 3 个生产阶段：发动机组装部门、子装配部门、机械加工车间。

生产齿轮箱和输入轴组件制造的提前期也在产品结构图中显示。注意，生产一批齿轮箱需要 2 个星期，所有生产出来的齿轮箱都必须在投入使用的那个星期的星期一上午前送到装配线零件存储室。相似的，生产一批输入轴需要 3 个星期，某一周制造齿轮箱所需的输入轴必须在这一周的周一上午之前送达子装配部门的储存室。

在准备 MRP 案例的时候，Phil Harris 计划使用以下工作表，并给出了下列假设条件：

1. 第一周初，齿轮箱的现有库存为 17 个，现已被订购的 5 个齿轮箱将在第 2 周初交付。

2. 第一周初，输入轴的现有库存为 40 个，22 个输入轴将在第 2 周初交付。

问题：

1. 假设最初 Phil Harris 的目的是希望减少公司的库存需求。假设每次只订购某一时期需求的产品。请使用如下表格，计算齿轮箱和输入轴的净需求和计划订单发出日期。假设批量大小由逐批订购法确定。

2. Phil Harris 希望将会计部门目前正用于齿轮箱和输入轴库存管理和调整的成本进行考虑。这些成本如下：

部件	成本
齿轮箱	调整成本 = 90 美元/订单
	库存管理成本 = 2 美元/单位产品/周
输入轴	调整成本 = 45 美元/订单
	库存管理成本 = 1 美元/单位产品/周

在给出成本结构的情况下，计算计划表（1）的成本。假设每周末进行盘存。

3. 对使用最小总成本法确定批量的计划进行评估。这项新计划能在哪些方面节约成本？

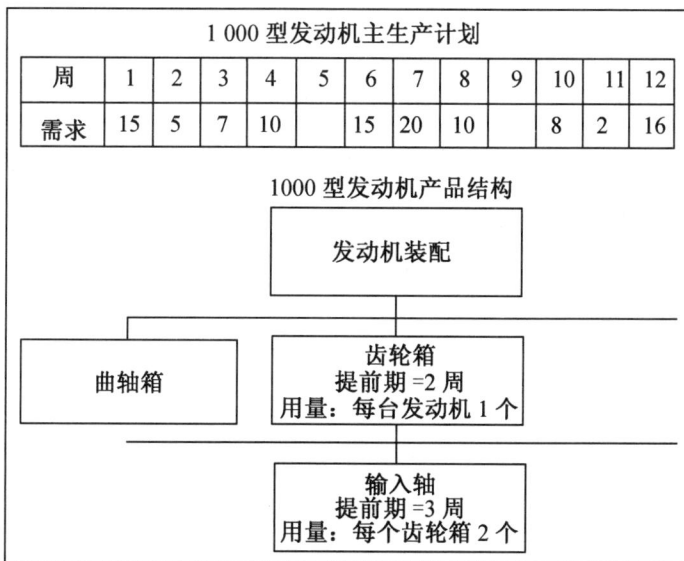

周	1	2	3	4	5	6	7	8	9	10	11	12
需求	15	5	7	10		15	20	10		8	2	16

1000 型发动机主生产计划

1000 型发动机产品结构

发动机装配

曲轴箱

齿轮箱
提前期 = 2 周
用量：每台发动机 1 个

输入轴
提前期 = 3 周
用量：每个齿轮箱 2 个

发动机装配主生产计划

周	1	2	3	4	5	6	7	8	9	10	11	12
数量												

齿轮箱需求

周	1	2	3	4	5	6	7	8	9	10	11	12
毛需求												
计划需求												
计划可行平衡												
净需求												
计划订单发出												

输入轴需求

周	1	2	3	4	5	6	7	8	9	10	11	12
毛需求												
计划接收量												
计划可行平衡												
净需求												
计划订单发出												

参考文献

Orlicky, J. *Materials Requirements Planning*. 2nd ed. New York：McGraw – Hill, 1994. (This is the classic book on MRP)

Sheikh, K. *Manufacturing Resource Planning (MRP II) with Introduction to ERP, SCM*, and CRM. New York：McGraw-Hill, 2002.

Vollmann, T. E.；W. L. Berry；D. C. Whybark；and F. R. Jacobs. *Manufacturing Planning and Control Systems for Supply Chain Management*. 5th ed. Burr Ridge, IL：McGraw-Hill, 2004.

附录 A 部分参考答案

第 2 章

3. b. A－C－F－G－I 和 A－D－F－G－I

   c. C：一星期

     D：一星期

     G：一星期

   d. 两个路径：A－C－F－G－I 和 A－D－F－G－I

     16 周

5. a. 关键路径是 A－E－G－C－D

   b. 26 周

   c. 结束日期没什么区别

6. a. 关键路径是 A－C－D－F－G

   b.

时间	费用	活动
First	1 000 美元	A
Second	1 200 美元	C
Third	1 500 美元	D（or F）
Fourth	1 500 美元	F（or D）
	5 200 美元	

第 3 章

3. 劳动力学习曲线率，80%

   部件学习曲线率，90%

   劳动力 = 11 556 小时

   零件 = 330 876 美元

7. 4 710 小时

12 . 在第四年里无需考虑需求

14. 期望净现值——小

   4.8 百万美元

   期望净现值——大

   2.6 百万美元

第 4 章

1. a. 20 000 本书

   b. 更高

   c. 更低

9. a. 33.6 秒

   b. 3.51；因此，4 个工作站

   d. AB, DF, C, EG, H

   e. 效率 = 70.2%

   f. 将节拍缩减到 32 秒花时 $6\frac{2}{3}$ 分钟

g. 1.89 小时；比重新平衡也许更好

第 5 章

5. W_s = 4.125 分钟

L_q = 4.05 辆车

L_s = 4.95 辆车

9. a. 2 人

b. 6 分钟

c. 0.2964

d. 67%

e. 0.03375 小时

15. a. 0.833

b. 5 个文档

c. 0.2 小时

d. 0.4822

e. L_l = 趋向无穷

第 6 章

2. a. 不检测成本 = 20 美元/小时，检测成本 = 9 美元/小时。因此，检测。

b. 每个 0.18 美元

c. 每单位 0.22 美元

7. $\overline{X}$ = 999.1

UCL = 1 014.965

LCL = 983.235

$\overline{R}$ = 21.733

UCL = 49.551

LCL = 0

工序受控。

10. a. n = 31.3（近似抽样值为 32）

b. 随机样本 32；如果次品超过 8 个则拒绝

13. $\overline{X}$ = 0.499

UCL = 0.520

LCL = 0.478

$\overline{R}$ = 0.037

UCL = 0.078

LCL = 0.000

工序受控。

第 7 章

1. 2 磅（8 854.90 美元），3 磅（10 154.30 美元）

4 磅（11 402.60 美元），5 磅（12 738.50 美元）

6 磅（15 337.30 美元），7 磅（15 899.40 美元）

8 磅（16 563. 70 美元），9 磅（17 147. 70 美元）

第 8 章

1. $C_X = 176. 7$

   $C_Y = 241. 5$

2. $C_X = 374$

   $C_Y = 357$

第 9 章

1. 5 个看板卡

第 10 章

3. a. 二月 84

   三月 86

   四月 90

   五月 88

   六月 84

   b. MAD = 15

7. a. 4 月到 9 月 = 130, 150, 160, 170, 160, 150

   b. 4 月到 9 月 = 136, 146, 150, 159, 153, 146

   c. 指数平滑法效果更好。

11. MAD = 104

    TS = 3. 1

    高 TS 值意味着模型不能接受。

14. a. MAD = 90

    TS = -1. 67

    b. TS 为 -1. 67，表明模型可以接受。

第 11 章

2. 总成本 = 413 600 美元

5. 总成本 = 413 750 美元

第 12 章

5. q = 713

8. a. Q = 1 225

   R = 824

   b. q = 390—持有库存

12. a. Q = 89

    b. 224. 72 美元

    c. 222. 50 美元

14. a. A (4, 13, 18)

    B (2, 5, 8, 10, 11, 14, 16)

    C (剩下的)

    b. 归为 A 类

17. q = 691

　　26 729 个汉堡包

第 13 章

4 .

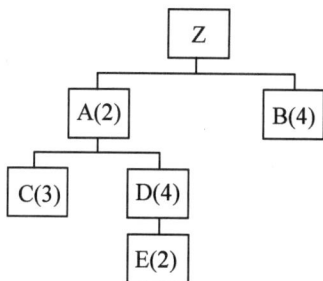

11. 最小总成本法：在第 1 阶段为 1～8 阶段订 250 个单位。

　　最小单位成本法：在第 1 阶段为 1～9 阶段订 450 个单位。

13. c. A

　　　　　　B（2）

　　　　　　　　　E（4）

　　　　　　　　　F（3）

　　　　　　C（3）

　　　　　　　　　D（3）

　　　　　　　　　H（2）

　　　　　　　　　　　E（5）

　　　　　　　　　　　G（2）

　　　　　　D（1）

　　d. 第 0 层　100 个单位 A

　　　第 1 层　200 个单位 B

　　　　　　　300 个单位 C

　　　第 2 层　600 个单位 F

　　　　　　　600 个单位 H

　　　　　　　1 000 个单位 D

　　　第 3 层　3 800 个单位 E

　　　　　　　1 200 个单位 G

附录 B 学习曲线表

単位提高因子

单位	60%	65%	70%	75%	80%	85%	90%	95%
1	1.0000	1.0000	1.0000	1.0000	1.0000	1.0000	1.0000	1.0000
2	.6000	.6500	.7000	.7500	.8000	.8500	.9000	.9500
3	.4450	.5052	.5682	.6338	.7021	.7729	.8462	.9219
4	.3600	.4225	.4900	.5625	.6400	.7225	.8100	.9025
5	.3054	.3678	.4368	.5127	.5956	.6857	.7830	.8877
6	.2670	.3284	.3977	.4754	.5617	.6570	.7616	.8758
7	.2383	.2984	.3674	.4459	.5345	.6337	.7439	.8659
8	.2160	.2746	.3430	.4219	.5120	.6141	.7290	.8574
9	.1980	.2552	.3228	.4017	.4930	.5974	.7161	.8499
10	.1832	.2391	.3058	.3846	.4765	.5828	.7047	.8433
12	.1602	.2135	.2784	.3565	.4493	.5584	.6854	.8320
14	.1430	.1940	.2572	.3344	.4276	.5386	.6696	.8226
16	.1290	.1785	.2401	.3164	.4096	.5220	.6561	.8145
18	.1188	.1659	.2260	.3013	.3944	.5078	.6445	.8074
20	.1099	.1554	.2141	.2884	.3812	.4954	.6342	.8012
22	.1025	.1465	.2038	.2772	.3697	.4844	.6251	.7955
24	.0961	.1387	.1949	.2674	.3595	.4747	.6169	.7904
25	.0933	.1353	.1908	.2629	.3548	.4701	.6131	.7880
30	.0815	.1208	.1737	.2437	.3346	.4505	.5963	.7775
35	.0728	.1097	.1605	.2286	.3184	.4345	.5825	.7687
40	.0660	.1010	.1498	.2163	.3050	.4211	.5708	.7611
45	.0605	.0939	.1410	.2060	.2936	.4096	.5607	.7545
50	.0560	.0879	.1336	.1972	.2838	.3996	.5518	.7486
60	.0489	.0785	.1216	.1828	.2676	.3829	.5367	.7386
70	.0437	.0713	.1123	.1715	.2547	.3693	.5243	.7302
80	.0396	.0657	.1049	.1622	.2440	.3579	.5137	.7231
90	.0363	.0610	.0987	.1545	.2349	.3482	.5046	.7168
100	.0336	.0572	.0935	.1479	.2271	.3397	.4966	.7112
120	.0294	.0510	.0851	.1371	.2141	.3255	.4830	.7017
140	.0262	.0464	.0786	.1287	.2038	.3139	.4718	.6937
160	.0237	.0427	.0734	.1217	.1952	.3042	.4623	.6869
180	.0218	.0397	.0691	.1159	.1879	.2959	.4541	.6809
200	.0201	.0371	.0655	.1109	.1816	.2887	.4469	.6757
250	.0171	.0323	.0584	.1011	.1691	.2740	.4320	.6646
300	.0149	.0289	.0531	.0937	.1594	.2625	.4202	.6557
350	.0133	.0262	.0491	.0879	.1517	.2532	.4105	.6482
400	.0121	.0241	.0458	.0832	.1453	.2454	.4022	.6419
450	.0111	.0224	.0431	.0792	.1399	.2387	.3951	.6363
500	.0103	.0210	.0408	.0758	.1352	.2329	.3888	.6314
600	.0090	.0188	.0372	.0703	.1275	.2232	.3782	.6229
700	.0080	.0171	.0344	.0659	.1214	.2152	.3694	.6158
800	.0073	.0157	.0321	.0624	.1163	.2086	.3620	.6098
900	.0067	.0146	.0302	.0594	.1119	.2029	.3556	.6045
1 000	.0062	.0137	.0286	.0569	.1082	.1980	.3499	.5998
1 200	.0054	.0122	.0260	.0527	.1020	.1897	.3404	.5918
1 400	.0048	.0111	.0240	.0495	.0971	.1830	.3325	.5850
1 600	.0044	.0102	.0225	.0468	.0930	.1773	.3258	.5793
1 800	.0040	.0095	.0211	.0446	.0895	.1725	.3200	.5743
2 000	.0037	.0089	.0200	.0427	.0866	.1683	.3149	.5698
2 500	.0031	.0077	.0178	.0389	.0806	.1597	.3044	.5605
3 000	.0027	.0069	.0162	.0360	.0760	.1530	.2961	.5530

单位	60%	65%	70%	75%	80%	85%	90%	95%
1	1.000	1.000	1.000	1.000	1.000	1.000	1.000	1.000
2	1.600	1.650	1.700	1.750	1.800	1.850	1.900	1.950
3	2.045	2.155	2.268	2.384	2.502	2.623	2.746	2.872
4	2.405	2.578	2.758	2.946	3.142	3.345	3.556	3.774
5	2.710	2.946	3.195	3.459	3.738	4.031	4.339	4.662
6	2.977	3.274	3.593	3.934	4.299	4.688	5.101	5.538
7	3.216	3.572	3.960	4.380	4.834	5.322	5.845	6.404
8	3.432	3.847	4.303	4.802	5.346	5.936	6.574	7.261
9	3.630	4.102	4.626	5.204	5.839	6.533	7.290	8.111
10	3.813	4.341	4.931	5.589	6.315	7.116	7.994	8.955
12	4.144	4.780	5.501	6.315	7.227	8.244	9.374	10.62
14	4.438	5.177	6.026	6.994	8.092	9.331	10.72	12.27
16	4.704	5.541	6.514	7.635	8.920	10.38	12.04	13.91
18	4.946	5.879	6.972	8.245	9.716	11.41	13.33	15.52
20	5.171	6.195	7.407	8.828	10.48	12.40	14.61	17.13
22	5.379	6.492	7.819	9.388	11.23	13.38	15.86	18.72
24	5.574	6.773	8.213	9.928	11.95	14.33	17.10	20.31
25	5.668	6.909	8.404	10.19	12.31	14.80	17.71	21.10
30	6.097	7.540	9.305	11.45	14.02	17.09	20.73	25.00
35	6.478	8.109	10.13	12.72	15.64	19.29	23.67	28.86
40	6.821	8.631	10.90	13.72	17.19	21.43	26.54	32.68
45	7.134	9.114	11.62	14.77	18.68	23.50	29.37	36.47
50	7.422	9.565	12.31	15.78	20.12	25.51	32.14	40.22
60	7.941	10.39	13.57	17.67	22.87	29.41	37.57	47.65
70	8.401	11.13	14.74	19.43	25.47	33.17	42.87	54.99
80	8.814	11.82	15.82	21.09	27.96	36.80	48.05	62.25
90	9.191	12.45	16.83	22.67	30.35	40.32	53.14	69.45
100	9.539	13.03	17.79	24.18	32.65	43.75	58.14	76.59
120	10.16	14.11	19.57	27.02	37.05	50.39	67.93	90.71
140	10.72	15.08	21.20	29.67	41.22	56.78	77.46	104.7
160	11.21	15.97	22.72	32.17	45.20	62.95	86.80	118.5
180	11.67	16.79	24.14	34.54	49.03	68.95	95.96	132.1
200	12.09	17.55	25.48	36.80	52.72	74.79	105.0	145.7
250	13.01	19.28	28.56	42.05	61.47	88.83	126.9	179.2
300	13.81	20.81	31.34	46.94	69.66	102.2	148.2	212.2
350	14.51	22.18	33.89	51.48	77.43	115.1	169.0	244.8
400	15.14	23.44	36.26	55.75	84.85	127.6	189.3	277.0
450	15.72	24.60	38.48	59.80	91.97	139.7	209.2	309.0
500	16.26	25.68	40.58	63.68	98.85	151.5	228.8	340.6
600	17.21	27.67	44.47	70.97	112.0	174.2	267.1	403.3
700	18.06	29.45	48.04	77.77	124.4	196.1	304.5	465.3
800	18.82	31.09	51.36	84.18	136.3	217.3	341.0	526.5
900	19.51	32.60	54.46	90.26	147.7	237.9	376.9	587.2
1 000	20.15	31.01	57.40	96.07	158.7	257.9	412.2	647.4
1 200	21.30	36.59	62.85	107.0	179.7	296.6	481.2	766.6
1 400	22.32	38.92	67.85	117.2	199.6	333.9	548.4	884.2
1 600	23.23	41.04	72.49	126.8	218.6	369.9	614.2	1 001
1 800	24.06	43.00	76.85	135.9	236.8	404.9	678.8	1 116
2 000	24.83	44.84	80.96	144.7	254.4	438.9	742.3	1 230
2 500	26.53	48.97	90.39	165.0	296.1	520.8	897.0	1 513
3 000	27.99	52.62	98.90	183.7	335.2	598.9	1 047	1 791

附录 C

现值表格

年	1%	2%	3%	4%	5%	6%	7%	8%	9%	10%	12%	14%	15%
1	.990	.980	.971	.962	.952	.943	.935	.926	.917	.909	.893	.877	.870
2	.980	.961	.943	.925	.907	.890	.873	.857	.842	.826	.797	.769	.756
3	.971	.942	.915	.889	.864	.840	.816	.794	.772	.751	.712	.675	.658
4	.961	.924	.889	.855	.823	.792	.763	.735	.708	.683	.636	.592	.572
5	.951	.906	.863	.822	.784	.747	.713	.681	.650	.621	.567	.519	.497
6	.942	.888	.838	.790	.746	.705	.666	.630	.596	.564	.507	.456	.432
7	.933	.871	.813	.760	.711	.665	.623	.583	.547	.513	.452	.400	.376
8	.923	.853	.789	.731	.677	.627	.582	.540	.502	.467	.404	.351	.327
9	.914	.837	.766	.703	.645	.592	.544	.500	.460	.424	.361	.308	.284
10	.905	.820	.744	.676	.614	.558	.508	.463	.422	.386	.322	.270	.247
11	.896	.804	.722	.650	.585	.527	.475	.429	.388	.350	.287	.237	.215
12	.887	.788	.701	.625	.557	.497	.444	.397	.356	.319	.257	.208	.187
13	.879	.773	.681	.601	.530	.469	.415	.368	.326	.290	.229	.182	.163
14	.870	.758	.661	.577	.505	.442	.388	.340	.299	.263	.205	.160	.141
15	.861	.743	.642	.555	.481	.417	.362	.315	.275	.239	.183	.140	.123
16	.853	.728	.623	.534	.458	.394	.339	.292	.252	.218	.163	.123	.107
17	.844	.714	.605	.513	.436	.371	.317	.270	.231	.198	.146	.108	.093
18	.836	.700	.587	.494	.416	.350	.296	.250	.212	.180	.130	.095	.081
19	.828	.686	.570	.475	.396	.331	.276	.232	.194	.164	.116	.083	.070
20	.820	.673	.554	.456	.377	.312	.258	.215	.178	.149	.104	.073	.061
25	.780	.610	.478	.375	.295	.233	.184	.146	.116	.092	.059	.038	.030
30	.742	.552	.412	.308	.231	.174	.131	.099	.075	.057	.033	.020	.015

年	16%	18%	20%	24%	28%	32%	36%	40%	50%	60%	70%	80%	90%
1	.862	.847	.833	.806	.781	.758	.735	.714	.667	.625	.588	.556	.526
2	.743	.718	.694	.650	.610	.574	.541	.510	.444	.391	.346	.309	.277
3	.641	.609	.579	.524	.477	.435	.398	.364	.296	.244	.204	.171	.146
4	.552	.516	.482	.423	.373	.329	.292	.260	.198	.153	.120	.095	.077
5	.476	.437	.402	.341	.291	.250	.215	.186	.132	.095	.070	.053	.040
6	.410	.370	.335	.275	.227	.189	.158	.133	.088	.060	.041	.029	.021
7	.354	.314	.279	.222	.178	.143	.116	.095	.059	.037	.024	.016	.011
8	.305	.266	.233	.179	.139	.108	.085	.068	.039	.023	.014	.009	.006
9	.263	.226	.194	.144	.108	.082	.063	.048	.026	.015	.008	.005	.003
10	.227	.191	.162	.116	.085	.062	.046	.035	.017	.009	.005	.003	.002
11	.195	.162	.135	.094	.066	.047	.034	.025	.012	.006	.003	.002	.001
12	.168	.137	.112	.076	.052	.036	.025	.018	.008	.004	.002	.001	.001
13	.145	.116	.093	.061	.040	.027	.018	.013	.005	.002	.001	.001	.000
14	.125	.099	.078	.049	.032	.021	.014	.009	.003	.001	.001	.000	.000
15	.108	.084	.065	.040	.025	.016	.010	.006	.002	.001	.000	.000	.000
16	.093	.071	.054	.032	.019	.012	.007	.005	.002	.001	.000	.000	
17	.080	.060	.045	.026	.015	.009	.005	.003	.001	.000	.000		
18	.069	.051	.038	.021	.012	.007	.004	.002	.001	.000	.000		
19	.060	.043	.031	.017	.009	.005	.003	.002	.000	.000			
20	.051	.037	.026	.014	.007	.004	.002	.001	.000	.000			
25	.024	.016	.010	.005	.002	.001	.000	.000					
30	.012	.007	.004	.002	.001	.000	.000						

1. 使用 Excel® 表格，这些用等式计算：$(1 + 利润)^{-年限}$。

2. 当前值为 1 美元。

附录 D

负指数分布：e^{-x}

X	e^{-x}	x	e^{-x}	x	e^{-x}	x	e^{-x}
0.00	1.00000	0.50	0.60653	1.00	0.36788	1.50	0.22313
0.01	0.99005	0.51	.60050	1.01	.36422	1.51	.22091
0.02	.98020	0.52	.59452	1.02	.36060	1.52	.21871
0.03	.97045	0.53	.58860	1.03	.35701	1.53	.21654
0.04	.96079	0.54	.58275	1.04	.35345	1.54	.21438
0.05	.95123	0.55	.57695	1.05	.34994	1.55	.21225
0.06	.94176	0.56	.57121	1.06	.34646	1.56	.21014
0.07	.93239	0.57	.56553	1.07	.34301	1.57	.20805
0.08	.92312	0.58	.55990	1.08	.33960	1.58	.20598
0.09	.91393	0.59	.55433	1.09	.33622	1.59	.20393
0.10	.90484	0.60	.54881	1.10	.33287	1.60	.20190
0.11	.89583	0.61	.54335	1.11	.32956	1.61	.19989
0.12	.88692	0.62	.53794	1.12	.32628	1.62	.19790
0.13	.87809	0.63	.53259	1.13	.32303	1.63	.19593
0.14	.86936	0.64	.52729	1.14	.31982	1.64	.19398
0.15	.86071	0.65	.52205	1.15	.31664	1.65	.19205
0.16	.87514	0.66	.51685	1.16	.31349	1.66	.19014
0.17	.84366	0.67	.51171	1.17	.31037	1.67	.18825
0.18	.83527	0.68	.50662	1.18	.30728	1.68	.18637
0.19	.82696	0.69	.50158	1.19	.30422	1.69	.18452
0.20	.81873	0.70	.49659	1.20	.30119	1.70	.18268
0.21	.81058	0.71	.49164	1.21	.29820	1.71	.18087
0.22	.80252	0.72	.48675	1.22	.29523	1.72	.17907
0.23	.79453	0.73	.48191	1.23	.29229	1.73	.17728
0.24	.78663	0.74	.47711	1.24	.28938	1.74	.17552
0.25	.77880	0.75	.47237	1.25	.28650	1.75	.17377
0.26	.77105	0.76	.46767	1.26	.28365	1.76	.17204
0.27	.76338	0.77	.46301	1.27	.28083	1.77	.17033
0.28	.75578	0.78	.45841	1.28	.27804	1.78	.16864
0.29	.74826	0.79	.45384	1.29	.27527	1.79	.16696
0.30	.74082	0.80	.44933	1.30	.27253	1.80	.16530
0.31	.73345	0.81	.44486	1.31	.26982	1.81	.16365
0.32	.72615	0.82	.44043	1.32	.26714	1.82	.16203
0.33	.71892	0.83	.43605	1.33	.26448	1.83	.16041
0.34	.71177	0.84	.43171	1.34	.26185	1.84	.15882
0.35	.70469	0.85	.42741	1.35	.25924	1.85	.15724
0.36	.69768	0.86	.42316	1.36	.25666	1.86	.15567
0.37	.69073	0.87	.41895	1.37	.25411	1.87	.15412
0.38	.68386	0.88	.41478	1.38	.25158	1.88	.15259
0.39	.67706	0.89	.41066	1.39	.24908	1.89	.15107
0.40	.67032	0.90	.40657	1.40	.24660	1.90	.14957
0.41	.66365	0.91	.40252	1.41	.24414	1.91	.14808
0.42	.65705	0.92	.39852	1.42	.24171	1.92	.14661
0.43	.65051	0.93	.39455	1.43	.23931	1.93	.14515
0.44	.64404	0.94	.39063	1.44	.23693	1.94	.14370
0.45	.63763	0.95	.38674	1.45	.23457	1.95	.14227
0.46	.63128	0.96	.38289	1.46	.23224	1.96	.14086
0.47	.62500	0.97	.37908	1.47	.22993	1.97	.13946
0.48	.61878	0.98	.37531	1.48	.22764	1.98	.13807
0.49	.61263	0.99	.37158	1.49	.22537	1.99	.13670
0.50	.60653	1.00	.36788	1.50	.22313	2.00	.13534

1. 使用 Excel® 表格，这些值由下列等式求得：1 − EXPONDIST（x，1，TRUE）。

附录 E

Z	G (Z)	Z	G (Z)	Z	G (Z)
−4.00	0.00003	−1.30	0.09680	1.40	0.91924
−3.95	0.00004	−1.25	0.10565	1.45	0.92647
−3.90	0.00005	−1.20	0.11507	1.50	0.93319
−3.85	0.00006	−1.15	0.12507	1.55	0.93943
−3.80	0.00007	−1.10	0.13567	1.60	0.94520
−3.75	0.00009	−1.05	0.14686	1.65	0.95053
−3.70	0.00011	−1.00	0.15866	1.70	0.95543
−3.65	0.00013	−0.95	0.17106	1.75	0.95994
−3.60	0.00016	−0.90	0.18406	1.80	0.96407
−3.55	0.00019	−0.85	0.19766	1.85	0.96784
−3.50	0.00023	−0.80	0.21186	1.90	0.97128
−3.45	0.00028	−0.75	0.22663	1.95	0.97441
−3.40	0.00034	−0.70	0.24196	2.00	0.97725
−3.35	0.00040	−0.65	0.25785	2.05	0.97982
−3.30	0.00048	−0.60	0.27425	2.10	0.98214
−3.25	0.00058	−0.55	0.29116	2.15	0.98422
−3.20	0.00069	−0.50	0.30854	2.20	0.98610
−3.15	0.00082	−0.45	0.32636	2.25	0.98778
−3.10	0.00097	−0.40	0.34458	2.30	0.98928
−3.05	0.00114	−0.35	0.36317	2.35	0.99061
−3.00	0.00135	−0.30	0.38209	2.40	0.99180
−2.95	0.00159	−0.25	0.40129	2.45	0.99286
−2.90	0.00187	−0.20	0.42074	2.50	0.99379
−2.85	0.00219	−0.15	0.44038	2.55	0.99461
−2.80	0.00256	−0.10	0.46017	2.60	0.99534
−2.75	0.00298	−0.05	0.48006	2.65	0.99598
−2.70	0.00347	0.00	0.50000	2.70	0.99653
−2.65	0.00402	0.05	0.51994	2.75	0.99702
−2.60	0.00466	0.10	0.53983	2.80	0.99744
−2.55	0.00539	0.15	0.55962	2.85	0.99781
−2.50	0.00621	0.20	0.57926	2.90	0.99813
−2.45	0.00714	0.25	0.59871	2.95	0.99841
−2.40	0.00820	0.30	0.61791	3.00	0.99865
−2.35	0.00939	0.35	0.63683	3.05	0.99886
−2.30	0.01072	0.40	0.65542	3.10	0.99903
−2.25	0.01222	0.45	0.67364	3.15	0.99918
−2.20	0.01390	0.50	0.69146	3.20	0.99931
−2.15	0.01578	0.55	0.70884	3.25	0.99942
−2.10	0.01786	0.60	0.72575	3.30	0.99952
−2.05	0.02018	0.65	0.74215	3.35	0.99960
−2.00	0.02275	0.70	0.75804	3.40	0.99966
−1.95	0.02559	0.75	0.77337	3.45	0.99972
−1.90	0.02872	0.80	0.78814	3.50	0.99977
−1.85	0.03216	0.85	0.80234	3.55	0.99981
−1.80	0.03593	0.90	0.81594	3.60	0.99984
−1.75	0.04006	0.95	0.82894	3.65	0.99987
−1.70	0.04457	1.00	0.84134	3.70	0.99989
−1.65	0.04947	1.05	0.85314	3.75	0.99991
−1.60	0.05480	1.10	0.86433	3.80	0.99993
−1.55	0.06057	1.15	0.87493	3.85	0.99994
−1.50	0.06681	1.20	0.88493	3.90	0.99995
−1.45	0.07353	1.25	0.89435	3.95	0.99996
−1.40	0.08076	1.30	0.90320	4.00	0.99997
−1.35	0.08851	1.35	0.91149		

1. 这些概率可以用 Microsoft Excel® 的 NORMSDIST（z）函数生成。

2. 表中数值是随机落在负无穷至 Z 区间中的累积概率大小。

附录 F 用 Excel Solver 解决线性规划问题

简介

　　线性规划定义

线性规划模型
线性规划的图解法

　　线性规划图解法的定义

用微软的 Excel 进行线性规划

　　充分利用可获得的人力、物料、工厂和设备以及资金等资源是运营盈利的关键。现在的管理者可以采用强大的数学模型工具——线性规划来解决这些问题。因此，我们将介绍如何使用 Microsoft Excel Solver 解决线性规划问题，并为那些想要进入咨询行业的人介绍一件无价的工具。在这里，我们将用一个产品计划问题来介绍这个工具的使用。我们将用这种方法来找出在不同成本和资源要求的限制下，产品的最优组合是怎样的。这个问题显然和当今市场的激烈竞争息息相关。真正成功的企业都会提供从普通产品到高档奢侈品的一系列产品组合。所有这些产品都在争夺有限的生产能力和其他能力。保持适当的产品组合能有力支持企业资产的收益和回报。

　　我们首先简要介绍一下线性规划和其适用的情况，接着我们会用线性规划的方法解决一个简单的产品组合问题。

引言

　　线性规划（LP）是指对有限资源进行最优化配置的一些数学方法。LP 是数学优化方法中最常用的一种，它被用来解决许多生产问题。以下是线性规划的常见应用：

　　（1）总体销售和运营计划：制订成本最小化的生产计划。问题是要在生产能力和劳动力的限制条件下制订 3 至 6 个月的生产计划以满足预期。在此过程中要考虑的问题包括常规劳动力工作时间和加班时间、雇用和解雇、合同转包和库存持有成本。

　　（2）服务/制造生产率分析：不同的服务和制造机构的资源利用率情况与绩效最优的机构作比较，这将通过数据包络分析来解决。

　　（3）产品计划：在不同成本和资源要求的几种产品中选择最优的产品组合。比如，决定汽油、颜料、食品动物饲料等的化学成分。本附录将说明有关该问题的例子。

　　（4）产品生产路径：一个产品依次经过几个工作中心的加工，每个工作中心的机器的成本和产出特征不同，根据已有的条件决定产品加工的最佳路径。

　　（5）交通工具/人员计划：寻找利用飞机、巴士、卡车或者运营人员向客户提供服务或者不同运输地点之间的物料。

　　（6）工艺控制：尽量减少整卷或者整张钢铁、皮革或者织物上因切割而产生的废料。

（7）库存控制：在不同仓库网络或者库存地点找到最优的产品放置组合。

（8）分销计划：找到工厂和仓库或者仓库与零售商之间最佳地分配产品的运输调度计划。

（9）工厂选址研究：通过评估不同选址方案之间以及不同供需资源之间的运输成本，找到新工厂的最优选址。

（10）物料处理：寻找令工厂中不同部门的物料处理成本最低的路径。例如，用卡车运送从供应仓库到工作地点的物料，每辆卡车的运输能力和性能不同。

由于运营的细节信息的可获得性增强，通过过程最优化缩减成本也逐渐受到人们关注，线性规划在许多行业得到广泛采纳。很多软件供应商用企业资源计划系统提供最优方案。一些企业将这些变为高级计划方案、同步计划和过程优化。

一个问题具备了5种必要条件就适合线性规划的方法：第一，必须有有限的资源（如有限的工人、设备、资金、物料），否则就没有必要。第二，必须有一个明确的目标（如利润最大化或成本最小化）。第三，必须存在线性关系（如果制作一个部件需要3个小时，那么制作两个部件需要6个小时，那么制作3个部件需要9个小时）。第四，必须有同质性（同一台机器生产的产品都是相同的，或者每个工人劳动工时的产出率都是相同的）。第五，必须有可分割性，一般线性规划假设产品和资源可以分割为分数。如果这种分割并不能实现（如半架飞机、雇用半个工人），那么可以采用线性规划形式的整数规划。

当我们要实现单目标的最大化（利润）或者最小化（成本），我们可以采用线性规划。当我们要实现多目标的时候，我们采用目标规划。如果一个问题在阶段或者时间框架中最好解决，那么我们要采用动态规划。问题本身的其他一些限制要求用其他技术对问题进行求解，如非线性规划或二次规划。

▰ 线性规划模型

一般说来，线性规划问题是一个最优化过程，即选用非负的一组决策变量 X_1，X_2，…，X_n 使目标函数最大化（或最小化），格式为：

$$\text{Maximize (minimize)} \ Z = C_1 X_1 + C_2 X_2 + \cdots + C_n X_n$$

约束条件为：

$$A_{11} X_1 + A_{12} X_2 + \cdots + A_{1n} X_n \leq B_1$$
$$A_{21} X_1 + A_{22} X_2 + \cdots + A_{2n} X_n \leq B_2$$
$$\vdots$$
$$A_{m1} X_1 + A_{m2} X_2 + \cdots + A_{mn} X_n \leq B_m$$

式中：C_n、A_{mn} 和 B_m 是常数。

根据实际问题，这些约束条件也可采用等号（＝）或者大于等于号（≥）。

例 F. 1　Puck&Pawn 公司

我们通过 Puck&Pawn 公司的一个例子来说明简单线性规划模型的解决步骤。Puck&Pawn 生产曲棍球球杆和国际象棋。每个曲棍球球杆利润为 2 美元，每套国际象棋利润为 4 美元。每个球杆需要在 A 车间生产 4 小时，B 车间生产 2 小时；每套国际象棋需要在 A 车间生产 6 小时，B 车间生产 6 小时，C 车间生产 1 小时。A 车间每日可用的生产能力是 120 小时，B 车间每天可用的生产能力是 72 小时，C 车间每天可用的生产能力是 10 小时。

如果该公司希望收益最大化，那么每天应当制作多少曲棍球球杆和国际象棋？

解：

用数学公式表示这个问题。设 H 为曲棍球球杆数量，C 为国际象棋的数量，利润最大化的目标函数可以表示为：

$$\text{Maximize } Z = \$ 2H + \$ 4C$$

这个最大化将受到以下条件约束：

$$4H + 6C \leqslant 120 \ (\text{A 车间的限制})$$
$$2H + 6C \leqslant 72 \ (\text{B 车间的限制})$$
$$1C \leqslant 10 \quad\ (\text{C 车间的限制})$$
$$H, C \geqslant 0$$

这个公式表述满足了本附录第一节描述的标准线性规划必需的 5 个条件。

（1）有限的资源（每个机器加工中心可用的工作时间有限）。

（2）目标函数明确（我们知道每个变量代表什么，也知道解决问题要求的目标是什么）。

（3）等式是线性的（没有指数关系或者交叉产品）。

（4）资源是同质的（衡量方法是一样的，都是机器工时数）。

（5）决策变量是可分的并且是非负的（我们可以生产一个分数的球杆或者象棋；当然，如果认为这样是不合理的，我们可以使用整数规划）。

线性规划的图解法

尽管线性规划的图解法的应用局限在两个决策变量的问题（3 个决策变量采用 3 维图形），但它可以快速揭示线性规划的本质。我们用 Puck&Pawn 公司的例子中用到的图形方法来阐述图形线性规划的步骤。下面说明图形方法具体的步骤：

（1）把问题构建成数学模型。上文已经给出了问题的等式。

（2）描绘约束条件等式。约束条件很容易划分，只要设一个变量为零，得到另一个变量在轴上的截距即可（这一步中约束条件的不等号可以忽略不计）。对于机器中心 A 的约束条件而言，当 H = 0 时，C = 20；当 C = 0 时，H = 30 。对于机器中心 B 的约束条件而言，当 H = 0 时，C = 12；当 C = 0 时，H = 36。对于机器中心 C 的约束条件而言，无论 H 为何值，C = 10。图表 F—1 绘出了这些图形。

（3）确定可行域。每个约束条件的不等号方向决定了可行方案所在区域。在本例中，所有的不等式都是小于等于，这就意味着生产出来的产品数量组合不可能落在图中任何一条约束线的右边。图上可行解的区域是不规则的，并形成了一个凸多边形。如果可行域不是凸多边形，那说明构建问题方程的时候出现了错误或者该问题不适用于线性规划。

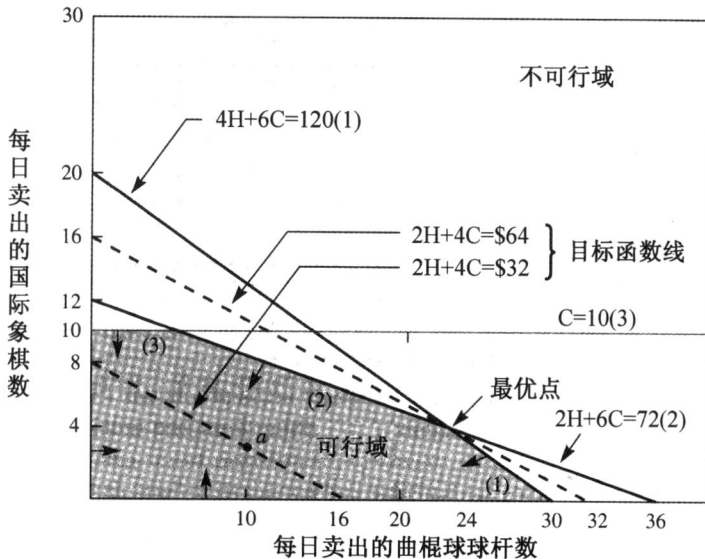

图表 F—1　曲棍球球杆和国际象棋问题的图解

（4）描绘目标函数。目标函数可以这样描绘，先假设一个任意的总利润额，然后求出轴上截距坐标，就像在描绘约束条件等式时那样操作。本文中用到的目标函数的其他形式是等利润或者等贡献线，因为它列出任何给定利润额的所有可能的产品组合。例如，从图上离原点最近的虚线上我们可以得到利润为 32 美元的收益组合是 10 根曲棍球球杆和 3 套国际象棋。只要把 H = 3 和 C = 10 代入目标函数就可以验证：

$$2 \times 10 + 4 \times 3 = 20 + 12 = 32 \text{（美元）}$$

H	C	说　明
0	$120 \div 6 = 20$	约束条件 1 和 C 轴的交点
$120 \div 4 = 30$	0	约束条件 1 和 H 轴的交点
0	$72 \div 6 = 12$	约束条件 2 和 C 轴的交点
$72 \div 2 = 36$	0	约束条件 2 和 H 轴的交点
0	10	约束条件 3 和 C 轴的交点
0	$32 \div 4 = 8$	32 美元利润线（目标函数）和 C 轴交点
$32 \div 2 = 16$	0	32 美元利润线和 H 轴交点
0	$64 \div 4 = 16$	64 美元利润线和 C 轴交点
$64 \div 2 = 32$	0	64 美元利润线和 H 轴交点

（5）寻找最优点。通过数学方法可以发现决策变量的最优组合一般在凸多边形的顶点（交点）上得到。在图表 F—1 中有 4 个顶点（不包括原点），用以下两种方法

中的任意一种都可以找出哪个是最优点。第一种方法是用代数的方法求出不同顶点的目标函数值。这要求一对等式约束并把结果代入目标函数。例如，用以下方法求解 $2H+6C=72$ 和 $C=10$ 的交点：

把 $C=10$ 代入 $2H+6C=72$，即 $2H+6\times10=72$，$2H=12$，$H=6$。再把 $H=6$ 和 $C=10$ 代入目标函数，得到：

$$利润 = \$2H + \$4C = \$2\times6 + \$4\times10 = \$12 + \$40 = \$52$$

这种方法还可以直接从图上读出 H 和 C 的值，并代入目标函数，计算和前面的方法一样。这种方法的缺点是当问题的约束条件很多时，就需要估算很多的可能点，而计算每个可能组合的效率非常低。

第二种方法是采用目标函数或者等利润线来寻找最优点。该过程就是画一条平行于任意初始等利润线的直线，并使该利润线离原点最远（在成本最小化问题中，目标是画一条线令其通过最接近原点的那个点）。在图表 F—1 中，标着 $\$2H + \$4C = \$64$ 虚线通过最靠外的交点。注意这个任意的等利润线要能反映特定问题目标函数的斜率。由于不同的目标函数会得出不同的距离原点最远的点，假设 $\$2H + \$4C = \$64$ 是最优的，那么需要生产的每个变量值从图上可以读出：24 根曲棍球球杆和 4 套国际象棋。再没有别的产品组合能获得更多利润。

用微软的 Excel 进行线性规划

电子数据表可以用来解决线性规划问题。微软 Excel 有一个最优化工具叫 Solver，我们用曲棍球球杆和国际象棋的问题来说明它的用法。我们从工具菜单选择规划求解。这时会弹出对话框要求提供规划求解参数。接下来我们将描述如何使用 Excel 来解决我们的问题。

如果你的工具菜单中没有规划求解的话，点击加载宏，选择加载"规划求解"，点击"确定"。这样以后用到规划求解时都可以直接由工具菜单上直接选取。

在下面的例子中，我们将逐步建立电子数据表解决 Puck&Pawn 公司的问题。我们的基本策略是首先用电子数据表定义问题。因此，首先点击规划求解，输入所需信息。然后，我们进行规划求解并且解释规划得出的报告的结果。

第 1 步：定义变化单元格

首先确定一个问题的决策变量要采用的单元格。在本例中是曲棍球球杆数 H 和象棋套数 C。Excel 在规划求解中把这些单元称为变化单元格。图表 F—2 中，我们用 B4 单元格表示曲棍球球杆的数量，用 C4 表示国际象棋的套数。注意我们把一些单元格的初始值设定为 2。当然我们可以给这些单元格赋予任何值，但最好用非零值，因为这样容易验证我们的计算是否正确。

第 2 步：计算总利润（或总成本）

总利润或者总成本就是我们的目标函数，通过把各个产品的单位利润和产品数量相乘加和最后得到总利润值。我们把单位利润放在单元格 B5 和 C5 中（$2 和 $4）。因此，可以用以下等式来计算利润：B4 * B5 + C4 * C5，计算结果放置在 D5 中。规划求解把这一单元格称为目标单元格，它反映了一个问题的目标函数值。

图表 F—2　Puck&Pawn 公司的 Excel 截屏图

第 3 步：建立资源利用情况

我们的资源是原问题中的机器中心 A 、B 和 C。我们在电子数据表里面设立三行（第 9、10 和 11），每一行建立一个资源约束。对于机器中心 A，每一个曲棍球球杆的加工时间为 4 小时（单元格 B9），每一套国际象棋的加工时间为 6 小时（单元格 C9）。对于一个特定方案，D9 得出机器中心 A 所用的资源（B9 ∗ B4 ＋C9 ∗ C4）。E9 的小于等于号说明我们希望机器中心 A 采用的生产能力小于 120 小时（F9 中的数据）。第 10 行和 11 行用同样的方法建立工作中心 B 和工作中心 C 的资源约束。

第 4 步：设置求解过程

进入工具菜单选择规划求解。

（1）设置目标单元格：我们想要计算的优化结果放置的位置。在本例中是我们电子数据表中 D5 计算的利润。

（2）等于：由于我们要求最大利润，所以该项设置为最大。

（3）可变单元格：最大利润可以变化的单元格。

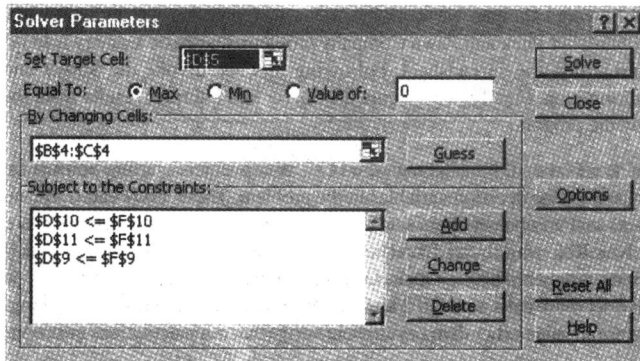

（4）约束：根据机器中心的生产能力设置。这时我们点击"添加"列出利用的资源总数要小于等于可利用的生产能力。例如，机器中心 A 的约束表达如下，每个约束方程确定以后点击"确定"。

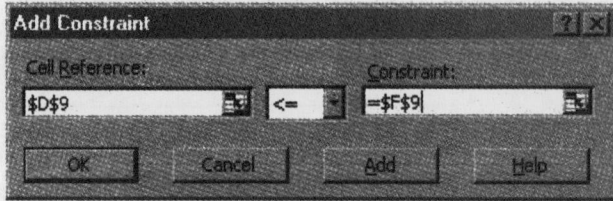

（5）点击"选项"，我们可以规定规划求解解决问题的类型和解决问题的方法。规划求解有很多选项，但我们要用的仅很少一部分。截屏画面如下。

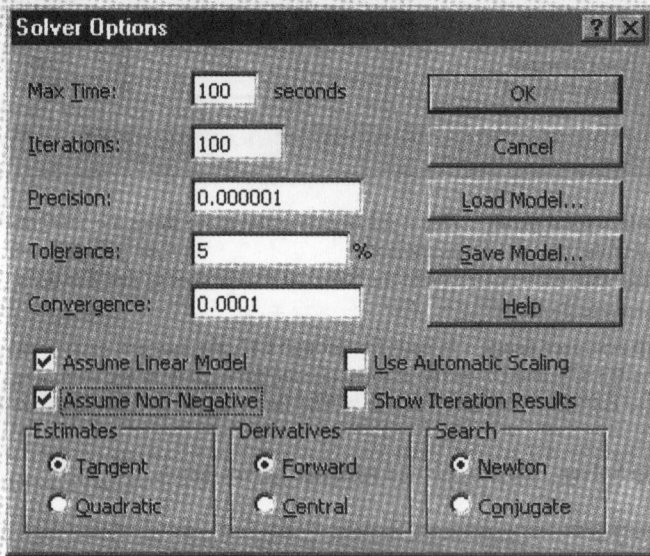

大多数的选项都是关于规划求解如何解决非线性问题的。非线性问题一般较难解决，并且很难找到最优值。幸运的是，我们的问题是一个线性的问题。因为我们的约束条件和目标函数都使用线性等式来计算，所以我们很容易知道这一点。采用线性模式说明我们想要采用线性模式来解决问题。此外我们已知可变单元格（决策变量）一定是非负数，因为曲棍球球杆或者国际象棋的产量小于零的话就没有任何意义了。我们选择假定非负作为选项，现在就可以用规划求解来解决问题了，点击确定回到规划求解参数对话框。

第5步：解决问题

单击规划求解。我们得到如下规划求解结果。

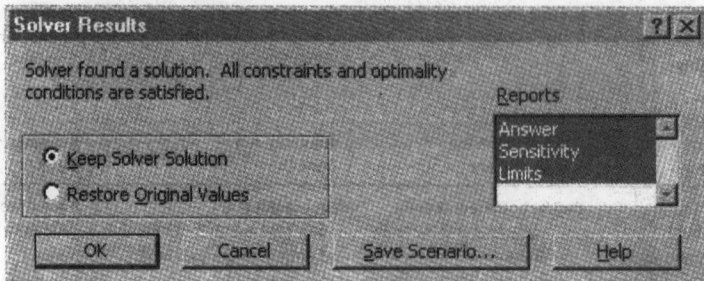

规划求解报告说明找到一个看似最优的方案。对话框右边有 3 个选项：运算结果报告、敏感性报告、极限值报告。点击所有选项给出这些报告。当这些报告都被选中的时候，点击确定返回到数据表。对解决问题最有用的报告是运算结果报告和敏感性报告，见图表 F—3。

图表 F—3　　　　　　　　　　　　**运算结果报告和敏感性报告**

运算结果报告

目标单元格（最大值）

单元格	名称	初值	终值
$D$5	利润总量	$12	$64

可变单元格

单元格	名称		初值	终值
$B$4	可变单元格	曲棍球球杆	2	24
$C$4	可变单元格	国际象棋	2	4

约束

单元格	名称	单元格值	公式	状态	数值
$D$11	机器 C 已用资源	4	$D$11 < = $F$11	未到限制值	6
$D$10	机器 B 已用资源	72	$D$10 < = $F$10	到达限制值	0
$D$9	机器 B 已用资源	120	$D$9 < = $F$9	到达限制值	0

敏感性报告

可变单元格

单元格	名称		终值	递减成本	目标式系数	允许的增量	允许的减量
$B$4	可变单元格	曲棍球球杆	24	0	2	0.66666667	0.66666667
$C$4	可变单元格	国际象棋	4	0	4	2	1

约束

单元格	名称	终值	阴影价格	约束限制值	允许的增量	允许的减量
$D$11	机器 C 已用资源	4	0	10	1E +30	6
$D$10	机器 B 已用资源	72	0.333333333	72	18	12
$D$9	机器 B 已用资源	120	0.333333333	120	24	36

运算结果报告显示了总利润的最终结果（＄64）和生产的数量（24 根曲棍球球杆和 4 套国际象棋）。在运算结果报告中的约束条件部分，给出了每种资源的状态。机器中心 A 和 B 都被充分利用，而机器中心 C 还有 6 单位的空间能力。

敏感性报告分为两个部分。"可变单元格"部分对应于目标函数系数。每根曲棍球球杆的利润上浮或者下浮 0.67 美元（在 2.67 美元和 1.33 美元之间）对结果没有影响。同理，国际象棋的价格在 6 美元和 3 美元之间波动，对结果没有影响。A 车间的能力可以增加到 144（120 + 24）或降低到 84，这样对目标函数造成每单位 0.33 美元的涨幅或者跌幅。B 车间可以上涨到 90 或者下调到 60，同样对目标函数造成每单位 0.33 美元的涨幅或跌幅。对于 C 车间，可以上涨到无穷大（1E +30 是个极大数的科学计数）或者下调到 4，都不会对目标函数产生影响。

关键术语

线性规划（LP）：对几种需求相互争夺的有限资源进行最优化配置的一些数学方法。

线性规划的图解法：帮助理解线性规划方法原理的直观方法。

应用举例

例1

一家家具工厂生产三种产品：茶几、沙发和椅子。这些产品主要在五个部门中进行加工：锯木、裁剪织物、磨砂、染色以及安装部门。茶几和椅子只用到原木，沙发需要木材和织物。胶水和缝合线十分充裕，它们是相对次要的成本，包含在运营费用中。每种产品的特定要求如下：

资源或者作业 （每月可以使用的量）	每个茶几需要量	每个沙发需要量	每个椅子需要量
木材（4 300 英尺）	10 英尺	7.5 英尺	4 英尺
织物（2 500 码）	无	10 码	无
锯木（280 小时）	20 分钟	24 分钟	30 分钟
切割织物（140 小时）	无	24 分钟	无
磨砂（280 小时）	30 分钟	6 分钟	30 分钟
染色（140 小时）	24 分钟	12 分钟	24 分钟
装配（700 小时）	60 分钟	90 分钟	30 分钟

公司的直接人工费用是每月 75 000 美元，总共 1540 工时，平均每小时 48.70 美元。根据目前的需求，该公司每月可以出售 300 张茶几、180 个沙发、400 把椅子。茶几的销售价格为 400 美元、沙发为 750 美元、椅子为 240 美元。假定劳动力成本是固定的，公司下个月不打算雇用或者解雇任何工人。

a. 什么是家具公司最有限资源？

b. 家具公司要获得最大的利润采用的产品组合是什么？每月应生产多少茶几、沙发和椅子？

解：

设每月生产茶几的数量为 X_1、沙发的数量为 X_2、椅子的数量为 X_3。利润是每件产品的收入减去物料成本（木材和织物），再减去劳动力成本。由于劳动力成本是固定的，我们将它们扣除。利润的计算如下：

$$利润 = 400X_1 + 750X_2 + 240X_3 - 75\,000$$

约束条件：

木　材：　　　　　$10X_1 + 7.5X_2 + 4X_3 \leqslant 4\,350$

织　物：　　　　　　　　$10X_2 \leqslant 2\,500$

锯　木：　　　　$0.5X_1 + 0.4X_2 + 0.5X_3 \leqslant 280$

裁　　布：					$0.4X_2 \leqslant 140$

裁　　布：　　　　　　　　　　　　$0.4X_2 \leqslant 140$

磨　　砂：　　　　　　　$0.5X_1 + 0.1X_2 + 0.5X_3 \leqslant 280$

染　　色：　　　　　　　$0.4X_1 + 0.2X_2 + 0.4X_3 \leqslant 140$

组　　装：　　　　　　　$1X_1 + 1.5X_2 + 0.5X_3 \leqslant 700$

需　　求：

茶　　几：　　　　　　　　　　　$X_1 \leqslant 300$

沙　　发：　　　　　　　　　　　$X_2 \leqslant 180$

椅　　子：　　　　　　　　　　　$X_3 \leqslant 400$

第 1 步：确定可变单元格

在本例中为 B3、C3 和 D3，注意到这些单元格的值设为 0。

第 2 步：计算总利润

在本例中为 E4（等于 $300 \times B3 + 500 \times C3 + 200 \times D3 - 75\,000$）。请注意 75 000 美元的固定成本已经从收入中减掉了。

第 3 步：计算资源利用

单元格 E6 到 E15 是每种资源的利用情况，是由 B3、C3 和 D3 分别乘以各种产品的资源消耗量，再加总得到的（如 E6 = $B3 \times B6 + C3 \times C6 + D3 \times D6$）。各种资源的约束输入在单元格 F6 到 F15 中。

第 4 步：设置规划求解选项

点击"工具"，并选择规划求解选项。

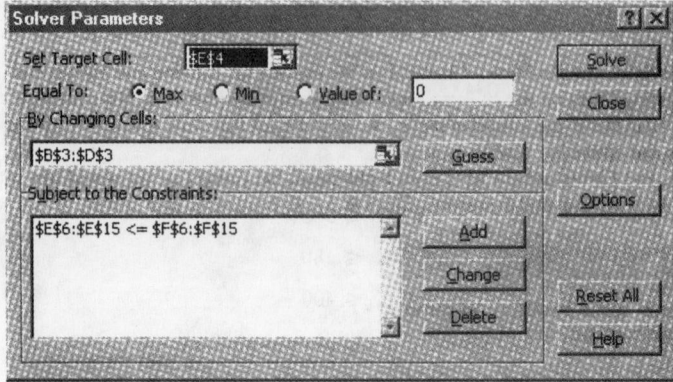

a. 设置"目标单元格"：我们希望计算出最优值的单元格。

b. "等于"由于要求利润最大化，选择"最大值"。

c. "可变单元格"是规划求解为使利润最大化可以改变取值的单元格（在本例中为单元格 B3 到 D3）。

d. "约束"是添加约束条件的地方，我们设定 E6 到 E15 的值必须小于等于 F6 到 F15。

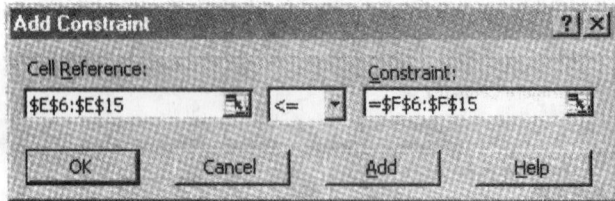

第 5 步：设定选项

这里有很多选项，但是为了达到求解目的只需要选择"采用线性模型"和"假定非负"。"采用线性模型"意味着我们所有的方程都是简单的线性等式。"假定非负"表明可变单元格的值必须大于或等于 0。点击"确定"，我们就可以开始计算我们的问题了。

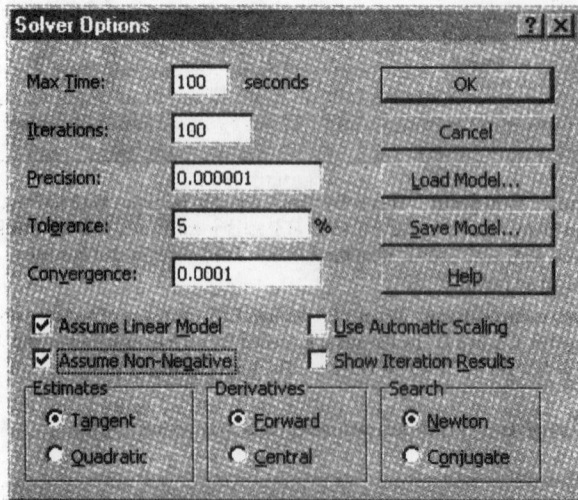

第 6 步：解决问题

点击"解决"。我们可以看到"规划求解结果"中显示找到了一个解，两种报告形式被选中。注意在下图显示的对话框中，规划求解显示找到了一个解并满足所有约束条件达到最优。在右边的报告选项框，结果灵敏度和极限值报告都被选中了，表明我们想要了解这些结果。选中这些报告之后，点击"确定"返回到原来的数据表。

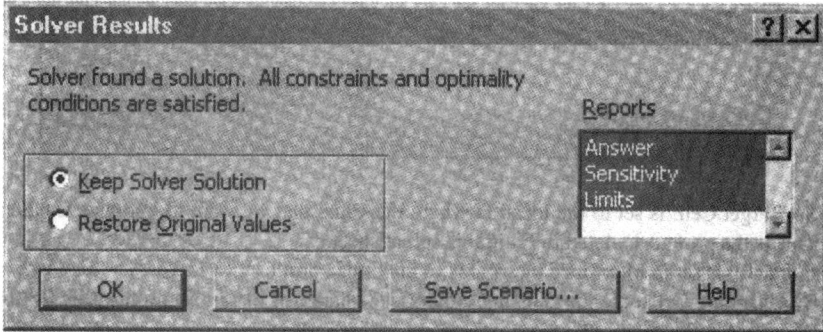

我们看到生成了 3 张新表：运算结果报告、敏感性报告、极限值报告。运算结果报告显示利润是 93 000 美元（开始时为 –75 000 美元），应该生产 260 个茶几、180 个沙发、不生产椅子，在约束区我们看到只有染色总量和沙发需求总量达到了限制值。我们能从"状态"栏看到是否达到了极限值。未到限制值表示还有富余，由最后一栏数值可以看到。

目标单元格（最大值）

单元格	名　字	初　　值	终　　值
$E$4	利润总量	– $75 000	$93 000

可变单元格

单元格	名　字	初　　值	终　　值
$B$3	可变单元格茶几	0	260
$C$3	可变单元格沙发	0	180
$D$3	可变单元格椅子	0	0

约束

单元格	名字	单元格值	公式	状态	行数值
$E$6	木材总量	3 950	$E$6 < = $F$6	无约束	400
$E$7	织物总量	1 800	$E$7 < = $F$7	无约束	700
$E$8	切割总量	202	$E$8 < = $F$8	无约束	78
$E$9	裁剪总量	72	$E$9 < = $F$9	无约束	68
$E$10	磨砂总量	148	$E$10 < = $F$10	无约束	132
$E$11	染色总量	140	$E$11 < = $F$11	有约束	0
$E$12	装配总量	530	$E$12 < = $F$12	无约束	170
$E$13	茶几需求总量	260	$E$13 < = $F$13	无约束	40
$E$14	沙发需求总量	180	$E$14 < = $F$14	有约束	0
$E$15	椅子需求总量	0	$E$15 < = $F$15	无约束	400

当然，我们可能对这个结果不满意，因为我们没有满足所有茶几的需求，并且完全不生产椅子似乎是不明智的。

敏感性报告（如下所示）对结果进行了进一步解释。报告的可变单元格部分显示每个单元格的终值和递减成本。递减成本说明当前设置为0的单元格发生变化时目标单元格会发生的变化。由于当前茶几（B3）和沙发（C3）不为0，它们的递减成本为0。而我们每增产一把椅子（D3），目标单元格值会减少100美元（为了方便解释对这些数据进行四舍五入）。可变单元格的最后三列是数据源数据表中的目标式系数以及允许的增量和允许的减量。允许的增量表示利润系数可以在哪个范围内变动而不影响可变单元格的值（当然目标单元格的值会变）。例如，每个茶几的收入可能高达1 000美元（300＋700）或是低至200美元（300－100），我们仍然要卖260个茶几。记住这里假定除了某产品的利润系数以外，其他量不变。注意沙发的允许增量是1E＋30。这是一个很大的数目，是科学计数法表示的无穷大。

可变单元格

单元格	名字	终值	递减成本	目标式系数	允许的增量	允许的减量
$ B $ 3	可变单元格茶几	260	0	299. 9999997	700. 0000012	100. 0000004
$ C $ 3	可变单元格沙发	180	0	500. 0000005	1E ＋30	350. 0000006
$ D $ 3	可变单元格椅子	0	－ 100. 0000004	199. 9999993	100. 0000004	1E ＋30

约束

单元格	名字	终值	阴影价格	约束限制值	允许的增量	允许的减量
$ E $ 6	木材总量	3 950	0	4 350	1E ＋30	400
$ E $ 7	织物总量	1 800	0	2 500	1E ＋30	700
$ E $ 8	切割总量	202	0	280	1E ＋30	78
$ E $ 9	裁剪总量	72	0	140	1E ＋30	68
$ E $ 10	磨砂总量	148	0	280	1E ＋30	132
$ E $ 11	染色总量	140	749. 9999992	140	16	104
$ E $ 12	装配总量	530	0	700	1E ＋30	170
$ E $ 13	茶几需求总量	260	0	300	1E ＋30	40
$ E $ 14	沙发需求总量	180	350. 0000006	180	70	80
$ E $ 15	椅子需求总量	0	0	400	1E ＋30	400

报告的约束部分，每种资源的实际利用情况在"终值"栏表示出来。"影子价格"是指某种资源一单位增量对目标单元格价值的贡献。如果我们能增加染色的生产能力，每增加一小时带来的利润增加额是750美元。"约束限制值"是当前每种资源的限制。"允许的增量"是允许影子价格保持不变时资源允许增加的量。用于染色的工作时间再增加16小时，每小时的影子价格还是750美元。类似的，"允许的减量"栏表示保持影子价格不变时，各种资源总额允许的减少量。

极限值报告为我们的问题提供了一些其他信息。

			目标式			
单元格			名称		总值	
$ E $ 4			利润总额		$ 93 000	

单元格	变量名称	总值	下限极限	目标式结果	上限极限	目标式结果
$ B $ 3	可变单元格茶几	260	0	15 000	260.0000002	93 000
$ C $ 3	可变单元格沙发	180	0	3 000	180	93 000
$ D $ 3	可变单元格椅子	0	0	93 000	0	93 000

目前方案利润总额为 93 000 美元。B3（茶几）目前的值是 260 张。如果这个值减少到 0，利润将减少到 15 000 美元。B3 为上限极限 260 张时，利润总额是 93 000 美元（当前值）。类似的，对于 C3（沙发）而言，C3 为上限极限 180 单位时，利润是 93 000 美元，如果这个值减少到 0，利润将减少到 3 000 美元。对于 D3（椅子）而言，若减为 0，利润为 93 000 美元（当前值），在本例中，上限极限也是 0。

对于我们的问题，可行的方案如下：

a. 对这个家具公司来说哪种资源最紧缺？

答案：对我们的生产资源来说，最关键的是染色时间。我们可以再增加 16 小时。

b. 要使利润最大化，公司的产品组合应该是怎样的？每个月茶几、沙发、椅子的最优产量是多少？

答案：产品组合应该是 260 张桌子、180 套沙发、不生产椅子。

当然，我们仅浅显地考虑了这个问题。实际上我们可以尝试增加染色的生产能力，这样会产生新的紧缺资源。我们也可以设置每种产品必须至少生产某个量的情形，这也可能更贴近现实一点。这能帮助我们决定如何重新配置劳动力资源。

例 2

星期五下午 2：00，布鲁斯餐厅高级厨师（烧烤厨师）Joe，正在决定如何为当天晚上的四道特餐分配有限的原料。当天下午一开始就要做好决定，因为有三道菜现在就要开始了（牛肉酱汉堡包、玉米饼和红辣椒汤）。下表包含了库存的食物和每道菜需要的原料量。

食物	芝士汉堡	牛肉酱汉堡包	玉米饼	红辣椒汤	可使用量
碎牛肉	0.3	0.25	0.25	0.4	100 磅
芝士	0.1	0	0.3	0.2	50 磅
豆子	0	0	0.2	0.3	50 磅
生菜	0.1	0	0.2	0	15 磅
西红柿	0.1	0.3	0.2	0.2	50 磅
小圆面包	1	1	0	0	80 个
玉米面	0	0	1	0	80 个

Joe 另外要考虑的一个因素是市场需求预测和售价。

	芝士汉堡	牛肉酱汉堡包	玉米饼	红辣椒汤
需求	75	60	100	55
售价	$ 2.25	$ 2.00	$ 1.75	$ 2.50

Joe 购买了所需的所有原材料，放置在冷却器中，他希望获得最大利润。

要求：

1. 为使收入最大化 Joe 为周五特餐准备的最好组合是什么？

2. 如果某个供应商以 1 美元一个的应急价格提供小圆面包，值得花钱购买吗？

解：

设 X_1 为芝士汉堡的数量，X_2 为牛肉酱汉堡包的数量，X_3 为玉米饼的数量，X_4 为红辣椒汤的数量。

$$收入 = \$2.25 X_1 + \$2.00 X_2 + \$1.75 X_3 + \$2.50 X_4$$

约束条件为：

碎牛肉	$0.30 X_1 + 0.25 X_2 + 0.25 X_3 + 0.40 X_4 \leq 100$
芝士	$0.10 X_1 + 0.30 X_3 + 0.20 X_4 \leq 50$
豆子	$0.20 X_3 + 0.30 X_4 \leq 50$
生菜	$0.10 X_1 + 0.20 X_3 \leq 15$
西红柿	$0.10 X_1 + 0.30 X_2 + 0.20 X_3 + 0.20 X_4 \leq 50$
小圆面包	$X_1 + X_2 \leq 80$
玉米面	$X_3 \leq 80$

要求：

芝士汉堡	$X_1 \leq 75$
牛肉酱汉堡包	$X_2 \leq 603$
玉米饼	$X_3 \leq 100$
红辣椒汤	$X_4 \leq 55$

第一步：指定可变单元格——B3、C3、D3 和 E3 。初值取为 10 以检查公式是否正确。

第二步：确定总收入公式——F7（B3 乘以芝士汉堡 2.25 美元的单位利润，加上 C3 乘以牛肉酱汉堡包 2.00 美元的单位利润，加上 D3 乘以玉米饼 1.75 美元的单位利润，加上 E3 乘以红辣椒汤 $2.50 的单位利润，在 Excel 中 SUMPRODUCT 功能可以快速进行该项计算）。注意到当前值是 $85，因为可变单元格初始值是 10。

第三步：每种原材料的使用情况——单元格 F11 至 F17，每种原料的使用量通过可变单元格与对应系数的乘积之和得到。每种原料的约束限制由 H11 至 H17 列出。

第四步：设置规划求解，并对选项进行设置。

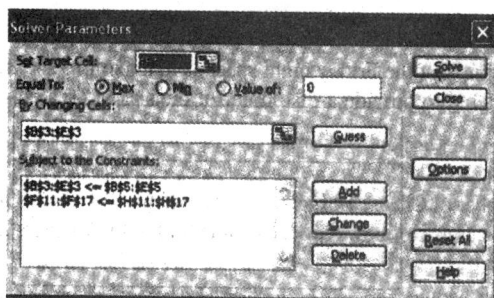

a. 设置"目标单元格"。把我们要进行最优值计算的单元格设为目标单元格。在这张表中，收入的计算值设定在单元格 F7 中。

b. "等于"：希望最大化结果时选择"最大值"。

c. "可变单元格"：告诉我们每种食品该生产多少的单元格。

d. "约束"：我们在这里添加两类约束：一是需求约束，二是原料使用约束。

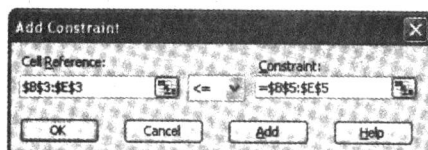

第五步：设置"选项"。点击"选项"，我们把所有选项设置为默认值，除了两个之外：(1) 我们必须选定采用线性模型；(2) 我们必须选定假设非负。这两个选项规定规划求解为线性规划问题，并且所有的可变单元格都为非负。点击"确定"返回规划求解参数对话框。

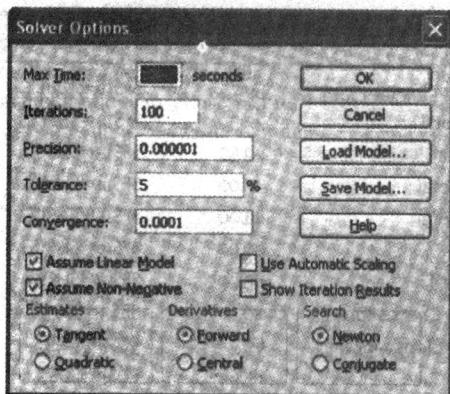

第六步：点击"求解"，出现"规划求解结果"对话框。确认这个对话框上写着"规划求解找到一解，可满足所有的约束及最优状况"。

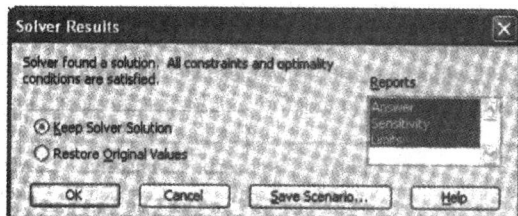

在对话框的右边可对三个报告选项进行选择：运算结果报告、敏感性报告和极限值报告。点击这三个报告，使它们变为亮色，再点击"确定"，就可以返回到原工作表，但这时有了三个新表。

运算结果报告显示，目标单元格的终值是 $ 416.25，初值是 $ 85。在可变单元格区我们看到我们应该生产 20 个芝士汉堡、60 个牛肉酱汉堡包、65 个玉米饼和 55 碗红辣椒汤。这就回答了第一个问题，即周五特餐准备的食物组合应该是什么。

目标单元格（最大值）

单元格	名称	初值	终值
$ F $ 7	总收益	$ 85.00	$ 416.25

可变单元格

单元格	名称	初值	终值
$ B $ 3	可变单元格芝士汉堡	10	20
$ C $ 3	可变单元格牛肉酱汉堡包	10	60
$ D $ 3	可变单元格玉米饼	10	65
$ E $ 3	可变单元格红辣椒汤	10	55

约束

单元格	名称	单元格值	公式	状态	型数值
$ F $ 11	碎牛肉总值（lbs）	59.25	$ F $ 11 <= $ H $ 11	未到极限值	40.75
$ F $ 12	芝士总值（lbs）	32.50	$ F $ 12 <= $ H $ 12	未到极限值	17.5
$ F $ 13	豆子总值（lbs）	29.50	$ F $ 13 <= $ H $ 13	未到极限值	20.5
$ F $ 14	生菜总值（lbs）	15.00	$ F $ 14 <= $ H $ 14	到达极限值	0
$ F $ 15	西红柿总值（lbs）	44.00	$ F $ 15 <= $ H $ 15	未到极限值	6
$ F $ 16	小圆面包总值	80.00	$ F $ 16 <= $ H $ 16	到达极限值	0
$ F $ 17	玉米面总值	65.00	$ F $ 17 <= $ H $ 17	未到极限值	15
$ B $ 3	可变单元格芝士汉堡	20	$ B $ 3 <= $ B $ 5	未到极限值	55
$ C $ 3	可变单元格牛肉酱汉堡包	60	$ C $ 3 <= $ C $ 5	到达极限值	0
$ D $ 3	可变单元格玉米饼	65	$ D $ 3 <= $ D $ 5	未到极限值	35
$ E $ 3	可变单元格红辣椒汤	55	$ E $ 3 <= $ E $ 5	到达极限值	0

第二个回答是否值得购买 $ 1.00 价格的小圆面包。运算结果报告显示小圆面包的使用已经达到了限制值，因此购买更多小圆面包是能够赚钱的。但是运算结果报告并没有告诉我们用 $ 1.00 的价格买进是否合算。为了回答这个问题，我们要看敏感性报告。

可变单元格

单元格	名字	终值	递减成本	目标式系数	允许的增量	允许的减量
$ B $ 3	可变单元格芝士汉堡	20	0	2.25	0.625	1.375
$ C $ 3	可变单元格牛肉酱汉堡包	60	0.625	2	1E + 30	0.625
$ D $ 3	可变单元格玉米饼	65	0	1.75	2.75	1.25
$ E $ 3	可变单元格红辣椒汤	55	2.5	2.5	1E + 30	2.5

约束

单元格	名称	终值	影子价格	约束值限制	允许的增量	允许的减量
$ F $ 11	碎牛肉总值（lbs）	59.25	0.00	100	1E + 30	40.75
$ F $ 12	芝士总值（lbs）	32.50	0.00	50	1E + 30	17.5
$ F $ 13	豆子总值（lbs）	29.50	0.00	50	1E + 30	20.5
$ F $ 14	生菜总值（lbs）	15.00	8.75	15	3	13
$ F $ 15	西红柿总值（lbs）	44.00	0.00	50	1E + 30	6
$ F $ 16	小圆面包总值	80.00	1.38	80	55	20
$ F $ 17	玉米面总值	65.00	0.00	80	1E + 30	15

我们选用小圆面包总值那一行来回答这个问题。我们可以看到，小圆面包的影子价格是 $ 1.38，表示每增加一单位小圆面包可以产生 $ 1.38 的利润。我们同样可以看到碎牛肉的影子价格是 0，这是因为碎牛肉的使用量并没有达到限制值，还有多余。另外一个重要信息是小圆面包增加的数量不能超过 55 个，每个才值 $ 1.38。这就是允许的增量是 55 的原因。我们还看到每磅生菜值 $ 8.75。寻找生菜的供应商是明智的，因为它可以增加我们周五特餐的利润。

问题的答案如下：

1. 周五特餐最优食品组合是什么？

答案：20 个芝士汉堡，60 个牛肉酱汉堡包，65 个玉米饼，55 碗红辣椒汤。

2. 如果某个供应商以 $ 1.00 的应急价格提供小圆面包，值得花钱购买吗？

答案：是值得的，每单位增加的小圆面包带来 $ 1.38 的收入，而只有 $ 1 的成本，因此有 $ 0.38 的净利润，但这是在购买数量不超过 55 个的情况下才成立。

习题

1. 用 Excel 的规划求解解决以下问题：

$$\text{Maximize } Z = 3X + Y$$
$$12X + 14Y \leqslant 85$$
$$3X + 2Y \leqslant 18$$
$$Y \leqslant 4$$

2. 用 Excel 的规划求解解决以下问题：

$$\text{Minimize } Z = 2A + 4B$$

$$4A + 6B \geq 120$$
$$2A + 6B \geq 72$$
$$B \geq 10$$

3. 一家工厂停产了某种无利可图的产品，导致产生相当大的过剩生产能力。管理部门决定利用过剩生产能力生产 X_1、X_2、X_3 三种产品中的一种或多种。

所需的机器时间为：

机器类型	产品		
	X_1	X_2	X_3
铣床	8	2	3
车床	4	3	0
磨床	2	0	1

每周可使用的机器时间为：

每周可用机器时间	
铣床	800
车床	480
磨具	320

销售人员估计可以出售所有的 X_1 和 X_2。但 X_3 每周的最大销售潜量是 80 件。

三种产品的单位利润为：

单位利润	
X_1	20
X_2	6
X_3	8

a. 构造求解每周利润最大化所需要的等式。

b. 用 Excel 规划求解解决该问题。

c. 最优解是什么？每种产品应生产多少？由此产生的利润是多少？

d. 机器情况如何？它们都满负荷工作还是仍有可用时间？X_3 是以最大销售量销售吗？

e. 假设铣床每周还有 200 小时的工作时间可用，增加的成本为 1.50 美元/小时。你建议这样做吗？说明你得出答案的理由。

4. 美国亚利桑那州大学的宿舍正准备一种食物。目标是使学生花费的成本最低，但食物必须包含 1 800 和 3 600 卡路里的热量。摄入淀粉不能超过 1 400 卡路里，摄入蛋白质不能低于 400 卡路里。各种食物只能由 A 和 B 两种组成。A 每磅 0.75 美元，包含 600 卡路里，其中 400 是蛋白质，200 是淀粉。每个学生食用的 A 不能超过两磅。B 每磅 0.15 美元，包含 900 卡路里，其中 700 是淀粉，100 是蛋白质，100 是脂肪。

a. 写出代表这些信息的等式。

b. 用图解法求出所需各种食物的数量。

5. 在第 4 题上加上不超过 150 卡路里脂肪的限制条件，并将 A 的价格提升到 1.75 美元/磅，B 的价格提升到 2.5 美元/磅，再求解。

6. 洛根制造公司想混合两种燃料（A 和 B）以使它的卡车成本最低。卡车每月至少需要 3 000 加仑燃料。卡车燃料容量最大为 4 000 加仑。现有 2 000 加仑 A 和 4 000 加仑 B 可用。混合燃料的辛烷含量要在 80% 以上。

当燃料混合时，得到的混合量和倒入量相等。辛烷的含量是单用燃料的加权平均，权数是各种燃料占重要的比例。

已知：燃料 A 的辛烷含量是 90，每加仑成本是 1.2 美元。燃料 B 的辛烷含量是 75，每加仑成本是 0.9 美元。

a. 写出能表达这些信息的等式。

b. 根据已知条件给出的每种燃料的用量，用 Excel 的规划求解解决这个问题。列出解答问题必要的假设。

7. 假设你要对你的可支配收入做一个预算。你一个月最多有 1 500 美元可用于食物、住宿及娱乐。花在食物和住宿上的不能超过 1 000 美元。单独花在住宿上的不能超过 700 美元。娱乐不能超过 300 美元。花在食物上的每一元钱的满意度为 2，花在住宿上的每一元钱的满意度是 3，花在娱乐上的每一元钱的满意度为 5。假设预算问题是线性关系，用 Excel 的规划求解来决定资金的最优分配。

8. C 镇酿造两种啤酒：Expansion Draft 和 Burning River。Expansion Draft 每桶售价为 20 美元，而 Burning River 每桶售价为 8 美元。酿造一桶 Expansion Draft 需要 8 磅谷物和 4 磅啤酒花。酿造一桶 Burning River 需要 2 磅谷物、6 磅大稻子和 3 磅啤酒花。啤酒厂拥有 500 磅的谷物、300 磅的稻子和 400 磅的啤酒花。假定线性关系，使用 Excel 规划求解解决 Expansion Draft 和 Burning River 的最优产量，以使 C 镇的收入达到最大。

9. BC Petrol 在肯塔基的化工厂生产三种化学药品：BCP1、BCP2 和 BCP3。这三种药物用两种流程生产：区域流程和人工流程。区域流程每小时成本 48 美元，可以产出 3 单位 BCP1、1 单位 BCP2 和 1 单位 BCP3；人工流程每小时成本 24 美元，可以产出 1 单位 BCP1 和 1 单位 BCP2。为满足顾客需求，每天至少要产出 20 单位 BCP1、10 单位 BCP2 和 4 单位 BCP3。假定线性关系，用 Excel 规划求解求出成本最优，且能满足顾客需求的区域流程和人工流程的组合。

10. Wood 县的一个农民拥有 900 英亩土地。她准备种植玉米、大豆或小麦。每英亩地如果种植玉米可获得 2 000 美元的利润，种大豆可获得 2 500 美元的利润，种小麦可获得 3 000 美元的利润。她有 100 个劳动力和 150 吨化肥。下表是每英亩农作物所需的劳动力和肥料。假定线性关系，用 Excel 规划求解解出可以使利润最大的玉米、大豆、小麦的生产组合。

	玉米	大豆	小麦
劳动力	0.1	0.3	0.2
肥料	0.2	0.1	0.4

注释

目标函数的斜率是 -2。如果 P = 利润，P = $\$2H + \$4C$，$\$2H = P - \$4C$，H = P/2 - 2C。因此斜率是 -2。

参考文献

Anderson, D. R.; D. J. Sweeney; and T. A. Williams. *An Introduction to Management Science*. 10th ed. Cincinnati: South-Western, 2002.

Winston, W. L., and S. C. Albright. *Practical Management Science*. 3rd ed. Belmont, CA: Duxbury Press, 2002.

主题索引

A

A-B-C classification　ABC 分类法

Acceptable quality level（AQL）　合格质量水平

Acceptance sampling　抽样检验

Accuracy, of inventory control　准确库存控制

Accurate response　精确反应

Activities　活动

Activity direct costs　活动直接成本

Activity-system maps　活动系统图

Adaptive exponential smoothing　适应性指数平滑

Advanced optical components　先进的光学仪器

Advanced planning option　优先计划选择

Aggregate planning; *see also* Sales and operations planning　综合计划（见销售和运营计划）

    costs　成本

    cut-and-try approach　切割—尝试方法

    defined　分类

    external/internal variables　外部/内部可变因素

    forecasting demand; *see also* Forecasting level scheduling　预测需求（见预测水平计划）

    purpose of　目标

    yield management　产出管理

Agile supply chains　敏捷供应链

Air, as a mode of transportation　航空，一种运输方式

Airbus　空中客车

Alcoa　美国铝业公司

America West　美国西部航空公司

American Airlines　美国航空公司

Ampere, Inc.　安培公司

Apple　苹果公司

Appraisal costs　鉴定成本

AQL　合格质量水平

Arithmetic approach to learning curves　学习曲线计算方法

Arrival rate　顾客到达率

Arrivals　到达

    batch　批量

    distribution of　分销

    impatient　急切

    patient　耐心

    into a queue　排队

single　单一

Assemble-to-order industry　按订单装配产业

Assemble-to-stock industry　按库存装配产业

Assembly lines; *see also* Manufacturing processes balancing of　装配线（见平衡制造过程）

　　defined　定义

　　design of　设计

Assignable variation　必然性差异

Association for Operations Management　运营管理协会

Attributes　计数质量特性值

Autocorrelation　自动相关

Average inventory value　平均库存价值

Awards, for quality　质量大奖

B

Backflush　回冲

Backordering costs　延期交货成本

Balancing, of assembly-lines　装配线平衡

Balking　退货

Bar char　条形图

Batch arrival　批量到达

Best operating level　最佳运营水平

Best practices　最佳惯例

Bias errors　错误偏差

Bill of materials（BOM）　物料清单

Blaupunkt　蓝宝公司

BMW　宝马公司

Boeing Co.　波音公司

BOM　物料清单

Booz Allen Hamilton　博思艾伦咨询公司

Bottlenecks　瓶颈

Brainwork　脑力劳动

Break-even analysis　盈亏平衡分析

Breakthrough projects　突破性项目

British Airways　英国航空

Budgets　讨价还价

Buffer inventory　缓冲库存

Buffered core　缓冲中心

Build-to-order　按订单生产

Build-to-stock　按库存生产

Cumulative Standard Normal Distribution　累计标准正态分布

Customer arrivals, into a queue　顾客到达，排队

Customer contact　客户合同

Customization, mass　大规模定制

Cut-and-try approach　试凑法

Cycle counting　周期盘点

D

DaimlerChrysler　戴姆勒克莱斯勒

Data mining　数据挖掘

Data warehouse　数据仓库

Decision rules　决策规则

Decision trees　决策树

Defects; *see also* Quality　预防（见质量）

Defects per million opportunities（DPMO）　每百万次采样数的缺陷率

Define, measure, analyze, improve, and control（DMAIC）　识别、评估、分析改进和控制

Delivery, speed of　发送速度

Dell Computer　戴尔电脑

Delphi method　德尔菲法

Demand; *see also* Forecasting　components　需求（见预测因素）

　　components　组件

　　coping with changes in　应对变化

　　defined　定义

　　dependent　相关需求

　　forecasting of　预测

　　independent　独立需求

　　product　生产

　　purpose of　目标

　　seasonal　季度

　　volatility of　波动性

Dependent demand　相关需求

Derivative projects　衍生项目

Design of experiments（DOE）　试验设计

Design quality　设计质量

DHL　敦豪速递

Differentiation　差异化

Dimensions of quality　质量维度

Direct costs　直接成本

Discounts　折扣

Diseconomies of scale　规模不经济

Disney　迪斯尼

Distribution of arrivals　到达分布

DMAIC　定义、测量、分析、改进、控制

DOE　试验设计

Dow Chemical Company　陶氏化学公司

DPMO　百万次采样数的缺陷率

Du Pont　杜邦

Dynamic programming　动态规划

E

Early start schedule　最早开始时间表

Economic order quantity　经济订货批量

Economies of scale　规模经济

Economies of scope　范围经济

EDI　电子数据交换

Effectiveness　有效性

Efficiency　效率

Efficient supply chains　效率型供应链

Electronic data interchange（EDI）　电子数据交换

Eli Lilly　美国礼来公司

Enterprise resource planning; see also
　　Material requirements planning（MRP）　　　　　企业资源计划（见物料需求计划）

EOQ　经济订货批量

Equal contribution line　平等贡献线

ERP　企业资源计划

Errors, in forecasts　预测误差

Event triggered　突发事件

Everyday low price　天天低价

Evolving supply processes　发展中的供应过程

Executive judgment　执行判断

Expediting activities　加速活动

Explicit objectives　目标明确

Explosion process　爆发式过程

Exponential distribution　指数分布

Exponential service　指数服务

Exponential smoothing　指数平滑法

External failure costs　外部损失成本

F

standard deviation　标准差

standard error of estimate　标准估计误差

tracking signal　跟踪信号

weeks of supply　周供应

weighted moving average　加权移动平均

$\overline{X}$- charts　$\overline{X}$—图

Forward buying　提前购买

Free trade zones　自由贸易区

Freeze window　冻结区间

Fujitsu　富士

Functional products　功能性产品

Functional project　功能项目

G

Gantt charts　甘特图

General Agreement on Tariffs and Trade　关税与贸易通用协定

General Electric　通用电器

General Motors　通用汽车

Gilmore Research Group　吉尔摩研究小组

Global logistics　全球物流

Global sourcing　全球资源

Goal programming　目标规划

Goals, operational　运营目标

Graphical linear programming *see also* Linear programming　线性规划图解法（见线性规划）

Gross requirements　总需求

Group technology（GT）　成组技术

H

Harley-Davidson　哈尔戴维森

Heijunka　均衡化生产

Heineken　喜力（海尼根）

Hewlett-Packard　惠普

High degree of customer contact　高度客户接触

Highway（truck）, as a mode of transportation　公路（卡车），一种运输方式

Histograms　直方图

Historical analogy　历史性类比

Hitachi　日立

Holding costs　持有成本

Honda　本田

Linear Technologies, Inc. 线性技术公司

Logarithmic analysis 对数分析

Logistics 物流

    defined 定义

    hub-and-spoke systems 中心辐射系统

    international 国际性

    modes of transportation 运输方式

    outsourcing of 外包

    plant location 工厂选址

    centroid method 重心法

    criteria 标准

    factor-rating systems 因素评分系统

    global issues 全球问题

    transportation method 运输方法

    third-party providers 第三方供应商

Long-range planning 长期规划

Lot-for-lot（L4L） 按需要量下订单

Lot size 经济生产批量

    choosing the best lot size 选择最好经济生产批量

    effects of 影响

    EOQ 经济订货批量

Lot tolerance percent defective（LTPD） 批量最大允许不合格率

Low degree of customer contact 低水平客户接触

Low-level coding 低层次编码

Lower control limits（LCL） 控制下限

Lowest total cost 最低库存成本

M

MAD 绝对平均误差

Mail contact, with customers 用电子邮件与客户联系

Maintenance, preventive 设备预防性维修

Malcolm Baldrige National Quality Award 波多里奇国家质量奖

Management by exception 例外管理

Manufacture-to-order industry 按订单生产产业

Manufacturing cell 制造单元

Manufacturing inventory 制造商库存

Manufacturing processes 制造流程

    assembly lines 装配线

    balancing 平衡

evolution of　发展过程

example using　实例

inventory records file　库存记录清单

lot sizing　批量

choosing the best lot size　选择最佳批量

effects of　影响

EOQ　经济订货批量

least total cost method（LTC）　最小总成本法

least unit cost method　最小单位成本法

lot-for-lot（L4L）　按需要量下订单

low-level coding　低层次编码

master production schedule（MPS）　主生产计划

planned order release　订单计划释放

role of safety stock　安全库存的地位

scheduled order receipts　预定订单入库量

system structure　系统结构

where to use　使用地点

Multichannel　多渠道

multiphase line structure　多阶段直线结构

single phase line structure　单阶段直线结构

Multiperiod inventory systems　多阶段库存系统

Multivariate testing　多样化检验

N

NAFTA　北美自由贸易协议

NEC　日本电气公司（NEC）

Negative capacity cushion　负面能力缓冲

Negative exponential distribution　负指数分布

Net change systems　净变化系统

Net requirements　净需求

Netflix　Netflix 公司

Network planning models　网络设计模型

Critical Path Method（CPM）　关键路径法

Program Evaluation and Review Technique（PERT）　项目计划评审技术

time-cost models　时间—费用模型

Newsperson problem　报童问题

Nike　耐克

Nissan　尼桑

Nokia　诺基亚

Nonlinear programming; *see also* Linear programming　非线性规划（见线性规划）

Normal cost（NC）　正常成本

Normal time（NT）　正常时间

North American Free Trade Agreement（NAFTA）　北美自由贸易协议

O

Offshoring; *see also* Outsourcing　离岸外包（见外包）

Operating characteristic（OC）curve　操作特征曲线

Operational goals　运营目标

Operations　运营

Operations and supply management（OSM）　运营和供应链管理

    defined　定义

    versus operations research and management science　运营研究和管理科学

    overview of　概述

    reasons to study　研究原因

Operations and supply strategy 运营和供应链战略

    competitive dimensions　竞争尺度

    defined　定义

    efficiency measures　有效的研究方法

    fitting activities to strategy　固定活动战略

    framework for　框架

    order winners/qualifiers　订单赢得要素/订单资格要素

    trade-offs　权衡

Operations research and management science（OR/MS）　运营研究和管理科学

Opportunity flow diagram　机会流程图

Oracle　Oracle 公司

Order management　订单管理

Order qualifier　订单资格要素

Order quantity, economic　经济订货批量

Order winner　订单赢得要素

Ordering costs　订货成本

Outsourcing　外包

    benefits　优点

    capability sourcing　外包能力

    defined　定义

    drawbacks of　缺点

    framework for supplier relationships　供应商关系框架

    to handle additional capacity　处理额外生产能力

    locating service facilities　服务设施选址

Point-of-sale（POS）　销售终端

Poisson distribution　泊松分布

Postponement strategy　延迟战略

Precedence relationships　优先级关系

Present value table　现值表

Prevention costs　预防成本

Preventive maintenance　预防性维修

Price, versus cost　价格和成本

Price promotion　价格促销

Probability approach　可行性方法

Process capability　工序能力

Process mean　工艺一致性

Process optimization　工艺优化

Process planning　工艺计划

Process postponement　工艺延迟

Process quality　工艺质量

Process selection　工艺选择

Procter & Gamble　宝洁

Producer's risk　生产者风险

Product demand; *see also* Demand Product development teams　产品需求（见需求产品生产小组）

Product learning　产品知识

Product life cycles　产品生命周期

Product-process matrix　产品—工艺矩阵

Product specifications　产品质量规格

Product structure file; *see also* Bill of materials（BOM）　产品结构单（见物料清单）

Product tree; *see also* Bill of materials（BOM）　产品结构树（见物料清单）

Production change costs　产品转换成本

Production costs　生产成本

Production planning; *see also* Sales and operations planning　产品计划（见销售和运营计划）

 costs　成本

 cut-and-try approach　试凑法

 defined　定义

 external/internal variables　外生/内生变量

 forecasting demand; *see* also Forecasting level scheduling　需求预测（见预测水平计划）

 purpose of　目的

 strategies　战略

Q

service time distribution 服务时间分布

R

S

Tracking signal 跟踪信号

Trading blocs 贸易集团

Transportation method 运输方法

Transportation modes 运输模型

Trend 长期波动趋势

Turnover, of inventory 库存调换

U

U-shaped layouts U 型布置

Uncertainty 不确定性

Underutilization of capacity 生产能力未完全利用

Uniform plant loading 统一工厂负荷

United Parcel Service（UPS） 美国联合包裹服务公司

U. S. Department of Defense 美国国防部

Units of output per time period 单位产出时间

Upper and lower specification limits 规格上限和规格下限

Upper and lower tolerance limits 上容差限和下容差限

Upper control limits（UCL） 控制上线

Utilization rate 利用率

V

Value 价值

Value chain 价值链

Value chain mapping 价值链映射

Variable arrival distribution 变量分布

Variables 变量

Variation 变差

VCSEL 垂直腔体表面发光激光器

Volatility of demand 需求波动

Volvo 沃尔沃

W

Waiting lines 队列

    computer simulation 计算机模拟

    economics of 经济型

    length of 长度

    line structure 线性结构

    number of lines 队列数

    queuing system 排队系统

教师反馈表

    McGraw – Hill Education，麦格劳—希尔教育公司，美国著名教育图书出版与教育服务机构，以出版经典、高质量的理工科、经济管理、计算机、生命科学以及人文社科类高校教材享誉全球，更以网络化、数字化的丰富的教学辅助资源深受高校教师的欢迎。为了更好地服务中国教育界，提升教学质量，2003 **年麦格劳—希尔教师服务中心**在京成立。在您确认将本书作为指定教材后，请您填好以下表格并经系主任签字盖章后寄回，**麦格劳—希尔教师服务中心**将免费向您提供相应教学课件，或网络化课程管理资源。如果您需要订购或参阅本书的英文原版，我们也会竭诚为您服务。

书名：	
所需要的教学资料：	
您的姓名：	
系：	
院/校：	
您所讲授的课程名称：	
每学期学生人数：	_____人 ____年级　　学时：
您目前采用的教材：	作者：_____　出版社：_____ 书名：
您准备何时用此书授课：	
您的联系地址：	
邮政编码：	联系电话
E-mail：（**必填**）	
您对本书的建议：	系主任签字 盖章

McGraw Hill Education

麦格劳—希尔教育出版公司教师服务中心
北京—清华科技园科技大厦 A 座 906 室
邮编：100084
电话：010 – 62790299 – 108
传真：010 – 62790292
教师服务热线：800 – 810 – 1936
教师服务信箱：instructorchina@ mcgraw-hill. com
网址：http：// www. mcgraw-hill. com. cn